厦门大学法学学术文库

厦门大学法学院资助

缺陷产品的刑事责任研究

Research on Criminal Liability of Defective Products

吕英杰 著

法律出版社
LAW PRESS · CHINA

本书是国家社科基金青年项目“风险社会中的产品刑事责任研究”的成果
(The Recent Fruit of Young Scholars' Project of the National Social Science Fund)

总　序

学术的提升需要传承积淀、厚置根基,深厚的历史底蕴是一个学科发展的重要因素。从1926年起,厦门大学有了法科,厦门大学的校园里开始有了法律人的足迹。作为厦门大学的学子,厦门大学法律人始终秉承"自强不息,止于至善"的校训精神,坚持"学术建院、民主建院"的治院方针,发扬"严谨治学、求实创新"的传统学风,经过几代人的努力,春华秋实,厦门大学法学院在人才培养、科学研究、社会服务和文化传承与创新等各个方面均取得了令人瞩目的成就。

今天的厦门大学法学院,已汇集了一批优秀的中青年骨干教师,并形成了一支结构合理、实力雄厚、后劲充足的学术梯队,拥有法学博士后科研流动站、法学一级学科博士学位授予权和硕士学位授予权、法律专业硕士(JM)学位点,形成了从本科到博士后的完整的法律专业人才培养格局,为国家的法制建设、法学昌盛和社会进步,做出了积极的贡献。2012年,教育部学位与研究生教育发展中心进行了第三轮法学学科评估,在全国650余所法律院校中,厦门大学法学学科办学实力排名第十。

学院坚持"加强优势学科、培育特色学科、支持基础学科"的发展思路,努力优化学科结构布局和资源配置,提升学科的核心竞争力。近五年来,学院建设了应用型、复合型卓越法律人才教育培养基地,涉外卓越法律人才教育培养基地,国家知识产权培训(福建)基地三个国家级基地,以及教育部"法学教育实践基地"、福建省高校人文社会科学研究基地"国际经济法研究中心"等省部级基地。学院积极引导开展跨学科研究,组建了优势学术团队,建立了"中国崛起与国际法发展"研究团队、"社会治理与软法"研究团队、"国际税法与比较税制"研究团队、"公证法律与自动化"研究团队、"经济犯罪"研究团队、"法律认知神经科学"研究团队,以及福建省高等学校人文社科创新平台:"厦门大学财税金融法治研究中心""立法研究中心",促进了学科研究交叉,推动了学院学科平台创新。厦门大学国际法学科属于国家重点学科。2012 年,厦门大学法学学科同时入选"福建省特色重点学科"和"福建省省级重点学科"。

厦门大学法学院现正朝着建设国内知名、国际上有较大影响的高水平研究型法学院的宏伟目标努力奋进。成绩属于昨天,未来仍需开拓。厦门大学法学院的使命与价值,在于培养人才、传承文明、创新知识、探求真理、服务社会、引领未来。只有不断推动法学学科发展,实现新的跨越,我们才能真正担当起法学教育的使命。

2016 年 10 月,厦门大学法学院将迎来 90 岁的生日。值此之际,我们将本着"回眸历史轨迹,继承优良传统,展示办学成就,凝聚发展动力,再谱辉煌篇章"的宗旨,隆重举行系列庆祝活动,并以此为契机,出版系列专著作为 90 周年院庆的献礼,再续南强华章。

"闻道有先后,术业有专攻",本系列专著都是厦门大学法学院专任教师的研究成果,他们各有专攻,有着良好的法学教育背景,我们希望这套专著能够从一个侧面展示厦门大学法律人的风采。

宋方青

2016 年 4 月 20 日

序　言

最初想要研究刑法中的缺陷产品责任问题，是源于看到现实中大量的产品事故只是赔偿了事。翻阅国外资料，我发现德、日两国有若干追究刑事责任的相关判决，而英美法系则显然更愿意在产品责任上适用惩罚性赔偿。我深感缺陷产品的刑事责任是一个值得深入探究的问题。于是，我以此为题申请了国家社科基金青年项目，并有幸获得了该项目的资助。

刑法学的研究总是要回应时代的现实需求。几年前，风险社会和风险刑法在刑法学领域掀起了一场不小的研究热潮，赞同者有之，质疑者也有之。虽然我们所面临的危险未必多于古人，而掌握的应对危险的本领又远超古人，但这不能证明我们不是处在一个前所未有的“风险社会”中。当今社会，基于竞争的迫切需要和利润的强烈刺激，各行各业不断追求技术创新。但随着创新的加速，新产品层出不穷，伴之而来的科技风险也在不断叠加。尤其是一些冒进者，当其迸发出的创新激情置伦理的约束于不顾时，将带来极大的危险性。科技是第一生产力，科技创新多要物质化为产品，以获得利润为目的。如果危险的技术再加上不负责任的制造商，对于产品用户将会是一场灾难。所以，将我们当下的社会称为“风险社会”绝非危言耸听，防范科技产品可能产生的危险也理应成为风险刑法的任务。

作为风险刑法的体现,近年来立法者通过增设罪名、改变犯罪构成等方式实现了刑法管辖领域的扩张,这招致了不少来自其他部门法学者的非议(其中主要是民法学者,而行政法学者对这一变化似乎乐见其成,因为以往的一些行政处罚,尤其是人身罚实际上起到了刑罚的作用,所以当下刑罚的扩张不应被理解为对行政法领地的侵犯,反而更像是将本属于刑罚权规制的部分归还给刑法)。一时间,刑法的谦抑性遭到了质疑。刑法是否已经从“最后的手段”变成了“最好的手段”? 应该说,刑法的谦抑性特质没有变,但谦抑性始终是和“有效性”相辅相成的,当其他部门法能够有效应对违法行为时刑法自然应该保持谦抑,否则就应动用刑罚来保护法益、预防犯罪。不讲有效性、只谈谦抑性就脱离了法治国建设的实际。

就产品责任而言,如果产品违法行为已无其他责任类型能够有效应对,则自然应该由刑法规制。产品侵权责任、行政责任,特别是英美法上巨额的惩罚性赔偿,曾在应对工业时代的产品不法方面发挥了重大作用,但在当今社会则有些捉襟见肘。例如,强生公司因“致癌爽身粉”一事已在多起民事诉讼中被判处天价惩罚性赔偿,仅在 2019 年 7 月的一份判决中,就被判赔偿 22 名被害人近 47 亿美元。然而,强生公司依旧强大,产品问题依然屡见于媒体。无论多高的赔偿,惩罚的是企业,为此买单的永远是消费者。欲减少产品致害事故,必须使企业经营者、决策者个人产生避免犯罪的动机,而这只能通过刑罚手段实现。并且,为了应对科技产品潜藏的危险,只有刑法才能做到提前干预、防止重大危害的发生,并引导社会形成负责任的科技创新观念。

在本书付梓之时,我反而更加惶惑不安。不知自己究竟说对了哪些内容,又制造了多少舛误。断不敢妄言本书有什么真知灼见,但若能激发诸君一点思考的兴趣,便已知足。最后,要感谢我的研究生陆菁对本书第三章第七、八节的完成所做的贡献,特别是对案例的梳理和分析部分,而对其中的观点则笔者自负其责;要感谢我的研究生黄婷婷对于本书校对所做的大量工作;也要感谢法律出版社的张康编辑和其他编辑为本书出版所付出的辛勤努力。

吕英杰

于厦门大学

2019 年 10 月 27 日

目录

第一章　风险刑法与产品刑事责任 /1

第一节　风险刑法的基本理论问题 /2

一、两个前提性问题 /2

（一）“风险刑法”是假命题？/2

（二）风险刑法还是危险刑法？/4

二、风险刑法与法益保护原则 /6

（一）风险刑法下法益的变化 /6

（二）反思 /8

三、风险刑法与罪责原则 /17

（一）风险刑法下罪责原则遭遇挑战 /17

（二）反思 /19

四、风险刑法与公共政策 /25

（一）风险刑法下公共政策入侵刑法 /25

（二）反思 /25

五、小结 /31

第二节　风险社会下应追究产品刑事责任 /33

一、产品刑事责任的理论争议 /33

二、产品刑事责任的域外立法状况 /38

（一）美国 /38

（二）德国、日本 /43

三、产品刑事责任的域外实务状况 /44
四、风险社会下追究产品刑事责任的必要性 /46

第二章 我国缺陷产品刑事责任的一般问题 /52

第一节 产品刑事责任与民事责任的区别 /52
第二节 我国产品刑事责任的立法概况 /53
第三节 我国产品刑事责任的违法性根据 /55
一、违法性根据的一般理论 /55
二、产品犯罪的保护法益 /57
(一)产品犯罪整体的保护法益 /57
(二)生产、销售伪劣产品罪的保护法益 /60
第四节 伪劣产品与缺陷产品 /64
一、伪劣产品与缺陷产品的内涵 /64
二、不合理危险 /66
三、法定标准与“不合理危险”标准的冲突及其解决 /71
第五节 产品刑事责任的主体 /73
一、生产者、销售者 /73
二、具有公务职责的监督者、管理者 /75
三、单位 /78

第三章 故意的缺陷产品刑事责任 /79

第一节 故意的缺陷产品刑事责任概述 /79
第二节 空白罪状 /82
一、关于空白罪状的一般问题 /82
二、行政认定、行政义务与刑事义务 /84
三、生产、销售伪劣商品罪中的空白罪状及其适用 /88
第三节 危险犯 /90
一、危险犯的一般问题 /90
二、生产、销售伪劣商品罪中的具体危险犯 /93
三、生产、销售伪劣商品罪中的抽象危险犯 /97
(一)生产、销售假药罪 /97
(二)生产、销售有毒、有害食品罪 /102

第四节 故意的认定 /105
一、故意的核心要素是“明知”还是“容认”? /105
二、生产、销售伪劣商品罪中“明知”的判断 /111
(一)域外经验 /111
(二)我国的概况——以司法判例为例 /113
(三)对于行为和结果的明知 /115
(四)对于行为对象的明知 /118
(五)“有意忽视”是否故意? /121
(六)对明知的判断标准 /122
(七)无国家、行业标准时对缺陷产品的明知 /123
(八)明知的推定 /125
(九)严格责任论的否定 /128
第五节 规范性要素及其认识错误 /129
一、规范性要素概述 /129
二、规范性要素的分类 /133
三、对规范性要素的明知与认识错误 /136
四、生产、销售伪劣商品罪中“社会评价要素”的明知与认识错误 /137
五、对生产、销售伪劣商品罪中“纯粹法规范评价要素”的明知与认识错误 /138
六、生产、销售伪劣商品罪中“作为空白刑法的法规范评价要素”的明知与认识错误 /141
第六节 客观的超过要素 /143
一、定量要素与客观超过要素的基本理论 /143
二、生产、销售伪劣商品罪中的客观超过要素分析 /146
第七节 未遂的认定 /148
一、未遂认定的概述 /149
(一)着手的认定 /149
(二)未得逞的认定 /154
(三)由于意志以外的原因而未得逞 /158
二、生产、销售伪劣商品罪的未遂认定 /159

(一)生产、销售伪劣产品罪 /159
(二)生产、销售假药罪 /171
(三)生产、销售劣药罪 /172
(四)生产、销售不符合安全标准的食品罪 /177
(五)生产、销售有毒、有害食品罪 /181
(六)生产、销售不符合标准的卫生器材罪 /184
(七)生产、销售不符合安全标准的产品罪 /185
(八)生产、销售伪劣农药、兽药、化肥、种子罪 /186
(九)生产、销售不符合卫生标准的化妆品罪 /187
第八节 中立的帮助犯 /187
一、中立的帮助犯的学说及本书观点 /188
(一)中立的帮助行为的既有解决思路 /188
(二)本书观点 /189
二、中立的帮助犯在生产、销售伪劣商品罪中的展开 /193
(一)司法解释关于中立帮助犯的规定 /193
(二)司法实践关于中立帮助犯的案例 /198

第四章 过失的缺陷产品刑事责任 /215

第一节 过失产品责任的根据与责任限度 /216
一、案情与判决 /216
二、案件阶段性解析 /219
三、追究过失产品责任的根据与限制 /220
第二节 过失犯的一般问题 /223
一、过失不法:传统过失论与客观归责论 /224
(一)传统过失论的简要回顾 /224
(二)传统过失论需要被扬弃 /226
(三)客观归责论的意义 /228
(四)客观归责下传统过失论概念的存废 /229
(五)客观归责下过失不法的立场 /231
二、过失责任:以预见可能性为中心 /233
(一)"责任过失"的地位 /233

（二）预见可能性的对象与程度 /240
第三节　缺陷产品责任中的不法 /245
一、行为归责：制造不被允许的危险 /245
（一）制造危险的判断 /246
（二）制造危险的判断标准 /254
二、结果归责：实现不被允许的危险 /257
（一）结果回避可能性 /257
（二）规范保护目的 /263
（三）其他因素介入时的归责 /265
三、不法的认定 /271
第四节　缺陷产品责任中的过失 /274
一、预见可能性认定的宽缓 /274
二、过失的认定 /278
（一）一审判决对过失的认定 /278
（二）二审判决对过失的认定 /279
（三）最高法院裁决对过失的认定 /279
第五节　缺陷产品的监督过失责任 /281
一、缺陷产品的监管过失责任：以三鹿案为例 /282
二、缺陷产品的监管过失与信赖原则 /283
（一）监督关系中能否适用信赖原则？/283
（二）监督过失的产品责任中信赖原则的运用 /286
第五章　事后不回收的缺陷产品刑事责任 /288
一、案情与判决 /289
二、关于回收义务的学术争议与评析 /290
（一）安全确保义务说 /290
（二）危险源支配说 /291
（三）先行行为说 /295
三、先行行为理论在司法实践中的运用 /299
四、作为义务的具体内容 /301

(一)松下电器石油暖风机案 /301
(二)作为义务的内容 /302

结　语 /305

参考文献 /306

第一章　风险刑法与产品刑事责任

社会学家对当今社会的经典描述是由科技化大生产所导致的“风险社会”，为了应对风险，德国刑法学者提出了“风险刑法”（Risikostrafrech）的概念。[①] 相比传统刑法，风险刑法更加强调刑法的预防机能（主要是一般预防机能）而不是报应机能，认为刑法不仅是事后的法益保护法，也是事前的风险控制法。如今，风险刑法要担负起“风险预防”与“创造安全”的义务，扩张刑罚成为刑法学变革的基本趋势，这被称为“刑罚的积极主义”。[②] 但是，如 Herzog 在 20 世纪 90 年代初所警示的那样，“风险刑法”本身就蕴藏着刑法的风险（Gefährdung des strafrechts），[③]因此，尽管风险刑法在世

---

① 德国刑法学家 Prittwitz 在其 1993 年的《刑法与风险》一书中第一次以专著的形式探讨了“风险刑法”。参见［德］罗克辛：《德国刑法学总论》（第 1 卷），王世洲译，法律出版社 2005 年版，第 19 页。

② ［日］井田良：《变革时代的理论刑法学》，庆应义塾大学出版会 2007 年版，第 2 页。

③ Gefährdung 通常被译为“危险”，但如下文所述，在这里风险与危险是同一含义。参见［德］罗克辛：《德国刑法学总论》（第 1 卷），王世洲译，法律出版社 2005 年版，第 19 页。

界范围内掀起了前所未有的研究热潮,①但自其产生之日起就一直伴随着思考与质疑。

至今,学界积极支持风险刑法的观点包括:风险刑法应该进行范式转换,使法益保护提前;风险刑法不应受制于罪责原则,需要引进严格责任;②风险刑法应该重视公共政策,使公共政策成为刑法体系外的构造参数。③但也有很多学者提出质疑,主要观点包括:风险刑法的存在基础——风险社会并非真实存在,当然也无需风险刑法作出反应;④风险与危险不同,不能将风险刑法混同于危险刑法;⑤风险刑法违背法益保护原则,违背刑法谦抑性原则与最后手段原则,模糊了刑法与其他法律的界限。⑥ 笔者力图在既有研究成果的基础上进一步反思风险刑法,并结合缺陷产品责任加以展开。

第一节 风险刑法的基本理论问题

一、两个前提性问题

(一)"风险刑法"是假命题?

最近我国有学者对作为风险刑法存在根基的"风险社会"的真实性提

---

① 我国法学界近来以风险刑法为研究对象的论文主要包括:劳东燕:《公共政策与风险社会的刑法》,载《中国社会科学》2007 年第 3 期;陈晓明:《风险社会之刑法应对》,载《法学研究》2009 年第 6 期;马克昌:《危险社会与谦抑原则》,载《人民检察》2010 年第 3 期;黎宏:《对风险刑法观的反思》,载《人民检察》2011 年第 3 期;陈兴良:《社会风险与刑法规制》,载《法商研究》2011 年第 4 期;刘明祥:《社会风险与刑法规制:"风险刑法"理论之反思》,载《法商研究》2011 年第 4 期;刘艳红:《"风险刑法"理论不能动摇刑法谦抑主义》,载《法商研究》2011 年第 4 期;于志刚:《"风险刑法"不可行》,载《法商研究》2011 年第 4 期;王立志:《风险社会中刑法范式之转换》,载《政法论坛》2010 年第 3 期;张明楷:《"风险社会"若干刑法理论问题反思》,载《法商研究》2011 年第 5 期等。其中,有的学者积极支持风险刑法;有的学者主张限制风险刑法;也有的学者彻底反对风险刑法。

② 参见王立志:《风险社会中刑法范式之转换》,载《政法论坛》2010 年第 3 期。

③ 参见劳东燕:《公共政策与风险社会的刑法》,载《中国社会科学》2007 年第 3 期。

④ 参见张明楷:《"风险社会"若干刑法理论问题反思》,载《法商研究》2011 年第 5 期。

⑤ 参见张明楷:《"风险社会"若干刑法理论问题反思》,载《法商研究》2011 年第 5 期。

⑥ 参见马克昌:《危险社会与谦抑原则》,载《人民检察》2010 年第 3 期;刘艳红:《"风险刑法"理论不能动摇刑法谦抑主义》,载《法商研究》2011 年第 4 期;于志刚:《"风险刑法"不可行》,载《法商研究》2011 年第 4 期等。

出质疑,并因此质疑风险刑法的合理性。该学者的主要观点是:当今社会风险总量并没有增加,相反是减少了,只是人们感知的风险增加了,因此,"风险社会"并不是真实社会,而是理解与价值判断的结果,是文化与治理的产物,不应视为必须作出反应的真实背景。① 风险刑法是个建立在错误基础上的假命题吗?

的确,核泄漏事故所造成的死亡人数可能远小于一次大地震,SARS 病毒所造成的死亡人数也不见得大于历史上的任何一次瘟疫,后工业社会的风险以及由风险所造成的灾害总量并不一定会超过传统社会,更大的可能是科技帮助人类克服了很多以往所难以克服的风险或者减轻了损害。因此,风险一直存在,我们说当今社会是"风险社会",并不是说之前是"非风险社会",而是说随着科学技术的迅猛发展,专业分工的细化,每个人的知识盲区也在迅速扩大。随之而来地,在很多情况下,我们面对的是一个更加无助而只能顺应的环境,就如同坐在高空飞行的航空器中,身处一个完全封闭且自己无法操控的空间,所能做的只是努力克制内心的恐惧。科技带来巨大创造力的同时,也带来了巨大的破坏力,人类在品尝着科技大发展带来的盛宴的同时,也越来越深地置身于更强烈的无知与风险之中。② 在这个意义上,当今社会被称为"风险社会"并无不妥。

但也有人说与其把当今社会叫作"风险社会",还不如叫作"焦虑社会",③因为风险只是感知的产物,并不是事物的真实状态。对此笔者并不赞同。第一,人类对于任何事物所形成的概念、判断、理论、学说都是认知的产物,只要是我们在描述世界,世界就会被打上认知的烙印。"物自体"也许存在,但我们无法确知,因为我们一旦以物为对象来思想,就有了主客二分,那么该物就已经不是"物自体"了。所以,"风险社会"当然是理解与价值判断的产物,但这丝毫不影响"风险社会"理论的正确性。第二,当今社会被认知并评价为"风险社会"必定有物质基础,必定有足以称之为危险之物或危险状态方能让人类普遍产生不安感,个体的不安感可能是错觉,但普

---

① 参见张明楷:《"风险社会"若干刑法理论问题反思》,载《法商研究》2011 年第 5 期。

② 发生在日本的一次核泄漏事故可以让美国人一夜之间全戴上口罩,可以让全世界的人都关注明天日本吹什么风,这种对于危险的恐慌前所未有。

③ 参见张明楷:《"风险社会"若干刑法理论问题反思》,载《法商研究》2011 年第 5 期。

遍的不安感则必有物质根据。因此,必须在制度层面上予以应对,必要时甚至需要动用刑罚手段来遏制危险的发生。

总之,把当今社会描述为“风险社会”有其深刻的社会背景和现实意义,这本来就是人类从某一视角对当今社会性质、特征作出的价值判断。与此相应,“风险刑法”也不是假命题,当传统刑法无法遏制因科技的迅猛发展所引起的人类一时难以预测、计算、控制的科技风险时,就应动用刑法以制约危害发生,回应社会需求。

(二)风险刑法还是危险刑法?

首先,从语义学角度看,尽管“危险刑法”和“风险刑法”在德语中对应不同的单词,分别为 Gefährdungsstrafrecht 和 Risikostrafrecht,但两个单词都出现在德国刑法学文献中。如罗克辛教科书就在同一章节下同时论述了危险刑法与风险刑法,并且未对二者加以认真区分。如果要严格探究二者的差别,则时间上危险刑法出现得更早,是特别针对抽象危险犯而提出,讨论刑法向危险领域扩展是否会产生对刑法的危险;①而风险刑法则是在一般的意义上(风险社会下)讨论刑法应在什么范围内来克服现代生活的危险。② 现代德国刑法学普遍讨论的是 Risikostrafrecht,即风险刑法,但并没有把“风险”限制在诸如核材料、化学武器、新的生物技术等所带来的危险之内,而是在更为广泛的意义上使用它。

其次,虽然从语词的一般含义上讲,“风险”与“危险”的含义有所不同。如我们可以说风险是中性的,它既可以转化为危险也可以发展为积极状态;③我们也可以说风险是从行为决定的角度进行的观察,以说明结果的不确定性,而危险是从被害人的角度进行的观察,说明被害人受到了外在的威胁。④ 但这并不意味着风险刑法与危险刑法存在本质区别,也不能因此否

① 参见[德]罗克辛:《德国刑法学总论》(第1卷),王世洲译,法律出版社2005年版,第19页。

② 参见[德]罗克辛:《德国刑法学总论》(第1卷),王世洲译,法律出版社2005年版,第19页。

③ 参见[德]尼古拉斯·鲁曼:《生态与沟通》,汤志杰、鲁贵显译,台湾桂冠图书出版公司2001年版,第113页以下。

④ 参见[德]Kneer Georg/Nassehi Armin:《卢曼社会系统理论导引》,鲁贵显译,巨流图书公司1998年版,第236页。

定风险刑法的合理性。[①] 尽管有学者提出，既然风险社会的风险具有不确定性，那么就不可能通过事前的判断直接将某类行为归入风险行为，立法者也就不可能将某种行为拟制为风险行为，即使是公认的风险行为（如建设核电站），立法者也可能并不予以禁止。[②] 的确刑法不可能禁止只有生活上的风险却无刑法上的危险的行为，如刑法不可能禁止建设核电站，也不可能禁止生产、销售转基因食品，但完全可以禁止违规建设、违规使用核电站，也可以禁止生产、销售添加了危险物质的食品。因为，科学理性足以认知后者的行为确定是对法益有危险的，而非仅仅可能是有危险的。刑法学是价值判断的学问，如果一个风险行为可以被评价为一定程度上必需的，或者对于法益的影响是不确定的，就不能在刑法上被评价为具有法益侵害的危险性，就不应属于刑法的规制对象。

只有当一个风险行为在违反安全规范的情况下实施，而该安全规范正是作为意在防患于未然的汽车"安全带"的角色而存在时，该风险行为才可被认为具有刑法上的危险，从而作为危险犯来处罚。刑法从来不处理合法行为，也不处理性质不确定的行为，单纯的风险并不一定会导致风险刑法。反之，如果风险通过一个违法行为可以被确定为具有法益发生的危险时，即可运用刑法来禁止。因此，所谓风险刑法就是处罚危险行为的刑法，在这个意义上，风险刑法也就是"危险刑法"。[③] 需要强调的是，用刑法来制约的风险并非中性无色的，也非日常生活中的"风险"，必须是违法的，因此，风险刑法必然是规范层面上的价值判断，是对违法的风险行为作出否定评价。因此，不能因为风险不一定都有害，也不能因为风险社会不等于"违法社会"，[④]而反对刑法对风险社会作出反应。一言以蔽之，风险刑法，即运用刑罚手段制御违法的危险行为的刑法；风险刑法所处理的风险，即需要通过刑罚手段予以禁止的违法的危险行为。

---

① 事实上，主张风险与危险含义不同的学者也是在同等的含义，即"危险"的意义上使用风险刑法的概念的。参见陈晓明：《风险社会之刑法应对》，载《法学研究》2009 年第 6 期。

② 参见张明楷：《"风险社会"若干刑法理论问题反思》，载《法商研究》2011 年第 5 期。

③ 我国有学者使用的就是"危险刑法"。参见马克昌：《危险社会与谦抑原则》，载《人民检察》2010 年第 3 期。

④ 参见张明楷：《"风险社会"若干刑法理论问题反思》，载《法商研究》2011 年第 5 期。

二、风险刑法与法益保护原则

(一)风险刑法下法益的变化

风险刑法下法益的变化表现为两个方面,即法益保护提前和法益内容扩张。

1. 法益保护提前

传统刑法以法益保护为原则,犯罪构成多以实害犯及具体危险犯为模式。但基于后现代社会风险的不可预测性、不可计算性、不可防范性的特点,①人们无法根据对以往事件的认知积累而有规律地把握风险发生的模式、频率与结果,科学、理性、经验在面对后现代社会的风险时会经常失效或者无法充分应对。人们在不安感、无助感的驱使下唯一的办法就是未雨绸缪,预防性地提前使用刑法。"法益保护早期化"因此成为风险刑法的标志性特征。法益保护早期化集中体现于抽象危险犯、持有犯的大量增加,②其中,持有犯也表现为抽象危险犯。这主要体现在公共安全犯罪领域、经济犯罪领域、毒品犯罪③领域。例如,我国《刑法修正案(八)》就新增了第133条之一的危险驾驶罪、第210条之一的持有伪造的发票罪。

近来也有学者提出,造成法益保护提前的原因很多,并不一定都与风险社会有关,被害人运动以及媒体的作用都是其中的原因,而且抽象危险犯也不是直到风险社会才出现的现象,所以不能把抽象危险犯的增加视作风险刑法的标志。④ 但是,在传统刑法中抽象危险犯只是特例,被害人运动、媒体的渲染并不可能导致大规模的抽象危险犯立法,抽象危险犯集中性地大

---

① 参见[英]海泽尔·肯绍尔:《解读刑事司法中的风险》,李明琪等译,中国人民公安大学出版社2009年版,第3页以下。

② 学界通常把预备犯的增加也视为法益保护提前的表现之一,但是预备犯的增加并不具有普遍性,仅以危害国家安全罪、恐怖犯罪为典型。例如,德国《刑法典》2009年新增了"严重危害国家暴力犯罪"的预备犯(第89条a)、"为实施严重危害国家的暴力犯罪而与恐怖组织取得联系"(第89条b)和"引导实施严重危害国家的暴力犯罪"(第91条)等条文。但对上述规定的合理性,德国学界也颇有争议。

③ 关于防止麻药蔓延犯罪的规定,可参见德国《麻醉品交易法》第29条以下。值得重视的是,根据其规定,如果各种自己使用麻醉品的行为在司法判决中被理解为"为了销售的行为",也会作为完成了的违法行为而受刑事处罚。

④ 参见张明楷:《"风险社会"若干刑法理论问题反思》,载《法商研究》2011年第5期。

量增加是风险社会才出现的现象，因此不能否认的是，以抽象危险犯的普遍增加为标志的法益保护提前是风险刑法的最重要特征。

2. 法益内容扩张

传统法益表现为对“人”的生活利益的保护，但风险社会下环境生态的普遍恶化促进了环境刑法的产生。环境刑法的法益内容尚在争论之中，大体上可以分为以人的生命、身体、财产作为法益的观点和以生态本身作为法益的观点。[①] 前者努力维持传统刑法以个人为中心的立场；后者则认为法益可以扩展到人的生存环境，环境并非附属于人，而是人生存的基础，良好的环境与生态可以为人类及动植物全体提供赖以健康生活、栖居的空间和资源。

美国大规模的环境犯罪立法开始于20世纪70年代，这一时期，有关大气、饮用水、海洋、土地等的保护法案相继出台，被称为美国“最具革新性的环境保护的十年”。[②] 美国环境刑法的勃兴也带动了欧洲、日本环境刑法的发展。1980年德国在第18次修订刑法时在刑法典中专章规定了环境犯罪，内容涉及水质、大气、土壤、噪声污染，非法处置、使用废弃物、核设施、放射性物质，危害需要保护的区域等。[③] 法国和日本虽没有在刑法典中规定环境犯罪，但是规定了大量有关环境犯罪的附属刑法规范。概观各国环境刑法，其共同特点是：规范的描述方式大体以违背行政法规为前提，客观上只要存在违法行为即为已足，不以造成人或动植物的损害或具体危险为必要要件，过失地造成环境危害也可能构成犯罪。虽然环境法益的内容尚在争议之中，但以抽象危险犯为典型形态，甚至处罚过失破坏环境的环境刑法不再以“人”为本，显示出立法者正在积极地以刑法规范的形式推动人对自然的尊重、人与自然的和解，促成人在自然怀抱中的“诗意栖居”。

---

① 具体可参见［日］伊东研佑：《环境刑法研究序说》，成文堂2003年版，第23页以下。

② 参见［日］中山研一等：《环境刑法概说》，成文堂2003年版，第81页以下。

③ 此前，德国并不是不存在环境犯罪，只是条文散见于附属刑法规范中。此次刑法修订不仅将零散的附属环境刑法整合至刑法典，还提高了某些环境违法行为的法定刑。例如，水质污染的犯罪之前规定在《水管理法》的第38条中，对故意行为处以二年以下的自由刑并处罚金，对过失行为处以一年以下的自由刑并处罚金；但被纳入《刑法典》第324条后，规定对故意行为处以五年以下自由刑并处罚金，对过失行为处以二年以下自由刑并处罚金。

(二)反思

虽然法益概念在刑法体系中得以确立不过是19世纪后半叶以来的事情,但实质地看,自有原始刑罚以来,"刑罚不能不为防卫法益服务,因此,说刑罚的历史是人类法益的历史也不过分"(李斯特语)。① 当今世界刑法学范围内,几乎没有人不同意法益保护原则,无论是主张行为无价值还是主张结果无价值。因此,风险社会的问题不在于是否坚持法益观念,而在于法益的内容是什么,法益的范围有多大,什么样的法益可以交由其他部门法去规范,什么样的法益必须由刑法来保护,从而检讨风险刑法对抽象危险犯(含持有犯)、环境犯罪等的规定是否超出了刑法应该管辖的范畴。

显然,上述犯罪所侵害的均非个人生命、身体、自由及财产法益,而是与公共利益密切相关的"普遍法益"(或"集体法益")。普遍法益,以"系统保护"及"对系统的信赖保护"为基调,内容主要包括:公共安全、经济制度、环境整体等。例如,规定危险驾驶的抽象危险犯是为了保护公共秩序的安全,规定经济犯罪中的持有犯是为了保护现行的国家经济体系,规定环境犯罪的抽象危险犯是为了保护自然环境。因此若与传统刑法相对比,"自由主义的古典模式,就有法律保障的国家而言,法益的现实基体是在市民社会中创立的,以对抗公的制度为前提",而与之相反,"对预防国家而言,所应该保护的法益则大部分是国家财产本身,即体现为与国家、公制度安排有关的社会构造、组织综合体与机能"。② 风险刑法对普遍法益的保护体现了刑法的秩序建构功能及安全塑造功能,即通过刑法手段来建构、塑造一个平稳、安定的制度体系,并维护国民对该制度体系的信赖。运用抽象危险犯等立法技术对普遍法益进行前置化保护,是风险社会下刑法规制的显著特征。

但是,人们不禁会质疑:第一,风险刑法对普遍法益的保护是否会造成过度的犯罪化,从而导致法益保护原则实质上落空?第二,风险刑法下,刑罚扩张处罚范围是否违背刑法的最后手段原则及谦抑性原则?

1.关于第一点质疑,以环境犯罪为例,在美国大规模的环境犯罪立法运

---

① 转引自张明楷:《法益初论》,中国政法大学出版社2000年版,第34页以下。

② Alessandro Baratta, Jenseits der Strafe-Rechtsgüterschutz in der Risikogesellschaft, Strafgerechtigkeit, in: Festschrift für Arthur Kaufmann zum 70, 1993, S. 403. 转引自[日]金尚均:《危险社会与刑法——现代社会刑法的机能与界限》,成文堂2001年版,第17页。

动之后,20 世纪 90 年代开始出现了不少关于环境立法"过度犯罪化"的批判。其理由集中在:(1)会导致犯罪所具有的道德烙印减少,刑事制裁只应该用于最值得责任非难的行为,不能为了平复公众的愤怒或抑制潜在的违反者而使用;(2)会产生侵犯人权的危险,导致形成官僚的、权威主义国家;(3)与民事赔偿以及行政制裁相比,刑罚不仅成本高,而且效果不佳,应该使用行政法或者民法上的替代措施。① 其中,第一点理由是基于刑法的道义根据;第二点理由是基于法治国原理;第三点理由是基于刑罚在司法实践上的无效果或低效率。在大概同样的时期,德国以 Ludersssen 和 Hassemer 为代表的刑法学家也提出了反对环境犯罪的主张,他们明确表示,应该放弃刑法和其鄙视人类的制裁方式,以一部较轻的,并且同时的确较有效率的干预法来加以运作,②根据是"人道主义"原则与对"道德市场的信赖"。③ 上述德国学者与美国学者在反对环境犯罪的态度上相当一致,这对于尚未正式开始环境犯罪立法的我国而言丝毫不会感到意外,④因为我们基本上也秉持着同样的理念。

然而,刑法规定环境犯罪与抽象危险犯就是不人道的,且会违背法益保护原则吗?笔者不同意这种观点。

第一,在后工业社会,企图通过道德拘束来避免犯罪动机是不可能的。因为后工业社会并非是一个道德的世界;后工业社会的人,也不外乎是一群理性的利己主义者和纯粹的享乐主义者,⑤不能对其寄予高度的道德期许。

---

① 参见[日]中山研一等:《环境刑法概说》,成文堂 2003 年版,第 100 页以下。

② 参见[德]许迺曼:《从下层阶级刑法到上层阶级刑法》,陈志辉译,载许玉秀、陈志辉编:《不移不惑献身法与正义——许迺曼教授刑事法论文选辑》,台北,新学林出版有限公司 2006 年版,第 109 页。

③ 参见[德]许迺曼:《从下层阶级刑法到上层阶级刑法》,陈志辉译,载许玉秀、陈志辉编:《不移不惑献身法与正义——许迺曼教授刑事法论文选辑》,台北,新学林出版有限公司 2006 年版,第 110 页。

④ 我国《刑法》第 338 条规定的污染环境罪以造成严重环境污染为必要。

⑤ 许迺曼对后现代社会的人与后现代社会的具体描述如下:后现代社会,只是躲在空洞的个人自我实现的面具之后,实际上不外乎是在一个非常不人道的世界中,从消费与资本主义之间、享乐主义的娱乐强制与排挤文化之间所得出的一个不成熟的混合物。后现代社会的人,一般而言既不是由宗教也不是由绝对的道德要求所引导,他们不是规范利他主义者,也不是行为利他主义者,而是一个理性的利己主义者,并且因此是一个纯粹的享乐主义者。参见[德]许迺曼:《从下层阶级刑法到上层阶级刑法》,陈志辉译,载许玉秀、陈志辉编:《不移不惑献身法与正义——许迺曼教授刑事法论文选辑》,台北,新学林出版有限公司 2006 年版,第 111 页以下。

而且，妄图以人道主义或者对道德的信赖为根据反对刑法规制，从来都是站不住脚的，因为道德只能约束有道德的人。

第二，民事赔偿无法达到抑制犯罪的目的。(1)风险刑法中的行为主体通常是企业，而对于企业尤其是跨国性的企业集团，民事赔偿、行政罚款往往无关痛痒。因为，一方面，企业通常已经从市场行为中谋取了巨额利润，即使承担了赔偿责任仍然能保有相当的收益，更何况现代企业早已把可能承担的赔偿数额列为必要的经营成本，在产品生产之际即已将其纳入成本与收益的核算当中。① 另一方面，现代企业责任保险制度也足以让这些企业从巨额债务中脱身。② (2)民事诉讼的冗长与民事赔偿的局限无法产生一般预防的效果。大多数情况下，犯罪人可以通过一个蓬勃发展的企业来获得保护，他可以静静等候是否最终会进入民事诉讼程序，而其因民事诉讼而承担的费用也远低于其从刑事犯罪活动中所获得的整体利益。③ 同样地，民法上低度的制裁额度也无法避免一个精于计算的违反者再次犯罪，其只可能对于有道德拘束的人才会产生保护法益的效用。④

第三，以行政手段代替刑罚也不可行。行政法上吊销执照等手段不足以阻止违法行为的再次发生或对一般公众产生预防的作用，因为在现代公司制度下，被剥夺经营资格的公司可以很容易地更换存在的形式，只要有足够吸引人的利润空间，违法行为仍然会继续，但刑罚则不同。首先，罚金刑

---

① 例如，最近发生的电梯逆行致人死伤事故，即使被害人家属主张赔偿120万元甚至更高，也不可能丝毫触及电梯生产商的痛处。因此，应该考虑追究相关人员的刑事责任，但遗憾的是产品责任赔偿了事却是我们习以为常的做法。

② 现代社会保险业的发达使企业在很多情况下都能够通过保险合同而免于损失，涉及的险种如产品责任险、环境污染责任险、董事与高级职员责任险等。保险合同的确如贝克所说已成为现代企业应付风险及其不确定性的一种技术方法(参见[德]乌尔里希·贝克:《从工业社会到风险社会——关于人类生存、社会结构和生态启蒙等问题的思考》，载王武龙编:《马克思主义与现实》2003年第3期)，但是，并不是所有责任都能够通过保险的方式免除，必须在必要的时候发挥刑罚的惩罚与预防功能。

③ 参见[德]许迺曼:《从下层阶级刑法到上层阶级刑法》，陈志辉译，载许玉秀、陈志辉编:《不移不惑献身法与正义——许迺曼教授刑事法论文选辑》，台北，新学林出版有限公司2006年版，第110页。

④ 参见[德]许迺曼:《从下层阶级刑法到上层阶级刑法》，陈志辉译，载许玉秀、陈志辉编:《不移不惑献身法与正义——许迺曼教授刑事法论文选辑》，台北，新学林出版有限公司2006年版，第110页以下。

可以弥补行政罚款的不足。作为浮动刑的罚金刑可以与企业利润挂钩，随着企业利润的高低而上下浮动，即企业因犯罪行为获得的利润越多，其社会危害越大，则罚金数额也相应越多。通过罚金刑的运用可以抑制犯罪人的贪利动机。其次，自由刑带来的痛苦更是远超过犯罪带来的快乐，可以对犯罪人发挥威慑作用，使犯罪人以及潜在的违反者产生避免犯罪的合理动机。所以，运用刑罚保护普遍性法益不是犯罪的过剩化，而是在其他手段不足以保护法益、预防违法的场合，将该法益交由刑法保护，符合法益保护原则的要求。

而且，大量使用行政手段不仅达不到抑制犯罪的目的，还会导致行政权的膨胀。欲使行政法具有高效率，则必须聘用大量的监督官员，但这很可能会达成复兴警察国家的效果，①而这一效果恰恰偏离了美国学者反对环境刑法的第二个理由。但也有学者持完全相反的见解，认为西方国家的轻罪与违警罪属于我国治安管理处罚的范畴，不应效仿他国将本属于行政违法的行为规定为犯罪（如危险驾驶罪），因为这些罪名已经在我国相关的行政法规中有所规定。② 这种见解的实质是将刑法限缩至核心地带，即"核心刑法"，非核心部分交由其他法律规范规制。这虽然符合刑罚限制原则，但却大大扩张了行政权，强化了以行政权为主导的权力分配体制。③ 在我国，罗克辛的那句名言——即使在风险社会，尽最大可能地压缩刑法的设想仍然具有很大的发展前景④——并不适用，因为西方国家的刑法规范体系要比我国庞大得多，如违法排污，非法使用核设施，生产、储藏不卫生的食品，见危不救等都可以构成犯罪。西方国家之所以要把我国认为的行政违法行为归于犯罪，是因为行政处罚也包括对人身权与财产权的剥夺，甚至有时还会

① 参见［德］许迺曼：《从下层阶级刑法到上层阶级刑法》，陈志辉译，载许玉秀、陈志辉编：《不移不惑献身法与正义——许迺曼教授刑事法论文选辑》，台北，新学林出版有限公司 2006 年版，第 110 页。

② 参见刘明祥：《社会风险与刑法规制："风险刑法"理论之反思》，载《法商研究》2011 年第 4 期。

③ 大陆法系国家为限制行政权，将应受人身罚或者财产罚的违法行为都纳入犯罪的范畴。参见陈兴良：《社会风险与刑法规制》，载《法商研究》2011 年第 4 期。

④ 参见［德］罗克辛：《德国刑法学总论》（第 1 卷），王世洲译，法律出版社 2005 年版，第 20 页。

重于刑罚，将决定是否实施严重的行政处罚的权力交由行政机关而非法院，显然违背宪法原则，也难以保证程序公正。① 限缩治安罚、行政罚，部分转交刑法处理表面上不利于保障人权，实则将限制、剥夺自由、财产的权力归于具有独立地位的司法机关，使制裁受到罪刑法定原则的约束，同时也有程序上的保障，最终是有利于公民自由的。②

2. 关于第二点质疑，用刑法来保护普遍法益不违背刑法最后手段原则与刑法谦抑性原则吗?③ 即便是倡导风险刑法的学者对这一点也会心存疑虑。④ 可以说，上述原则在批判封建刑法、建立近代刑法之初发挥了革命性的作用，但是现在只具有理念层面上的意义，对于判断哪些行为应该由刑法规制、哪些应该由其他法律规制只是一个抽象而空洞的标准，不具有操作上的价值。因此，从刑法发展的现实出发，许迺曼完全抛弃了上述原则，并提供了一个"有效性"的标准，以此判断刑法的管辖范围。如其所言，从启蒙运动以来，刑法可以而且必须只能作为防止社会损害的最后手段，这一点作为刑法基本思想从未改变；然而今天，对这种近似天真的想法，必须予以排斥，因为刑法是一种直接有效的，甚至可以说是功能紧密、能滴水不漏地保护法益的工具。⑤

许迺曼将刑法从民法、行政法的光环背后解放出来，认为只要更利于有效地保护法益，即可动用刑罚。在风险社会，我们需要更加先进的刑法与刑法学，想要以落伍的19世纪的刑罚手段来制裁21世纪先进的犯罪，是做不

---

① 参见[日]西原春夫：《日本刑法与中国刑法的本质差别》，黎宏译，载赵秉志主编：《刑法评论》(7)，法律出版社2005年版，第123页。转引自张明楷：《日本刑法的发展及其启示》，载《日本刑法典》，张明楷译，法律出版社2006年版，第11页。

② 当然，若要最终实现此目的仍需其他制度的配合，如建立保安处分体系、完善非自由刑的运用、建构刑事和解制度与前科消灭制度等。

③ 提出这样质疑的学者有马克昌、黎宏、刘艳红等。参见马克昌：《危险社会与谦抑原则》，载《人民检察》2010年第3期；黎宏：《对风险刑法观的反思》，载《人民检察》2011年第3期；刘艳红：《"风险刑法"理论不能动摇刑法谦抑主义》，载《法商研究》2011年第4期。

④ 参见[日]北川佳世子：《刑法上制造物责任的问题点》，载《早稻田法学》第71卷第2号。

⑤ 参见[德]许迺曼：《从下层阶级刑法到上层阶级刑法》，陈志辉译，载许玉秀、陈志辉编：《不移不惑献身法与正义——许迺曼教授刑事法论文选辑》，台北，新学林出版有限公司2006年版，第115页。

到的（上文对民事手段与行政手段的批驳已经证明其无效性）。[①] 事实上，稍加考察西方国家20世纪后半叶以来的刑事立法即可发现，“活性化”[②]是其共同特征，在这一过程中，刑罚部分占领了传统行政法管辖的领域，而原本属于行政法上的违法行为也会部分地被认为具有法益侵害的危险而入罪。如认真追问起来，严密、广泛地存在于单行刑法、附属刑法中的刑法规范以及大量存在于刑法典当中的抽象危险犯，恐怕已非最后手段原则、谦抑性原则所能容忍，立法实践早已证实我们大多数时候是在根据法益保护的有效性来运用刑法。[③] 既然我们是为了有效保护法益而动用刑法，就难以简单地以其违背了最后手段原则或者谦抑性原则而批判之。事实上，以有效性为标准确定法益保护范围并不是风险社会才出现的做法，而是刑事立法一直以来所采用的秘而不宣的准则，因为法益从来都是变动的、开放的概念，社会需求的变化一直在影响法益的内容与范围，而二原则的空洞性使其很难在立法选择上起到实际的作用。所以，许迺曼抛弃二原则的论点乍看起来令人震惊，但实则不过是说出了我们早已朦胧感知且悄然实践却一直不敢启齿的事实。

但排斥最后手段原则与谦抑性原则并不意味着不对刑罚加以限制，也不意味着以一般预防代替谴责、报应，更不意味着为了公共目的不择手段地牺牲个人自由。因为，风险社会下法益的确定不仅会受到有效性指标的影响，还受到诸多其他因素的限制，任意地设定需要刑法保护的普遍法益是不允许的。协调有效保护法益与保障人权之间的关系是风险刑法的重要任务。

（1）风俗以及模糊的法益不值得刑法保护。虽然这一点已在观念层面上被普遍接受，但在实践层面上仍要警惕。例如，德国《麻醉品交易

---

① 参见［德］许迺曼：《从下层阶级刑法到上层阶级刑法》，陈志辉译，载许玉秀、陈志辉编：《不移不惑献身法与正义——许迺曼教授刑事法论文选辑》，台北，新学林出版有限公司2006年版，第115页。

② ［日］井田良：《变革时代的理论刑法学》，庆应义塾大学出版会2007年版，第3页。

③ 我国《刑法修正案（八）》对第338条环境事故罪的修改已经开启了环境刑法的立法进程，但其罪状描述过于笼统，犯罪成立条件也稍嫌严苛。

法》第29条以下对麻醉品交易行为的规定,[①]所保护的就是模糊法益,应该废除。[②] 再如,我国刑法是否应该将介绍、容留卖淫、以赌博为业等行为规定为犯罪,也非常值得商榷。

(2)以公共秩序、公共安全等作为普遍法益予以保护时,需要特别注意必要性。确立某个普遍法益虽不以其可以还原为个人法益为必要,[③]但也禁止随心所欲地设立普遍法益。当对某个犯罪的构成要件存在疑问时,应该解释为保护具体可被掌握的法益(通常是个人法益)之抽象危险犯,而非解释为保护集体制度性法益的犯罪。[④]

(3)可以还原为个人法益的普遍法益也不一定都通过刑法来保护,是否动用刑罚还与国家的历史、文化及法治发达程度有关。例如,见危不救在德国被规定为犯罪已经有半个多世纪的历史了,[⑤]尤其在当今的风险社会中,更显出其存在的必要性与合理性。但在我国,谈及见危不救就会被归类于道德范畴,入罪会被认为是刑法对道德领域的强行干预。在法治尚不发达的现状下,要求每个公民承担保卫公众与他人安全的义务,恐怕不符合我国的法治现实,是过度超前的立法。

(4)规定抽象危险犯本身并不一定会带来刑法的危险,因为抽象危险犯是因其特定行为中隐藏着典型的潜在风险,因此,当其所涉及的法益与其随后的侵害会被认为有意义或者法益关系清楚时,抽象危险犯得以被精确

---

① 该条规定了10余种与麻醉品有关的犯罪行为,如开具使用毒品或麻醉剂的处方;为了让自己或他人或者动物获得毒品或麻醉剂的处方而作不真实的或者不完整的陈述;为他人创造或者提供未经许可获取或者交付毒品或麻醉剂的机会等。

② 参见罗克辛:《德国刑法学总论》(第1卷),王世洲等译,法律出版社2005年版,第19页。

③ 例如,对环境犯罪抽象危险犯的规定很难说可以还原为对个人人身、财产法益的保护,因为环境为历世历代的动植物共生之基础,但即使环境犯罪不能具体地落实到对个人的侵害,也值得刑罚处罚。

④ 参见[德]许迺曼:《从下层阶级刑法到上层阶级刑法》,陈志辉译,载许玉秀、陈志辉编:《不移不惑献身法与正义——许迺曼教授刑事法论文选辑》,台北,新学林出版有限公司2006年版,第105页。

⑤ 《德国刑法》中第323条c见危不救罪是1953年第三次刑法修正案引入刑法的,但真正追溯起来,该条规定可以追溯到1851年的普鲁士刑法典里,只不过当时成立该罪要以警察机关要求行为人履行救助义务为前提。

分析的方式表征出具体危险犯与实害犯的前阶段时，[①]规定抽象危险犯才具有合理性。况且，抽象危险犯并非不需要法官的判断，只不过所需的判断资料、程度与具体危险犯有所差异。[②]

(5)与抽象危险犯不同，预备犯虽然能够反映行为人恶的内心决定，却没有进入实行阶段，尚未表征出具体危险，因此处罚预备犯应该仅限于刑法有特别规定的重大犯罪领域，而不能一般性地处罚预备犯，也不宜轻易地增加预备犯。即使在风险社会下，西方国家的刑事立法中，预备犯也没有出现如抽象危险犯那样的大举扩张之势，学者与立法者仍对其采取比较审慎的态度。[③] 因此，不宜在刑法总则中一般性地作出处罚预备犯的规定，仅在刑法分则有关危害国家安全犯罪、恐怖犯罪、严重暴力犯罪等条款中规定预备犯即为已足。

(6)扩张刑罚、规定抽象危险犯的同时要容许合理风险存在。鉴于新风险具有不确定性，必须允许行为人在遵守既有操作规则的前提下实施具有一定风险的行为，否则国民将无法合理规划自己的生活，即在控制风险的同时必须为国民留下自由行动的空间，以保持社会的活力。换言之，风险刑法必须为国民设定一个"基础风险"，该风险是社会所必须承受的，在该风险的限度内国民是自由的，只有超越该风险之外的风险行为才是可罚的。这个基础风险就是"容许的风险"。容许的风险不是一个抽象的范畴，必须为它确立一个标准，即并非低度的风险就是允许的，而是只有遵守现有的法律规范、技术规范、社会交往规范的行为所制造的风险才可能被容许。

(7)国民的安全感是否可以作为法益是风险社会下面临的新问题。现代社会风险的全球化、风险信息的不对称以及媒体传播途径的多元化，使人们容易产生对危险的恐慌感且该恐慌感会迅速蔓延。而国民的普遍恐慌有时并不能真实地反映客观风险的严重性，因此有学者主张不能用刑法手段

---

① 参见[德]许迺曼:《从下层阶级刑法到上层阶级刑法》，陈志辉译，载许玉秀、陈志辉编:《不移不惑献身法与正义——许迺曼教授刑事法论文选辑》，台北，新学林出版有限公司2006年版，第104页；[德]罗克辛:《德国刑法学总论》(第1卷)，王世洲译，法律出版社2005年版，第19页。

② 参见张明楷:《"风险社会"若干刑法理论问题反思》，载《法商研究》2011年第5期。

③ 参见[德]乌尔弗瑞德·诺依曼:《国家刑罚的法哲学》，冯军译，载郑永流主编:《法哲学与法社会学论丛3》，中国政法大学出版社2000年版，第34页以下。

消除人们的恐慌。[①] 传统刑法下,我们认为刑法只能处罚造成法益侵害或者给法益造成客观危险的行为,但在风险刑法下,国民普遍的不安感也值得刑法保护,因为很多情况下秩序的骚乱与灾难性事故并不是由客观环境上的严重危险引发的,而是在信息不透明的情况下人心的普遍恐惧造成的。我国《刑法修正案(三)》增设了“投放虚假危险物质罪”和“编造、故意传播虚假恐怖信息罪”(第291条之一),显然该条处罚的是制造普遍危险感的行为,是以国民的安全感作为保护法益的。

但是鉴于“不安感”这一概念在“明确性”方面存在缺陷,为了不致因保护不安感而侵犯人权,以安全感作为法益时要受到限制:第一,仅仅针对个人法益的行为即使让公众普遍感受到法益侵害的不安感,也不值得处罚;第二,必须是国民普遍的安全感,不能是少数个体的安全感,因为每个人的感知不同,敏感者的安全感体验较低,迟钝者的安全感体验较高,均不能以其作为国民安全感是否受到侵害的标准;第三,国民普遍的不安感与科学严重不符,不安感是由于公众愚昧造成时,不能处罚行为人。[②]

(8)风险社会下应该加强对政府监管职责的刑法规制,以强化公权力对公民人身法益的保护。在风险防范与灾害救助方面,集公共权力与公共资源于一身的政府远比个人或者社会组织更为有效,而公权力也会借由风险预防、风险控制、风险救助而进行扩张。公权力的扩张必然意味着压缩个人自由,而这一制度性危险所带来的危害长期看来远重于国民所受到的安全威胁,因此风险社会下必须更加严密地、严格地规范公务人员的行为,使政府的责任与其权力相匹配。具体措施包括以下方面。第一,对错误的行政许可的规制。很多情况下政府的行政许可是企业实施某种行为的必经程序,例如,食品、药品生产与销售、矿产开发、企业排污等,如果政府在审批阶段实施了错误的许可或者发现错误许可后不撤销该许可,使企业实施了错误的行为而导致了公共危险的,颁布错误许可的公务人员应该承担至少

---

① 参见张明楷:《“风险社会”若干刑法理论问题反思》,载《法商研究》2011年第5期。

② 例如,捏造并散布在学生食堂的食物中放入了“放射性物质”硫磺的信息,即使造成普遍的不安感,也不构成犯罪。但是捏造并散布在学生食堂的食物中放入了“放射性物质”碘(实为硫磺)的信息,则构成犯罪。

不低于企业人员的刑事责任。① 第二,对不负责任的监管行为的规制。我国《刑法》目前规定了相应的条文对该行为进行规范,这主要集中于“渎职罪”一章,《刑法修正案(八)》还针对日前严重的食品安全问题,新增设了负有食品安全监督、管理职责公务人员的刑事责任并对其规定了比一般渎职罪更重的刑罚,显示出强化政府监管职责的倾向。第三,对负有救助职责而不救助或者救助不力行为的规制。现代社会的公共风险一旦转换为现实的事故,救助往往不能依赖于个人或企业,而只能依赖于政府的资源与行动力。虽然事故的发生不能归咎于政府,但风险社会不得不遵从这样的规则——有救助能力者有救助义务,当然这仅是对政府而言,并不适用于一般民众。因此,虽不能一般地规定见危不救罪,但面对公共危险,相关政府机关不予救助或怠于救助的行为,完全可以作为犯罪处理。

三、风险刑法与罪责原则

(一)风险刑法下罪责原则遭遇挑战

世界范围内罪责原则遭遇挑战主要体现在英美刑法中的严格责任,即无需证明犯罪意思即可判决有罪。虽然我国几乎没有刑法学者公开主张严格责任,但在刑法理论与实践上却存在转移罪责证明责任和降低罪责证明标准的现象。

第一,对于某些故意犯罪中被告犯罪心理的证明,使用“推定”的方法,转移检察机关的举证责任。

在司法解释上,例如,最高人民法院《关于审理诈骗案件具体应用法律的若干问题的解释》(以下简称《解释》)规定,对于集资诈骗罪,如果被告具备下列行为之一的,即认定其具有非法占有的目的:(1)携带集资款逃跑的;(2)挥霍集资款,致使集资款无法返还的;(3)使用集资款进行违法犯罪

---

① 在德国,药品监管机关公务人员对制药企业故意违法发放许可、错误发放许可以及不撤销错误发放的许可,导致缺陷产品流入市场且造成消费者死亡或者人身伤害的,可以按照德国《刑法典》第211条以下(谋杀、故意杀人等)、第223条以下(故意的身体伤害、严重身体伤害、伤害致死等)、第314条(危害公共安全的投毒)、第340条(公务中的身体伤害)、第222条(过失杀人)、第229条(过失的身体伤害)等条文进行处罚。参见 Michael Mayer, *Strafrechtliche Produktverantwortung bei Arzneimittelschäden*, 2008, S. 591f。

活动,致使集资款无法返还的;(4)具有其他欺诈行为,拒不返还集资款,或者致使集资款无法返还的。根据本条规定,司法机关可以根据被告事后的上述行为推定其在取得他人财产时即具有非法占有的目的,即成立集资诈骗罪。而且,由于该推定以司法解释的形式出现,而包括《解释》在内的许多司法解释事实上发挥着立法的功能,因此,该推定属于不可反驳的强制推定。

在刑法理论上,有学者主张对持有型犯罪中行为人主观故意的证明也可以适用推定。例如对于非法持有枪支罪,检察机关无需特别证明被告对于持有枪支的行为是明知的,只要证明被告有非法持有枪支的事实即可推定其对枪支持有行为系明知。只是该推定不像《解释》中的推定那样不可反驳,被告对于推定可以提出抗辩,但必须举出优势证据证明自己对于持有枪支不知情,即此时的举证责任转归被告方。① "推定"显然大大降低了控诉机关的罪责证明难度,因此被有的学者认为是风险社会下刑法应对风险、预防犯罪的重要手段。②

第二,在过失犯当中,对过失的证明虽然名义上一直维持"具体的预见可能性"的证明标准,但具体的预见可能性与抽象的预见可能性的界限愈加模糊,"危惧感说"事实上发挥着作用。例如,在日本的一起交通事故中,被告司机鲁莽地驾驶一辆普通货车,致使位于副驾驶位置上的甲受重伤,并且同时导致处于后车厢的乙和丙死亡,但是乙和丙处于后车厢这一事实在事故发生时并不为司机所知晓,而且也许甚至不可能知晓(这一点判决内容没有涉及)。但法官判决被告构成业务上过失致人死伤罪(日本《刑法典》第211条),除了对于甲受伤要承担责任外,对于乙和丙的死亡也要承担责任。③ 再如,在监督、管理过失案件中,由于监督者、管理者离事故发生较远,其中间介入了若干环节与诸多因素,对于预见可能性程度的判断就有突破新、旧过失论而采取"危惧感说"的倾向。例如,对于火灾事故刑事责任的追究,认定旅馆、饭店等的监督者、管理者对死伤结果有过失,并不要

① 参见劳东燕:《揭开巨额财产来源不明罪的面纱——兼论持有与推定的适用规则》,载《中国刑事法杂志》2005年第6期。

② 参见劳东燕:《公共政策与风险社会的刑法》,载《中国社会科学》2007年第3期。

③ 参见东京高判昭和60·12·27。

求证明其能够具体预见到什么时间会发生火灾以及由于什么原因发生火灾(即便是有人放火),只要求证明行为人能够预见到"一旦火灾发生"将会由于防火体制不完备而导致人的死伤即可。① 事实上,几乎看不到因否定具体的预见可能性而判决监督者、管理者无罪的案例,因为只要发生了致人死伤的事故就可以非常容易地肯定过失的存在。

(二)反思

风险刑法下罪责原则正在遭遇前所未有的挑战,为了消除罪责证明的障碍,人们运用"推定"使故意成为不证自明的事实,通过"危惧感说"让过失的证明变得易如反掌。② 这不禁让人感喟,"罪责原则的命运令人感到意外,该原则首先经过数百年才终于获得全面的贯彻、才终于获得承认为刑法最根本的、不得不信的原则,可是一旦到达此一阶段,很快又被放弃、很快被认定为不必要的,甚至被认定为有害的",③因此要千方百计地摆脱它的束缚。

如果将罪责原则与法益保护原则的命运对比地观察,在风险刑法之下,法益保护的范围得到了一定的扩张,法益保护的内容也发生了一定的变化,但这不仅没有造成对法益保护原则的侵害,而相反却反映出法益概念面向历史变化与知识进步的双重开放性。④ 法益的内容从来就不是一成不变的,其范围的大小具有明显的时空性,法益保护原则是一个可以容纳时代变化的弹性原则。罪责原则是否也允许弹性变化?是否允许证明责任转移、证明标准降低,甚至允许在部分犯罪中取消罪责原则?答案是否定的。因为在所有的刑法原则当中,罪责原则是与人性尊严联系最紧密的原则,企图为了一般预防而废除、缓和罪责原则是不允许的,否则就是颠覆刑罚的本质根据,颠覆"意志自由"这一基础观念,使整个刑法学失去依托。罪责原则不可废弃。

---

① 参见最决平成2·11·16。

② 一些法理学学者还主张刑法应该引入严格责任。参见苏力:《道路通向城市——转型中国的法治》,法律出版社2004年版,第109页以下。

③ [德]许迺曼:《罪责原则在预防刑法中的功能》,彭文茂译,载许玉秀、陈志辉编:《不移不惑献身法与正义——许迺曼教授刑事法论文选辑》,台北,新学林出版有限公司2006年版,第594页以下。

④ 参见[德]罗克辛:《德国刑法学总论》(第1卷),王世洲译,法律出版社2005年版,第16页。

1. 罪责能为刑罚提供价值理性层面上的依据，而一般预防不能，它只反映实用主义的工具理性。如上文所述，一般预防的必要性是通过法益保护的有效性这一可经验的指标来决定的，它与犯罪行为的可避免性(或者合法行为的可选择性)这一价值性指标不同，后者不因场合、条件的变更而变更，风险社会的特定背景无法动摇其根本性地位。正如拉德布鲁赫所说，“正义绝不是由于它对公共利益的有用性才获得自我的本质”，①在刑法领域，对于无法预估风险、没有机会决定是否选择服从规范的行为人而言，无论基于多大的预防必要性，都不得处罚。过度偏好一般预防会动摇刑罚的根基，降低甚至取消刑罚的道义谴责性，最终使刑罚变得与其他制裁方法无异。如果果真如此，则必会出现两个极端情形：要么监狱人满为患，遍地皆是犯罪人；要么刑事责任不复存在，代之以行政处罚或民事赔偿。② 无论是哪一种结果，犯罪都不再是恶的，而是习以为常的东西；刑罚也不再是惩罚，只不过是预防的工具。事实上，除非刑法有朝一日完全褪去伦理色彩，只留下如有学者所言的“政治性与工具性”③，否则就不能取消或缓和罪责原则。但这将意味着复归于庸俗、可怖的工具论，使刑法被玩弄于统治者的股掌之间。刑法一经被制定就形成自己客观、独立的价值，不允许任何人、任何组织随意解释、随意篡改，即使立法者自身也要受到刑法的约束。简言之，刑法乃至于一切法都有自身的意义与目的，而不是工具。

2. 罪责不仅在“质”的方面为刑罚提供合法性，还在“量”的方面保证刑法运用的合理性。这就是刑罚的限制功能。国家只能在犯罪可得谴责的程度之下判处刑罚，刑罚的量不能因为一般预防的必要性而超越该界限，刑罚在任何情况下都不允许高于行为人的罪责，这是公认的宪法性准则。④ 没有罪责原则的限制，刑罚就会如脱缰之马随心所欲，为了一般预防的目的而追求无节制的或不定期的刑罚早已为古典刑法学家所警觉，同样应为今人

---

① [德]古斯塔夫·拉德布鲁赫：《法律智慧警句集》，舒国滢译，中国法制出版社2001年版，第16页。

② 可以想象的是，这会带动保险业的空前发达，因为无过错的刑事责任可以通过保险制度来化解。

③ 劳东燕：《公共政策与风险社会的刑法》，载《中国社会科学》2007年第3期。

④ 参见[德]罗克辛：《德国刑法学总论》(第1卷)，王世洲译，法律出版社2005年版，第49页。

所引以为戒。因为,侵犯人权的风险比安全风险更具破坏性。

3. 本欲为了一般预防而忽视罪责原则的做法,事实上根本无法达到一般预防的目的。对于缺乏可预见性的行为进行处罚只是一时地保护法益,而在这一过程中,个体却命运式地成为技术风险与不良制度的牺牲品。[①]但是,牺牲某个个体并不能达到一般预防的警示效应,因为对于作为特例的一次性事故(实质上不外乎是"意外事件"),他人也同样无法回避,不可能由于存在刑罚威吓就使国民建立起避免犯罪的动机。而且,一般预防这一指标不具有确定性,会因时空不同甚至追诉机关的不同而变动,根据一般预防无法建立起国民预测系统。所以,刑法的可预见性功能与行为规制功能只能建立在刑法规范本身之上,而不能建立在刑法规范之外,否则刑法规范只能是低效率的,也是恣意的。相反,遵守罪责原则反而能够发挥一般预防的作用。"将刑罚的最高范围限制在与罪责相适应的期限内,不仅符合了一般的法律感受,而且在以下这一点上也具有预防的意义:对稳定一般大众的法律意识具有重要意义的正义性情感,要求任何人都不许受到比应当承受的更重的惩罚,同时,'应当承受的'仅仅是一种与罪责相适应的刑罚。"[②]

(1)我们无理由引进严格责任。事实上,英美刑法中绝大多数的严格责任只存在于轻微的公益性犯罪中,[③]如向未成年人出售酒精饮料、向公众销售不纯食品以及违反交通规则等,这基本属于我国行政违法或者民事侵权的范畴,而在行政违法与民事侵权行为中的确存在适用无过错责任的可能性,即使在英美法系也不被当作真正的犯罪看待。英美法系在个别的非公益性犯罪中也采纳严格责任,其典型是强奸幼女罪,即使男子合理地认为一名女性已经成年而与之发生性关系,也会被认为成立强奸罪。[④] 这在我

---

① 一次次事故让我们深切地感受到:科技带来巨大便利的同时的确大大增加了风险,但更多时候风险并非不能避免,体制的腐败、决策的错误才是风险爆发的根源。正如高速铁路是有风险的,但发生事故并非高铁内在不可避免风险的现实化。此时,仅追究某个操作者与下层管理者的责任是不够的,体制层面上的责任人至少应该承担监督、管理过失的责任。

② [德]罗克辛:《德国刑法学总论》(第1卷),王世洲译,法律出版社2005年版,第49页。

③ 公益性犯罪即有关于公共安全、健康和福利的犯罪,其采用严格责任的特点是:法定犯,刑罚较轻,定罪只损害违反者的名誉。

④ 参见[美]约书亚·德雷斯勒:《美国刑法精解》,王秀梅等译,北京大学出版社2009年版,第134页。

国是绝对不允许的，而事实上，即使在英美国家，对于在非公益性犯罪中适用严格责任也存在合宪性与政策正当性的激烈争议。[①]

（2）就举证责任而言，“推定”即有罪推定，是违背刑事诉讼法基本原则的。[②] 大陆法系绝对禁止推定，这不仅体现在积极的构成要件事实的证明当中，即使对于被告所主张的“正当防卫”，也不能要求其承担证明自己是正当防卫的责任，也就是说法官不得在判决书当中称“被告自己主张正当防卫，但却无法对此加以证明，因此其需被判决有罪”，而应称“本院就正当防卫案已为审理，本案因无法确信证明被告之罪责（无法反驳被告之主张正当防卫），被告因此被宣判无罪”。[③] 事实上，在英美法系推定的使用也颇为有限，并且饱受争议。一方面，不可反驳的推定几乎不存在；另一方面，即使是可反驳的推定，也往往会被认为是违宪的。例如，在 Sandstorm v. Montana 案件中，法院认为推定使心理状态的证明转移给被告，该推定“与应置于优先地位的法律赋予被告人并适用于每个罪犯要件的无罪推定原则相冲突”。再如，在“盗窃所租车辆”案件中，“如果根据一项书面合同，一个人租赁或者租用他人的私人财产，在 20 天之内没能归还，那么就可以推定这个人意图通过诈骗来盗窃”，就是违反宪法的，是违反无罪推定原则的。[④] 我国也不存在适用推定的可能。

对于贷款诈骗罪中占有目的的认定，《解释》中列举的 4 种情形，根据生活经验也许可以作为检察机关面对个案时的推理依据，但若像《解释》那样将其一般性地视为具有强制性的不可反驳的推定，就根本上违背了无罪

① ［美］约书亚·德雷斯勒：《美国刑法精解》，王秀梅等译，北京大学出版社 2009 年版，第 134 页以下。

② 推定与推理不同，推理是在坚持无罪推定的原则之下，根据已经查明的客观事实、运用经验和逻辑推断出行为人的主观罪过，推理不转移证明责任，是被允许的。例如，甲拿起一把装有子弹的枪支，朝向乙的方向开枪，乙死亡。如果检察官要证明甲是故意杀人，则必须证明甲不是想故意伤害或吓唬乙。为此，检察官必须从已知的各种事前、事中、事后的事实判断甲行为当时存在杀人的故意，这是推理。但是如果允许使用推定，就只需要检察官证明甲的确拿起枪并对着乙开枪，即可推知甲具有杀人的故意，如果被告否认自己有杀人故意，则其必须承担证明责任，去说服法官或陪审团他只是意图吓唬或者伤害乙。

③ ［德］罗克辛：《刑事诉讼法》，吴丽琪译，法律出版社 2003 年版，第 126 页。

④ 参见［美］约书亚·德雷斯勒：《美国刑法精解》，王秀梅等译，北京大学出版社 2009 年版，第 71 页。

推定原则，这即使在英美法系都是很难看到的。而在具有立法效力的司法解释中规定强制性推定，对司法实践的危害可能是灾难性的，现实中我们正在看到这样的案例发生，吴英案①的争执不下在很大程度上就与此有关。具体而言，根据《解释》的第4项，如果行为人“具有其他欺诈行为……致使集资款无法返还的”，即被认为有非法占有的目的。如果现实中被告存在任何虚构事实、隐瞒真相的行为（例如，为了能够继续取得民间贷款来周转资金而隐瞒自己经营上的存在问题），而事后虽努力扭转局面却仍无力回天致无法返还贷款，即可成立集资诈骗罪。但众所周知，任何公司的经营行为都具有一定的风险，都难免会经营不利，如果命运不济再遇到金融危机，即使是著名的跨国集团也可能难以为继、轰然倒下。现实中，我国银行的贷款大多流向国有大中型企业，民营中小企业为了生存不得不忍受民间的高利贷，而如果一朝经营不善致无法偿还贷款，就不容争辩地被推定为本来即无归还之意而构成犯罪，即使无论其多么希望能够及时偿还或者已经及时偿还了部分本金与高额利息。但是，试想如果我国的金融制度再健全些、公平些，如果中小企业主能够顺利从银行获得贷款，也许就不会被高利贷拖垮，更不至于构成犯罪，这正印证了李斯特“最好的社会政策是最好的刑事政策”的箴言之无比正确。因此，弱小的个体不应该因不良的社会制度而获罪。至于《解释》的其他几项规定，也未必不能举出反例。生活之丰富远超人类想象，法律条文与司法解释必须要保留一定的弹性空间，才能应对将来可能出现的纷繁复杂的事实。我们不能简单粗暴地用事后举动与侵害结果来推定行为之时的心理状态，否则就会沦为结果责任。

对于持有型犯罪主观罪过的判断，也不能轻易地运用推定。就非法持有枪支罪而言，持有枪支本身不能作为被告明知持有枪支的充分证据。如果枪支置于家庭非常隐蔽的角落，而该枪支的所有人又非被告本人时，不能推定被告对于枪支与其所有人一起具有共同持有的关系，更不能推定被告明知该持有。另外，由于持有要求现实的支配性，因此不是通过客观的持有来推定明知，而是在无法确定是否明知的情况下就不能肯定持有的事实。

---

① 参见《吴英案全记录：亿万富姐罪与罚》，载凤凰网：http://finance.ifeng.com/news/people/20091224/1622237.shtml，最后访问日期：2011年10月24日。

被告不知家中有枪支,就不能证明其支配、持有枪支;被告不知搭乘的车里有枪支,即使枪支是大口径的,也不能证明其与司机共同支配、持有该枪支。①

因此,虽然推定能够大大降低司法调查与司法证明的负担,一定程度上有利于犯罪预防,但这不能成为其合法性的根据,即使是可反驳的推定也同样不允许。因为,作为刑法基本原则之一的罪责概念要求:诉讼中必须举证,即使这会使预防的观点被打折扣。但此种折扣,若以社会学的用语表达,就是"法治国这一奢侈制度的代价"。②

(3)对于过失犯中主观罪过的证明,既然学界公认行为人必须具有具体的预见可能性才能证明其有过失,就不能在司法实践中降低标准、悄悄适用"危惧感说"。危惧感只是一种不需要建立在物质基础上的内心惶恐,胆怯者经常处于危惧之中,如果仅仅根据内心的不安与恐惧就追究刑事责任,就无异于客观责任。若过失的判断以"危惧感"为标准,则国民在交往过程中不仅要保持适度的谨慎和紧张,而且还不得不战战兢兢、如履薄冰,这显然过度地限制了国民自由,会造成行动的萎缩。在上文鲁莽驾驶案件中,被告司机不知道甚至不可能知道有人在自己后车厢的情况下,也就无法预见到有人会死亡,当然也就无法回避其死亡,因此不应该追究过失致死的责任。业务上过失致人死亡罪处罚的不是抽象的危险犯,因此不能认为只要对鲁莽驾驶会致人死亡有一种危惧感就够了,而必须具体预见到死亡结果的发生。监督、管理过失案件中,实质地看,"一旦发生火灾就会发生灾害性事故"这种证明模式"所认定的不是结果犯的预见可能性,而是抽象性危险的认识本身"③和"危惧感说"无异。但该定式之所以能够在火灾事故中普遍使用,不过是因为火灾事故具有常发性、一般人的社会经验足以把握其发生规律,降低证明标准尚可为公众所接受。但并不是所有的监督、管理过

① 此例参见[美]约书亚·德雷斯勒:《美国刑法精解》,王秀梅等译,北京大学出版社2009年版,第73页以下。

② [德]许迺曼:《罪责原则在预防刑法中的功能》,彭文茂译,载许玉秀、陈志辉编:《不移不惑献身法与正义——许迺曼教授刑事法论文选辑》,台北,新学林出版有限公司2006年版,第614页以下。

③ [日]松宫孝明:《刑事过失论的研究》,成文堂1989年版,第376页。

失案件的过失证明均可以效仿火灾事故的判决模式，如果在某业务领域，某类事故的发生不具有常发性，而是基于极其偶然的原因发生的，此时，如果行为人无法具体认识到该原因，则不能根据"一旦……即会发生事故"而肯定预见的可能性。

四、风险刑法与公共政策

(一)风险刑法下公共政策入侵刑法

法与公共政策的关系并不是一个新的话题，早在1881年美国大法官霍姆斯就曾论述"法律的生命不是逻辑而是经验"，对于统治规则的确定而言，本时代必需、流行的道德、法律理论以及公共政策的直觉等都比演绎推理作用更大。[①] 正是在普通法经验主义的指引下，有学者批判我国部门法的知识运用(特别是刑法当中的犯罪构成理论)是封闭的、"一根筋"的，只知坚持理论，不顾公共政策。强调应该建立起法学与公共政策之间的通道，尤其对于最高法院而言，特别应该具有公共政策的敏感性，应该成为平衡把握社会利益的"具有政策意义的裁判机构"。[②]

对于上述观点，我国有刑法学者予以积极回应，指出在风险社会的环境下，公共政策与刑法具有密切的关系，为了风险控制这一功利目的，刑法不应再坚持其封闭的体系，[③]反映国家政治需要的公共政策应大举侵入刑事领域，使刑法由报应主义下的惩罚法逐渐褪变成威慑法，乃至事务管理法。而公共政策入侵刑法的方式是使公共政策成为刑法体系构造的外在参数，具体影响刑事立法、刑法修订、刑法解释甚至刑事司法裁判。归根结底，就是主张风险社会下如果抽离公共政策的分析范式将无法真正认识现代刑法。[④]

(二)反思

一般而言，公共政策是指政府根据特定的经济、政治、文化等公共目标

---

① Oliver Wendell Holmes, Jr. *The Common Law*, Little, Brown, and Company, 1984, p. 1. 参见苏力:《道路通向城市——转型中国的法治》，法律出版社2004年版，第151页。

② 参见苏力:《道路通向城市——转型中国的法治》，法律出版社2004年版，第109页以下。

③ 用该学者的话说就是，以往的刑法学是"无视生活世界而沉溺于逻辑"的理论体系，其合理性值得质疑。参见劳东燕:《公共政策与风险社会的刑法》，载《中国社会科学》2007年第3期。

④ 参见劳东燕:《公共政策与风险社会的刑法》，载《中国社会科学》2007年第3期。

所选择和制定的方法、对策。在刑法领域,公共政策总是体现为政府抑制、预防犯罪的一系列策略和手段,即刑事政策;政府所采取的犯罪预防措施也总是公共政策或者刑事政策的重要组成部分。但是否应该因此允许让公共政策来构造刑法、入侵刑法,则是非常值得商榷的。

上文霍姆斯的论述的确概括了普通法的本质特征,法官自身对公共政策的理解与法规范一起构成了普通法的根据。不仅如此,普通法规范就是法官在其包括公共政策观念在内的所有法理解、社会文化理解基础上创造出来的,是"法官造法",自然与法官个人的政见及其对公共政策的理解分不开。而事实上,美国整个司法制度本身即带有严重的政治性,对此欧洲法学家有更彻底、更直接的表述,"在美国的文化中,法官是政治演员而不是像在欧洲大陆国家那样是法律专家"。[①] 马克斯·韦伯甚至断言,"(普通法中的)理性要比欧洲法中的理性程度弱很多,且属于不同类型",[②]在其看来,法的真正本质不应是法官的经验,"法的理性测验最终建立在其可预见性之上",[③]而普通法是建立在不确定性之上的制度。这种不确定性却被美国学者理论化为一种实用主义、经验主义的东西,是比以既定法规范作为大前提的逻辑推演更为灵活、有用的东西。这不仅仅是历史、文化上的差异所导致的,同时也是司法制度的不同造成的,因为在美国有极高比例(高达90%以上)的刑事案件通过辩诉交易(民事案件则通过和解)了结,[④]而辩诉交易追求的是刑事司法的高效率,而非规范的确定性。

因此,上文霍姆斯大法官对经验与公共政策的溢美之词,并非如有学者

---

① [法]安托万·加拉蓬:《美国法律文化在全球化中的自相矛盾地位》,载[德]沃尔克玛·金斯纳等编:《欧洲法律之路——欧洲法律社会学视角》,高鸿钧等译,清华大学出版社2010年版,第83页。

② Weber, M. Sociologie du droit, traduction de Jacques Grosclaude (Paris, PUF), 1986. 转引自[德]沃尔克玛·金斯纳等编:《欧洲法律之路——欧洲法律社会学视角》,高鸿钧等译,清华大学出版社2010年版,第87页。

③ [德]沃尔克玛·金斯纳等编:《欧洲法律之路——欧洲法律社会学视角》,高鸿钧等译,清华大学出版社2010年版,第89页。

④ 参见[德]沃尔克玛·金斯纳等编:《欧洲法律之路——欧洲法律社会学视角》,高鸿钧等译,清华大学出版社2010年版,第79页。

所言是概括了一切"法律的生命",①而只是描述了普通法的精神,对于大陆法系传统的国家并不适用,而且是其所反对的,因为经验与政策正恰会伤害法的可预见性精神。具体到刑法领域而言,公共政策不仅侵害刑法的可预见性,还侵害其他相关的刑法原则。

1. 公共政策入侵刑法会侵害刑法的确定性与国民的预测可能性。公共政策通常是针对一定时空条件下出现的特殊事件、状况而制定的,虽然公共政策也要求一定程度的稳定性,但相比稳定性,公共政策更要求应急性与灵活性。尤其在行政干预程度较高或处于社会转型期的国家,公共政策出台与修订都非常频繁,而制定法特别是刑法要求稳定,朝令夕改会损其权威,也会损其可预见性。而让公共政策来影响刑事司法无疑更是彻底颠覆国民对自己行动后果的稳定预期:法官如果以不断变动中的公共政策为根据理解规范的含义,必然会掩盖客观、独立地存在于文本中的规范的真意,那么在刑事司法中,国民就不会透过文本去预测自己行为的后果,揣测或者以各种手段了解检察官与法官的政治偏好、社会观念就成为当事人最重要的功课,通过规范进行行为预测与行为选择的刑法规制机制就会大打折扣。

2. 公共政策入侵刑法会威胁罪刑法定原则。上述主张公共政策入侵刑法以避免唯构成要件马首是瞻的"一根筋"的观点,实质上是把公共政策作为犯罪构成体系之外的扩张刑罚处罚的要素,即认为只要存在公共政策的需要,即风险社会下控制风险的需要,就可以不受犯罪构成体系的限制,这显然有突破罪刑法定原则的危险。犯罪构成体系是犯罪本质的反映,是限制刑罚处罚范围的重要手段,任何国家的刑法学都必须构建判断什么是犯罪的理论架构。罪刑法定与相对封闭的犯罪构成体系是刑法与其他部门法的重要区别,普通法也不例外。但犯罪构成体系也不是完全封闭的,因为规范总是给人们留下解释的余地,法律解释就如对文学作品的解释不可避免地带有个人色彩,反映个人对于生活事实的认知与对法

---

① [德]沃尔克玛·金斯纳等编:《欧洲法律之路——欧洲法律社会学视角》,高鸿钧等译,清华大学出版社2010年版,第151页。

律规范的理解,[①]但是刑法规范的解释受到罪刑法定原则以及法益保护原则的严格限制,如果允许学者或者法官基于自己对公共政策的理解与控制风险的功利主义考量而作出发挥性解释就会导致类推。试想罪刑法定在我国确立其基本原则的地位也不过十几年的光景,现在就批评犯罪构成体系是保守的"一根筋",令人不胜唏嘘。[②]

3. 公共政策入侵刑法会侵害法益保护原则与法治国原则。公共政策总是政府为了某种政治或经济等目的而制定的,而刑法认定犯罪应以行为是否侵害或者威胁法益为根据,而究竟哪些法益应该由刑法来保护是受到限制的,"不能基于政治学或经济学上的考虑来处理法益概念,基于政治或经济上的考虑,涉及的是现实利益或者谋略性利益,如果基于政治或者经济上的考虑来界定法益,便使法益受到非刑法因素的左右,这会对刑法理论与刑法实务构成潜在的危险,因为这种法益概念捉摸不定,随政策摇摆,不是一个确定的概念"。而事实上,"基于政治或经济上的考虑来界定法益,是在刑法不发达的国家最常犯的观念错误,这种错误观念误解了刑法的本质,认为刑法是统治者的控制工具"。[③] 公共政策入侵刑法过度强调公共政策在刑法解释上的功能,是"大政府、小法制"的表现。诚然,风险社会下政府的作用不得不被强化,依靠社会与个人的力量往往难以对抗突如其来的重大危机,如地震、核污染,但如果以公共政策取代规范,让政府的行为突破法制的界限,也许解决了一时的问题,但可能诱发更深刻的人权危机。风险社会需要国家、政府积极的有所作为,但必须以坚持法治为前提,否则防御风险、保护安全便有可能被滥用为侵害公民自由、权利的借口。

4. 公共政策入侵刑法会侵害刑法的正义性。公共政策的制定无须经过

---

① 在适用刑法时,目光总是要不断往返于生活事实与刑法规范之间(张明楷语),但这一过程是要考察究竟法规范可以在多大程度上容纳生活事实,而不是生活事实可以如何突破法规范的界限。

② 马克昌教授在弥留之际再次重申,"我国的刑法应该从国家刑法转变为市民刑法,从强调国家权威转向强调保障公民人权"(官步坦整理:《马克昌的最后一课:如何走向市民刑法》,载《南方周末》2011 年 9 月 22 日,第 4 版),而要做到这一点,必须严格坚持罪刑法定,严格坚持以犯罪构成体系作为判断成立犯罪与否的标准,这必须是"一根筋"的。

③ 参见陈志龙:《法益与刑事立法》,台湾大学丛书编辑委员会 1992 年版,第 103 页。转引自张明楷:《"风险社会"若干刑法理论问题反思》,载《法商研究》2011 年第 5 期。

严格的民主程序，难以反映公共利益，反而经常受到利益集团的左右，带有一定的利益倾向性。公共政策还极易受“民意”影响，而民意有时是非理性的，经常是公众情绪与媒体渲染共同作用的产物，甚至会演变为大众娱乐。因此，公共政策导向型的立法很多时候只是为了满足集团利益、安抚公众情绪，公共政策若不通过“法益”媒介、不通过语境转换而直接入侵刑法必然难以做到公正。[①] 另外，公共政策还具有时空性，为应对特定的环境背景而制定，如果以公共政策作为立法根据，则一旦作为公共政策基础的特殊条件消失，刑法就会失去合理性根据，成为恶法：要么处罚过剩，要么保护不周。[②] 公共政策可以根据条件的变化而变化，但刑法规范不能频繁更改，不公正的法律一旦制定就要在较长的时期内存在并发挥作用。公共政策也会导致不良的司法解释，司法解释是一种无需经过刑事立法程序就可以实质发挥立法功能的制度。毋庸讳言，司法解释是公共政策入侵刑法的最便捷途径，很多时候司法解释还会主动适应公共政策的要求，公共政策的灵活性与司法解释的简便性的结合往往是酿就刑法灾难的重要原因。

---

① 例如，我国在《刑法修正案（六）》中补充规定了不报、谎报安全事故罪（第139条之一），根据该条规定，在安全事故发生后，负有报告职责的人员不报或者谎报事故情况，贻误事故抢救，情节严重的，在对责任事故承担责任的同时还要另外成立本罪。此规定显然受到了政府进一步严厉惩处安全事故肇事者、竭尽全力救助受害者这一公共政策的影响。政策的出发点没错，但却因没有与法益相结合，导致了错误的立法。为了保护被害人的生命安全法益，刑法先后设置了两个义务，第一个是禁止造成被害人生命安全事故的义务，第二个是在发生了事故后及时通报信息以便及时救助的义务，前者是不作为义务，后者是作为义务。这看似给被害人的法益上了双保险，但对犯罪人却是重复设置法律义务、对犯罪行为进行重复评价。刑法对行为人设置第一个义务自然是合理的，设置第二个义务则有待商榷。第二个义务的根据显然是先行行为，即违背第一个义务而造成法益侵害的行为，但为何一个先行的法益侵害行为会导致另外一个以保护同一法益为目的的作为义务？试想，一个过失致人重伤的人，是否应该承担报告的义务？再试想，一个交通肇事者，是否也应该承担报告的义务？不报告都会成立另外的犯罪？如果答案是肯定的，推而广之，则任何一个法益侵害行为最后都可能导致两个罪。刑法完全有理由将发生事故后的及时报告或者救助作为从轻、减轻处罚的根据，却毫无理由将不予报告或者不与救助作为成立另一犯罪的根据，后者仅仅可以作为犯罪后的事实影响责任的轻重，而对犯罪人法益侵害的非难早已在追究其安全事故责任时即已实现。如果说不报、谎报安全事故罪还存在一些合理性的话，就应该将其犯罪主体限于造成责任事故的犯罪人之外的但负有报告义务的人。

② 例如，《刑法修正案（八）》新规定的危险驾驶罪，明显受到了公共政策的影响，该罪的存在有一定的现实基础，但由于是从公共政策出发而不是从法益出发，导致该规范明显存在保护不充分的问题。如果从保护法益出发，与醉酒驾驶、追逐竞驶相当的危险驾驶行为（如吸食麻醉剂后驾驶的）理应也成立本罪。

5. 上述几点是公共政策入侵刑法对于刑事立法、刑法释义与司法解释的危害,其危害已经触及了刑法的根基。但毕竟在这一过程中,公共政策还会披上刑法规范这一外衣,但是如果允许公共政策影响刑事司法,主张法官解释的本质上应是政治性的而非智识性的,①则是要以政府的意志作为断案的标准,根本上违背司法独立原则。

综上所述,让"公共政策大举侵入刑事领域"不是应对风险社会的先进理论,而是刑法学的倒退。虽然该观点对固步自封的部门法有一定的启示意义——不要切断刑法理论与生活经验、社会规则(包括公共政策)之间的通道,要做一位法律多元主义者,②但是这些于我们非常有益的生活经验、社会规则只能作为我们进入本专业的"先见",而一切先见如果要归入刑罚体系都必须服从罪刑法定、法益保护、法治国等基本原则,即如李斯特所言,"刑法是刑事政策不可超越之界限"。③

事实上,以一般预防为指针的公共政策不仅不能也根本无须通过野蛮入侵的方式影响刑法,它完全可以在刑法体系内找到自己的位置,罗克辛目的理性的刑法体系就包含了这一政策性因素。但罗克辛之前,德国在超过80年的时间里的通说是:在建构刑法体系时不考虑刑事政策之目标设定。④直至20世纪70年代,德国刑法学界才呈现出一种努力发展出与以往不同

---

① 参见劳东燕:《公共政策与风险社会的刑法》,载《中国社会科学》2007年第3期。

② 以为法律多元主义者应该像埃里希(Ehrlich)那样"同时关注中心和边缘:既是内行又是外行,既是各种官方法律的专家,又在精神上与他们保持距离,对各种社会规则保持敏感,这些社会规则完全超越法律人的规范性经验"。参见[英]罗杰·科特雷尔:《社会——法律研究传统对于欧洲的构思》,载沃尔克玛·金斯纳等编:《欧洲法律之路——欧洲法律社会学视角》,高鸿钧等译,清华大学出版社2010年版,第26页。

③ [德]许迺曼:《刑法体系与刑事政策》,王效文译,载许玉秀、陈志辉编:《不移不惑献身法与正义——许迺曼教授刑事法论文选辑》,台北,新学林出版有限公司2006年版,第41页。

④ 参见[德]许迺曼:《刑法体系与刑事政策》,王效文译,载许玉秀、陈志辉编:《不移不惑献身法与正义——许迺曼教授刑事法论文选辑》,台北,新学林出版有限公司2006年版,第45页。关于德国的犯罪体系,最早的是古典犯罪体系,即三阶层体系,认为犯罪是符合构成要件的违法且有责的行为。在该体系下,刑事政策的目标设定——一般预防完全是体系外的东西。新古典犯罪体系虽然在罪责阶层发现了"期待可能性"这一规范要素,使罪责不再是单纯的主观过错而被界定为"他行为可能性"(应受刑罚惩罚性),从而成为一个由刑罚目的所指引的"目的论"体系,但由于被纳粹德国认为是个人主义与自由主义而成了短暂的存在。之后的目的论体系以人类学的行为结构为核心建立,是一个纯物本结构、事理逻辑的犯罪论体系,也更加严格地将刑事政策、刑罚目的排除在刑法体系之外。

的“目的理性”或“功能性”的刑法体系的态势。在这方面作出努力的学者很多，他们的根本观点相同，都主张“刑法的体系性形成不是与本体的预先规定性相联系，而只允许从刑法的目的设定性中引导出来”。① 这些学者当中，最具代表性的就是罗克辛。其目的理性体系的最大贡献之一就是在罪责阶层补充进了“刑事惩罚的预防必要性”这一目的要素，②就是把传统的罪责范畴与(一般)预防性目标设定相结合。③ 具体而言，罗克辛对罪责阶层进行了改造，在可责难性(Schuld)之外增加了预防必要性的考量，二者统称为“负责”(Verantwortlichkeit)。④ 罗克辛这样一个以刑事政策上的预防目的为指导原则的体系，看似与上述公共政策入侵刑法如出一辙，但二者的着力方向则截然相反。后者以一般预防作为体系外因素侧重于扩张刑罚，而前者则是在传统犯罪体系的基础上，将一般预防的必要性作为罪责阶层中新的限制性要素，从而达到进一步缩减刑罚的目的。罗克辛的体系安排反映了国家发动刑罚要符合两个必要条件，即责任根据与目的设定，体现了以报应主义为基础、以目的主义为限制的并合主义的刑罚观念，绝非有学者所主张的“只要必需、可行并且结果好，任何原则都可以存在例外”⑤的毫无原则的实用主义价值观。

五、小结

综上所述，风险刑法在种种批判的声浪中已然成为无法回避的事实，实践证明，力图以维护法治国为根据而彻底否定风险刑法的观点已经脱离时

---

① [德]罗克辛:《德国刑法学总论》(第1卷)，王世洲译，法律出版社2005年版，第124页。

② 目的理性的刑法体系的另外一大贡献是创造了客观归责理论。

③ 参见[德]罗克辛:《德国刑法学总论》(第1卷)，王世洲译，法律出版社2005年版，第125页。

④ 对于Schuld与Verantwortlichkeit的译法，大体上有三种观点。有学者译为“责难可能性”与“负责”(参见许玉秀:《当代刑法思潮》，中国民主法制出版社2005年版)；有学者译为“罪责”与“责任”(参见[德]罗克辛:《德国刑法学总论》(第1卷)，王世洲译，法律出版社2005年版)；还有学者译为“责任”与“答责性”。笔者认为以第一种译法为最佳，其最能体现刑罚根据与刑罚目的不同，且二者共同构成让行为人负责、承受刑罚的理由。

⑤ 劳东燕:《公共政策与风险社会的刑法》，载《中国社会科学》2007年第3期。

代[①];而力图将刑法完全变成危险防御法的观点也必然招致警察国家。如何在风险刑法与传统刑法之间、在公共安全与个人自由之间找到一条适当的道路是我国刑法学的任务,而这条路不是一条中间道路,也不是什么第三条道路,[②]但仍然必须是在以保护个人自由为基本立场的近现代刑法的框架内完成对新型风险的防御,实现对公共安全的保障。换言之,从刑法史的角度观察,风险刑法仍是近现代刑法在风险社会的延续,其对传统刑法只起到修补的作用,试图通过颠覆法治国基本原则来预防风险的做法最终会毁掉百年前好不容易奠定的近现代刑法的基石。因此,针对罗克辛所提出的问题,何种情况下刑法需要以其传统法治国的自由的全部手段,其中也包括法益概念,来克服现代生活的风险呢?一条基本原则就是:即使在风险社会,尽最大可能地保护公民自由仍然是我们应该坚持并且为之奋斗的最高准则。

具体而言,在处理风险刑法与传统刑法的关系上,可以得出以下两点结论:

首先,科技迅猛发展带来难以预测、难以计算并难以控制的风险,欲尽可能地降低风险发生的可能性,必须利用最严厉的制裁手段——刑罚来处罚具有典型危险性且违反法规范的行为,刑法最后手段性与谦抑性的空洞不足以否定风险刑法,风险刑法势在必行。

其次,"在运用刑法与风险作斗争时,必须保护法益关系和其他法治国的归责原则。在无法做到这一点的地方,刑法的干涉就必须停止"。[③](1)在风险刑法与法益保护的关系上,法益保护原则不可废弃,在设定需刑法保护的普遍法益时须审慎;(2)在风险刑法与罪责的关系上,必须彻底坚持罪责原则,举证责任不容转移,[④]证明标准不容缓和;(3)在风险刑法与公

---

① 德国法兰克福学派宣扬让刑法撤出对未来提供保障的领域。参见[德]罗克辛:《德国刑法学总论》(第1卷),王世洲译,法律出版社2005年版,第20页。

② 哈塞默尔将刑法缩减为"核心刑法",是通过建立一种"干涉法"来解决"现代"的问题。干涉法介于刑法与违反秩序法之间,介于民法与公法之间。参见[德]罗克辛:《德国刑法学总论》(第1卷),王世洲译,法律出版社2005年版,第20页。

③ [德]罗克辛:《德国刑法学总论》(第1卷),王世洲译,法律出版社2005年版,第19页。

④ 我国刑法规定的巨额财产来源不明罪(《刑法》第395条第1款)是否转移证明责任、是否合乎正义,尚待进一步研究。

共政策的关系上，公共政策不得成为刑法体系之外扩张刑罚的要素，但"一般预防的必要性"可以纳入刑法体系成为限制刑罚的要素。

第二节　风险社会下应追究产品刑事责任

具体到产品责任领域，机器大生产程序复杂、环节繁多，技术性、专业性强，这些均导致产品风险增大、产品事故增多。而且由于统一国内市场甚至国际市场的建立，导致被害的范围空前扩大。面对产品事故的发生，故意、过失地生产、销售缺陷产品并导致消费者人身法益受到侵害的自不待言，当然要追究刑事责任。此外，在当前的风险社会中，由于人类理性的限制，许多未知的风险尚且无法把握，有时产品在生产和出厂销售之际即使根据当时一般的认知水平与检验手段都无法发现产品缺陷的存在，但在产品置于流通领域之后如果有根据表明该产品的使用与消费者法益受到侵害具有因果关系，而生产者不进行回收导致被害继续扩大的，也会考虑追究相关人员的刑事责任。因此，如果要在产品责任上贯彻风险刑法的理念，积极防范产品风险，一方面，我们要超越现有手段对致人伤害、死亡的产品责任进行普遍的刑事规制；①另一方面，对于缺陷产品的生产、销售虽无过错、不违法，但在产品置于流通后发现缺陷却对已售产品不予回收从而导致法益侵害扩大的行为追究刑事责任。

一、产品刑事责任的理论争议

英美法系，传统上都是将产品责任放置在民事侵权领域加以规制，但是自20世纪30年代，开始提出引入缺陷产品致害的刑事责任的观点。一些消费者保护组织建议对生产、销售有缺陷产品的行为应当规定为犯罪，特别是由于某种产品的瑕疵导致了严重的伤亡后果之后。事实上，普遍认为从

---

① 对于产品刑事责任的广泛肯定，体现了在危险社会中重视刑事责任的立场。参见［德］Prittwitz, *Strafrecht und Risiko*, 1993。转引自［日］北川佳世子：《刑法上制造物责任的问题点》，载《早稻田法学》第71卷第2号，第228页注1。

鼓励公司生产安全产品,惩罚那些将利润置于安全之上的人,是很重要的。但是否将违法行为入罪却是个难题。从学理上看,仍然存在两大派别的论争。

其中,反对生产、销售缺陷产品行为入罪的主要理由如下。

第一,何为"缺陷产品",其标准对于刑事制裁来说太过模糊。例如,某公司研发出一种新药物,并且知道此种药物有些副作用,此外,公司也知道此种药物会给数以千计的人提供比预期更好的疗效。那么这种产品是有缺陷的吗?当风险和利益同在时,如何评价产品是否有缺陷。再如,当越野车在极快的速度下猛踩刹车会有翻车的危险,而生产商也知道如果越野车配备更宽的轴距和更窄的重心则翻车的概率会被降低,但是这样设计会导致"越野"功能大大降低。那么,越野车目前的状况属于有缺陷吗?产品缺陷的存在与否不是一个非此即彼的判断,不像杀人、抢劫、强奸那样明确。对此,就会违背刑法的明确性原则,当生产、销售企业无法预知自己生产的产品是否为缺陷产品时,就无法针对其行为作出法律指引,一个因过于模糊而缺乏预测可能性的"构成要件要素"在刑法中是难以被允许的。

第二,"缺陷产品"与致害的因果关系证明困难。因果关系的问题经常和缺陷产品的认定纠缠在一起,对是否为缺陷产品的怀疑主要在于无法确定其与损害之间的关系,反过来,因为无法确定产品与损害之间的因果关系,所以无法认定是否为缺陷产品。在英美法系,是否存在"缺陷"的认定是由陪审团所决定的,其结论往往因州与州的不同而不一样,因陪审团的不同而不一样。最近关于万络(Vioxx)案的判决证明,陪审团对相同的产品是否有缺陷会作出截然相反的判决。① 而且,随着科学的发展,证据获取与证明技术的提高,我们可能会推翻以前的结论。例如,在19世纪80年代中期,一些陪审团发现孕吐药物会导致婴儿的出生缺陷,但是这些裁决后来才

---

① 万络案中,被告默克(Merck)制药公司生产的关节止痛药万络被认为会导致严重的心脏病,而与之相关的诉讼多达7000件。但是关于该药的一系列判决却得出了不同的结论,如该公司在得克萨斯州败诉,却在新泽西州胜诉,在联邦判决中,由于陪审团认为没有足够证据证明是该公司生产的万络导致了心脏病(不排除与患者自身的高血压、高胆固醇等有关),所以不能确定其为有缺陷的产品。参见 http://www. cbsnews. com/news/merck-wins-kentucky-vioxx-case/,最后访问日期:2014 年 5 月 20 日;http://www. foxnews. com/story/2005/12/13/judge-declares-mistrial-in-federal-vioxx-case/,最后访问日期:2014 年 5 月 20 日。

被发现与有力的科学证据相反。同样地,早期涉及硅胶丰胸产品的案件迫使道康宁公司于 1995 年提出破产申请,但是当科学家们仔细地检查问题时发现,在填充物和自身免疫系统紊乱、癌症以及其他严重疾病之间并没有发现联系。①

第三,刑事责任与侵权责任不同,侵权法的目标在于恢复原有秩序,在缺陷产品责任中,就是找一个人替被害人承担医疗费、误工费乃至因精神痛苦带来的无形损失;而刑法的目标是一方面惩罚危害行为及行为人,另一方面预防其他人从事类似危害行为。因此,犯罪比侵权的认定要更加精确,所需要的证明标准也更高,不允许模糊的判断。所以,在刑事判决中决不允许像万络案那样,不同州得出不同的结论,在事实不清的情况下不可能对被告作出有罪判决。在侵权法下,即使错判也有改正的余地(尽管这期间被告所遭受的财产损失可能无法计数,如商誉毁损、股价大跌甚至破产,而财产权益的损害相对比较好弥补),但在刑法下,对于模糊的事实短期内通常无法查明,因此依靠上诉、再审制度难以解决问题。而且,即便改判,被告所失去的自由等利益也无法恢复。

第四,对于明知产品缺陷而生产、销售的,可以适用惩罚性赔偿,巨额的惩罚性赔偿已经足以遏制违法行为。惩罚性赔偿的功能即在于惩罚故意的侵权行为,是为了惩罚一个人有目的地对另一个人实施损害行为。由于惩罚性赔偿可能数额巨大,②因此对其证明标准的要求也高于普通民事侵权,被认为是一种介于民事侵权标准和刑事犯罪标准之间的标准。例如,美国大多数州要求只有当事人具有"明确和令人信服的"(clear and convincing)证据,这个标准是处在民事的"优势证据"证明标准和刑事的"超越合理怀疑"的标准之间。惩罚性赔偿已经在执行明确而严格的标准,其威慑性也足够,并没有在法律体系中再适用更严法律的余地。

---

① See Victor E. Schwartz and Cary Silverman, Criminalizing product liability law: putting to rest a bad idea, released by the U. S. Chamber Institute for Legal Reform, 2006. 10.

② 美国的惩罚性赔偿数额巨大这一点也颇受诟病。例如,大法官桑德拉·戴·奥康纳(Sandra Day O'Connor)承认,"法院及其成员已经不止一次担心惩罚性赔偿会因莫名其妙的任性或激情'失去控制'"。See Victor E. Schwartz and Cary Silverman, Criminalizing product liability law: putting to rest a bad idea, released by the U. S. Chamber Institute for Legal Reform, 2006. 10.

第五，可能会带来一些意想不到的不良后果，如导致更少的安全产品，给侵权索赔制造关卡，给政府调查设置障碍。让故意生产、销售缺陷产品的行为入罪，会鼓励公司管理者对产品风险视而不见——如果他们没意识到“风险”，或者更准确地说是有意避免认识到风险，他们就不可能被起诉。例如，他们可能会故意安排经验少的员工去从事某些危险工作，或者有意识地在工作过程中不作明确记录，因为这些可能在日后成为证明其“明知”的证据，还会使管理者怠于改进技术生产新型产品，因为改进后的产品也可能被作为之前其有故意的证明。同时，如果产品责任仅限于民事的话，生产商、销售商（特别是在可能导致集团诉讼的情况下）通常愿意避免更多的损失（形象损失、时间损失、股票损失等）而同意与原告协商支付赔偿金。但如果进入刑事诉讼，根据《美国宪法修正案》第5条“拒绝自证其罪”原则，潜在的刑事责任也可能阻碍政府关于产品伤害的调查产品。正如美国前总检察长索恩伯勒所承认的，“既然有如此多的风险，自愿的合作可能会慢慢停止，该行业可能会停止与政府监管机构交换信息”。消费者能否获得赔偿便成了未知数。

第六，任何产品通常都会有不同程度的安全问题。例如，无论是汽车、压力锅还是烤箱，都有些不安全记录。如果对明知产品缺陷的生产者、销售者追究刑事责任，既会促使汽车制造商设计和制造出比目前在路上行驶的更安全的汽车，但是它可能会更像一个坦克，里面装着更加复杂的安全装置，使用更加结实的材料，但生产商也会因此而支付昂贵的成本。随之而来的是，消费者心中对于“安全”的底线标准提高了，但需要支付的购买汽车的费用也大大增加，那么也就是剥夺了大多数消费者的购买权，汽车因而变成了少数人能够消费得起的奢侈品。

至于上文提到的对生产、销售缺陷产品入罪的担忧，本书认为虽不无道理，入罪并非不会产生一些问题，但是这些问题是可以预防、可以控制，并且可以避免的。第一，关于缺陷产品的不明确问题。这一问题完全可以用“允许的危险”来解决，药物难免会有副作用，但副作用从来都不是直接否定药物疗效的理由，既然是副作用，其作用力就一定不能超过“正作用”，而且，在现有的医疗研究水平下，如若有其他正作用相当大而仅有更小的副作用的药物可以使用或者容易使用的话，就不应允许具有更大副作用的药物上市,否则的话,生产、销售该药物就应该属于允许的危险,不具有刑法上的违法性。第二,关于缺陷产品与致害之间的因果关系证明困难问题。这一问题的确存在,也是司法人员要克服的一大课题,但也并非无法解决。利用统计的方法仿照流行病学建立起来的“疫学的因果关系”在这里可以发挥其作用,通过将所怀疑的致害因子与危害之间长期建立起对比观察关系,利用流行病学的统计方法,如果能够证明致害因子与危害之间有一种正相关的关系,而且这种关系与已知的生物学、医学研究成果不相矛盾的话,就可以认定二者存在刑法上的因果关系。疫学的因果关系早已被用在公害犯罪因果关系的证明之中,缺陷产品致害具有典型的公害犯罪的特点,即被害广泛、作用时间长、因果作用具有累积性等,因此一定可以在缺陷产品致害的因果证明中起到重大作用。尽管阿明·考夫曼亦曾质疑疫学因果关系违背了疑罪从无的基本刑诉法原则,但刑法学的判断是价值判断,而法官作出价值判断的依据是证据,而不是科学,科学当然可以成为证据,但司法判断不能依赖科学,因为任何一个国家的诉讼规则都从来没有提出过这样的要求:只有当毫无任何疑问地科学地确定案件是被告所为时,才能定他的罪。事实上,只要现有证据能够使我们超越合理怀疑地认定是被告所为,即可定罪,因果关系的证明也是如此。上文中提到的同一产品致害案件出现不同地方的判决矛盾,以及后来的判决与之前的判决龃龉的情况,但仅此不能说明我们应慎重起见而拒绝运用刑事手段。英美法系的陪审团制度过多地依赖陪审员的主观认知,而不是充分相信司法人员的专业精神,出现同一事实不同判决并不是稀罕之事,即便是同一案件,不同的陪审员也可能得出不同的结论。而至于后面的判断推翻以前的判决,实为科技进步所不可避免,司法认知只能以当时的认知水平为依据,“超越合理怀疑”的标准也应具有时代性,不能统一标准。第三,关于侵权责任错了易更正,刑事责任错了无法逆转的问题。若怕出现错案就不动用刑法,那刑法就真的没用了,因为理论上我们只能尽可能减少错案,但无法绝对避免。而且,如上文所述,侵权责任再严厉对于责任人而言总是有脱责的可能,企业也会有翻身的机会,对责任人的威胁不大,而刑事责任则更利于一般预防与特殊预防。

二、产品刑事责任的域外立法状况

(一)美国

就立法的整体状况而言,在美国的联邦政府系统中,刑事立法的职权主要在各州的范围内。虽然各州都有各州的刑法典,但2/3以上的州都以美国法学会所制定的《模范刑法典》为蓝本,如规定故意地无视人类生命的人可能会面临重罪的处罚。根据《模范刑法典》,当行为人应该意识到别人可能会因其行为致死却没有意识到这种实质且不合理的危险时,该行为人就应该构成过失杀人罪。但行为人所没有预知到的风险必须从本质和程度上来看,是"从一个理性人处于行为人的立场来看对注意标准的严重偏离",而且死亡的危险必须是现实确定的。在更为极端的严重案件中,一个主管或员工可能会以普通杀人罪被起诉,其特点是"轻率"。一个人如果"有意忽视了一个实质的、不合理的危险",在这里就是缺陷产品事实上会致死的危险,那么其将受到刑事处罚。因此,过失杀人罪和普通杀人罪的区别在于行为人是否应该已经意识到了致死的危险,或者他虽然意识到这种危险却忽视了它。① 轻率或疏忽比民事罪责程度更高,不仅要求粗心大意,还要求行为人对危险的认知和对人的生命有意识地无视。此外,《模范刑法典》还规定,只要有董事会或者高级管理者的授权或轻率地容认,无论是代表公司从事犯罪行为的个人还是公司本身,都可能受到刑事处罚。② 由此可见,根据《模范刑法典》以及各州的刑法典,自然人或者法人对于缺陷产品致人死伤是可以受到刑事处罚的。在法典的层面上,这一点不存在问题。但真正适用上述条款判决被告成立过失杀人或者一般杀人的案件却是极为稀少的。因此,要求制定更为明确的专门规制缺陷产品犯罪方面的法案的呼声越来越高。

1. 联邦食品、药品和化妆品法案

1906年《食品与药品法案》(Food and Drugs Act)是美国第一个全面的

① See Model Penal Code, §2.02(2)(d),210.4, § 2.02(d), § 210.3(1)(a), § 2.02(2)(c).

② See Model Penal Code, § 2.07.

联邦消费者保护方面的法律。这部法案禁止标识不符和掺假的食品药品进入州际贸易市场。可以说,它意味着立法进步的时代达到巅峰,不过法案也有不足之处,那就是由于商品之间巨大的差异,本法案包含了许多商品,同时也遗漏了许多需要监管的商品,因此许多有害的消费品仍然以道德合法地在市场上存在。

20 世纪 30 年代早些时候,一些消费品有毒,致残、害死了很多人,事件令人震惊,国内民众的愤怒日益增长,促使政治力量努力做出了一些改变。事情的导火索源于 1937 年,一种未经测试的药物一上市就造成了许多病人的死亡,其中包括很多孩子。1938 年政府颁布了《联邦食品、药品和化妆品法案》(Federal Food, Drug, and Cosmetic Act),对食品、药品和化妆品进行保护,阻止非法的化妆品和医疗器械进入市场,并加强了政府对法律的执行能力。这部法律历经多次修改,至今仍发挥着效力。

《联邦食品、药品和化妆品法案》是美国关于食品和药品的基本法,该法已成为世界同类法中最全面的一部法律。美国的许多州的这类立法都与此法相似;也有些州规定将此法的任何新要求自动加入州立法律之中。《联邦食品、药品和化妆品法案》禁止在美国销售或进口伪劣或标识错误的食品、药品和化妆品。该法对伪劣或标识错误进行了详细定义,并且有许多司法解释。另外,该法还禁止销售需经美国食品和药品管理局(FDA)批准而未获得批准的物品,以及未获得相应报告的物品和拒绝对规定设施进行检查的厂家生产的产品。

生产食品或药物的企业高管在具体违反联邦法律时易被追究刑事责任。第 301 条对将涉及美国食品和药品管理局的掺假、掺杂的产品引入州际贸易中的行为规定为犯罪,并且对制造商未能完成各种报告和记录保存的要求的行为也规定为犯罪。违规者会受到 1 年的监禁刑并处 1000 美元罚款,累犯则会加重其刑罚。美国最高法院作出的规定认为,如果下属有意或无意地违反了法律,公司高级官员可能面临刑事处罚的风险。任何一位企业高管都可以被指控犯罪,即使他没有故意实施禁止行为,甚至他也没有亲自参与行动,只要其有权力防止或纠正这种行为,但是没有行使这样的权力。

2. 交通召回改进、责任与文档法案(简称"轮胎花纹法案")

2000 年,在由普利司通/费尔斯通(Bridgestone/Firestone)轮胎花纹的分离所导致一系列的严重事故之后,国会考虑制定"机动车和机动车配件缺陷告知改进法案"(The Motor Vehicle and Motor Vehicle Equipment Defect Notification Improvement Act),来寻求通过刑事处罚以试图改善汽车安全。该法案本来试图使董事、高级职员、机动车的代理人或机动车配件制造商更易于受到刑事制裁,理由是其明知机动车或其配件有缺陷或不符合安全标准且会造成紧迫的、严重的伤亡危险,却仍然将这种车辆和设备引入市场。该法案规定,若陪审团发现企业高管明知存在"缺陷",且产品造成严重的身体伤害,将处以企业高管最高 5 年的监禁刑;如果产品造成死亡,则会对企业高管处以最高 15 年的监禁刑。但是该法案在参议院受到了阻碍,最终被搁置了。作为替代,《交通召回改进、责任与文档法案》(Transportation Recall Enhancement, Accountability, and Documentation Act, 2000, TREAD, 即"轮胎花纹法案")最终获得通过并成为法律。但该法案并没有将产品责任普遍刑事化,而是仅当企业高管基于用潜在缺陷误导政府的目的而故意或蓄意对交通部长作出虚假或误导性陈述时才对该高管进行刑事处罚,因为在上述情况下个人和公司的责任都更为明确、客观。① 而且,如果企业高管或员工在合理时间内处理了任何不适当的报告或故障报告,那么他就不会受到刑事处罚。②

由此可见,上述规定首先保障了民事制裁的恢复性作用,主要试图通过设定民事责任促进市民对法的遵守,刑事责任在这里这具有补充性作用,即没有正面承认(故意)生产、销售缺陷机动车致害的刑事责任,而是仅惩罚对政府部门的虚假陈述行为,这一点是很奇怪的。法案不处罚实质上导致法益侵害的行为,却处罚一个轻得多的可以说仅单纯具有行政违法性质的行为。即便如此,法案对于刑事责任的部分还设置了违法排除性事由,即当机车制造企业的高管在合理时间内对缺陷进行改正的话就能够免除刑事责任。法案最终的规定远比当初的设想迈出的步伐小很多,把本来的实害犯

---

① 49 U.S.C. § 30170.

② 49 U.S.C. § 30170(a)(2).

变成了行政犯,笔者认为正如上文所述,立法者是基于明确性与客观性的考虑。“缺陷产品”与“因果关系”的认定在美国议会看来缺乏客观统一的标准,此时规定缺陷机动车致害的刑事责任并不合时宜。总之,2000 年的“轮胎花纹法案”并没有在真正意义上承认缺陷产品的刑事责任。

3. 海岸警卫队授权法案

2004 年,在《海岸警卫队授权法案》(The Coast Guard Authorization Act, 2004)将对产品刑事责任的立法推进了一步,但这一步推进也是小心翼翼的。该法案考虑到对缺陷产品(娱乐船只)实施刑事惩罚,最初的规定是,任何人包括执行董事、高级职员、公司雇员,无论谁故意、蓄意制造或出售有缺陷的娱乐船只,都将要被处以 10,000 美元的罚金和最高 1 年的监禁。但为了更加明确,对该条款做了修改,将原条款变更为:只有当个人故意、蓄意命令或授权生产、销售有特定缺陷的娱乐船只并且因此受到过政府的警告,这一处罚才被适用。但如果被告能证明自己的行动是基于一个合理的决定作出,而且缺陷不具有给公众造成实质伤害的危险,那么其也不应受到惩罚。

该法案与“轮胎花纹法案”共同的地方在于,起初对刑事处罚的设想均较为严格,但落实到法律层面时均打了折扣,可以说是“取法乎上,得乎其中”。但《海岸警卫队授权法案》还是比“轮胎花纹法案”在对缺陷产品进行刑事规制这条路上走得远了些,最终规定对故意命令、授权生产、销售缺陷娱乐船的个人予以刑事处罚,这一规定仍然回避了缺陷产品致害应该如何处理(这大概还是基于明确性、客观性的考虑),而仅规定了抽象危险犯(或者行为犯)。从刑事诉讼上来看,对于抽象危险犯只需证明其行为事实存在及犯罪故意即可,无需证明违法行为与危害结果之间的因果关系,在明确性、可靠性、经济性上要胜于实害犯,因此这一规定有司法经济、司法便宜方面的考虑。但是,法案仍然为定罪设置了前置性的行政条件,即除非此前因该缺陷受到过政府部门的警告否则不得定罪。虽未经过实证统计,但无疑这一条件会使大量的违法行为无法进入到刑事管辖的视野,此条的实际效用不禁令人怀疑。值得一提的是,关于犯罪主体,法案最终只规定了具有命令和授权权限的人,而把此前考虑入罪的高级职员、公司雇员等排除出去,这一点笔者认为是正确的,这样可以避免使处于一般或下层地位的职员因遵从上级命令而承担刑事责任,因为他们不得不遵守错误的命令而不能有其他选择,在科层制的现代公司体制中,他们的意思和行动都是被支配的。

4. 联邦虚假陈述法案

联邦法律为确定的刑事制裁规定了具体的行为,如引入掺假或掺杂的产品、作出虚假陈述、违反政府建立的报告要求。

例如,《联邦虚假陈述法案》隶属于使陈述不符合实质刑罚的公司或个人,其通常适用于提交给所有政府机构的信息。作虚假陈述的个人要面临最高25万美元的罚金和最高监禁刑5年的风险,公司罚金可以高达50万美元。在前面所讨论的"轮胎花纹法案"中,虚假陈述法案的罚金都被纳入了国家公路交通安全法案,并且其潜在意思是,监禁刑将会是原来的3倍。

5. 消费者产品安全法案

为加强对消费品的监管,美国在1972年通过的《消费品安全法案》规定由消费品安全委员会(CPSC)承担联邦政府有关消费品安全的职能。本法案所规定的"消费品",不包括烟草和烟草制品、农药、机动车或机动车设备、食品、药品、化妆品等。这些产品适用其他相关法案。例如,食品、药品、化妆品适用《联邦食品、药品和化妆品法案》,机动车或机动车设备适用《国家交通与机动车安全法》等。该法案中对于生产、销售不合理危险的消费品的行为,也规定了刑事责任,规定对故意生产、销售不符合消费品安全规定的行为处以最高5年的徒刑。同时规定,"公司的任何董事、高级职员或代理人,故意和蓄意地授权、命令或实施任何完全或部分违反第19条①的行为或做法,都应该根据本条规定受到处罚"。2008年通过的《消费品安全改进法案》对《消费品安全法案》进行了重大改进,如对含铅的儿童产品、铅涂料作出了新规定,对某些含有邻苯二甲酸酯的产品作出了禁止销售的规定,在刑事责任方面,则进一步扩大了生产者、销售者承担刑事责任的范围,提高了刑罚的幅度并设置了新的没收制度。

由上述立法可以看出,总体而言美国产品刑事责任立法呈现以下几个特征。第一,美国的产品形式责任立法是从个别危险领域开始的,如汽车、

---

① 本法第19条是对"车库自动门开关器"安全标准的规定。

娱乐用船只、食品药品，然后推广到所有产品，《联邦虚假陈述法案》所规定的内容和"缺陷产品：刑事处罚能否确保企业问责？"的听证会①上所讨论的对象都涉及所有缺陷产品。第二，由只处罚实害犯发展为也处罚抽象危险犯，即立法只规定了生产、销售缺陷产品致害的刑事责任，之后发展到一并处罚向主管机关作出虚假陈述和单纯销售缺陷产品或未经检验的产品的行为，而且对于抽象危险犯不仅适用财产刑，也适用监禁刑。第三，不仅处罚故意、鲁莽地生产、销售缺陷产品的行为，过失行为也可能受到处罚，这里的过失犯不限于因缺陷产品过失致死伤的情形，还包括过失地致使缺陷产品或未经检验的产品置入销售的情况。第四，不仅处罚企业还处罚个人，主要是高层管理人员，即使管理人员没有故意实施禁止性行为甚至没有亲自参加，只要有权力纠正错误行为即可能受到处罚。

（二）德国、日本

在德国和日本，其刑法典虽然也没有以专门法条规定过失的产品刑事责任，但却如前文所述可以按照过失杀人罪、过失伤害罪或者业务上过失致死罪、业务上过失致伤罪予以处罚。②

日本还在1994年7月颁布了《制造物责任法》，规定了民事侵权责任，与上述刑事责任并行不悖。到此为止，日本政府一向保护生产者的立法立场才有所改变，一方面敦促企业提高产品质量，另一方面加强对消费者利益的保护。其基本内容如下。

第一，"制造物"的定义。日本"制造物"的概念不像美国那样无所不包，仅指经制造或加工的动产，但是不包括初级农产品、狩猎品和原始矿产品，这与欧洲各国的规定基本相同。对"生产者"的定义，美国侧重于规定

---

① 2006年3月10日，美国参议院司法委员会举行了一场主题为"缺陷产品：刑事处罚能否确保企业问责？"的听证会，主席阿伦·斯佩克特（R－PA）探讨了一个草案，主张"惩罚故意和鲁莽地将缺陷产品引入州际贸易的行为"。草案将"缺陷"定义为"对人类生命、健康的危险，超出缺乏这样一个缺陷的相同或类似产品所能接受的、合理的风险的一种瑕疵"。该定义被认为没有提供任何程度的确定性，作为一个犯罪标准是不合适的。根据该草案，会判定将"已知有缺陷"的产品引入州际贸易的行为定罪，如果缺陷产品造成严重的身体伤害，那些这样做的人将受到最高法定刑5年并处罚金的处罚；如果导致了死亡，则将受到最高法定刑15年并处罚金的处罚。

② 事实上，德国、日本的刑法典也没有以专条规定故意的产品刑事责任。对于故意的产品刑事责任，按照故意杀人罪或者故意伤害罪来处理。

销售者承担责任，把生产者看作销售者，销售者包括制造者、批发商、分销商或零售商以及饭馆的经营者。欧洲各国侧重于规定生产者的责任，把销售者看作生产者，这是欧共体《关于对有缺陷产品的责任的指令》所要求的。而日本则把生产者定义为“(1)以制造、加工或输入该制造物为业者。(2)自己作为该制造物的制造业者在该制造物上表示其姓名、商号、商标及其他表示(以下简称姓名等的表示)者，或误认为该制造物的制造业者而为姓名等的表示者。(3)除前款所列者外，以该制造物的制造、加工、输入或有关贩卖形态的其他事项看来，可以认为是该制造物的实质的制造业者的姓名等的表示者”。

第二，责任范围。日本《制造物责任法》指出，“因故意或过失侵害他人权利者，负因此而产生损害的赔偿责任”，“不问是侵害他人身体、自由或名誉情形，还是侵害他人财产权情形，应负赔偿责任者，对财产以外的损害，亦应赔偿”。

第三，责任原则。该法第3条规定，制造业者对其制造物“于交付后因缺陷侵害他人的生命、身体或财产时，对因此所生损害负赔偿责任”，表明日本产品责任法也开始实行严格责任原则，这是对过去实行的过失责任原则的重大突破。但该法在第4条免责事由中又规定，“该制造物作为其他制造物的组件或原材料使用的情形，该缺陷系遵从该其他制造物的制造业者的指示专门设计所致，且对于该缺陷的发生并无过失”，即该制造物的生产者“无过失”时不承担赔偿责任，这对消费者很不利，这一点不同于专门规定为严格责任条件下生产者的免责事由之一，与美国和欧洲各国的规定相比，是日本产品责任法所独有的。

三、产品刑事责任的域外实务状况

尽管对于追究缺陷产品致害案件的刑事责任存在上述反对意见，阻力不小，但理论上还是有刑事责任追究的必要性。从实务状况来看，两大法系的态度有所不同，大陆法系对于追究产品刑事责任态度较为积极，出现了一些经典案例，但在英美法系，特别是美国，追究产品侵权责任仍然是实务的主流，这与美国的理论探讨和其司法制度都不无关系。

首先，在德国，之前其产品责任也基本限于民事侵权领域，但自20世纪

90 年代随着皮革喷雾剂案件(BSHSt. 37,106)与木材防腐剂案件(BSHSt. 41,206)的发生,产品致人伤亡的刑事责任开始被提及。[①] 在皮革喷雾剂案件中,生产企业的两名董事被判构成过失伤害罪与故意伤害罪;在木材防腐剂案件中,生产企业的技术、销售部门的经营责任者被判构成过失伤害罪。

其次,在日本,对产品刑事责任的追究主要集中在 2000 年以后。一个著名的案例是所谓的"药害艾滋"事件,该案中,因使用带有艾滋病毒的血液制剂致数名患者感染艾滋病而死亡。本案涉及产、官、学三方的刑事责任,其中,帝京大学医院决定对患者使用缺陷血液制剂的内科医生一审被判决无罪(该医生在控诉审中死亡);[②]出售缺陷血液制剂的"绿十字"公司的三名干部被判决构成业务上过失致死罪;[③]劳动厚生省生物制剂科科长也被追究了业务上过失致死罪的刑事责任。[④] 另外,2002 年发生的三菱汽车离合器系统零件缺陷导致司机死亡的事故中,三菱汽车公司总经理等 4 名被告被判处业务上过失致死罪。[⑤]

最后,在美国,其历史上几乎毫无争议地将产品缺陷致人死伤的案件作为侵权案件来处理。例如,美国曾在 1975 年的"彼得森诉卢·巴赫罗德雪弗兰公司"(Peterson v. Lou Bachrodt Chevrolet Co.)一案中判决,被告应对其销售的一辆 1965 年制造的二手汽车造成原告损害承担"产品责任";1963 年"哥德堡诉考斯曼仪器公司"(Goldberg v. Kollsman Instrument)一案,因飞机爆炸造成原告死亡,而原告要求制造瑕疵的飞机高度测量器(a defective airplane altimeter)的零件商负担保责任;一队卡车的商业出租人对租赁人的驾驶员——其雇员遭受的伤害承担严格责任。[⑥] 正如理论界的争论一样,美国实务界对于产品刑事责任的态度一直持非常谨慎的态度。直到 1980 年的"印第安纳州诉福特公司疏忽大意杀人案"(State of Indiana v. Ford Motor Co.)改变了这一状况。该案中 3 名被害人出行时因为其驾驶的

---

① [德]Kuhlen, *Notvendigkeit und Grenzen einer Strafrechtlichen Produkthaftung*, 神例康博译,载《松山大学论集》第 14 卷第 5 号。

② 东京地判平 13·3·28。

③ 大阪高判平 14·8·21。

④ 东京高判平 17·3·25。

⑤ 横浜地裁平 20·1·16。

⑥ See Cintrone v. Hertz Leasing & Rental Serv., 212 A. 2d 769(N. J. 1965).

福特汽车油箱漏油而被烧死,虽然最后认定被告公司无罪,但之后联邦与州层面上有关法人产品刑事责任的立法逐渐增多。①

尽管如此,实践中被判决刑事犯罪的案件仍然非常少见,这与美国的辩诉交易制度有关。例如,美国著名的辉瑞公司作为全球第一大制药企业,其旗下多种药品涉及欺诈销售及其他违法行为,其在多种药物销售中,无论在适应症还是剂量方面,都违反了美国《联邦食品、药品和化妆品法案》的规定。以镇痛药"伐地考昔"为例,美国食品和药品管理局批准的适应症为关节炎和月经引发的腹痛,而辉瑞公司声称该药物可以医治严重的疼痛以及手术中的止痛,并夸大药物的安全剂量,违反美国食品和药品管理局关于新药品种限定销售的规定,向医师公开推销。医学研究还证明,伐地考昔可能诱发心肌梗塞、脑中风以及致命的皮肤病,以致辉瑞公司于 2005 年主动停售了该药品。就是对这样一起涉案甚广的案件,没有人被追究刑事责任,而是司法部与辉瑞公司达成和解,辉瑞公司付出 23 亿美元的代价。在这 23 亿美元的和解金中,有 13 亿美元是对辉瑞公司欺诈销售的刑事罚金,另外的 10 亿美元是民事赔偿金。和解协议达成后,司法部终止了对辉瑞公司的刑事和民事诉讼程序。②

四、风险社会下追究产品刑事责任的必要性

风险社会的到来使刑法从古典刑法向当代刑法转变,从惩罚型刑法转变为预防型刑法,在刑法精神上的最大变化就是从限制刑罚权转向扩张刑罚权。在立法者眼中,刑法从最后手段变为最好手段,因为刑罚具有最为严厉的强制性,所以也被视为最直接有效的手段。这不仅体现在针对重大犯罪的立法上,如恐怖犯罪,同样体现在大量增加的轻罪上,如我国《刑法修

---

① See *California Penal Code*, Section 387; *Transportation Recall Enhancement, Accountability and Documentation Act*, Section 5; *Consumer Product Safety Act*, Section 2068 – 2070; *Consumer Product Safety Improvement Act*, Section 217. Frank J. Vandall, "The Criminalization of Products Liability: An Invitation to Political abuse, Preemption, and Non-enforcement", *Catholic University Law Review*, 2008(341).

② 参见李海涛:《美国辉瑞公司欺诈销售为何以和解告终》,载中国普法网:http://www.legalinfo.gov.cn/index/content/2009-09/08/content_1150401.htm,最后访问日期:2008 年 12 月 20 日。

正案(九)》增加的代替考试罪,使用虚假身份证件、盗用身份证件罪,拒不履行信息网络安全管理义务罪等。而产品充斥着我们的生活,产品质量问题不仅关系到社会主义市场经济秩序,更是关系到每个公民最基本的权利和利益。将生产、销售缺陷产品的行为纳入刑事管辖的范围完全符合当今社会“法益保护”的需要。特别是随着科技的发展,产品越来越多地包含了高科技成分(如自动驾驶汽车、AI 智能手术机器人、新型药品、新型器械),高科技的风险自然也隐藏在产品当中,不通过刑法手段加以干预,消费者对于产品智能化、便捷化的追求,以及厂商对于最大利润的追求很可能会导致脱离安全管控的产品研发与制造的竞赛。而机器大生产下的缺陷产品,其导致的危害结果必定是大面积爆发,就如同三聚氰胺奶粉事件。因此,为了对抗高科技所带来的产品风险,同时抑制厂商在巨大利益面前的违法冲动,亟须考虑追究缺陷产品的刑事责任,这符合风险社会的需要,同时也是因为主要以民事手段为主的产品责任遏制模式的作用非常有限。

首先,就民事侵权责任而言,无论消费者是仅受到了财产损失,还是同时也遭受了人身侵害,其只能通过损害赔偿的方式弥补消费者所遭受的损失,而无法对生产者施加道义上的谴责,同时也无法实现预防的目的。一方面,在产品责任已经发展了近 200 年的今天,过错早已不再是产品侵权的必要要件,[1]“缺陷”的存在替代“过错”成为产品责任中最为重要的要件。因此,在以无过错责任为产品侵权原则的今天,要求企业对其缺陷产品承担侵权责任的谴责意味已经大为减弱。然而,事实上并非不需要对这些有过错的企业进行道义谴责,尤其当其产品设计、生产、销售等环节存在重大过错并导致了重大法益的侵害之时。在这一点上,刑法恰恰能够弥补民法的不足,因为适用刑罚本身就意味着代表国家对侵害或者威胁刑法所设定的保护法益的行为进行谴责。另一方面,刑事责任不仅仅着眼于谴责,风险刑法的提出更使刑法的预防功能尤其是一般预防功能备受关注,对于刑法一般预防功能的探讨甚至不再局限于刑法学、犯罪学领域,而且已经提升到与刑

---

① 美国于 1965 年确立了产品侵权的严格责任原则,之后为很多国家所效仿,我国的《产品质量法》也采用了这一原则。

事政策、社会控制相当的地位。[①] 随着近代以来对理性与自由的强调，犯罪的一般预防不再以费尔巴哈的“心理强制理论”为根据建立在对“人”的威吓的基础之上，显然这种威吓论违背了古典哲学“人永远只能是目的，不能是手段”[②]的基本理念。现代刑法的一般预防理论是以风险社会为背景，风险社会下新风险增加、风险预测难度增大、被害更加广泛，对此需要法规范充分发挥一般预防功能以安抚国民由此产生的不安感与恐惧感。现代刑法就是要通过对犯罪人进行刑事处罚，来保护国民的法忠诚、法信仰，以此确证法规范的存在与效用，实现维护整体法秩序的目的。而民事侵权责任由其性质决定了无法实现以上功能。

其次，很多情况下对于作为加害人的企业而言，追究其损害赔偿责任或者行政责任对于抑制犯罪都很可能无效。一方面，企业可能已经从产品生产与销售过程中谋取了巨额利润，即使承担了赔偿责任仍然能保有相当的收益，更何况现代企业早已把可能承担的赔偿数额列为必要的经营成本，在产品生产之际即已纳入成本与收益核算当中。例如，全球最大的制药公司美国辉瑞公司就曾因为欺诈销售药品而被处以 23 亿美元的处罚，虽然这一数额看似很重，但事实上只不过是辉瑞公司三周的销售额而已。[③] 产品销售所获利润之巨使生产商有足够的理由冒着被处罚的风险铤而走险。因为即便生产企业对其造成的损失付出了巨额赔偿的代价（仅限于在英美法系的惩罚性赔偿制度下），但仍然可以享受由缺陷产品所带来的收益，所以民事赔偿完全不能使加害企业产生避免动机。只有企业刑事责任中的罚金制度可以弥补这一不足。作为浮动法定刑的罚金制可以与企业利润挂钩，随着企业利润的高低而上下浮动：企业因犯罪行为获得的利润越多，其社会危害越大，则罚金数额也相应越多。通过罚金制度的运用可以证明：给消费者带来重大法益侵害的企业企图用金钱来抵消过错的想法是行不通的。另一

---

① 参见[英]戈登·休斯：《解读犯罪预防——社会控制、风险与后现代》，刘晓梅等译，中国人民公安大学出版社 2009 年版。

② 参见[德]康德：《道德形而上学原理》，苗力田译，上海人民出版社 2002 年版，第 47 页。

③ 参见李海涛：《美国辉瑞公司欺诈销售为何以和解告终》，载中国普法网：http://www.legalinfo.gov.cn/index/content/2009-09/08/content_1150401.htm，最后访问日期：2008 年 12 月 20 日。

方面,现代企业责任保险制度(不仅在环境污染企业有所体现,而且扩展到一切形式的企业当中)也足以让这些企业从巨额债务中脱身。[①] 如此一来,即使追究了企业的侵权责任也难以实现谴责与预防的目的,难以预防可能再次发生的风险。因此,借助刑事责任的力量对企业进行处罚就变得必不可少。

再次,为了追究产品责任的民事诉讼也有缺陷,民事诉讼通常由被害的消费者个人提起,而消费者处于弱势地位。一方面缺乏必要的诉讼成本,另一方面也难以举证产品缺陷的存在以及产品缺陷与侵害事实之间具有因果关系。诚然,集团诉讼可以在一定程度上解决这一问题,但仍然无法摆脱耗时长、费用高、结案率低等弊病,尤其当被告方是实力雄厚的跨国集团时,原告方更难以与之抗衡。而由国家司法机关发起、主导的快速而有力的侦查起诉活动则更加有利于查明真相,有利于在惩治犯罪人的同时保护被害人的利益,并有效地预防同类事件的再次发生。

最后,英美法系之所以对追究产品刑事责任的兴趣不大,主要是因为惩罚性赔偿制度,认为惩罚性赔偿也具有惩罚性,其重视的不是损害,而是侵权人的重大过错("恶意"),即具有不法性和道德上的应受谴责性的行为。[②] 换言之,惩罚性赔偿就是一项准刑罚手段,因此被认为不再需要刑事手段。

我国民法也效仿美国规定了惩罚性赔偿制度。如《侵权责任法》第47条规定:"明知产品存在缺陷仍然生产、销售,造成他人死亡或者健康严重损害的,被侵权人有权请求相应的惩罚性赔偿。"[③]2017年通过的《民法总则》也在第179条承认了惩罚性赔偿这种民事责任形式。除此之外,《消费

---

① 在贝克看来,保险合同是企业应付风险及其不确定性的一种技术方法。参见[德]乌尔里希·贝克:《从工业社会到风险社会——关于人类生存、社会结构和生态启蒙等问题的思考》,载王武龙编译,载《马克思主义与现实》2003年第3期。从这一点来看,保险制度确实充当了企业责任"保护伞"的角色。

② 参见王利明:《美国惩罚性赔偿制度研究》,载《比较法研究》2003年第5期。

③ 我国的惩罚性赔偿制度主要与产品责任有关,体现在产品销售欺诈或者缺陷产品致害。但该制度也在逐渐扩大适用范围,可见于《合同法》,《专利法》第65条以及相关司法解释。

者权益保护法》第55条，[①]《食品安全法》第148条第2款也有相关规定。[②]我国惩罚性赔偿所要求的主观恶性比美国更重，侵权行为人必须是出于故意，而鲁莽或重大过失不在此列，更加体现了惩罚性赔偿的惩罚意图，这一点与刑罚无异（我国刑法上的生产、销售伪劣商品罪也是以“故意”为条件）。

但是，惩罚性赔偿在侵权法体系中的重要性与其在学术上的受关注度并不匹配，如大陆法系整体上否定惩罚性赔偿制度，即使在英美法系也是争议不断。例如，(1)惩罚性赔偿虽自美国成立以来就是美国法律制度的一部分，但其自存在之日起即周期性地成为争议的焦点，最受诟病的是“惩罚性赔偿愚弄了刑法与侵权法的边界、公法与私法的边界、惩罚与赔偿的边界”。(2)惩罚性赔偿制度曾多次受到宪法性审查，其结论是无论对于过重的处罚金额还是在程序适用方面都要求对惩罚性赔偿的数额进行限制。[③](3)即使在美国，并非所有州都认可惩罚性赔偿，至少有4个州完全否认该制度。[④] (4)即便允许在具体案件中适用惩罚性赔偿，条件也非常苛刻，主要限于恶意侵权行为，如伤害、强奸等具有严重恶意的行为，产品责任也只是其中的一小部分。(5)司法实践中，整体上获得陪审团支持的惩罚性赔偿案件极少，近些年实际只有不到5%的案件会被判决惩罚性赔偿。[⑤](6)在产品责任案件中，支持惩罚性赔偿的案件则更少，其中一项研究表明，在超过1/4世纪的几千件产品案件判决中只有355件获得了惩罚性赔偿，而法学家兰德斯(Landes)和波斯纳的研究成果则表明只有2%的产品

---

① 该条规定：经营者有欺诈行为的，可增加赔偿金额为消费者所购买商品价款的3倍（不足500元的，为500元）；经营者故意提供给消费者有缺陷的商品，造成消费者或者其他被害人死亡或者健康严重损害的，被害人有权要求所受损失2倍以下的惩罚性赔偿。

② 该条规定：故意生产、销售不符合食品安全标准的食品，消费者除要求赔偿损失外，还可以向生产者或者经营者要求支付价款10倍或者损失3倍的赔偿金（不足1000元的，为1000元）。

③ See David G. Owen, “A Punitive Damages Overview: Functions, Problems and Reform”, 39 *Villanoval Law Review*(1994), p. 403；李友根：《美国惩罚性赔偿制度的宪法性争论——过重罚金条款与我国的惩罚性赔偿制度》，载《法学论坛》2013年第5期。

④ See David G. Owen, “A Punitive Damages Overview: Functions, Problems and Reform”, 39 *Villanoval Law Review*(1994), p. 367.

⑤ See John C. P. Goldberg and Anthony J. Sebok, *Tort law: Responsibility and Redress*, 3rd Edition, Wolters Kluwer, 2012, p. 528.

案件被判决惩罚性赔偿。①

由此可见,一方面,惩罚性赔偿本身就具有“刑罚”性,这从侧面说明了英美法系内部也有追究产品刑事责任的需要,只不过由于历史原因及法律文化的原因生发出来的不是纯粹意义上的刑事责任,而是具有刑罚性的惩罚性赔偿制度;另一方面,惩罚性赔偿即使在美国侵权责任中也只是例外和补充,适用于产品责任的则更少,想要通过惩罚性赔偿遏制恶性产品责任并不现实。而我国适用惩罚性赔偿的条件更为苛刻,要求必须是故意,不包括重大过失,同时赔偿数额有严格的比例限制,最多只能要求价款 10 倍或者损失 3 倍的赔偿金(限于故意生产、销售不符合食品安全标准的食品的行为),所以对于惩罚和预防违法的生产、销售缺陷产品的行为,作用甚微。因此,引进缺陷产品的刑事责任是非常必要的。

---

① See David G. Owen,“A Punitive Damages Overview: Functions, Problems and Reform”, 39 *Villanoval Law Review*(1994), p. 373.

第二章　我国缺陷产品刑事责任的一般问题

第一节　产品刑事责任与民事责任的区别

谈到产品责任，通常首先想到的是民事责任。产品民事责任主要规定在《民法总则》、《合同法》、《侵权责任法》以及《产品质量法》当中。其责任形式包括违约责任和侵权责任，有时二者还会发生竞合。产品违约责任是指消费者从销售者处购买产品，该产品并不能达到消费者购买该产品时所预期的目的，从而丧失了该买卖合同的预期利益，此时销售者所应承担的责任；产品侵权责任是指消费者从销售者处购买产品后，产品存在质量缺陷，并因为该缺陷而导致消费者或者第三人的人身以及缺陷产品以外的其他财产的损失时，消费者向销售者或者生产者主张的损害赔偿责任。其中，违约责任的主体只能是销售者，不能是生产者，而且由于产品买卖合同只发生于销售者和消费者之间，因此由于缺陷产品导致消费者之外的第三人损失的，无法通过违约责任获得赔偿。总体而言产品侵权责任能够更周全地保护消费者，所以实践中多适用侵权责任。

关于产品民事责任与刑事责任的关系，虽然实践中以追究侵权责任最为常见，但是民事责任不能排除刑事责任，二者不是排斥关系。当消费者等由于使用产品而受到财产、人身的重大损害时，也可能追究生产者、销售者的刑事责任。

第二节　我国产品刑事责任的立法概况

我国对产品刑事责任的规定集中于刑法当中。刑法在“破坏社会主义市场经济秩序罪”一章中规定了“生产、销售伪劣商品罪”一节和渎职罪中的若干罪名。其中前者的处罚对象是生产、销售伪劣产品的人，后者的处罚对象是对产品安全负有监管职责的国家机关工作人员。“生产、销售伪劣商品罪”一节共有9个罪名，分别规定在第140～148条之中，其中包括了对缺陷药品、食品、医用器材、化妆品、农药、兽药、化肥、种子等特殊产品的规制，也包括了对一般不符合安全标准的产品的规制，还包括了对一般伪劣产品的规制。本节犯罪既有危险犯（包含具体的危险犯与抽象的危险犯）也有结果犯，但都是故意犯罪。关于产品监管失职的罪名包括第408条之一“食品监管渎职罪”（2011年《刑法修正案（八）》增设）和第414条“放纵制售伪劣商品犯罪行为罪”。

本书主要讨论生产者和销售者的刑事责任，所以这里只探讨生产、销售伪劣产品的犯罪。

首先，我国刑法所规定的生产、销售伪劣产品的犯罪都是故意犯罪，没有过失犯罪，因此我国已有的关于产品刑事责任的判决都是生产、销售伪劣商品的故意犯罪。我国刑法则没有单独规定过失产品责任类型。这导致司法实践中对于此类案件完全作为民事侵权案件处理。[①]

其次，对于生产、销售伪劣产品时不存在过错，但产品在销售后发现存在缺陷的却不采取措施通知消费者并进行回收，以致于更多名消费者受到

---

① 例如，我国曾经发生的一起因被害人购买的奥拓汽车车内苯含量超标而导致车主患再生障碍性贫血并死亡的事故，仅作为民事案件处理，没有作为刑事案件提起公诉。参见杨洁：《“新车苯中毒”案一审宣判　证据不足原告败诉》，载央视网：http://www.cctv.com/news/society/20040402/100845.shtml，最后访问日期：2018年10月2日。

人身财产损害的,显然也无法通过刑法来规制。虽然我国司法实践中几乎没有关注过此类案件,但作为一种产品责任类型,是不容忽视的,需要加以规制。

最后,暂且不论我国没有规定上述两种产品的责任形式,即便是对故意的生产、销售缺陷产品的刑事责任的规定,也存在很多问题。

(1)对缺陷产品导致被害人死伤的故意犯罪如果适用本节规定,很多时候会造成严重的法定刑不均衡。因为本节除了生产、销售假药罪和生产、销售有毒、有害食品罪这两个罪名外,①其他罪名均无法合理处罚明知产品存在严重安全缺陷,且明知该缺陷会给消费者造成生命威胁而仍然生产、销售该产品并希望或放任他人死亡的情形。因为这样的行为具有故意杀人的性质,如果仅按照生产、销售伪劣商品罪中的相关罪名加以处罚,从法定刑上看,与第232条故意杀人罪存在严重不均衡。②

(2)本节有些罪名也无法规制故意导致消费者受伤害的情形。例如,第148条生产、销售不符合卫生标准的化妆品罪,规定"造成严重后果的,处三年以下有期徒刑或者拘役,并处或者单处销售金额百分之五十以上二倍以下罚金",从这一法定刑来看,对于故意造成消费者重伤的,不能根据本条进行处罚,否则将会导致与第234条故意伤害罪的法定刑严重不均衡。

(3)对生产、销售特定伪劣产品之外的一般伪劣产品导致重大人身伤亡的,也无法全部按照本节犯罪进行处罚。例如,玩具生产商生产并且自行销售明知不符合健康和安全标准的玩具汽车,导致多名儿童伤亡的。对此有人认为可以根据第140条生产、销售伪劣产品罪定罪处罚,因为本罪是本节犯罪的一般法条。③ 但是,由于第140条规定的法定刑根据销售金额的

---

① 这两个罪名的法定最高刑都是死刑。

② 例如,《刑法》第142条生产、销售劣药罪、第143条生产、销售不符合卫生标准的食品罪的法定最高刑为无期徒刑;第146条生产、销售安全标准的产品罪的法定最高刑仅为5年以上有期徒刑。

③ 我国学者通常认为生产、销售伪劣产品罪与本节其他犯罪之间是一般法条与特殊法条的关系,前者生产、销售的是一般的伪劣产品,后者则是特定的伪劣产品。但是,由于前者根据销售金额确定法定刑,后者根据危害行为本身或者行为可能造成、已然造成的危害结果确定法定刑,因此二者并不是包容与被包容的关系,而是交叉关系。例如,销售有毒、有害食品已经造成消费者的食物中毒,但如果销售金额不足5万元,则不可能构成生产、销售伪劣产品罪。

多少来确定,只有当销售金额达到5万元以上时才构成本罪。那么,如果销售金额不足5万元,但造成了消费者的重大人身损害或者财产损害的,就不能按照本罪处理。也许有人认为这种情形可以按照第146条生产、销售不符合安全标准的产品罪①定罪处罚,但本罪的法定刑最高只是5年以上有期徒刑,因此只能用来处罚过失致人死伤的犯罪,如果用来处罚故意致人死伤的犯罪,同样会出现法定刑不均衡的现象。

(4)我国对生产、销售伪劣商品犯罪的规定多以违反相关"国家管理规定"或者国家标准、行业标准为前提,对于现实中发生的产品虽符合有关规定,但导致人身伤亡、财产损失的案件就无法追究刑事责任,导致了处罚的漏洞。在这里,国家规定、标准或者行业标准与刑法义务的关系如何是值得探讨的问题。

第三节　我国产品刑事责任的违法性根据

一、违法性根据的一般理论

刑事违法根据的问题,在当今学界主要存在规范违反说和法益侵害说。前者认为违法的本质是对法规范的违反,以雅各布斯(Jakobs)为代表;后者认为违法的本质是对法益的侵害和威胁,支持法益说的学者居多,在当今世界最有影响力的是罗克辛教授。法益说自1872年由宾丁提出之后在德国刑法学已经有近150年的历史,可以说在大陆法系具有很深的根基,为学者所普遍接受。李斯特甚至说,虽然法益概念在刑法体系中得以确立不过是19世纪后半叶以来的事情,但实质地看,自有原始刑罚以来,"刑罚不能不为防卫法益服务,因此,说刑罚的历史是人类法益的历史也不过分"。② 法益概念可贯穿于整个刑罚史,足见法益说具有深厚的社会基础。但以雅各

① 本罪是指生产不符合保障人身、财产安全的国家标准、行业标准的电器、压力容器、易燃易爆产品或者其他不符合保障人身、财产安全的国家标准、行业标准的产品,或者销售明知是以上不符合保障人身、财产安全的国家标准、行业标准的产品,造成严重后果的行为,本条所指的"产品"能否包括一切不符合国家标准、行业标准的产品尚待研究。

② 张明楷:《法益初论》,中国政法大学出版社2000年版,第34页以下。

布斯为代表的规范违反说也并不像它被批评的那样将刑法规范理解为伦理规范,其规范是指刑法规范。雅各布斯曾明确反对以“道德违反性”作为处罚根据,①但他也不同意以单纯的利益作为刑罚的理由,刑法的功能不是保护被宣布为法益的利益,而是保护各种利益免受特定的攻击,并且只有在涉及法的保护时,利益才会在法律上表现为“法益”。换句话说,法不是一堵放置在利益周围的保护墙,而是关涉人的关系的结构,人只有受到他人攻击时其利益才是受保护的。所以,不应该说刑法以法益保护为目的,而应该是,刑法保护的是对利益的攻击不会发生这样一种期待,即一种“规范适用”。就如刑法要保护的不是所有权,而是所有权人要求他人对自己的权利予以尊重,或者说规范是保护所有权人对自己权利受到保证的期待。②从上述规范违反说可以至少看出以下几点。第一,规范违反说反对笼统地以利益作为保护目的,利益的归属只具有单向性,是某个人的利益,而在刑法上利益只有作为反映“主体间性”的概念时才有意义,即利益只有受到侵害才需要刑法保护。第二,刑法要保护的不是现实的利益,而是利益归属者对其利益不受侵害的期待,若利益在现实中遭受了侵害就需动用刑法,即适用规范,通过规范适用重新建立起国民对规范的信赖。第三,规范违反说并非彻底反对法益说,其也承认刑法与利益有关,只不过是赋予利益一种社会属性,将其归于“关系”范畴,在规范上具有“不得侵害”的特点,不受侵害并不是在现实中不会受到侵害,而是不允许受到侵害,若受到侵害则会予以刑罚处罚,这是法律适用的结果。

笔者认为,规范违反说与法益侵害说并非不可调和,规范违反说并不否定人的利益,只是更强调规范对利益侵害者的效力,更重视公民对规范能够保护其利益这一点的期待和信赖;法益侵害说也不否定法规范的效用,只是更重视法规范要保护的是利益,而不是道德、感情、宗教、意识形态等。在笔者看来,上述两种学说只是着力点不同,不存在根本矛盾,而应该取长补短。当规范违反说被问到“刑法保护什么”时,其实是问刑法的目的是什

---

① 参见[德]雅各布斯:《刑法保护什么:法益还是规范适用》,载《比较法研究》2004年第1期。

② 参见[德]雅各布斯:《刑法保护什么:法益还是规范适用》,载《比较法研究》2004年第1期。

么,而其回答是“刑法保护规范适用”,也就是说规范的目的是规范适用,等于什么都没说,规范的目的应该指向于规范之外的东西,而非自身。即便规范违反说抬出“交往关系”这一社会学概念,认为只有基于对每个人遵守规范以及规范适用的信赖,才能维系一个顺畅的交往关系。但交往关系不是只有形式,还要有内容,而这个内容是什么,规范违反说自己是回答不了的,只能由法益侵害说来告知。而法益侵害说在很好地解决了利益与道德、伦理、宗教等界限的前提下,却并没有给“法”一个很好的定位,“法益”是纸面上的“法”上的利益,并非只要利益规定在法上就变成了法益。相对于纸面上的法律规定,规范被适用才获得生命,才具有权威,才能赢得信赖和尊重。总体而言,规范违反说更好地说明了规范层面的交往秩序问题,法益侵害说则更好地解决了事实层面的利益内容问题。笔者的观点是,应以法益侵害说为根基,用规范违反说完善法益侵害说的内涵。对于“法益”概念要作重新界定,将法益分为两部分,即“法”与“益”。作为“益”的部分,其核心内容不变,即为了人的自由和发展的个人利益与社会制度的整体,但要把这一理解放置在人的“交往关系”中去考察,因为利益无论是它的受侵害性还是要保护性,都是交往关系的体现。同时,应强化“法”在法益概念中的地位,“法”是指法规范与法适用,既是利益的载体,也是利益实现的途径,特别是风险社会利益越来越抽象化,传统上只强调“利益”的法益侵害说逐渐丧失了对以预防为目的而新设的罪名的解释力,典型的就是抽象危险犯(甚至是过失的抽象危险犯)。它们在大多数情况下是为了构建规范化的秩序而设,而不是为了保护可以具体化的利益,因此,风险社会下必须重视犯罪的规范违反性这一点。

二、产品犯罪的保护法益

(一)产品犯罪整体的保护法益

产品犯罪所侵害的法益是什么?若从世界范围内的产品刑事责任的立法来看,可以说是以保护人的生命等身体利益和财产利益为旨归,同时要考虑健康、公平的市场秩序。无论是实害犯,还是危险犯;无论是故意犯,还是过失犯。虽然有的产品犯罪行为距离最终的危害结果还很远,甚至在我们看来只是行政违法行为、违反秩序的行为,但风险刑法的特点就是将刑事规制的时点提前,对侵害法益的行为不是仅立足于惩罚,还要考虑如何预防可能侵害法益的行为发生。但无论是惩罚还是预防,所指向的法益总体上是相同的。正如交通肇事罪和危险驾驶罪一个是实害犯,一个是抽象危险犯,但意图保护的都是公众的交通安全。但是不得不说,离实害结果越远,规范所指向的法益就越模糊,越抽象,越趋向于普遍化,就越难区分犯罪行为和违反秩序的行为。例如,德国规定生产商向主管机关进行虚假报告或产品记录不完全的犯罪,应该主要是着眼于建立合理有效的行政监管秩序,虽然不能说与保护公民的人身和财产利益无关,但惩罚这样的行为并不一定需要二者具有关联性。

若从我国的刑事立法体系来看,"生产、销售伪劣商品罪"规定在破坏社会主义市场经济罪当中,用同类法益的观点来解释的话,此节犯罪所侵害的(至少是主要部分)法益就不是公民个人的权利或利益,而是诚实信用、公平竞争的市场经济秩序。对这个问题,学界的主流看法也是如此。例如,有人认为本节犯罪侵害的是复合法益,首先是社会主义市场经济秩序,其次是消费者的合法权益;①有人将不同罪名的法益分别看待,如生产、销售伪劣产品罪的法益是国家对产品质量的监管制度,生产、销售假药罪的法益是国家对药品的监管制度以及不特定多数人的生命健康,生产、销售有毒有害食品罪的法益是国家对食品的监管制度以及不特定多数人的生命健康。②

其共同之处在于将本节犯罪的法益(或者作为本节犯罪一般法条的生产、销售伪劣产品罪)解释为集体法益,即一种经济秩序或者监管制度。生产、销售伪劣商品罪作为侵犯社会主义市场经济秩序罪中的一节,将其法益理解为集体法益有合理之处,但是以同类法益等同于每个具体犯罪的法益并不妥当,有以偏概全之弊。(1)当一个犯罪可以从个人法益的角度出发解释时,就不要轻易解释为集体法益。毕竟集体法益相对于个人法益而言比较抽象、模糊,如果能够总是以"秩序""制度"作为法益,那么法益的解释功能和限制功能几乎都无法发挥作用。任何秩序、制度都是为了保护某种

---

① 参见张明楷:《刑法学》(第4版),法律出版社2011年版,第644页。

② 参见高铭暄、马克昌主编:《刑法学》(第4版),北京大学出版社2010年版,第412页以下。

更为具体的东西，这种具体的东西一般情况下都能够还原为个人利益，即使不能够还原为个人利益，也须有充分理由说明设置该集体法益的合理性。[①] (2)仅以同类法益作为个罪法益解释的根据，是不妥当的。张明楷教授主张对于个罪法益的分析应首先以该罪所在的章节体系位置作为根据，即以本章节犯罪的同类法益作为指导。例如，由于诬告陷害罪规定在“侵害公民人身权利、民主权利罪”一章，因此其法益为公民个人的人身自由权，那么诬告虚无人、诬告自己犯罪即使侵害了司法权也不成立本罪，理由是没有侵害个人的自由权。[②] 但是，诬告虚无人或者自己犯罪只要足以引起司法机关的刑事追究活动就会给司法权造成侵害，就有处罚的必要性。仅仅因为本罪没有像国外一样规定在妨害司法权之下，就不处罚，理由并不充分。当体系解释与目的解释相冲突时，应以目的解释优先，特别是当某个犯罪所侵害的是复合法益或择一法益时，机械地以同类法益为基准确定个罪法益就会产生问题。例如，洗钱罪规定在“破坏社会主义市场经济秩序罪”一章，根据同类解释的方法似乎其法益应为金融监管秩序，但洗钱的方式很多，利用犯罪所得及其收益去购买珠宝、房产也是洗钱，但并不会危害金融秩序，所以在此就不能将洗钱罪的法益单纯理解为金融管理秩序，还应包括司法追究活动，而且后者是必然会侵犯的法益，前者只是可能会侵犯的法益，两者地位有所不同。总之，同类法益的解释方法是有局限性的，特别是在一个国家立法技术不成熟的时候，过分依赖这种方法会导致我们对规范目的理解的偏差，也会影响我们对犯罪构成的解释。

例如，生产、销售假药罪与生产、销售有毒、有害食品罪是典型的抽象危险犯，处罚根据不在于发生实害结果，认定犯罪也不需证明被告行为产生了

---

① 笔者不认为一切集体法益都应能够还原为个人法益，但风险社会下抽象危险犯增加，对集体法益保护的增多已然成为事实，集体利益有时可以脱离于个人利益而存在，“集体安全”甚至“集体安全感”本身就有受保护的意义，如我国刑法对编造散布恐怖信息行为的规制，虚假信息本身并不会造成具体个人利益的损害，但是侵害国民的集体安全感也值得作为犯罪处罚；如我国刑法对危险驾驶的规制，虽说最终是为了保护交通关系中人的生命、健康，但既然规定了交通肇事罪、以危险方法危害公共安全罪，二者都是以保护个人利益为目的的犯罪，就没有必要再把危险驾驶罪的法益还原为个人法益，毕竟该罪所规定的本来只是(行政)规范违反行为，不以造成具体危险为前提。

② 参见张明楷：《刑法学》(第4版)，法律出版社2011年版，第806页。

具体危险,行为本身的危险即处罚的根据。其理由在于,二罪的犯罪对象特殊,皆事关公民的生命安全与身体健康,因此其首要法益并非公平竞争的市场秩序。这一点从二罪的法定刑规定方式也可窥见一斑。对于二罪,刑法除了规定自由刑之外还规定了并处罚金,罚金刑虽多用于贪利性犯罪,但二罪的罚金刑规定模式并没有采用“生产、销售伪劣产品罪”那样的浮动罚金刑,即处以“销售金额百分之五十以上二倍以下的罚金”。《刑法》第140条生产、销售伪劣产品罪之所以以销售金额作为罚金基准,是因为它能够反映出销售规模大小、销售时间长短,也就是反映犯罪行为对市场秩序破坏的违法性程度,因此具有合理性。但是,销售金额的多少并不能正确反映假药、有毒有害食品对人体的侵害性大小,因此,生产、销售假药罪与生产、销售有毒、有害食品罪中所规定的罚金刑并不依据销售金额来确定,而主要是看对消费者的人身危害程度。再如,生产、销售不符合安全标准的食品罪和生产、销售不符合标准的医用器材罪都是具体的危险犯,但是是否发生具体危险的判断并非要考察犯罪行为是否足以危害市场竞争秩序,而是考察是否“足以造成严重食物中毒事故或者其他严重食源性疾病”以及是否“足以严重危害人体健康”,由此可见,立法者实际上是把二罪作为危害人的生命、健康的犯罪。又如,生产、销售劣药罪,生产、销售不符合安全标准的产品罪,生产、销售不符合卫生标准的化妆品罪,生产、销售伪劣农药、兽药、化肥、种子罪都是实害犯,对于实害结果,不是指破坏公平竞争市场秩序的结果,而是指发生“严重危害人体健康”或者“使生产遭受重大损失”,即实际侵害公民的人身权利和财产权利。由此可知,除第140条之外的本节犯罪,无论是抽象危险犯、具体危险犯还是实害犯,都不是以“破坏社会主义市场经济”作为处罚根据,而是着眼于保护人的生命、健康权或者财产权,对于市场经济秩序的保护只是其附带效果。

(二)生产、销售伪劣产品罪的保护法益

我国关于产品犯罪的规定总体上是以消费者的人身权、财产权为保护法益的。而且总体而言,法益的内容可以比较容易地还原为个人法益,而不是归结于一种抽象的市场秩序或者监管制度。还原为个人法益不仅可以使法益具体化,还有一个现实的好处,那就是受制于本节犯罪的犯罪类型及法定刑的规定,在无法根据本节规定处罚或者公正处罚犯罪人的场合,可以考

虑适用与其保护法益相同的其他罪名,如故意伤害罪、故意杀人罪、过失致人重伤罪、过失致人死亡罪、诈骗罪等,因为事实上本节犯罪在很多时候与这些罪名所侵害的法益相同。

对于法益内容的确定,有较大争议的应是第 140 条生产、销售伪劣产品罪。本罪作为本节犯罪的一般法条,成立犯罪并不以伪劣产品可能致消费者人身权、财产权受到侵害为前提。例如,冒充名牌烟的假香烟不一定质量低下、对人体有害,或者虽然产品质量不高但价格低廉,而消费者也明知产品存在质量缺陷但仍愿意购买,也不会对其财产权构成侵害。但这并不妨碍本罪成立,因为本罪旨在保护的主要不是个人法益(虽然不排除保护个人利益),而是一种公平竞争的市场秩序,是集体法益。因此,对于本罪,即便消费者承诺放弃对个人人身权、财产权的保护也是无效的。所以,那些认为本节犯罪的保护法益也是人的生命权、健康权和财产权的观点,①是不妥当的,但也不能简单地认为保护法益就是市场秩序,而必须区分生产、销售伪产品的行为和生产、销售劣产品的行为。

对于生产、销售伪产品的行为,如冒充他人品牌、商标的产品,即纯粹的伪产品,会侵犯公平竞争的市场秩序,同时也可能侵害公民的人身权利或者财产权利,至少是对财产权益的侵害(其行为也完全符合诈骗罪的构成要件)。那么,未冒充其他品牌只是自行生产的产品质量低于一般产品,属于整体上或者部分指标不合格的产品,即劣产品是否侵犯了法益,侵犯了何种法益?从司法实践来看,这类案例很多,但多数未以本罪追究刑事责任。如之前被媒体曝光的耐克、阿迪达斯等著名品牌衣服化学污染物超标事件,②按照国家标准这些衣服应属不合格产品,即劣产品,而且销售金额应远远超过 5 万元,却没有追究相关人员的刑事责任。

司法实践中也有为数不多的案例追究了相关人员生产、销售劣产品的刑事责任。这里以生产、销售苯含量超标的桌椅的案件为例。2006 年 5

① 参见陈洪兵:《生产、销售假药罪的法益及其展开》,载《政治与法律》2011 年第 3 期。

② 参见梅岭等:《耐克与阿迪达斯陷毒衣门》,载和讯网:http://money.163.com/11/0901/03/7CR8F2NS00253B0H.html,最后访问日期:2018 年 5 月 14 日;《14 个知名品牌陷毒衣门,耐克彪马限时疗毒》,载和讯网:http://news.hexun.com/2011－08－25/132779985.html,最后访问日期:2018 年 5 月 14 日。

月,被告人王某贤与其丈夫侯某海出资购买了辽宁省盘山县教育局所属的盘山县教委教育用品厂,后更名为“盘锦益贤教育用品厂”(以下简称用品厂),并取得了工商行政管理部门颁发的个体工商户营业执照。法定代表人为王某贤,组织形式为私营企业,经营范围为学生本印刷及学生服装、教具的生产、加工。该厂未在厂内设置质量检验部门,2006 年 7 月该厂开始生产学生桌椅。被告人王某贤全面管理用品厂,被告人侯某海负责该厂生产的桌椅的销售、结算,被告人侯某负责该厂原材料采购、桌椅的生产加工。

盘山县教育局为了改善沙岭各学校办学条件,决定更新学生桌椅。沙岭学校校长与时任该局勤工俭学办公室主任的被告人侯某海联系,向用品厂为沙岭学校订购 1060 套学生桌椅,每套价格 90 元(其中学校和镇政府筹资每套 30 元,其他款项由教育局负责),并要求在 2007 年 2 月 28 日前将生产的桌椅送至沙岭学校。用品厂接到预购通知后,即由被告人侯某组织采购原材料,并组织工人进行加工生产。生产桌椅所用涂料为津西津峰化工涂料有限公司的“狮峰”牌醇酸油漆,被告人侯某在购买时未向出售者查验质量监督检验部门出具的油漆检验合格报告。因用品厂生产能力有限,仅生产了 855 套桌椅,其余 205 套由被告人侯某海、侯某向海城市温乡一教育用品厂购买。2007 年 2 月 28 日前,用品厂将生产的未取得相关质量监督检验部门颁发产品质量合格证的 855 套学生桌椅售给沙岭各学校。三被告人的实际销售数额为 76,950 元。

2007 年 4 月 28 日,盘锦市产品质量监督检验所受盘山县质量技术监督局的委托,对该局所送样品“狮峰”牌油漆进行检测,经检测苯含量为 4.85%,超过国家标准 4.35%,所检项目不合格。2007 年 4 月 29 日,盘锦市产品质量监督检验所对盘山县质量技术监督局取样于沙岭小学六年一班的 4 块桌面油漆样品进行检测,经检测苯含量为 0.62%,超过国家标准 0.12%,样品为不合格产品。

辽宁省盘山县人民检察院以起诉指控上述三被告犯生产、销售伪劣产品罪,辽宁省盘山县人民法院认为,三被告的行为“侵犯了国家对普通产品质量的监督管理制度,均已构成生产、销售伪劣产品罪”。[①] 二审维

① (2007)盘县刑初字第 00068 号。

持原判。①

本案被告所生产、销售的桌椅系苯含量超过国家标准的不合格产品，即劣产品，根据法院判决，认为被告行为侵害了国家对产品质量的监管制度，因此判决被告有罪。但是，值得思考的是，我国《产品质量法》是对产品质量监管的法律，其第 1 条规定本法目的是“为了加强对产品质量的监督管理，提高产品质量水平，明确产品质量责任，保护消费者的合法权益，维护社会经济秩序”，那么如何区分违反产品质量法的行为和犯罪行为？如果《刑法》第 114 条所规定的生产、销售劣产品的行为只是侵害了对产品质量的监管为何不直接适用《产品质量法》的罚则？再如，生活中大量存在质量低下产品，如手机、鼠标、鞋子、杯子……有的产品有明确的国家标准，有的则没有，有的只有行业标准，有的甚至行业标准都很模糊，但无论依照哪个标准，都会有大量产品处于标准之下，即属于劣产品，是否对生产、销售质量低下产品的行为都应处罚？如果我们穿的皮鞋不到一个星期就开胶，而这样的皮鞋的销量又超过 5 万元，相关生产商是否应该承担本罪的罪责？当然不是，厂商只需退换货或者进行修理就好。由此看来，本罪的保护法益绝不是产品质量或者国家对产品质量的监管，只有当质量低下的产品包含了“不合理危险”时才具有处罚的必要性。例如在上例中，用品厂所生产的桌椅苯超标可能致使用的学生患病，因此应该予以刑事处罚。

综上所述，对于生产、销售伪劣产品的行为，应该区分对象是伪产品还是劣产品。对于前者一方面侵犯良性的市场秩序，另一方面构成对消费者权益的侵害，作为犯罪处理理所应当。但是对于后者，如果生产、销售的是单纯质量低下的产品，则首先应考虑民事责任和行政责任，只有当质量低下的劣产品存在对于人的某种危险性时，才具备刑事处罚的必要性。在这个意义上，上文所述的生产、销售“毒衣服”的行为应当追究刑事责任，而对于生产、销售容易开胶的皮鞋的行为则不应当追究刑事责任。也许会有人说，后者行为也构成了对诚实信用的市场秩序的侵害，为何不可处罚？对此可以考虑以下原因。第一，因为产品质量标准体系尚不够健全，很多产品标准

① (2007)盘中刑二终字第 75 号。

不够明确和细化,无法保证司法适用的确定性;第二,是因为考虑到我国的经济发展状况以及消费观念、消费需求的多元化,一些消费者愿意以低廉的价格购买明知质量不好的产品;第三,现有的"三包"政策和民事责任完全可以解决"劣产品"的质量低下问题,足以保护消费者的财产权益,不需要动用刑罚手段。所以,对于生产、销售劣产品的行为,只有其产品缺陷具有致消费者人身危害或财产损失(不包括因支付本产品的对价而导致的损失)的可能性时,才可追究刑事责任。

第四节　伪劣产品与缺陷产品

一、伪劣产品与缺陷产品的内涵

什么是"产品"?一般意义而言,产品即商品,就是能够满足人们的某种需要而用来交换的东西。但在刑法上,即使不为人们需要,不具备价值和有用性,但有可能被用于消费者,也可以成为产品。例如,地沟油虽然完全不能作为食品用于消费者,但是可能为不良商家当作食品进行加工生产和销售,此时也应视作产品。

我国《产品质量法》的规制对象是"缺陷产品",而《刑法》没有使用"缺陷产品"这个用语,而是采用了"伪劣产品""假药""劣药""有毒有害食品""不符合安全标准的食品"等。二者不是等价的关系,可以说"伪劣产品"包括"缺陷产品"。据下文分析可知,缺陷产品泛指存在不合理危险(包括人身危险和财产危险)的产品,而除此之外,伪劣产品还包括虽没有不合理危险但质量低下的产品,以及虽然质量不差但冒用他人商标、商号等的假产品(如《刑法》第140条)。

首先,关于伪产品、劣产品。伪产品就是以假充真的产品,如冒充他人品牌的产品,或者以A产品冒充B产品(如以玻璃冒充翡翠)。劣产品是以次充好的产品,或者说是质量低下的不合格产品,其中包括在真产品或优质产品中掺杂、掺假。但如上文所述,单纯生产、销售质量不合格的产品还不足以侵害法益,劣产品还需包括了不合理危险。

其次,关于缺陷产品。由于产品刑事责任的主要目的是规制那些会侵害人身权利、财产权利的犯罪行为，所以缺陷产品相对于单纯的伪劣产品而言，更具危害性和危险性，也是本书论述的重点。我国《产品质量法》第2条规定，所谓“产品”是指经过加工、制作，用于销售的产品（建设工程不是产品，但是建设工程使用的建筑材料、建筑构件和设备，通常属于产品），第46条又规定所谓产品“缺陷”，是指产品存在危及人身、他人财产安全的不合理的危险；产品有保障人体健康和人身、财产安全的国家标准、行业标准的，是指不符合该标准。这里着重解释“缺陷”一词。一般认为，我国产品缺陷的认定标准采用的是“不合理危险”标准和法定标准（国家标准、行业标准）的结合。第一，关于“不合理危险”标准，之前《民法通则》第122条规定的是“因产品质量不合格造成他人财产、人身损害的，产品制造者、销售者应当依法承担民事责任”，即重视的是“产品质量不合格”，“不合理危险”与之相比，更加实质化，强调的是对于消费者而言产品存在的危害可能性。第二，关于“法定标准”，即如果存在国家标准、行业标准，那么一旦违反该标准，即为缺陷产品。我国《刑法》第146条“生产、销售不符合安全标准的产品罪”即采用的是法定标准，规定只要生产、销售的电器、压力容器、易燃易爆等产品不符合国家标准、行业标准，造成严重后果，即成立本罪。由此可见，《产品质量法》包括了上述两个标准，可以说前者是实质标准，后者是形式标准。但在适用上，还是要有主次先后之分，实践中是若符合法定标准即视为无不合理危险。所以，对《产品质量法》中的产品缺陷，是适用双重标准且以法定标准为优先适用标准。

我国刑法采用的表述是“伪劣产品”“假药”“劣药”“有毒有害食品”“不符合安全标准的食品”等，从概念的使用上来看是倾向于实质化的不合理危险标准。这一点从法条及罪名的变化也可以看出来。《刑法修正案（八）》将原有的第143条“生产、销售不符合卫生标准的食品罪”修改为“不符合食品安全标准的食品罪”，前者的卫生标准必定要参酌相关食品卫生质量水平的规范性文件，即法定标准，而后者则以是否“足以造成严重食物中毒事故或者其他严重食源性基本”为标准，即采不合理危险标准。但是，也有个别法条的适用体现出了对法定标准的依赖，除了前述第146条“生产、销售不符合安全标准的产品罪”外，再如第141条“生产、销售假药罪”、第142条“生产、销售劣药罪”，其中的假药、劣药是指

《药品管理法》中规定的假药和劣药,还是以法定标准为依据。所以,这就产生了两个问题(这两个问题在《产品质量法》中同样存在):第一,如何理解“不合理危险”;第二,法定标准与不合理危险标准发生冲突时如何处理。

二、不合理危险

美国的产品责任对产品缺陷的界定同样适用的是不合理危险标准(在这一点上可以说我国《产品质量法》做到了与国际接轨),但何为“不合理危险”,其模糊性一直受到批评。若要追究生产、销售缺陷产品的刑事责任,概念不清、界限不明将会是一大障碍。

当美国法律研究所出版《侵权法重述(第二版)》(以下简称《重述二》)时,“缺陷”这一术语第一次在侵权责任法中被广泛关注。当时认为一个产品如果能够“对使用者或消费者造成不合理的危险”,那么它就是“有缺陷的”。由于该定义比较抽象和概括,美国法院在司法实践中又发展出了三种相对具体的标准。第一,消费者期待标准,即“产品之危险程度超出购买该产品的普通消费者以对该产品的特性的人所共知的常识所能够预见的范围”。第二,“风险效用”标准,是指通过对产品的有用性与危险性的比较,检查生产商是否采取了适当的安全保障措施,以判定产品是否存在缺陷。这一标准可以这样表述:制造更安全的产品耗费的成本是大于还是小于产品保持其现有状态存在的危险或风险。如果改变的成本大于不变的风险,那么保持原样的效益大于风险,产品不存在缺陷;如果改变的成本小于不变的风险,那么保持原样的效益小于风险,产品存在缺陷。第三,巴克两分法标准,该标准是由加利福尼亚州法院在一个案件中确立的。该案原告是一名建筑工人,他在使用被告制造的装卸机作业时受伤,遂要求被告赔偿。被告在诉讼中主张装卸机致伤的危险是明显的,因此要求免责。加利福尼亚州法院认为在下列两种情况下,产品存在缺陷:(1)如果产品按照设计或能够合理预见的方式被普通消费者使用时,其安全性不能达到普通消费者期待的标准;(2)设计缺陷是损害的近因,且产品设计的危险性超过其对社会的效用。巴克两分法标准是在判断产品是否存在缺陷时,同时考虑消费者期待标准和“风险效用”标准。①

《重述二》对于缺陷的定义虽然明确很多，但仍然被认为是含糊不清的。因此，《侵权法重述（第三版）》（以下简称《重述三》）将“缺陷”这个词分解成三个独立的类型。第一种类型是“制造缺陷”，是指不是按照制造商自己的标准制造出来的有缺陷的产品；第二种类型是“设计缺陷”，由于没有采用卖方所提出的某种替代设计而致使该产品不具有合理的安全性时，就说明产品存在设计缺陷；第三种类型是“警示缺陷”，当由产品造成的可预见的伤害风险根据卖家合理的指令或警示条款可以降低甚至避免时，未作出指令或者警示即为警示缺陷。

虽然《重述三》对于“缺陷”的描述更为具体、详细，但仍未达到法院所期望的那种明确程度。所以，无论是《重述二》还是《重述三》在美国州法院都没有获得普遍支持。现实状况是，有些法院在考察产品是否存在不合理的危险时采取《重述二》的定义；有些法院根据“消费者的合理期望”作出判决；有些法院则遵循《重述三》来权衡产品设计的利弊；有些法院将多个标准结合起来；还有些法院按照自己的做法和政策来确定什么是“缺陷”。②

面对适用标准不一的状况，美国消费品安全委员会（CPSC）的产品缺陷报告要求进一步判断产品是否有缺陷的主体性和开放性。事实上，为了触发部分制造商的缺陷报告义务，CPSC 正在考虑改变缺陷产品的定义方法。目前，CPSC 及其工作人员考虑：（1）相关产品的效用；（2）产品招致的伤害危险的性质；（3）处于产品及其伤害危险之下的人数；（4）CPSC 自己的经验和专业知识；（5）诠释联邦及各州公共卫生安全标准的判例；（6）产品责任领域的判例；（7）其他因素。修订建议还会考虑增加如下四个因素：“风险的显而易见性”“降低风险的警告与说明的适当性”“消费者对产品的滥用”以及“对滥用的可预见性”。CPSC 的标准比以往对缺陷的解释更加

① 参见李俊、许光红：《美国对产品缺陷的认定标准及其对我国的启示》，载《江西社会科学》2009 年第 7 期。

② See Victor E. Schwartz and Cary Silverman, Criminalizing product liability law: putting to rest a bad idea, released by the U. S. Chamber Institute for Legal Reform, 2006.

详细,但被认为这里面包括了很多主观因素。①

正是因为“缺陷”一词至今还有很多的模糊性,这成为一些学者反对将产品责任刑事化的理由,他们认为对于模糊性的行为处以刑罚,不是好的公共政策。对此,本书认为,刑法规范中所使用的术语不可能明确到每个人根据自己的感官就能确定的程度,大多数的构成要素都不是记述性要素,而是规范性要素,特别是在行政犯中,大量的概念需要解释。固然罪刑法定要求刑法尽量明确,但“明确性”只能是一个不断接近的过程,无法做到绝对的明确。换个角度看,绝对的明确有时还会伤害刑法的公正,法律事实的不断丰富经常会改变我们对规范的解释,因此对于规范的解释应该保持适度的开放性,以容纳更加多样的法律现象。

至于对产品“缺陷”的理解,本书的基本观点是,同意产品存在“不合理危险”这一表述。这既是英美法系的创造,也符合大陆法系对于构成要件性行为的认知。所谓构成要件性行为,无论是故意犯、过失犯,还是作为犯、不作为犯,都是指给法益造成不被允许的危险的行为,这一点可以为大陆法系学者所普遍接受。对于刑事犯罪而言,所谓“不合理”也就是“不被刑法所允许”,要排除那些日常生活上合理的危险行为,排除那些降低已有危险的行为,排除那些以不重要方式提高危险的行为。② 所以,对于追究产品责任而言,必须首先排除合理的产品危险。现实生活中很多产品都附带固有的危险性,如汽车、微波炉、化妆品、药品,司法者重点要考察的不是危险本身,而是该危险是否合理,是否属于不被允许的危险。特别强调必须是“不合理”的危险,一方面是为了防止生产商对其产品造成的任何损害都要承担责任,从而避免让生产商成为产品的“保险人”,并防止扼杀企业的创造性;另一方面也是为了保护消费者的利益,不允许任何产品危险存在的做法就像是把消费者关在一个无菌的箱子里,虽然保护了安全却也剥夺了自由,因为一个为社会所接受的产品往往是会提升人们的自由的。

具体而言,如何理解“不合理的危险”? 关于合理危险的判断,总结美

---

① See Victor E. Schwartz and Cary Silverman, Criminalizing product liability law: putting to rest a bad idea, released by the U. S. Chamber Institute for Legal Reform, 2006.

② 允许的危险与被害人承诺(或推定的承诺)不同。后者是因为被保护的法益不存在而阻却违法,而前者是指无论被害人是否同意,行为都不具有构成要件的实行行为性。

国产品责任法历来采用的标准，无非包括“风险效用”“风险性质”“面临风险的人的多少”“消费者期待”，同时参酌以往的判例和专业人士的经验和知识。其中，消费者期待、判例和专业意见为纯主观的标准，实为无标准，所以这里面归根结底只提出了三种标准，即风险效用、风险性质、风险对象。可以说美国法上的不合理危险的判断标准多来自经验性的归纳，或来自法院的判决，虽有其合理性，但不够全面。

从大陆法系的“实质违法性”理论出发，对违法性的判断主要从行为、结果着手加以考察，重视行为的是行为无价值，重视结果的是结果无价值，以行为无价值为基础兼以论及结果的是二元论。行为无价值重视的是行为是否具有社会相当性，结果无价值重视的是结果是否符合法益衡量原则。限于篇幅，本书不会展开分析三者的优劣，只在这里提出自己的观点，即同意二元论，主张违法性的有无、程度的判断要同时考虑行为与结果。所以，对于“缺陷产品”的界定也不能脱离行为的相当性和结果的有益性。因为，“行为无价值的允许的危险，并不绝对排斥利益衡量；结果无价值的允许的危险，也包含对行为样态的评价，两者的区分并不那么绝对”，[①]完全可以将二者结合起来。具体需要考察的指标有：(1)行为目的是否为法秩序所特别承认；(2)若不发生危险，行为目的是否无法实现；(3)是否符合法益衡量的原则。其中，对于如何进行法益衡量，可以从以下方面着手：所追求目的的重要性是否大于被侵害法益的重要性；所追求结果的范围是否大于受侵害的法益的范围；实现所追求目的的盖然性是否大于侵害法益的盖然性。[②]

根据上述对于违法性的一般分析，同时着眼于产品责任自身的特点，并参酌英美法系的经验，本书认为在认定产品是否具有不合理危险时应考察以下因素。

第一，危险的性质。危险存在是否为了实现产品的主要功能，或者说危险是否为产品自身性质所决定，若不发生危险产品的生产目的就无法实现。例如，果冻容易引起婴幼儿呼吸道堵塞，其原因是果冻滑软有弹性、不易融化，且被吸入后会随着气管收缩而变换形状。这一危险是否不合理？果冻

---

① 参见[日]前田雅英：《过失犯之考察》，有斐阁 1990 年版，第 302 页以下。

② Engisch, Untersuchungen über Vorsatz und Fahrlässigkeit im Strafrecht, 1930, S. 287ff.

的成分主要是水和卡拉胶,卡拉胶具有上述特性,也就是说果冻的危险是由产品性质决定的,只要允许果冻这种产品进行生产和销售,那么就必然具有这一危险。再如,用来写字的铅笔如果小孩使用不当会有铅中毒的危险,虽然铅有毒但不能因此不使用铅笔。所以该危险并非不合理。但是如果产品危险只是服务于产品不重要的附带功能或者仅仅是为了吸引消费者,如使产品形状更美观,颜色更漂亮,则该危险很可能被评价为不合理。可以说,危险与产品核心功能之间越是具有紧密的伴随性,该危险越容易被认为是合理的。

第二,危险的程度。将危险的大小与产品效用相对比,产品给消费者带来的效益是否大于产品可能造成的危险。可以说,产品的效益越大、危险越小,越具有合理性。如果一个新产品相比其他产品只是带来些微的便利,却招致了很大的危险,通常就是不允许的。再如,汽车生产商在设计、生产汽车时,一定要考虑经济性(如耗油量、车体使用材料的成本)、安全性之间的关系,使二者尽可能地达到平衡,不能偏废。虽然一定程度上能够降低消费者的购车成本并节省了油耗,但却改变了车体的安全结构致使安全性能大大降低,就会被认为汽车存在不合理缺陷。

第三,危害发生的盖然性。这里要考虑产品危险被利用或不当使用从而发生危害的盖然性,同时考虑通过合理警示回避危害的可能性。应该说,通过合理警示避免消费者不当使用从而防止危害发生的可能性越高,危险越具有合理性。当然,如果即使合理使用产品都难以回避危险,该危险就是不能允许的。例如,隆胸用的硅胶若具有致癌性,则该危险为当然的不合理危险。

第四,危险改进的可能性。如果只要付诸足够的谨慎就可以避免一个重大的产品缺陷,或者只要多支付不超出合理范围的成本就可以大大提高安全系数,则目前存在的产品危险就不应被允许。

第五,危险产品的可替代性。如果无法通过改进产品本身而保证安全,那么可以考虑是否存在更优的替代产品。例如,治疗血友病使用的进口的血液制品如果存在被艾滋病毒感染的危险,就应该考虑国内外是否存在较为安全的同类药品,如果通过比较两种药品的安全性、疗效、易获得性等多重因素,认为应该适用更为安全的替代药品,则国外进口药品存在的危险即是不允许的。

第六，危险产品是否服务于重大法益。对产品是否危险的衡量要考虑产品的效用，当产品越是具有社会有用性，社会对其产品危险的容忍度就越高，就像同样是危险行为，飙车、拳击比赛和为救人而超速急驶的救护车，其对社会的意义不同，随着社会有用性的增大，其危险性的评价则减小。危险产品也是如此。当产品越有利于社会重大法益，如公众安全、健康，危险就越容易被许可。

第七，危险产品是否服务于紧急状况。在正常状态下和紧急状态下对产品危险的判断也可能存在差异。例如，当发生突发的严重公共卫生事件或有重大疫情时，为了遏制危害的扩大，即使某种新研发出来的药品存在安全隐患，但由于情况紧急，危险也可能是允许的。

第八，危险产品是否经过行政许可。当今社会很多产品的生产、销售都实行许可制，若未经行政部门许可，擅自生产、销售某些产品，该产品存在的缺陷更容易被认为是具有不合理的危险。

这是对一般产品的不合理危险的判断，具体到某些特殊产品，其判断有特定标准。以食品为例，美国1990年的食品法案中规定的不安全食品是指任何人采用以下方法制作有害身体的食物：(1)在食物里添加任何物品或物质；(2)在进行制造食物准备时使用任何物品或者物质作为添加剂；(3)从食物中提取任何成分；(4)将食物用于其他程序或者处置，意图使食物用于销售给他人，将构成犯罪。

三、法定标准与“不合理危险”标准的冲突及其解决

上文对不合理危险标准的判断提出了八个考察因素。我国《产品质量法》除了规定不合理危险标准外，还规定了法定标准，即如果对某一产品规定有保障人体健康和人身、财产安全的国家标准、行业标准的，缺陷产品是指不符合该标准。但当二者发生冲突时，应以哪个标准为根据，是值得讨论的问题。

关于上述二标准，可以说“不合理危险”是实质标准，法定标准是形式标准。《产品质量法》之所以在实质标准之外又采用形式标准，大概有两方面的考虑。第一，国家标准、行业标准规定明确，便于司法机关认定产品是

否存在危险,有利于提高司法效率和司法统一。第二,使用国家标准、行业标准有利于整体法秩序的协调,产品是否符合国家和行业标准成为判断民事侵权、行政违法以及刑事犯罪的共同根据,可以防止不同部门法在认定上发生龃龉。这是好的方面,同时也存在问题。

第一,国家标准和行业标准是企业组织生产的依据,多是为了有效生产、提高效率而制定,其规制目的与刑法要保护公民的人身权利、财产权利这一立法目的并不完全一致;第二,任何标准都可能存在缺漏,产品的国家标准、行业标准也不可能覆盖某项产品的全部安全性能指标;第三,我国对很多产品的国家、行业标准的规定明显低于国际标准,不利于对消费者及其他公民的保护;第四,产品的更新、科技的进步要求国际标准、行业标准不断调整,但现实中很多标准都明显滞后;第五,许多产品标准的制定多依赖于生产商的参与,而不是倾听消费者的声音,所以所谓的标准往往是倾向于保护生产商的利益,导致消费者已经输在了"起跑线"上;第六,有关生产、销售伪劣产品的犯罪,虽然一般认为是法定犯或行政犯,但也有刑事犯的一面,因为它威胁人们的基本权利,对于可能侵害基本人权的犯罪行为,笔者认为,不宜以行政规定甚至行业规定作为判断根据,因为这无异于把刑事司法权交由行政机关和行业协会来行使。

基于以上理由,笔者认为,总体而言,不能以产品是否符合法定标准作为判断是否为缺陷产品的根据,法定标准只是一个辅助判断产品是否存在实质不合理危险的要素,当一个产品符合法定标准时,我们只是更倾向于认定其危险是合理的,但符合了法定标准不一定就不存在不合理危险。同时,一个产品的某项性能指标即使不符合法定标准,但如果并不能引起人身、财产的危险的话,也不能在刑法上认定为属于存在不合理危险的产品。但具体到刑法上规定的具体罪名,不同罪名之间会有些许差异,这一点在下文关于"空白罪状"的部分具体论述。

第五节　产品刑事责任的主体

一、生产者、销售者

我国“生产、销售伪劣商品罪”一节规定的产品刑事责任的主体是“生产者”和“销售者”。既可以是自然人,也可以是单位。这一点在各国有关产品责任的法律中,具有较大的相似性。但对于生产者和销售者的具体范围则存在争议。

1. 生产者

生产者既包括产品制造者,也包括产品加工者。所谓制造,是指利用原材料生产出成品或者半成品的过程,饲养牲畜、家禽、种植农作物也属于制造;加工,是指对于已经存在的产品或者半成品通过物理、化学或者复合方法进行合目的的改造,如汽车的改装、牲畜的屠宰、食品、药品的加工等。生产不一定改变对象物原有的结构、性能、样态,单纯为了销售目的而收购、收集、包装也可以称为“生产”。例如,为了销售目的回收地沟油的行为可以评价为生产有毒、有害食品。零件制造商也是生产者。作为生产者,无须生产企业或个人获得合法的资质,事实上,很多生产者均是在没有经过生产许可的情况下擅自违法生产伪劣产品和缺陷产品。当然,此时可能与非法经营罪发生竞合,这一点后文详述。

2. 销售者

在侵权法上,对销售者的解释采取了很宽泛的方式。例如,《重述二》第 402 条第 1 项 a 规定,“产品责任”对于任何商业上的销售者均适用。总体上可分为生产性的销售者和非生产性的销售者。(1)生产性销售者。生产者通常是销售者,因为他们出售自己的产品(虽然一般不是直接销售给最终消费者)。他们是制造对公众危险的真正源头,所以往往也负有排除危险的责任。(2)非生产性的销售者,包括产品的批发商和零售商。以上并无争议,但是就销售者的具体范围,以下问题仍值得讨论。

第一,当今社会,商业上的产品流转方式很多,除了买卖外,还有出租、出借、赠与等。这几种形式不同于买卖的地方在于要么没有转移所有权,要么不是无偿交付，在刑法上能否认为是销售行为？本书认为，对于商业出租行为，如出租飞机、游艇应解释为销售，虽没有转移所有权，但产品缺陷依然可以在消费者使用期间造成实际危险。[①] 这样解释也不会超出“销售”一词的射程范围，并不违背罪刑法定原则。而对于出借、赠与行为，本书认为，要区分是单纯个人之间的出借和赠与，还是作为商家销售行为一部分的出借和赠与。对于前者，应否定其销售者的责任，但是对于后者应该肯定销售者的责任。例如，甲购买了一个具有不合理危险的热水器作为礼物赠与乙，乙在使用过程中因发生触电事故而死亡，此时不能追究甲销售伪劣产品的责任。[②] 但如果是商家为了宣传产品免费为消费者提供缺陷产品，因缺陷产品造成损害的，应将商家所谓的赠与行为视为“销售”。

第二，为了销售而从他处购买产品的人以及进口商。为了销售而购买或者进口产品的行为属性也值得讨论。例如，生产、销售假药罪中要求对于假药的认定应参酌《药品管理法》，而该法中明确规定未经批准的进口药品属于假药，若某公司未经批准进口了国外的某种药品但尚未销售，能否按照生产、销售假药罪定罪？笔者认为，第一，不能将购买和进口解释为“生产”，因为生产是一种创造性活动，要求对原材料作出一些改变，要么改变其结构、性能，要么改变其形态、外观，而购买或者进口并未对对象物作出任何改变，因此无法归类为“生产”，否则就超出了语词可能囊括的含义范围，违反罪刑法定原则。当然如果购买或者进口产品之后又对该产品作出某种改变的话，可以视为“生产”。第二，也不能将购买和进口解释为“销售”，毕竟购买和进口尚未进入到销售阶段，而只是为销售做准备。因此，笔者认为，在目前的立法之下，只能将进口和购买视为销售的准备阶段，即犯罪预备。显而易见，如果仅作为预备犯处罚就会受到很多限制，而事实上为了销售而购买或进口的社会危害性并不会轻于生产行为，肯定是不公平的，所以笔者主张在将来的立法修订中，应该将为了销售的购买和进口行为也作为犯罪实行行为加以规制。

---

① 在产品侵权责任中，认为出租方与出卖方同样对产品的安全性、适用性上具有一种默示担保。法院对多产品的商业出租人科以严格责任。

② 但是根据甲的主观心态，可以考虑追究其故意杀人罪或者过失致人死亡罪的责任。

第三，二手产品的经销商。例如，对于二手汽车的销售者而言，是否负有保障其所销售的汽车不存在不合理危险的义务？美国侵权责任法曾在1975年的“彼得森诉卢·巴赫罗德雪弗兰公司”(Peterson v. Lou Bachrodt Chevrolet Co.)一案中判决，被告应对其销售的一辆1965年制造的二手汽车造成原告损害承担“产品责任”。理由是，二手产品经销商与制造商一样负有确保产品安全的责任，但例外是，如果经销商造成的损害是因为私人交易或超出通常业务的范围，则只能以“过失责任”予以论处。① 本书认为，在刑事责任中，二手销售商也应对自己产品的安全性负有保证人责任，这一点应该与侵权责任法保持一致。

第四，具有提供服务性质的产品销售者。如医院的医生，当医生在为病人开具处方时，不仅是提供服务，同时也是一种药品销售行为，此时医生也可被视为药品销售者。再如，医院为患者使用的一次性抽血、打针设备，为患者使用的同时也是一种销售。但对于一些非一次性使用的医疗设备，供患者使用只是提供服务的行为，不能解释为销售。

在追究产品生产者、销售者的责任时，特别是以企业组织体的形式进行生产经营时，生产的设计、决策、执行、监管往往是分离的，所以会出现一个难题，那就是如何具体确定生产者、销售者包括哪些人。传统刑法上的责任追究，离现场越远、离损害越远，就越没有责任。也就是只追究容易确定责任的现场操作者的责任，如违法操作的工人、车间的负责人等，处于上层的决策、管理人员则可以因缺乏因果关系、预测可能性等理由而免责。但是现代企业的科层制管理模式决定了一个产品事故的发生通常并非一底层职员所能完成的，其违法行为的实施往往受制于领导层的意志，相关人员违背监督、管理职责也是导致违法行为的原因之一，因此追究监督者、管理者错误决策、违背职责的责任就是必须的。这一点详见下文。

二、具有公务职责的监督者、管理者

有关产品监管责任的罪名包括《刑法》第408条之一“食品监管渎职

---

① 参见刘宏渭：《产品缺陷责任主体的确定——以美国法为主要对象》，载《法学论坛》2012年第1期。

罪”和第414条“放纵制售伪劣商品犯罪行为罪”。前者主要针对违背食品监管职责的犯罪，后者针对的是负有追究生产、销售伪劣商品犯罪职责的国家机关工作人员徇私舞弊不履行追究职责的行为。除此之外，作为渎职罪一般法条的滥用职权罪和玩忽职守罪，也可能适用于违背产品监管职责的国家机关工作人员的刑事责任。

根据《刑法》第九章“渎职罪”的规定，渎职罪主体为“国家机关工作人员”，由于纯粹意义上的国家机关工作人员范围过窄，实践中会造成处罚漏洞，因此2002年12月28日全国人大常委会作出立法解释，规定以下三类人员也以国家机关工作人员论：在依照法律、法规规定行使国家行政管理职权的组织中从事公务的人员；或在受国家机关委托代表国家机关行使职权的组织中从事公务的人员；或虽未列入国家机关人员编制但在国家机关中从事公务的人员。对此，通常称为“准国家机关工作人员”。接下来，2013年1月9日“两高”又出台司法解释明确规定：依法或者受委托行使国家行政管理职权的公司、企事业单位的工作人员，在行使行政管理职权时滥用职权或者玩忽职守，构成犯罪的，以渎职罪追究刑事责任。所以，渎职罪的主体实际早已超出形式意义上的国家机关工作人员，而是更倾向于一种实质评价，即看行为人是否履行了公务职责。

因此，渎职罪主体的范围可以概括为：(1)当然的国家机关工作人员，即在国家权力机关、行政机关、司法机关等国家机关中从事公务的人员，也就是公务员。(2)准国家机关工作人员。包括：①依法律、法规规定在国家行政管理职权的组织中从事公务的人员，即“依法履职类工作人员”；②在受国家机关委托代表国家机关行使职权的组织中从事公务的人员，即“受托履职责类工作人员”；③未列入国家机关人员编制但在国家机关中从事公务的人员，即“实际履职类工作人员”。

放纵制售伪劣商品犯罪行为罪的主体是必须具有查处制售伪劣商品职责的公务人员，但不需具有公务员身份，如受相关部门委托从事商品质量监管的人或者与公务机关签订合同协助履行职责的人都在其列。例如，被告赵某在担任动物卫生监督所驻屠宰场的协检员期间，在明知所检疫的猪肉是注水猪肉的情况下，为了使屠宰场获利，未向主管机关通报，直接下达检疫合格、准许屠宰的证明，致使2000余头注水猪被流入市场。被告赵某因此被判构成放纵制售伪劣商品犯罪行为罪。① 但值得注意的是,本案被告赵某仅仅是与当地畜牧主管机关签订协议从而协助进行检疫的协检员,受当地畜牧机关监督,但是本案没有追究主管机关内具有实质公务职责的公务人员的监督责任,实为不妥。主管机关不能因为签订了合同即放弃履行职责,机关具有职责的公务人员仍是主要负责人,承担监管责任。

食品监管渎职罪是渎职罪的一种,具体地说,属于食品安全监管领域的渎职犯罪,其本质上侵犯的是食品安全监管活动的合法性、公正性、有效执行以及民众对政府的信赖。因此其行为主体也具有特殊性,唯有负有食品安全监管职责的国家机关工作人员才能直接侵犯本罪的法益。我国《食品安全法》对食品安全监管采取了分段监管的模式,因此本罪主体涉及的行政领域较广,具体包括具有履行农业产品、工业产品监管职责的部门,主要有卫生部门、食品药品监管部门、农业畜牧监管部门、工商部门、质量监督部门等。其职责包括生产经营的审批、许可、撤销,卫生许可、监管,生产、销售过程的监督,不合格产品的查处、召回等。

关于共犯的问题,放纵制售伪劣商品犯罪行为罪作为故意犯罪成立共同犯罪自无问题,但食品监管渎职罪中玩忽职守违背职责的行为属于过失行为,是否能够成立共犯?例如,河南省罗山县发生的一起案件,2012 年 5 月 8 日,罗山新都国际大酒店的一个婚宴上发生了 79 人食物中毒的事件,症状重者需住院治疗,轻者也需门诊观察。经罗山县疾病预防控制中心鉴定,该起食物中毒事件为沙门氏菌感染所致。罗山县人民检察院指控,罗山县卫生监督执法所工作人员任尚某、杨某、黄某三人,因对辖区内新都国际大酒店的食品安全没有正确履行监督管理职责,对该酒店食品没有进行定期或不定期抽样检查,也没有对该酒店餐饮人员进行过食品安全知识培训,造成 79 人食物中毒,已构成食品监管渎职罪。②

显然本案三被告的主观过错是过失,那么其是否为共犯?我国立法不

---

① (2014)经开刑初字第 00281 号。当然对于本罪的罪名仍有值得商榷之处,是应定放纵制售伪劣商品行为罪,还是食品监管渎职罪?二罪是想象竞合的关系,应该从一重罪处罚,从法定刑上看,后者较重,定食品监管渎职罪更为妥当。

② 叶铁桥等:《食品监管渎职罪出现首个判例》,载《中国青年报》2012 年 10 月 10 日,第 7 版。

承认过失共同犯罪,那么三被告只能是过失同时犯,因此若要对三人归责,应该分别认定其行为与结果(重大食品安全事故或其他严重后果)之间的因果关系,只有每个人的违法行为分别都是导致结果发生的原因时,才可一一归责。根据条件公式,只有符合"没有A则没有B"时,那么A才是B的原因,即要分别考察如果三人中的任意一人正确履行职责,是否结果就不会发生。但是在多人配合共同履行职责的过程中,往往仅凭一人之力难以阻止结果发生。在本案中,即使一人履行职责,若他人不予配合甚至加以阻拦,则食品中毒事故仍可能会发生,也就是说,难以证明单独个人的玩忽职守行为与结果有因果关联。而只有将被告三人的行为视为一个整体时,才可进行归责。在这个意义上,承认过失共同犯罪是合理的。

另外,还需注意的是要区分产品监管渎职的犯罪与生产、销售伪劣商品罪的共犯。如果负有监管职责的公务人员事前与生产者、销售者存在制售伪劣商品的通谋,则应该以生产、销售伪劣商品罪的共犯处理,如果只是在履行公职过程中故意放纵制售伪劣商品的,则应该按照相关渎职犯罪处理。

三、单位

我国《刑法》第30条对单位犯罪作出了规定,从法律层面上明确承认了单位可以与自然人一样成为犯罪主体。所谓单位犯罪(大多数国家表述为"公司犯罪"),就是由公司、企业、事业单位、机关、团体实施的依法应当承担刑事责任的危害社会的行为。其中的公司、企业、事业单位,既包括国有、集体所有的公司、企业、事业单位,也包括依法设立的合资经营、合作经营企业和具有法人资格的独资、私营等公司、企业、事业单位。根据这一规定,私营公司、企业、事业单位只要是具有法人资格的,都可以成为单位犯罪的主体。当然,司法解释还规定:个人为进行违法犯罪活动而设立的公司、企业、事业单位实施犯罪的,或者公司、企业、事业单位设立后,以实施犯罪为主要活动的,不以单位犯罪论处。

对于产品刑事责任,《刑法》第150条规定了对生产、销售伪劣商品罪一节的单位犯罪,规定对单位犯各有关生产、销售伪劣商品罪的,对单位判处罚金,对直接负责的主管人员或其他直接责任人员依照各条规定处罚。但对于产品监管的渎职犯罪,只规定了自然人主体。

第三章　故意的缺陷产品刑事责任

第一节　故意的缺陷产品刑事责任概述

如前文所述,我国《刑法》专节规定的产品责任犯罪都是故意犯罪,本章既以故意的产品刑事责任为对象进行阐述。《刑法》分则第三章“破坏社会主义市场经济秩序罪”中的第一节“生产、销售伪劣商品罪”规定了9个罪名,分别规定在第140～148条,即第140条生产、销售伪劣产品罪,第141条生产、销售假药罪,第142条生产、销售劣药罪,第143条生产、销售不符合安全标准的食品罪,第144条生产、销售有毒、有害食品罪,第145条生产、销售不符合标准的医用器材罪,第146条生产、销售不符合安全标准的产品罪,第147条生产、销售伪劣农药、兽药、化肥、种子罪,和第148条生产、销售不符合卫生标准的化妆品罪。其中,通说认为,生产、销售伪劣产品罪是一般条款,第141～148条是特殊条款,二者是法条竞合的关系。

从犯罪类型上看,既规定了实害犯,也规定了危险犯;既规定了具体危险犯,也规定了抽象危险犯。其中实害犯包括生产、销售劣药罪,生产、销售不符合安全标准的产品罪,生产、销售伪劣农药兽药化肥种子罪,生产、销售不符合卫生标准的化妆品罪;具体危险犯包括生产、销售不符合安全标准的食品罪,生产、销售不符合标准的医用器材罪;抽象危险犯包括生产、销售假药罪,生产、销售有毒有害食品罪。[①] 对于上述罪名的分类不存在异议。值得说明的是,作为一般法条的第140条生产、销售伪劣产品罪。该罪不以伪劣产品造成损害为处罚根据,正如前文所述,其所侵害的法益并非人身或财产安全,而是公平竞争的市场秩序,是侵害集体法益的犯罪,即是典型的经济犯罪,应视为抽象危险犯。至于其将销售金额5万元作为处罚标准并不影响其犯罪性质,“销售五万元”并非造成“实害”,而只是入罪的门槛。

此外,本节犯罪除了生产、销售不符合卫生标准的化妆品罪外,基本上都采取了基本犯和加重处罚合并规定的模式。其中,生产、销售伪劣产品罪是以销售金额的增加作为加重处罚的根据,其他犯罪则均规定的是结果加重犯和情节加重犯。其中,根据基本犯的类型不同,结果加重犯又包括以下几种类型:实害犯的结果加重犯、具体危险犯的结果加重犯、抽象危险犯的结果加重犯。

从犯罪构成来看,“生产、销售伪劣商品罪”一节多使用了空白罪状,也就是将部分的构成要件内容交予刑法之外的其他法律、法规或者国家标准、行业标准来规定。例如,生产、销售假药罪,生产、销售劣药罪中的假药、劣药需依据《药品管理法》来确定;生产、销售不符合安全标准的食品罪中的不符合安全标准的食品需根据《食品安全法》来确定;生产、销售不符合标准的医用器材罪中的不符合标准的医用器材需要根据相关的国家标准、行业标准来确定。因此,本节犯罪均为法定犯或者行政犯。

对于自然犯和法定犯的区分标准,存在多种观点,但多半是从与违反道德的关系上去论述。例如,根据日本学者野村稔的观点,自然犯或刑事犯是指即使不由刑法规定为犯罪,也会受到社会伦理的非难(本身的恶);法定犯或行政犯是根据刑罚法规作为犯罪处罚时才受到非难的行为(被禁止的恶)。[②] 笔者认为,首先可以肯定的是二者都是侵犯或者威

---

① 这两个罪名为《刑法修正案(八)》所修改,之前规定的是具体危险犯。

② 参见[日]野村稔:《刑法总论》,全理其等译,法律出版社2001年版,第81页。

胁法益的犯罪根据,否则就不应规定为犯罪;其次二者在伦理非难上存在差异,但这种差异不是绝对的,只是在应受伦理非难的程度上有所不同,法定犯相对自然犯其道德违反性较弱。例如,生产、销售假药罪虽然可以说是法定犯,但不能不说其行为也受到道德谴责。同时,以往不太会受道德谴责的行为随着社会环境的变化被刑法所规制,那么这种最初"被禁止的恶"也会渐渐转化为公众道德所不能容许的恶。例如,对知识产权的法律保护也不过只有300多年的历史,但随着法制意识的增强,侵犯著作权、发明权的行为也会受到道德谴责,对于生产、销售伪劣商品罪也是如此。因此,笔者认为,重要的不是确定刑法中的哪些罪名是自然犯,哪些是法定犯,而在于法定犯中特有的两个需要解决的问题:第一,空白罪状的适用,如何处理行政法、经济法与刑法的关系;第二,构成要件要素中包含了大量的规范要素,如假药、有毒有害食品、不符合安全标准的产品等,对规范要素的主观故意如何认定,这将在本章第五节详细论述。

从法定刑上看,在生产、销售假药罪和生产、销售有毒有害食品罪中规定了死刑,其他犯罪以自由刑为主,并基于本节犯罪的贪利性特点均规定了财产刑。对于罚金刑的规定,呈现出以下特点:对于实害犯、具体危险犯多采用浮动罚金制,即根据销售金额并处或单处50%以上二倍以下罚金;对于抽象危险犯均未采用浮动罚金制,只规定并处罚金。前者以"销售金额"为参照基准,这个指标可以反映对于被害人人身、财产的加害程度和对市场秩序的破坏程度,以此为根据判处罚金可以抑制犯罪人的贪利动机;后者未规定以"销售金额"为参照基准体现了在生产、销售假药或毒害性食品的犯罪中,说明刑法规范在这里看重的不是犯罪人获得多少利益以及其行为对市场经济公平性的破坏程度,而是对于人的生命、健康这些重大法益的侵害性。例如,《刑法修正案(八)》不仅将生产、销售假药罪改为行为犯,还增加了情节加重犯的罪刑程度,而且改进罚金刑的处罚方式,提高罚金刑的幅度等,这很好地贯彻了宽严相济刑事政策中"严"的一面,体现了刑事立法加大了对公民最基本权益的保障。

第二节 空白罪状

一、关于空白罪状的一般问题

所谓空白罪状,并不是刑罚法规完全不对构成要件进行描述,而是指就其所禁止的内容(包括行为)作不完全的记述,其中部分内容委任给其他规范、规则加以补充,也就是在构成要件中包含了部分“开放性的”构成要素。虽然在罪刑法定原则下空白罪状使罪刑法定原则一直受到质疑,但这种“委任式”的立法模式却为世界各国所普遍采用,其使用的无法避免性也侧面反映了空白罪状的合理性。第一,社会的前进总是伴随社会现象的不断出新,通过刑法修订规制新的现象自然可行,但成本太高,周期太长,而通过行政手段对行政法规、规章进行修订则要容易得多,所以空白罪状实质上是一种“委任立法”,将规范更新的任务交由行政规则,以快速适应变化了的社会;第二,即使不是出现了新的社会现象,哪怕是既有的社会现象由于国际、国内环境的改变,由于政治、经济、文化环境的改变也需要采用新的社会政策,也许对于一类行为的整体违法性质并未改变,但是对此类行为当中的一两种行为的政策态度发生了变化的,这类变化也最容易在行政规则中体现出来;第三,空白罪状有利于保持整体法秩序的统一,特别是利于行政规则与刑法规范的统一,刑法被认为是其他部门法的最后一道屏障,当其他法律规范的内容发生变化时,运用空白罪状能够使刑法规制的范围也在同一时间随之变化,而不会出现刑法规范滞后于其他规范的情况。

虽说空白罪状具有上述优点,但其自出现之日起就饱受争议。关于刑事法律的民主性问题,有学者认为,就实质层面而言,空白罪状具体犯罪构成要件的确定是由非“法律”的行政法规、措施、决定或命令来承担的,因此,即使这些被参照的相关的行政法规、措施、决定或命令不是“定罪量刑的直接依据”,但在事实上也起着决定司法机关的具体定罪活动的作用,因而有违犯罪与刑罚只能由全国人民代表大会及其常委会制定的法律来规定的法律专属性原则、民主法治原则。[①] 但通说还是认为，非刑事规范补充空白罪状并不违反罪刑法定原则。理由主要在于，空白刑法法规有规定犯罪构成事实的轮廓以及刑种与刑度，只是将一部分构成要件授权其他法律或行政命令补充，并不是真正的“空白刑法”，因而不存在违宪的问题。

以法律的形式规定犯罪与刑罚，从国民自身对自己的自由进行规范限定这样一种自律性的意义上来说，是民主主义的要求。而在行政刑法中，实质上是将部分立法权委任给政府机关，刑法会有被作为行政目的和政策执行的道具来使用的危险，这种委任立法的确在严格意义上是与罪刑法定主义相抵触的。但在现实层面上，这又是不可避免的现象。在急速变化的社会生活中，对于法定犯，其违法性的内容、宽度、深度当然会随着时空与环境的变化而变化，甚至也会随着政策取向的变动而变动，这决定了刑事立法只需且只能勾勒出行为规则的“主线”并控制好刑罚的范围，而将部分关于违法性的具体内容交予较低等级的法源来决定。以一种绝对主义的态度对待罪刑法定原则是不切实际的，通说以一种折中的态度允许适当使用空白刑法，但必须有所限制。那就是空白罪状所援引的规范须足够明确，因为法条是对国民行动的指引，是对司法适用的标准，空白罪状的表述过于宽泛会导致无所适从。因此，如我国刑法中大量使用的“违反国家规定”的表述，就过于笼统，留下了司法恣意的隐患。[②]

伴随对空白罪状民主立法的争议，溯及力问题也同样受到关注。当空白罪状所指示的规范发生变化时，是否应如刑法规范那样遵从溯及力原则？具体而言，就是当新法所规定的处罚重于旧法，或者旧法不认为是违法但新法规定为违法时，在刑法适用上是遵从新法还是遵从旧法？既然空白规范也是刑事规范的一部分，为了严格贯彻罪刑法定原则，若空白规范发生变化，也应适用从旧兼从轻的原则。司法实践也遵从了这一做法。

例如，2002 年 9 月 21 日，被告于某驾驶车辆携带所承包金矿的自产黄金和从吉林省海沟金矿以及私人手中收购的黄金共计 4 万余克，欲售给赵某，当行至吉林省红旗收费站时，被当地民警查获，所携带黄金被全部扣

---

① 参见刘树德：《罪刑法定中的空白罪状追问》，载《法学研究》2001 年第 2 期。

② 例如，刑法对于非法经营罪的规定就受到了很多学者的批判。

押。2002年10月28日,于某以涉嫌非法经营罪被批捕。2004年4月29日,被告一审被判决构成非法经营罪,但免予刑事处罚。二审法院认为,一审判决适用法律错误,改判被告无罪。[①] 非法经营罪侵犯的客体是国家限制买卖的物品和经营许可证的市场管理制度。本罪法条设置属于"空白罪状",对于黄金买卖而言,条文所述的"国家规定"是指国务院颁布的《金银管理条例》中对于黄金由中国人民银行实行统购统配的制度规定,即对在从事有关黄金的业务行为前必须有中国人民银行的审批、核准或者许可。被告被捕时,按照当时的《金银管理条例》,其经营黄金未经中国人民银行的许可,无疑属于我国《刑法》第225条第1项规定的"违反国家规定……未经许可非法经营法律、行政法规规定的专营、专卖物品或者限制买卖的物品"。但是在本案移送起诉期间,国务院于2003年2月27日下发国发〔2003〕5号文件,其中取消了有关对于黄金管理的黄金收购许可,黄金生产、加工、批发业务审批,黄金供应审批,黄金制品零售业务核准的相关规定,中国人民银行对黄金的出售许可制度被取消。那么,此时应该如何使用法律?是适用旧法还是新法?一审法院适用了旧法,所以判决被告有罪;而二审法院适用了新法,因为新法有利于被告。笔者认为,二审判决是正确的。因为在新的社会背景下,政府逐渐削减了"行政许可"程序,而放权给市场主体,被告欲销售黄金的行为完全是正当的市场行为,以非法经营罪论处已经失去了社会相当性。

二、行政认定、行政义务与刑事义务

对于空白罪状的争议,除了其与罪刑法定原则的冲突之外,还在于空白罪状的适用会使刑法依赖于行政法规,当行为虽然具有导致法益侵害的危险性,但并不违背现有法律法规所明确规定的义务时,即使引起了实害结果,也无法归责。同时,根据刑法的规定,有时虽违背行政法规范但并不会导致法益侵害,如果这时作为犯罪处理就违背了刑法的目的。使用空白罪状的规定方式,以违反行政法规范为前提的犯罪,被称为"行政犯"。具体

---

① 参见王庆新:《46公斤黄金终得返还》,载和讯网:http://gold.hexun.com/2015-03-19/174194009.html,最后访问日期:2018年12月18日。

而言,所谓行政犯,就是为了实现行政管理的目的,在行政法中为国民设定种种命令与禁令,为了确保行政法规的实效性,就对违反行政法的行为规定制裁措施,即行政罚。行政罚既包括刑法中的刑罚方法也包括行政制裁方法,规定有关行政罚的刑罚法规即为行政刑法。[①] 因此,有学者早期提出刑法事实上也担负着维护国家的正常行政管理活动的部分职能。因此,行政犯罪就是以违反行政法规为前提,严重危害行政管理活动,依照法律应当承担刑事责任的行为。[②] 但既然是刑法中规定的犯罪,就不应或者至少不能仅仅是为了实现行政职能,刑法以法益保护为目的,而行政管理是以维护社会秩序为目的,既然是立法目的截然不同的两种法律,就不能说一个以另一个为前提。

事实上,以违反行政法为前提的行政犯的规定方式在实践中导致了很多问题,主要表现为将行政认定作为刑事认定的前置程序,甚至直接将行政机关的行政认定作为刑事认定的依据。按照行政认定的内容不同,行政认定可分为五种类型。其一,对行为的认定。包括对违法行为的认定和对事故责任的认定,前者如银行监督管理部门对某个单位或个人的行为是否属于非法吸收公众存款作出认定,后者如交警部门对交通事故责任的认定。其二,对物的认定,如质量监督部门对假冒伪劣商品的鉴定。其三,对权利的认定,如国家土地管理部门对土地使用权的认定。其四,对法律地位的认定,如对企业纳税人地位类别的区分认定。其五,对某种资格与能力的认定,如证券监管部门对内幕人员的认定。[③] 司法实践中,以上五个方面都要依赖于行政机关的认定,而且以行政机关的决定作为刑事判决的前提和唯一标准,这一方面当然是基于专业技能的限制,司法人员对于某些具体领域的事物并不像行政管理人员那样专业,因此要尊重行政部门的判断;另一方面也反映出刑事司法机关由于害怕承担责任而把自己的职能全部转嫁给行政部门。事实上,行政部门的认定可以作为刑事证据,但完全依赖行政认定

---

① 福田平教授认为行政刑法的目的是确保行政法的实效性。参见[日]福田平:《行政刑法(新版)》,有斐阁1987年版,第1页。

② 参见张明楷:《行政刑法辨析》,载《中国社会科学》1995年第3期。

③ 参见王崇青:《行政认定不应作为行政犯认定的前置程序》,载《刑事法杂志》2011年第6期。

则会产生诸多弊端。

第一,行政法的规定与刑法规定存在冲突时,依赖行政认定并不科学。例如,《道路交通安全法实施条例》第 92 条规定,发生交通事故后当事人逃逸的,逃逸者承担全部责任(除非有证据证明对方当事人也有过错的,方可减轻责任)。但根据最高人民法院、最高人民检察院的司法解释,若被告承担全部责任或者主要责任,才有可能构成犯罪,若是次要责任则无论事故结果如何均不可能构成犯罪。而刑事认定责任的大小,只能依据行为本身确定,而不能依据事后反应作出。何况在《刑法》第 133 条的规定中,逃逸是法定刑的加重情节,而不是判断是否构成犯罪的依据,对一个事实不可能作出两次评价,因此不应以《道路交通安全法》作为刑事认定的依据。

第二,有些刑罚法规要求以行政处罚(甚至两次以上行政处罚)为前提,缺乏合理性。例如,消防责任事故罪(《刑法》第 139 条),规定"违反消防管理法规,经消防监督机构通知采取改正措施而拒绝执行",方可成立犯罪。为何刑事处罚要以行政处罚为前提,若发生行政不作为或者玩忽职守等情形,则无法进行刑事处罚,影响了刑事责任的追究。

第三,以行政认定作为前置程序,存在程序上的不合理。一方面,会导致事实上让行政机关成为刑事司法的主体;另一方面,行政权追求效率,虽然也要求以事实为根据、以法律为准绳,但是其对行政行为的认定程序与标准毕竟不像刑事司法程序和刑事证明标准那么严格,简单地以行政认定作为定案依据,会在一定程度上牺牲司法公正。总之,刑事司法有其固有规律,实体方面要严格遵循法益保护原则,根据犯罪构成进行判断,程序方面要严格遵循无罪推定原则,符合刑事司法程序与证明标准。当行政机关进行行政认定时,并不会考虑刑事司法的规律,而仅从实现行政管理职能的目的出发。因此,行政认定和刑事判断很可能会出现龃龉,此时,行政认定不能作为绝对不可推翻的根据。就像对精神病人的鉴定,法院虽然要尊重医学鉴定结论,但并不是完全依赖医学判断,还应结合精神病人实施犯罪时的状况作出实质的司法判断。

由上可知,以违反行政规范为前提的行政犯不能完全以行政认定为基准。行政义务不能直接成为刑事义务的来源,只有其能与刑事规范目的

(法益保护)相衔接,即当行政法规范不仅是为了实现行政目的而且也能作为实现刑法目的的规范而存在时,才可以作为刑事义务的来源。另外,当行政规范不完备、有缺陷时,即使遵守了该规定也不能说尽到了刑法上的注意义务,也仍然会导致法益受到侵害。例如,在陕西凤翔血铅中毒案中,虽然企业排污符合国家标准,但是仍然导致数百名儿童血铅超标。但正是由于企业行为没有“违反国家规定”,才导致无法追究相关人员污染环境罪的责任。[①] 但行政法与刑法的目的本就不同,行政法是为了保护社会秩序(其中包括平衡经济发展与环境保护的关系),刑法是为了保护法益(特别是具体被害人的人身、财产等利益),出于协调经济与环境关系的目的而制定出来的行政法本不应成为法益保护的障碍。从被害人的利益出发,要求行为人在正常生产经营的同时,回避一切可能导致法益侵害的危险行为,当经济利益与被害人利益发生冲突时,只能牺牲前者而不是后者。特别是当被告已经发现了法益侵害的具体危险,或者法规已经严重滞后,危险认知已成为行业普遍现象时,就不能允许被告以遵守了行政规范作为抗辩理由。

上述观点是将刑法作为行政法背后的东西,只有当行政法规制无效时才动用刑法,但刑法以如何有效保护法益作为自己的根本目的,即使符合现有行政法的规定或者在现有行政法规定不明的情况下,如果被告明知其行为对于人身权益具有较大的危险性、危害性而仍然实行之,可见其对法益的加害意图。绕开行为之于法益的作用,绕开被告对法益的态度,而从行为是否违反了刑法之外的某种法规去判断行为的违法性,或者从行为人是否明知违反刑法之外的某种法规去判断行为的有责性,不仅是舍近求远、缘木求鱼,而且无视刑法的独立价值,试问,一个实实在在的利益为何不及一个(刑法外的)法规更值得保护?一个本来用于保护秩序的法规为何却成为保护利益的障碍?难道秩序不是为了保护利益,却如今要反过来,利益必须服从秩序?事实上,刑事法根本没必要而且也不可能以行政法为准绳,否则就是作茧自缚,自降身价。试想罪刑法定要求犯罪构成必须由刑法规定,怎

---

① 参见《新华视点:“排污达标”为何“血铅超标”》,载搜狐网:http://news.sohu.com/20090818/n266050094.shtml,最后访问日期:2018年12月20日。

能以行政法为依准,一个违反《产品质量法》的行为怎能成为刑事违法性的依据？行政法从来就不是刑法义务的根据,只有当行政法规所规制的内容被换算成为同时是为了保护某种刑法法益时,才在刑法上有意义。反过来,一个义务只要是为法益保护所必需,即便不是行政法所规定的,也应作为刑法义务。例如,刑事义务从来都不能与行政义务画等号,哪怕行政规范再具体详细,也毕竟有限,更广泛的义务存在于人的交往关系当中。例如,你在欣赏一盆花时不能不小心让你的花从阳台掉落砸到路人;再如,你在从宠物身上获得安慰时不能让你的宠物伤及他人;又如,教练在教孩子游泳时应该保护孩子的安全……因为生活关系无限多样,所以义务也无处不在,但总之可以概括为一条基本原则,那就是:行使权利者不能加害他人,基于特定身份地位者还需承担保护他人的义务。①

三、生产、销售伪劣商品罪中的空白罪状及其适用

我国刑法中大量使用空白罪状,特别集中在破坏社会主义市场经济秩序罪、妨害社会管理秩序罪当中。而“生产、销售伪劣商品罪”一节的犯罪都是法定犯或行政犯,法条上虽不一定明确表述为“违反……规定”,但大多数罪名中行为违法性的确定都需要依赖其他法律规范或者国家、行业标准,也就是多使用了空白罪状的描述方式。例如,生产、销售假药罪、生产、销售劣药罪中的假药、劣药需依据《药品管理法》来确定;生产、销售不符合安全标准的食品罪中的不符合安全标准的食品需要根据《食品安全法》来确定;生产、销售不符合标准的医用器材罪中的不符合标准的医用器材需要根据相关的国家标准、行业标准来确定;生产、销售不符合安全标准的产品罪中不符合安全标准的电器、压力容器、易燃易爆等产品需要根据保障人身财产安全的国家标准、行业标准来确定;生产、销售不符合卫生标准的化妆品罪中不符合卫生标准的化妆品需要根据有关化妆品管理的行政法规来确定。即便是法条中没有明确要求对产品是否存在缺陷、危险需要参照行政

---

① 但是,在我国刑法已经明确规定以某个或某些法律规范作为标准时,不宜将该行政法规之外的交往义务也作为刑法义务。例如,生产、销售假药罪中明确规定“本条所称假药,是指依照《中华人民共和国药品管理法》的规定属于假药和按假药处理的药品、非药品”,那么假药的认定就只能以《药品管理法》为依据。

法律规定或者行业规范，但司法实践上对于产品性质的判断均依赖于其他相关规定。例如，生产、销售有毒有害食品罪，生产、销售伪劣农药、兽药、化肥、种子罪，司法实务上对于有毒有害食品，伪劣农药、化肥、兽药、种子的认定也会参照相关的行政法律规范。

这样规定的好处在于明确了犯罪行为的参照标准，当超出了行政规范的合理范围时，即为违法。并且，由于刑法与行政法的规制使用同一标准，也利于保证法秩序的统一。但劣势在于当缺少明确的行政法律规定或者国家标准、行业标准时，应如何处理？当现有的标准滞后不足以防范新型危险或者潜在危险，从而有效保护公民的生命身体权益时，应如何处理？当不同的行政法律规范或标准之间存在矛盾时，应如何处理？这些都是值得探讨的问题。

例如，我国对中草药的行政法规制较少且模糊，《药品管理法》规定，中药饮片必须按照国家药品标准炮制，国家药品标准没有规定的，必须按照省、自治区、直辖市人民政府药品监督管理部门制定的规范炮制。省、自治区、直辖市人民政府药品监督管理部门制定的炮制规范应当报国务院药品监督管理部门备案。由于行政标准不明确，有人提出建议生产、销售假药罪中的药品应该排除中药材、中药饮片、化学原料药等。[①] 也就是主张必须以行政标准作为唯一参照标准，当缺少行政标准或行政标准模糊不清、存在矛盾时，刑法就没有了参照系，而长期依赖于行政标准、国家标准、行业标准的司法人员就会无所适从，有人此时还会提出应该根据“疑罪从无”原则，放弃追究相关行为人的责任。

再如，关于添加无根素的“毒豆芽”案件。现实发生的毒豆芽案件虽然很多，但处理起来存在困难，原因是对于毒豆芽的定性是农产品还是食品存在争议。如果认为是农产品则根据农业部的相关规定，并不禁止添加无根素（6－苄基腺嘌呤和赤霉素的组合调剂）；但如果认为是食品，根据卫生部《关于〈食品添加剂的使用标准〉有关问题的复函》（卫办监督函〔2011〕919

---

① 参见许美：《生产、销售假药罪刑法适用调查分析》，载《人民检察》2013年第17期。除了标准不明之外，该学者还提出了一些其他理由，如传统中草药往往药食同源，不同药品相互替代性较高，成分配比不是很严格，而且毒害性相对较小。

号)的规定,则无根素为禁止添加的化学物质。由于对毒豆芽的性质未定,因此实践中有的追究了行为人生产、销售有毒有害食品罪的责任,[①]有的未追究行为人的刑事责任。有数据表明,2013 年 1 月 1 日到 2014 年 8 月 22 日,共发生相关案件 709 起,其中 918 人被依照生产、销售有毒有害食品罪定罪处罚。[②] 而毒豆芽究竟是否具有毒害性,至今未有定论。[③] 之所以毒豆芽案引起诸多关注,不仅事关罪与非罪的认定,也关乎行为人的人权保障问题,如果按照现在的做法,依据相互冲突的不同行政部门的规定作出判断,只能给案件平添更多的不确定性,更增加侵犯人权的危险。正确的做法是科学认定“毒豆芽”是否具有实质毒害性,即根据行为有无法益侵害性进行判断。因为,如前文所述,本罪是以人身安全作为保护法益,而非单纯市场秩序的犯罪,所以必须从是否对人体健康具有实质危害性的角度去分析判断。

第三节 危 险 犯

一、危险犯的一般问题

刑法学上的犯罪类型包括实害犯和危险犯,危险犯中又包括具体危险犯和抽象危险犯。在阐述危险犯之前,要对“危险”作出几点说明。

第一,危险总体而言是客观的,但在特别场合不得不承认造成主观的危险也可罚。危险是一种潜在的可能性,即侵害可能性(Verletzungsmöglichkeit)。所谓客观的危险,必须具有实施基础作为支撑,如科学实验得出的数据,大

---

① 参见(2014)平刑初字第 20 号;(2014)株中法刑二中字第 86 号;(2014)成刑初字第 69 号等。

② 参见《最高人民法院回应“毒豆芽”案件争议:相关问题正在研究》,载网易网:http://news.163.com/14/1012/19/A8CMHD9V00014SEH.html,最后访问日期:2018 年 12 月 20 日。

③ 一份农业部农产品质量风险评估实验室 2013 年 9 月 10 日出具的“豆芽中 6 - 苄基腺嘌呤残留的膳食风险评估报告”认为,“即使按照最大风险原则进行评估,各类人群的 6 - 苄基腺嘌呤摄入量也远低于每日允许摄入量,风险完全可以接受”。但也有受访的毒理学专家持审慎态度,认为不能忽视化学物质的潜在风险,而这种风险有时不可预知。参见《标准修订致大量芽农获刑,业内人上书副总理为毒豆芽正名》,载网易网:http://news.163.com/14/0927/15/A75KTFU900014SEH.html,最后访问日期:2018 年 12 月 20 日。

量观察所得到的经验，如果据此我们认为某种行为通常会引起某种危险，那么该行为便具有客观的危险性。所谓“通常”，就意味着一种知识的积累，这种知识积累越多，“通常性”的判断就越接近于客观法则。[①] 这种经验上的通常性就体现为刑法上的因果关系。但是风险社会不仅保护现实的安全，同时也保护国民普遍的安全感，即使不存在现实危险，一个恐怖信息也可能造成内心的恐惧，这就是为什么编造、传播虚假恐怖信息的行为会构成犯罪。这就是刑法处罚主观危险性行为的表现。

第二，关于行为危险和结果危险。虽然可以从理论上说行为危险是行为本身的危险，结果危险是行为指向结果的危险，但这样的区分在实际上意义不大。笔者更愿意使用抽象危险和具体危险这一组概念来代替。前者表明行为本身类型化的危险性，后者需要结合行为人自身及环境因素证明事实上存在法益侵害的危险。

第三，关于累积的危险。许多危险并非一朝一夕形成，吃一次掺杂、掺假的食品未必有什么反应，长期食用才可能致身体损害。此累积的危险为长久蕴蓄的危险，正因为其累加作用时间长，所以因果证明总是成为问题。例如，如何证明累积因素与身体损害之间具有经验上的通常性，如何排除被害人自身的身体因素，如何排除可能引发同种身体损害的其他因素等，都是需要特别考虑的问题。

以上是对“危险”概念所作的说明，接下来需要阐述的是“危险犯”。危险犯和实害犯一样都是实质犯，二者的不同只在于处罚根据不同，具体地说就是不法根据不同。危险犯的不法在于具有法益侵害的可能性而非现实的法益侵害，因此山口厚认为，以发生侵害的危险作为处罚根据的犯罪为危险犯。[②] 这里重点讨论的是危险犯的分类——具体危险犯和抽象危险犯，这一分类对于我们研究产品刑事责任有重要意义。

对于具体危险犯与抽象危险犯的不同，有人认为应从构成要件的角度进行区分，即具体危险犯是以发生具体危险状态作为构成要件要素的犯罪，而抽象危险犯虽然也会有危险的发生，但是不以发生危险为构成要

---

① 参见陈家林：《论刑法中的危险概念》，载《云南大学学报》(法学版)2007年第2期。

② 参见[日]山口厚：《危险犯研究》，东京大学出版社1982年版，第3页。

件要素;[①]有人认为应从危险程度的角度进行区分,即认为具体危险犯较抽象危险犯发生危险的可能性高,所以抽象的危险可以被认为是具体危险的危险;[②]还有人认为应从是否需要对危险状态作出判断进行区分,即认为具体危险犯是个案中行为对法益所造成的危险,须法官就个案来认定危险是否出现,而对抽象危险犯则不必进行个案判断,只需由立法推定。笔者认为,不能说在抽象危险犯中,危险不是构成要素,只不过这个要素是包含于危险行为当中了;也不能说抽象的危险的程度就一定低于具体的危险,如个案中酒驾的危险可能更胜于以危险方法危害公共安全的危险,只不过不需要司法者证明酒驾制造了一种具体的危险状态罢了。因此,对于具体危险犯和抽象危险犯的划分,应该着眼于是否需要司法特别证明这一点。

对于抽象危险犯是否需要司法上的证明,有人认为抽象危险是立法上规定的,完全不需要任何证明,只要有实行行为即产生抽象危险;有人认为存在虽然有犯罪行为但并没有危险的情况,因此并非完全不需要证明危险的存在,只是该证明是基于一般生活经验的证明,而非以个案的具体情况为根据;[③]还有人认为在具体危险犯和抽象危险犯之间还存在中间类型,这部分犯罪仍然需要司法者依据一般生活经验进行一定程度的判断,并将这部分犯罪称为"准抽象危险犯"[④]或者"抽象—具体危险犯"(Abstrakt-konkrete Gefährdungsdelikte)。[⑤] 笔者认为,创造"准抽象危险犯"或者"抽象—具体危险犯"是没有意义的,已有的具体危险犯和抽象危险犯概念可以把所有的危险犯涵盖其中。之所以提出对抽象危险犯也需要司法认定,无非是要排除在现实中没有产生具体危险的情形,也就是允许被告提出反证。但既然属于抽象危险犯,就不允许反证;允许反证的就成了具体危险犯。例如,山口厚举例认为,遗弃罪是准抽象危险犯,需要司法证明遗弃行为是否具有现实危险,那何不直接将遗弃罪认定为具体危险犯?总体而言,抽象危险犯

① 参见林钰雄:《新刑法总则》,中国人民大学出版社2009年版,第76页;[日]曾根威彦:《刑法学基础》,黎宏译,法律出版社2005年版,第91页。

② 参见陈晓明、陈子平:《刑法总论》,中国人民大学出版社2009年版,第75页。

③ 参见张明楷:《危险犯初探》,载马俊驹主编:《清华法律评论》1998年第1辑。

④ 参见[日]大谷实:《刑法讲义总论》(第2版),黎宏译,中国人民大学出版社2008年版,第115页;[日]山口厚:《危险犯研究》,东京大学出版社1982年版,第173页。

⑤ 参见林东茂:《危险犯与经济刑法》,五南图书出版公司1996年版,第23页以下。

的危险状态是不需要司法证明的。

其原因为何？对于行为危险性的判断并非纯粹来源于立法拟制或者推断，而是基于对于以往发生的同类行为的危险性的数据统计。[①] 例如，众所周知酒驾会大大提升交通事故发生的概率，那么这种危险作为一种刑法上的“典型危险”就应被禁止。尽管存在驾驶人酒量极好、路况有利等特殊情况，但此时禁止的是一种冒险的行为，而不是针对某个个人、个案的具体危险。也就是说，这里的危险不依行为人而定，行为的危险性是法律规定的存在理由，法官通常不必去审查危险性在个案中是否已经出现或者并未确实出现。[②] 立法者把此种具有典型危险的行为毫无例外（或者说不允许反证）地规定于刑法规范之中，就是要通过禁止一切典型的危险行为来强化国民的规范意识，即用刑罚的手段保护普遍的安全。当然并不是所有的法益都可以通过设定抽象危险犯的手段来保护，只有在涉及国民普遍安全的领域，如公共交通、公共健康领域才允许通过牺牲小部分人的自由来维护安全，这是风险社会抵御风险的需要。在危险社会，容易被人们接受的是，不能保护普遍安全的刑法更无法保证个人的生命安全，而没有了生命体就没有了自由的载体，在这个意义上可以说生命权就是最大的自由权。

二、生产、销售伪劣商品罪中的具体危险犯

生产、销售伪劣商品罪中的具体危险犯包括生产、销售不符合安全标准的食品罪，生产、销售不符合标准的医用器材罪。具体危险犯的标志之一是刑法条文的相关表述，如生产、销售不符合安全标准的食品罪中要求“足以造成严重食物中毒事故或者其他严重食源性疾病”，生产、销售不符合标准的医用器材罪中要求“足以严重危害人体健康”。在《刑法修正案（八）》之前，生产、销售假药罪，生产销售有毒有害食品罪也是具体危险犯，成立犯罪要求具有危害人体健康的具体危险。

但有人对于具体危险存在误解，如有学者认为，生产、销售不符合安全

① 参见［日］振津隆行：《抽象的危险犯研究》，成文堂2007年版，第30页。

② 参见［德］约翰内斯·韦塞尔斯：《德国刑法总论》，李昌珂译，法律出版社2008年版，第14页。

标准的食品罪以及修订之前的生产、销售假药罪均不是具体危险犯而是抽象危险犯,理由是这种理解会导致只生产但尚未销售的行为不可能定罪,因为单纯的生产行为不足以严重危害人体健康,所以“足以……”只是对所生产、销售的产品属性的要求,而非作为具体危险犯的标志,否则会导致处罚的困难。[①] 笔者认为,“足以……”的确是对产品属性的要求,只有所生产、销售的产品(如药品、食品、医疗器材)在实质上具有对于人的危险性,才能成立犯罪,否则就会被认为没有法益侵害的危险性,不作为犯罪来处理,这正是具体危险犯的特征。生产但未销售的行为虽然还未造成紧迫的危险,但生产的假药具有危害人健康的属性,就具有具体的危险。上述学者所说的生产未造成具体危险的观点,实际上是混淆了具体危险犯中的危险状态与未遂犯中的危险,前者并不要求未遂犯那样的威胁的紧迫性,而只是针对抽象危险犯而言,需要具体考察行为的属性及其可能引发的危险结果。具体到司法实践中,其判断过程应如下。例如,对于修订之前的生产、销售假药罪,如果所销售的假药虽然按照《药品管理法》的规定属于未经批准而进口即销售,为行政法规所不允许,但是如果鉴定证明该药品系经过国外有关国家批准销售能够治疗相应疾病的有效药品,就不能认为该药品“足以严重危害人体健康”,即不构成犯罪。也就是说,在修订之前,生产、销售假药罪被看作一种具有典型危险性的行为,更强调个案的具体判断。但由于药品的特殊性,立法者认为要想避免患者因吃到假药而耽误病情或致更严重的疾病,所以要杜绝一切未经批准的生产、销售、进口假药的行为,因此,《刑法修正案(八)》去掉了“足以严重危害人体健康”这一要件。

如上文所述,具体危险犯和抽象危险犯的主要区别就在于是否需要司法者在个案中具体认定行为是否会造成具体危险。对于具体危险犯,需要确定危险状态的存在。司法判断需要注意以下几个因素,第一是判断时点,第二是判断资料,第三是判断基准。

判断时点和判断资料紧密相连,若站在事前的立场,则只能以实行行为时的事实为资料进行判断;若站在事后的立场即裁判时的立场,则以事后查

---

① 参见陈洪兵:《公共危险犯解释论与判例研究》,中国政法大学出版社2011年版,第24、56~57页。

明的一切事实为资料进行判断。除此之外，还需考虑是以一般人还是行为人为标准判断危险的有无。当然刑事司法的主体是裁判者，但这里还是要区分裁判者是将自己设定为行为人的角色，还是一般人的角色，或者是纯客观的角色。危险毕竟是客观的，所以纯粹地以行为人的主观认知为基准当然是不合理的。如果是站在事前的立场，通常会以一般人的认知能力为基准，当然如果行为人具有超越一般人的特殊认知能力，如行业内部掌握最新资讯和技术的人，那么行为人自身的认知能力也应考虑在内。如果是站在事后的立场，通常会以客观的科学法则作为依据，确定有无危险性。行为无价值论者、二元论者通常会采取事前的立场，结果无价值论者通常会采取事后的立场。本书认为，对于具体危险犯中危险状态有无的判断，应站在事前的立场，以一般人能够认知以及行为人能够特别认知的事实作为基础进行合法则的判断，而不能作事后的纯客观的科学判断。其理由有三：第一，把事前一般人和具有特别认知能力都无法预见的事实也作为判断资料，而肯定具体危险存在，对于行为人是极大的不公平；第二，既然案件已经发生，损害已经酿成，纯事后的判断就无法排除任何不具有危险状态的行为，因此危险状态的判断就形同虚设，具体危险犯和抽象危险犯就无法区隔；第三，认定一个行为究竟是否导致了危险结果，即在刑法规范上确定有无因果关系，从来就不应该依赖于某种所谓的“科学法则”，科学法则需要经过严格的公式计算，而刑法上的危险判断是以社会生活上的危险关系为基础，依靠的是一般国民经验上的通常性。①

具体如何认定生产、销售伪劣商品犯罪中的具体危险？这里以实际案例加以说明：被告扬州亿豪食品工业有限公司（以下简称亿豪公司）系一台资有限责任公司，许可经营范围为豆类食品的加工。2009 年以来，亿豪公司在另一被告——该公司总经理陈某焜的安排下，由同案人张某（另案处

---

① 对于“因果关系如何可能？”这个既是法学也是哲学上的重大问题，休谟给出的答案是“经验”。人第一次遇到水，不能仅根据水的流动和透明就断言水能使人窒息，第一次遇到火，也不可能只根据火的光和热就断言火能把人灼伤。关于水能淹死人、火能烧死人的因果知识是通过无数次的人被水淹死、被火烧死的经验积累得来的。所以，休谟认为因果关系若非借助于经验则无从获得。当然，休谟的论断有些绝对和武断，人类可以就没有经验过的事情也获得知识，如中国古代哲学中的直觉以及西方古典哲学中的绝对理性。但在社会科学领域，毋庸置疑，休谟的经验论具有重要的指导意义。

理)负责购买辣椒红、日落黄、双乙酸钠、二氧化钛、滑石粉等添加剂,陈某焜提供产品配方并安排公司工人将上述添加剂添加至该公司所生产的组织蛋白、纤维蛋白、苏亚系列产品中,后将上述产品销往河南、安徽等地公司,销售金额计人民币838万余元。根据GB 2760－2007《食品添加剂使用卫生标准》、GB 2760－2011《食品安全国家标准、食品添加剂使用标准》的要求,上述添加剂不允许添加在豆制品当中。法院一审判决被告公司行为构成生产、销售伪劣产品罪。被告人陈某焜作为被告单位直接负责的主管人员,其行为亦已构成生产、销售伪劣产品罪。对被告公司依法判处罚金,对被告人陈某焜依法应当在15年有期徒刑或者无期徒刑,并处销售金额50%以上2倍以下罚金或者没收财产的量刑幅度内处罚。二审驳回上诉,维持原判。①

对于本案值得讨论的是罪名,本案最后以生产、销售伪劣产品罪定罪,而没有定有关食品的犯罪。首先,上述添加剂虽不允许添加,但是难以证明其有毒有害性,所以不构成生产、销售有毒有害食品罪;其次,能否考虑构成生产、销售不符合安全标准的食品罪?上述5种添加剂均属于食品级添加剂,不允许用于豆制品,但是在一些其他类食品中是允许添加的。其中,辣椒红、日落黄、二氧化钛是着色剂,双乙酸钠是防腐剂,滑石粉是抗结剂。虽然长期、过量食用上述添加剂对人体健康有危害,但由于控诉机关无法证明被告将其添加至豆制品的行为“足以造成严重食物中毒事故或者其他严重食源性疾病”,最后没有判决被告构成生产、销售不符合安全标准的食品罪,而是判断生产、销售伪劣产品罪。因此,本案判决是正确的。

接下来,再看一则销售不符合标准的医用器材的案例。基本案情是:2008年被告人姜某注册成立上海某光学科技有限公司(以下简称光学公司),在未取得医疗器械生产许可证的情况下,招募被告人李某等数十人生产隐形眼镜(总价值人民币400余万元),并予以销售。② 被告人郑某系公司的销售人员,2012年3月起承包了光学公司中的“第一分公司”,并以每

---

① (2012)仪刑初字第0179号;(2012)扬刑二终字第0117号。

② 本案中被告人姜某、李某被判决构成生产、销售伪劣产品罪。关于本案罪名这里暂且不讨论。

副镜片人民币5.5元的价格从被告人姜某处购入光学公司生产的隐形眼镜后加价销售。这里要讨论的是被告郑某的行为性质。控方认为,郑某所销售的产品“系不合格产品,且足以严重危害人体健康”,符合销售不符合标准的医用器材罪的构成要件。最后,法院也采纳了控诉机关的意见,判决“郑某销售明知不符合保障人体健康的医疗器械,足以严重危害人体健康,其行为已构成销售不符合标准的医用器材罪”。①

对于本案,从控诉意见和最终判决来看,司法机关都注意到销售不符合标准的医用器材罪是具体危险犯,需要满足“足以严重危害人体健康”这一条件,但是均没有进行实质证明,被告郑某销售的隐形眼镜能够导致对人体健康的严重危险。检察机关只是提出被告“明知是不符合保障人体健康的国家标准的医疗器械,足以危害人体健康”并出具“国家食品药品监督管理局上海医疗器械质量监督检验中心出具的检验报告”,认为可以证实,“经对送检的光学公司生产的各类型隐形眼镜进行检验,认定为不合格产品”以及“上海某公司在没有取得医疗器械生产企业许可证的情况下,擅自生产隐形眼镜”。但这一证据只能从形式上证明产品不符合国家或者行业标准,即质量不合格,但是否具有危害人体健康的危险并未说明。产品不合格可以从很多指标中反映出来,但不是每一项指标都可以指向人体健康。本案判决反映了实践中仅以违背行政法规定作为定罪标准,而不顾法益保护的刑法标准。

三、生产、销售伪劣商品罪中的抽象危险犯

如前文所述,生产、销售伪劣商品罪中的抽象危险犯包括生产、销售假药罪,生产、销售有毒有害食品罪以及《刑法》第140条生产、销售伪劣产品罪。

(一)生产、销售假药罪

如上文所述,在《刑法修正案(八)》之前,需要认定生产、销售假药的行为是否导致了具体危险。对生产、销售假药罪的修订体现了当前刑事政策的要求。假药犯罪愈演愈烈,且关乎国民生命、健康法益的整体,具有严重

① (2013)松刑初字第52号。

的社会危害性，着眼于行为控制和一般预防的目的。① 但《刑法修正案（八）》之后本罪取消了“足以危害人体健康”的规定，这一立法变化解决了其以往作为具体危险犯在认定上的难题。具体而言，“足以严重危害人体健康”的立法规定制约了生产、销售假药罪的司法认定。因为假药对人体的作用往往不是一时能够体现出来的，而且即使是合法生产、销售的药品也会有副作用，所以很多时候要证明假药的危险是比较困难的，而且实践中由哪个主体来鉴定假药与人体危险性之间的因果关系也不明确，因此导致实践中很多生产、销售假药犯罪行为被当作行政违法行为处理，这不利于法益的保护。事实上，在《刑法修正案（八）》之前，由于认定具体危险的困难，2009 年最高人民法院、最高人民检察院出台了《关于办理生产、销售假药、劣药刑事案件具体应用法律若干问题的解释》，其中列举了几种情形被认为当然存在具体危险，如“依照国家药品标准不应含有有毒有害物质而含有，或者含有的有毒有害物质超过国家药品标准规定的；属于麻醉药品、精神药品、医疗用毒性药品、放射性药品、避孕药品、血液制品或者疫苗的；以孕产妇、婴幼儿、儿童或者危重病人为主要使用对象的；属于注射剂药品、急救药品的；没有或者伪造药品生产许可证或者批准文号，且属于处方药的”，但这一司法解释显然是超出了立法的范围，用药品的类别、特性代替具体危险的判断，仍是以形式标准代替实质标准。而《刑法修正案（八）》直接将具体危险犯修改为抽象危险犯则是从根本上解决了难题，其直接好处就是减少了司法机关的证明负担，降低了入罪门槛，提高了定罪率。②

如前文所述，本书认为，对于抽象危险犯不允许反证，也就是说不能根据所生产、销售的药品不具有法益侵害的现实危险进行抗辩。因此，实践中本罪认定的难题就集中到了对“假药”的认定上，只要能够确定被告所生产、销售的是“假药”，即为符合客观要件。而根据《药品管理法》第

① 根据《药品管理法》的规定属于假药和按假药处理的药品、非药品。其中，假药是指，药品所含成分的名称与国家药品标准或者省、自治区、直辖市药品标准规定不符合的；以非药品冒充药品或者以他种药品冒充此种药品的。按假药处理的药品是指，国务院卫生行政部门规定禁止使用的；未取得批准文号的；变质不能药用的；被污染不能药用的。

② 正因为司法认定变得容易，实践中很多生产、销售假药罪的案件都采取了简易程序。

48条的规定,假药可以大致划分为本质上的假药和拟制的假药。前者包括"以他种药品冒充此种药品、所标明的适应症或功能主治超出规定范围"等;后者包括"药品所含成分与国家药品标准规定的成分不符、使用依照本法必须取得批准文号而未取得批准文号的原料药生产、变质、被污染"等。

对于假药,从实践上看,具体包括以下几种情形:第一,违反国家相关法律规定,未取得批准文号,擅自生产的药品;①第二,未获得进口许可而擅自引进的国外药品;第三,冒用真实药品的名称、商标;②第四,对明知的假药进行加工、包装;第五,不具有药品的主治功能等。比较有争议的是,民间偏方是否为假药?未获批准文号或进口许可证但实际上有药效的是否为假药?

第一,关于民间偏方、秘方。我国民间流传很多偏方、秘方,一般没有被正式的药物或医学典籍收载,但却可能取得较好的治疗效果。偏方的来源主要是历代医家经验的积累和家族内部流传,前者在民间流传能为公众所知,后者往往是家族内部传承。民间偏方未经国家批准生产、销售,通常没有包装,没有标明适应症、副作用等,甚至治病机理也不清楚。如果是打着"民间偏方"的幌子生产、销售对治病无益甚至对人体有害的"假药",自然可以按照生产、销售假药罪定罪处罚。问题是那些有较好疗效的偏方,在未经国家许可的情况下是否属于"假药"?如上所述,本罪是抽象危险犯,只要有生产、销售假药的行为即可构成本罪。但是,我国刑法规定,对于"假药"的认定依照《药品管理法》来确定,那么,民间偏方既然未获得国家批准文号,似理应作为假药处理。但是,所有的中医院、中药店给患者的配方以及免费加工的汤药、药膏等均没有批准文号,农民种植人参、三七等也没有批准文号,中药材市场卖参芪、鹿茸同样没有批准文号,这些难道都属于生产、销售假药?

例如,著名的"倪某清生产、销售假药案"。该案中,倪某清在行医中自

---

① 例如,被告肖某未经批准,擅自生产"喘息灵胶囊",销售金额285元,被判生产、销售假药罪。参见(2014)安刑二初字第0113号。

② 例如,(2012)获刑初字第106号。

行配制“传统秘方药”治癌神药，其研制的中草药片剂并无生产许可证及药品管理部门的批准文号，难以获得合法身份。公诉方金华市人民检察院认为：“关于药的疗效，跟本案是不是构成生产、销售假药罪是没有关系的。”而辩护方则试图证明倪某清所研制的药物具有疗效。在证明自己的药方具有显著疗效时，倪某清有众多“依据”，包括国家知识产权局授予的发明专利证书（发明专利名称为“肿瘤内服中草药片剂及制备方法”，文件记载，本发明是一种治疗肿瘤的药物……提高食欲、增强体能……本发明具有使用安全，可萎缩肿瘤毛细血管，抑制肿瘤细胞生长的特点①），还包括被告获得的一系列证书及称号（“中国特效医术发掘整理委员会”授予的“中华百名特效名医”称号，“中国民间中医医药研究开发协会”授予的“中国民间中医药特技人才”称号）。据此，辩方认为，倪某清所生产、销售的药物具有抗癌疗效，“不对社会构成重大危害性”。此外，还有很多患者自告奋勇在法庭作证，但未获得同意；还有不少患者曾到当地信访部门上访，要求将倪某清的药“放一点出来救命”。对于本案，一审、二审均判决被告构成生产、销售假药罪，最终判决有期徒刑 7 年，罚金 100 万元。②

本书认为，在刑法上，对于含民间偏方在内的中药不能与西药同等处理，一味西药的问世必须经过严格的病理实验，包括验证其主治功效及副作用等，然后还须获得国家有关部门的批准。而中药除了中成药外对其成分、配比的要求并不那么严格，可以根据患者身体的状况加以调整，而且通常情况下中药的毒性不强，很多中药是药食同源，国家除了对少数具有较强毒性的中药及其成分应作严格限制外，对其他中草药的生产、销售与其他农作物、经济作物没有不同。所以，不能完全依照《药品管理法》来认定其是否为假药，而应该实质地看是否具有该药品应有的药效。

那么，这种实质判断是否导致将抽象危险犯转变为具体危险犯呢？本

---

① 根据该文件，通过将符合中晚期肿瘤诊断标准的 376 组病例进行随机分配，服用倪某清发明的中药制剂的治疗组，总有效率达 93.6%。其中，显效有 92 例，有效 59 例，改善 35 例，无效 10 例。

② 参见《治癌神药无批号被认定假药、涉案者反问哪有假药能治病》，载新浪网：http://finance.sina.com.cn/consume/puguangtai/20130619/104115840285.shtml；http://zj.sina.com.cn/news/d/2013-10-22/0800134074.html，最后访问日期：2018 年 12 月 20 日。

书认为,抽象危险犯的本质是以“危险的行为”代替“行为的危险”,但判断是否实施了“危险的行为”并不要求以行政法规作为判断依据。行政法的目的是实现行政管理秩序,并非防止法益侵害,对中药的行政监管法不能作为判断是否为“假药”的绝对根据。何况设定抽象危险犯,其行为具有典型的危险,也许对于西药而言,《药品管理法》中所规定的假药具有典型的危险性,但由于中药的特殊性,这一典型的危险性并不适用。

第二,关于未获批准文号或进口许可而生产、销售或引进实际有效的药品。对这一问题争议很大。颇受关注的案件是“陆某海外代购假药案”。被告陆某本人是一名慢粒白血病患者,患病之初,他根据医生的推荐服用瑞士诺华公司生产的名为“格列卫”(Glivec)的抗癌药,每盒23,500元,服用一年需28万多元。后来,陆某了解到印度生产的仿制药药性相似度达99.9%,一盒仅售4000元。陆某开始服用这种仿制药,并与病友分享了这一消息。因为汇款程序复杂,许多人都让陆某代购。之后,仿制药“团购价”降到了每盒200元左右。2014年7月,陆某因“妨害信用卡管理罪”和“销售假药罪”被提起公诉。2015年1月29日,检察院又撤回起诉。① 对于本案,被告是否成立销售假药罪争议很大,关键点就在于其所代购并“销售”②的是否为“假药”。根据《药品管理法》的规定,未经许可引进的他国药品属于假药,即使药品具有疗效且价格优惠也在所不问。其实此类案件在国内也不是首例,2010年10月,深圳某企业派驻印度的员工何某开始通过网络销售印度抗癌药物。他先从印度购买了易瑞沙、格列卫、特罗凯、力比泰等抗癌药品,然后通过邮寄、水客带过关等方式带到深圳。2011年11月,何某等3名犯罪嫌疑人被公安机关抓获。其所售药品被药监部门定性为假药,何某等3人涉嫌销售假药罪。③ 作为有“世界药厂”之称的印度,由于国家政策弱化对药品的专利保护,鼓励本国企业仿制他国专利药品,成为

---

① 参见《“仿制药代购第一人”获释 曾帮人购廉价抗癌药》,载搜狐网:http://news.sohu.com/20150131/n408261829.shtml,最后访问日期:2018年12月25日。

② 检察院以被告行为没有加价为由,否定其属于“销售”,认为只是代买,回避了本案的重点。

③ 参见《印度仿制药:穷人福音,药企死敌》,载腾讯网:http://view.news.qq.com/zt2013/ydfzy/index.htm,最后访问日期:2018年12月25日。

代购药品的原发地。印度是全球主要药物出口国家,通过各种国际认证的药品非常多。2011 年,共有 28 家印度企业及他们的子公司获批了 144 个 ANDA(向 FDA,即美国食品和药品管理局提交的仿制药申报)和 49 个暂时性批准,全年 FDA 共批准了 431 个 ANDA 并作出了 117 个暂时性批准。印度公司占获批 ANDA 总数的 33%。几年前印度最高法院还驳回瑞士制药巨头诺华公司对改进后的抗癌新药格列卫专利保护的要求,认定印度本土仿制的癌症特效药可以继续售卖。该诉讼被誉为印度"人权与知识产权"的博弈。①

西药的研发和生产过程不同于中药或"民间偏方",其在进入生产、销售阶段之前须经过长期的过程,包括实验室阶段、前期临床试验阶段、人体临床试验阶段、新药审查上市阶段,这个过程通常要经过 10~20 年的时间,因此西药从实验到上市都要受到严格的行政监管,②各国对西药的管理也已形成一套较为成熟的制度。因此世界各国对药品普遍实行准入制,认为未经批准、许可而生产、销售的西药具有典型危险性,应为刑法所禁止。即使药品具有一定的疗效,但为了防止不为人知或未经测试的副作用出现,出于一般预防的目的,未获批准文号的药品也不允许生产和销售。但对于在国外已获批准而生产、销售的药品,未经许可进入我国是否也应同等对待?笔者认为,不应等而视之。因为已获得他国认证的药品不具有典型危险性,我国不允许进口只是体现对原研药知识产权的尊重,但是当知识产权与生命健康权相权衡时,孰重孰轻便一目了然。

(二)生产、销售有毒、有害食品罪

这里着重探讨两个问题,第一,有毒有害食品和不符合安全标准的食品的界限;第二,保健品的定性,究竟是药品还是食品。

---

① 参见《印度仿制药:穷人福音,药企死敌》,载腾讯网:http://view.news.qq.com/zt2013/ydfzy/index.htm,最后访问日期:2018 年 12 月 25 日。我国对药品专利保护较为严格,所以尚不允许仿制还在专利保护期内的药品。但专利悬崖(药物专利即将到期)为仿制药企制造了巨大的机会,原研药一般需要 10~15 年左右研发、报批及量产,重磅品种的研发费用可能高达数十亿美元,仿制药的流程则大为简化且成本降低了很多,仿制药据预测在我国可以达到 5000 亿元的市场规模。参见《中国仿制药产业迎春天,两年后市场或达 5000 亿》,载网易网:http://money.163.com/special/view415/,最后访问日期:2018 年 12 月 25 日。

② 我国的主管机关是国家药品食品监督管理总局;美国的主管机关是食品药品管理局。

关于第一个问题。从法条上看,生产、销售有毒有害食品罪是抽象危险犯,生产、销售不符合安全标准的食品罪是具体危险犯。前者是有毒有害食品,后者是足以造成严重食物中毒事故或者其他严重食源性疾患的不卫生食品。前者是实质判断,确定食品是否具有毒害性;后者是形式兼实质的判断,即一方面违反国家食品卫生管理法规的规定,另一方面需经有关机关鉴定具有严重食物中毒或者其他食源性疾病的危险。

这里举一例加以说明。自2014年6月底开始,被告彭某在制作蛋糕时添加了铝含量超标的“泡打粉”,经当地工商部门抽查并请有关部门进行检测,认定蛋糕中的铝含量超标,为120mg/kg。法院认为2014年5月14日国家卫计委、食品药品监督管理局等五部门下发文件禁止在面包、蛋糕、膨化食品等中添加含铝添加剂,而被告故意掺入国家明令禁止的添加剂,已构成生产、销售有毒有害食品罪。[①] 由判决可见,法院是以被告违反行政规定作为认定有毒有害食品的标准,而如上文所述,本罪需实质判断,与生产、销售不符合安全标准的食品罪不同。在本案中,若要判处被告构成生产、销售有毒有害食品罪,必须证明铝含量超标的蛋糕对人体具有毒害性。而且这个毒害性不能等同于一般的不利于人体健康,如细菌超标、农药超标也不利于人体健康,但不能评价为有毒、有害。其毒害性要高于生产、销售不符合安全标准的食品的危害性。铝制品的确对人体有危害,如可能引起婴幼儿智力发育障碍、骨骼发育障碍,还可能诱发老年痴呆等,但并非禁止使用。例如,在2011年的《食品添加剂标准》(GB 2760)中规定食品中铝残留量不得超过100mg/kg,2014年才开始禁止在一些食品中添加含铝添加剂,由此可知本案所查处的铝残留量120mg/kg的蛋糕(即使考虑累积因果关系的问题)不能直接评价为具有毒害性。再如,就农药超标的食品而言,不是所有生产、销售农药超标的食品都可以评价为生产、销售有毒有害食品罪,还要具体考察所使用的农药本身是否具有严重毒害性。如果农药本身毒害性不大,只是残留量较高,若足以引起严重食源性疾患,则只能按照生产、销售不符合安全标准的食品罪定罪处罚。

---

① (2014)唐刑初字第536号。

关于第二个问题,关于保健品的定性。[①] 对于保健品是属于药品还是食品,存在争议。

从产品类别划分来看,保健品确定不属于药品,而是食品的一种。保健品具有一般食品的共性,能调节人体的机能,适合特定人群食用,但不以治疗疾病为目的。保健品虽然能够调节生理功能,具有辅助治疗的功效,但不可能具有药品那样的治病效用,同时因为不是出于治病的目的,因此也不允许具有药品的毒性。而且,卫生部批准的保健品预包装食品容器上(食品标签)的标志显示"保健食品"的批准文号和标志。因此,国家从行政管理上将保健品划分为"食品"而不是"药品"。那么,是否因此在刑法上对生产、销售伪劣保健品的行为只能认定为生产、销售有毒有害食品罪或者生产、销售不符合安全标准的食品罪?

从实际判决来看,对于生产、销售假保健品的行为,也存在两种观点:有的法院认定为生产、销售假药罪,有的则认定为生产、销售有毒有害食品罪。例如,被告人孙某在某保健品店内,故意销售假的"夜狼神""黄金男人""天下第1棒""冬虫夏草"等保健品,被认定为是"假药",被判处销售假药罪;[②]而在另一案件中,被告人赵某在某村一超市内,销售"特效伟哥",同样是男性保健品(后经鉴定上述物品内均含有毒害性的西地那非成分),但判决却认为,被告人赵某是销售掺有有毒、有害的非食品原料的食品,构成销售有毒、有害食品罪。[③]

对于究竟定哪一种罪,一方面不能依赖行政法,根据行政法上确定的性质来判断;另一方面也不能根据保健品是与食品一起销售还是与药品一起销售来判断,而应该进行实质判断。如果销售者夸大虚假的保健品的疗效,

---

① 参见《沈阳:保健品冒充药品今后将要按假药论处》,载腾讯网:http://news.qq.com/a/20080801/001546.htm,最后访问日期:2018年12月25日;《假药:骨白金普通食品冒充保健品和药品、夸大广告》,载腾讯网:http://bbs.tianya.cn/post-free-3010767-1.shtml,最后访问日期:2018年12月25日。

② (2014)甬余刑初字第1632号。类似判决还有(2014)岳刑初字第458号。

③ (2014)丰刑初字第1845号。类似判决还有(2014)丰刑初字第1812号;(2014)朝刑初字第3077号。

将其视同于药品在销售，则可以定销售假药罪；①如果销售者只是一般地冒充其他品牌的保健食品，将其作为具有保健功能的食品销售，则应定销售有毒、有害食品罪或者销售不符合安全标准的食品罪。

第四节　故意的认定

一、故意的核心要素是"明知"还是"容认"？

由于生产销售伪劣商品罪中对"故意"的认定是司法实践的难点，所以这里首先对于一般"故意"的内容加以阐述。

关于故意，中外存在多种学说，如认识说、盖然性说、希望说、容认说等。但总体而言，可分为重视认识要素（明知）的学说和重视意志要素（容认，包括希望与放任）两类，前者如认识说、盖然性说；后者如希望说、容认说。根据我国《刑法》第14条的规定，故意是指"明知自己的行为会发生危害社会的后果，并且希望或者放任这种结果发生"，认为故意同时包含认识和意志因素，即采取容认说，至于更加重视哪一方，我国通说更加重视意志因素，这一点主要体现在对间接故意与过于自信的过失的区分上。这一观点也为大陆法系很多学者所赞同。② 但作为有"知"（wissen）又有"欲"（wollen）的容认说也存在缺陷，越来越受到质疑。反对的理由主要集中于以下方面。

首先，以"容认"作为区分故意和过失的标准缺乏可操作性，司法实践中对于行为人对犯罪结果是"容认"还是"反对"，存在很大的自由裁量性，致使结论充满了任意性。而故意犯罪和过失犯罪在责任认定上区别很大，不仅影响量刑，而且影响定罪，甚至对某些行为只规定了故意犯罪，没有规定过失犯罪，因此认定为是故意还是过失直接决定被告人的命运，必须以统一且明确的标准来判断主观罪过是故意还是过失。而且，由于容认说过于重视意志因素，所以对于明知行为的重大危险仍铤而走险，而仅在心态上存

---

① 2008年沈阳市出台《沈阳市药品和医疗器械监督管理办法》，其中就规定，保健品冒充药品的，全部按照假药处理。本书认为，该规定是合理的。

② 持此说的德日学者包括弗兰克、麦茨格、团藤重光、大塚仁等。

有“侥幸”反对结果发生的情形(近乎一种相信冥冥之中自有神明保佑的心理),也认定为是过失,这并不公平。因为,这里被告将危害结果的不发生寄托于一种不可知且不可控的运气,而不是寄托于自己行为的合规范性以及自己内心的良善。相较之下,如果行为人明知行为的危险性较小,规律地看发生危害结果的概率很低,但却容认结果发生,这种情况下行为人的主观恶性并不一定会高于上述“过失”的情形。

其次,行为人对结果是否“容认”的判断不能独自进行,实践中往往根据“明知”的程度来推定。因为我们知道,根据司法证据规则,不能仅凭口供来确定行为人的罪过心态,只能从客观要素来推定。“明知”的规定可以设定一个具有通常智识的“一般人”判断其在行为当时的情境下(通过考察行为的性质、危险性、行为造成结果的盖然性、被害人状况等)是否明知,并由此进行推断只要行为人具有与一般人相当的认知能力,即可直接由此推知被告人的认知状况。但是“容认”却不同,是否“容认”的个体差异性极大,无法通过设定“一般人”的方式来推断,必须逐一考察每个行为人的内心状况才能得知。然而,这显然必须依赖于口供,或可借助于现代科技(如测谎仪),但都无法得出确定的结论。因此,实践中的做法,是通过“明知程度”的高低来判断容认与否,即越是认识到结果会发生,继续实施危险行为的表现就越是说明容认结果发生。而什么情况下结果容易被认识呢,当然是结果越可能发生就越可能被认识。因此,所谓的主观判断最终还是回归到客观的判断,即如果法官能在“行为本身的危险性—行为导致结果发生的危险性—结果现实发生”之间构建一个富有规律性,或者至少不是异常的因果链条的话,认定故意就通常不会成为问题。英美法系也采用上述判断规则,如英国上议院大法官所言,结果发生概率越大,该结果便越可能被预见到;如果该结果被预见到,对结果持故意的可能性也就越大。① 总之,由此可以概括出两句话作为司法认定罪过形态的规则:第一句是“主观取决于客观”;第二句是“意志决定于认识”。

---

① 参见劳东燕:《犯罪故意理论的反思与重构》,载《政法论坛》2009年第1期。

再次,事实上,一个人不可能在有认知的情况下,却还无意愿地做这件事。[①] 我们不应过于重视意志因素。英国法律委员会就曾经认为,如果一个人的所有目的都是为了避免结果发生,那么就不能认为其对于结果有间接故意。[②] 这是典型的容认说的观点。但是遭到了一些学者的反对。例如,Itzhak Kugler 提出两点反对理由。第一,不能说只要行为人试图避免结果就不是意图造成结果,因为即使目的是避免结果,也可能是间接故意。其原理是,行为人的道德责任随着其预见恶的结果的可能性的提高而增加。因此,当行为人对于预见结果具有现实确定性时,就存在一个很高程度的避免结果发生的责任,其责任程度与行为人希望结果发生的程度相当。第二,在直接故意与间接故意之间有一个共同的心理分母,因为,二者均选择引起一个被禁止的结果。即使行为人不是有目的地引起结果发生,但是当其明知有一种现实的确定性仍然选择去引起这种结果,间接故意的责任程度与直接故意就是一致的。[③]

复次,一个人决定是否做一件事情是一种综合考量,某些因素推动其做这件事,某些因素阻碍其做这件事。但既然认识到可能发生结果还最终决定要行动,就说明引起结果不违背其本意,行动已经透露出了他的心理状态。例如,行为人第一天上任却起晚了,所以不顾信号灯提示闯红灯且超速行驶,明知闯红灯且超速有撞人的危险,同时也不希望撞到人,但因为考虑到第一天走马上任给员工留下好印象的利益要重于可能撞人的不利益,所以还是危险驾车。综合考量了各种因素后仍决定实施危险行为就说明行为人已经接纳了这种危险性,危害发生不违背自己的利益。当然被告会辩称自己"真的不愿意看到撞到人",但对结果不容认的心理活动无法通过身体行动得以体现。除了希望借助危险驾车杀伤人的人之外,很少有人内心会愿意看到自己撞到人的结果,而事实上撞到人的人却没有一个不知危险驾驶的可能后果,既知后果如何却又危险行动,不是恰恰说明该后果并不违背

---

① 参见黄荣坚:《故意的定义与定位》,载《台大法学论丛》第 28 卷第 1 期。

② Law Commission, *A Criminal Code for England and Wales*, Report No. 177 (London, 1989).

③ See Itzhak Kugler, "The Definition of Oblique Intention", *The Journal of Criminal Law*, pp. 81 - 82.

其意思吗?故意不单单是个心理事实,更需要规范上的理解。

美国《模范刑法典》中规定了一种责任形式——“轻率”,是指“对于犯罪本体要件存在或者其将由行为人的行为引起,有不合理的实质危险时,行为人有意识地无视该危险,对于犯罪本体要件实施的行为具有轻率性。危险的性质和程度必须满足,从行为人的行为性质、目的和行为人知道的情况予以考虑,其无视行为严重背离在行为人的处境下守法的人所应遵守的行为标准”。这里明确表述了轻率是行为人“已经认识但仍然无视”危险,与疏忽(过失)相区别。而且,其“无视”的程度由一个具有理性的守法公民来看,严重背离了应有的谨慎行为人应尽的注意义务。因此,“轻率”在美国刑法理论看来,“要求选择无视一个已知的风险,是比过失的危害性更大的”。[①]

最后,区分过于自信的过失与疏忽大意的过失没有意义,因为它使本来作为故意与过失界限的容认说也变得没有现实意义。通说认为,疏忽大意过失和过于自信过失的区别在于是否预见,但是即便过于自信的过失中的预见也是抽象的概念上的“预见”,不具有现实性,试想如果行为人具体预见到结果会发生却仍然相信能够避免,这要么是自相矛盾,要么是狡辩的借口。这就像说“我一方面认为有可能发生危害社会的后果,另一方面又认为不会发生危害社会的后果”。解决这种可笑的悖论的唯一办法就是,取消过于自信的过失这种过失形态,同时把现有的过于自信的过失并入犯罪故意。这样一来,用于界分间接故意与过于自信过失的“容认”理论也就没有必要了。

正如上述反对的观点所批判的,容认说过于强调意欲的重要性,是把故意的判断交给行为人心理这个最隐秘的因素,给司法者制造了证明的困境。事实上,容认说已经在悄悄失去其优势地位,正像责任的认定从侧重主观归责转向客观归责一样,故意的认定也已经从(无法客观推定的)“容认”转向了(可以由客观推知的)“明知”。如1986年Hancock & shankland就提出危害结果发生概率、预见可能性与故意的推论之间呈正相关的关系。[②] 而雅

① [美]乔治·P.弗莱彻:《刑法的基本概念》,王世洲等译,中国政法大学出版社2004年版,第149页。

② See Itzhak Kugler,“The Definition of Oblique Intention”,*The Journal of Criminal Law*,p. 84.

各布斯则更明确地指出影响间接故意认定的二因素：(1)构成要件的实现不是极不可能；(2)行为人判断构成要件的实现不是极不可能。[①] 也就是说，除非行为人认为危害结果发生的可能性极小，否则不会否定故意。所以，这里无需考虑行为人是放任还是否定，意志因素的不确定使很多学者放弃了“意志”因素。罗克辛虽没有放弃意欲说，但却大大放宽了对意欲的内容判断：认识到构成要件实现的可能性并对此进行估算但仍然没有放弃其犯罪计划的人，就已经是有意识地决定反对有相关构成要件所保护的法益，便是故意。[②] 罗克辛也认为认识到结果会发生仍然理智地选择实施犯罪行为当然就是容认构成要件实现，实际上也是通过“认识”与“行动”推断犯罪“意欲”。耶赛克(Jescheck)更为直接地提出：故意存在意志因素，但该意志因素存在于实现构成要件行为的决意与实施该决意当中。只有在蓄意的情况下，行为人对结果才有意欲；但在直接故意和间接故意的情况下，意欲被限制在符合构成要件的具有危害的行为上。[③]

由此可见，争议的焦点不在于是否承认意志因素，而在于是将其作为独立的判断要素，还是通过认识因素(及行动)来推断有无对实现构成要件的容认。即便承认意志因素，也不能否认在认识与容认之间，核心要素在于前者。

从时代背景上来看，放弃意欲被认为是风险社会的结果，[④]因为如果坚持意欲是故意的要素，则难以有效保护他人与社会的法益，“通过放弃或者放宽意欲要素的要求而将关注重心放在认识因素之上，便成为理论为迎合风险社会之现实需要而被迫作出的应变之举”。[⑤] 对此，有学者用公式概括为：“风险认知 + 行为决定 = 决定反对法益。”[⑥]但也正因如此，认识说受到

---

① See Itzhak Kugler, “The Definition of Oblique Intention”, *The Journal of Criminal Law*, p. 84.

② See Itzhak Kugler, “The Definition of Oblique Intention”, *The Journal of Criminal Law*, p. 84.

③ See Itzhak Kugler, “The Definition of Oblique Intention”, *The Journal of Criminal Law*, p. 84.

④ 参见劳东燕：《犯罪故意理论的反思与重构》，载《政法论坛》2009 年第 1 期。

⑤ 参见劳东燕：《犯罪故意理论的反思与重构》，载《政法论坛》2009 年第 1 期。

⑥ 参见劳东燕：《犯罪故意理论的反思与重构》，载《政法论坛》2009 年第 1 期。

了强有力的批判:很多社会行为都伴随危险(其中相当一部分是允许的危险),危险和危险认知成为经常性的存在,但行为人往往又不得不经常从事危险行为,是否因此都认定为故意?例如,交通肇事罪,众所周知其为过失犯罪,但交通肇事行为本身就具有一定危险性,行为人对此几乎都明知而又必须实施危险行为,能否说因此其对法益具有敌对态度?显然不能。所以上述公式有一定的问题。

既不能坚持容认说,也不能完全同意上述公式,就应对我国的罪过体系进行改造。劳东燕教授提出,我国现有的罪过理论体系存在缺陷,应该构建一种比故意(含间接故意)轻比过失重的罪过形式——轻率(鲁莽),①用来指"行为人在认识到具有附随风险的情况下仍然追求主行为结果"的情形。相比不具有认识的疏忽大意的行为人,有认识的行为人更加容易避免危害结果的发生,也更容易遵守不创设风险的规范命令,因此责任更重。② 在风险普遍存在的社会,重视"鲁莽"的心理态度的确有其现实意义,但是为此单独设置一种罪过形态,与故意、过失并列起来,笔者认为并无必要。我们完全可以在现有的故意、过失体系内部通过对"风险认知"加以限定来使故意的认定更加合理。

如上所述,我们不能直接把"风险的认知 + 行为决定"等同于对结果的容认,其理由在于:(1)"风险"分为允许的风险与不允许的风险,对允许风险的认知并非对具有违法性的构成要件的认知,不能视为对构成要件行为的危险性的认知;(2)"风险"分为具体的风险和抽象的风险,除非在抽象危险犯中,否则对行为的抽象危险性的明知也不能视为对法益侵害(或者威胁)的同意;(3)"认知"也有程度之分,只有建立在主客观综合判断之上的具有"物质性"基础的"具体的预见"才能产生结果回避义务,低度的、观念上的或者仅止于危惧感程度的预见并不会使行为人产生避免动机,因此,哪怕行为人作出了导致结果发生的某项行为决定也不能反映其对法益的悖反态度。因此,只有对于不被允许的危险的具体化预见并且仍然作出行动决

---

① 劳东燕认为,过于自信的过失中行为人轻信结果可以避免,实际上是对结果没有认识,因此并不存在有认识的过失。参见劳东燕:《犯罪故意理论的反思与重构》,载《政法论坛》2009年第1期。笔者同意该观点。

② 参见劳东燕:《犯罪故意理论的反思与重构》,载《政法论坛》2009年第1期。

定(即使反对结果发生),才能在规范意义上等同于容认结果的发生,才能视为故意。

总之,一方面,要取消"意志"因素在故意认定中的地位,理论上和实践上以"明知"来代替;另一方面,对于"明知"的判断,要限定明知的内容、程度,只有当对于危险的明知具有具体现实性时(不要求明知法益侵害的发生具有"盖然性"①),才能肯定故意。

二、生产、销售伪劣商品罪中"明知"的判断

(一)域外经验

首先,对于域外有关产品刑事责任的立法中的"明知"问题,举几例加以说明。

例如,《德国刑法典》在第 314 条规定:行为人明知其为用于销售的食品而向其中添加有毒有害或者危害人体健康物质的,抑或者明知其为有毒有害、危害人体健康的食品而仍然予以销售或者投入流通领域的,将被处以 1 年以上 10 年以下的有期徒刑。《德国食品、日用品和饲料法典》第 6 条"禁止的食品添加剂"规定,禁止在以营利为目的生产或加工处理可进入流通领域的食品的过程中,(1)以未经混合或与其他原料混合的方式使用未经许可的食品添加剂;(2)使用离子交换器,如果因此而使未经许可的食品添加剂进入到食品中;(3)为生产食品中不允许的食品添加剂而使用工艺违反规定的,处 1 年以下自由刑或罚金。《日本食品卫生法》第 6 条规定,下列食品及添加物,不得销售或者不得以销售为目的进行采集、制造、加工、使用、烹饪、贮藏、运输或陈列:……(2)包含或附着有毒、有害物质或者有可能包含或附着有毒、有害物质的食品及添加物。但由厚生劳动大臣规定的,认为不会对人体健康造成危害的食品及添加物不受此限制。违反该条的,处以 3 年以下有期徒刑或 300 万日元以下罚款。《西班牙刑法典》第 363 条规定,实施以下制造、销售行为,对消费者生命构成危险的,处 1 年以上 4 年以下徒刑:……第二项,生产公开销售的或者公开销售含有对健康有

---

① 不要求达到"盖然性"程度的意义是敦促风险社会中交往关系的参与人应提高自己的规范意识,避免因追求一时的私利而轻率、鲁莽行事。

害物质食品、饮料;……第四项,未经批准,生产、销售和使用会对健康造成损害的产品。《西班牙刑法典》第12条规定“当法律有明文规定时,过失造成的作为或者不作为才应受惩罚”。在上述各国的规定中,虽然只有德国刑法明确要求“明知”,日本、西班牙似乎都没有要求行为人对销售伪劣商品具有“明知”性,但事实上,作为大陆法系国家,日本和西班牙根据刑法总则的规定以及刑法原理,要求“明知”是当然之理,无需在所有故意犯罪中都载明“明知”二字。事实上,在大陆法系,在过失犯罪中只有特别标明“过失”也构成犯罪时,过失才构成犯罪,否则不处罚过失犯,但在故意犯中,却没有此要求。因而,不能简单地认为既然法条当中没有写明“明知”,即是不要求明知。

但在英美法系并不尽然。《英国食品安全法》第7条“供应有害健康的食品”中规定,任何人通过以下操作供应食品导致其危害健康……以销售该食品供人类消费为目的,即属犯罪……在确定食物是否对健康有害时,应考虑(a)不仅是消费该食品对人员健康的可能影响;而且(b)正常消费量下,消费实质上成分相同的该食品对健康造成的可能的累积影响。第8条“销售不符合食品安全要求的食品”规定,任何人销售……任何食物不符合食品安全的要求,属于违法行为。如果存在下列情况,食品即不符合食品安全的要求(a)食品通过以上第7(1)条所述操作方法已对健康产生危害;(b)食品不适合人类消费;或(c)食品已受污染(无论是被外来杂质或其他方式),不能合理地被期望其在此状态下用于人类消费。遍观该法律全文,除了要求“以销售为目的”外,未见任何与主观心理状态有关的描述。也就是说,在英国对于销售具有健康危害性的食品的行为,采取的是严格责任。严格责任也是美国食品安全犯罪普遍遵循的责任原则,立法上通常只将有故意或者过失的情形作为情节加重犯规定。例如,《联邦食品、药品及化妆品法案》第三章“禁止的行为和处罚”第一节“禁止的行为”对食品犯罪的构成要件仅仅规定了行为的客观特征,即引入或者运输作为州际贸易的人为改变或者错误商标的食品、人为改变或者错误商标食品,接收作为州际贸易的人为改变或者错误商标的食品,在销售过程中改变、毁损、涂删全部或者部分食品的标签等导致食品被伪造或者假冒商标的等。而该法案的第三节“刑事责任”规定,违反本章第一节规定的,判处1年以下有期徒刑或者

1000 美元以下罚金,或者并罚;如果行为人在违反第一节规定的行为被判处后,又违反第一节规定的,或者带有欺诈或误导的目的故意违反第一节规定的,判处 3 年以下有期徒刑或者 10,000 美元以下罚金或者并罚。当然,所谓严格责任并不是“绝对”的责任,被告还是可以提出一系列的抗辩理由,如该法案第三章第三节同时规定,如果有以下情形,行为人不必承担刑事责任:(1)基于合理相信的接收和运输州际贸易食品,除非行为人拒绝向司法人员提供其购买或者接收该食品(包括食品的相关文件)的相关人员姓名和住址;(2)基于合理相信地对外宣称相关食品不是人为改造或者假冒商标的,且该保证或者承诺由在美国境内的、有姓名和住址的人提供的……

但是众所周知,即使在英美法系,严格责任也并非主流,仅局限于危害社会福利和某些道德犯罪(如奸淫幼女),一方面是基于特定的刑事政策的考虑,另一方面是司法便宜的考量。证据是一个不可回避的问题。在食品生产经营进入现代工业化阶段后,产品的生产工艺越来越专业化,不仅普通公众,即使是代表国家行使公诉权力的专业人员也难以了解,那么对于产品的危险性更是无从掌握,遑论对生产者、销售者犯罪故意的证明,更是成为司法判决有罪的障碍。因此,从立法上取消证明要求便成为立法者的最终选择。然而,这显然充斥了英美法系实用主义的法律观,法律是经验而不是逻辑的理念显露无遗。但在奉逻辑为法律生命的欧陆法系,严格责任必定不能见容于人。所以,可以看到,尽管大陆法系刑法传统的国家和地区近年来都有加强产品责任(特别是食品、药品)立法的趋势,也在不同程度上加大了处罚的力度,①但在罪责原则这点上,似乎看不到任何松动的现象。也就是说,在这些国家和地区即使在刑事政策上都从严治理伪劣产品问题,但仍然严格遵守着责任主义原则,丝毫不敢越界。在我国,至今也未有任何一个罪名突破责任原则,虽然之前对于奸淫幼女行为的争论已将绝对责任推到了特别夺目的地位,但始终受到几乎所有刑法学者的反对而最终流产。

(二)我国的概况——以司法判例为例

在我国,遍观司法实践中对生产、销售伪劣商品犯罪的判决,在被告否

---

① 例如,关于我国台湾地区在 2010 年修改了“食品安全法”,大大加强了对在食品中添加被禁止的化学物质的行为的规制,对其最高刑罚可以至终身监禁以及高达 2000 万元新台币的罚金。

认有罪的案件中，相当一部分被告方的辩护意见都以缺乏犯罪故意为理由，即不知道所生产、销售的产品是伪劣产品、假药、劣药、有毒有害食品等。这里以著名的三鹿奶粉一案中的“张某军、张某章以危险方法危害公共安全案”作为适例加以说明。

2007 年 7 月，被告人张某军，以三聚氰胺和麦芽糊精为原料，在河北省某村配制出专供在原奶中添加、以提高原奶蛋白检测含量的含有三聚氰胺的混合物(俗称“蛋白粉”)。后张某军将生产场所转移至山东省某村，购买了搅拌机、封口机等生产工具，购买了编织袋，定制了不干胶胶条，陆续购进三聚氰胺 192.6 吨、麦芽糊精 583 吨，雇佣工人生产“蛋白粉”。至 2008 年 8 月，张某军累计生产“蛋白粉”770 余吨，并以每吨 8000 元至 12,000 余元不等的价格销售给张某章及其他四人(另案处理)，累计销售 600 余吨，销售金额6,832,120 元。自 2007 年 7 月至 2008 年 8 月，被告人张某章从被告人张某军处陆续购买其所生产的“蛋白粉”，并将张某军生产的“蛋白粉”每吨加价 500 元至 2000 元，销售给高某等五人(另案处理)，累计销售 230 余吨，销售金额 3,481,840 元。在此期间，张某军生产、销售，张某章销售的“蛋白粉”又经赵某等人分销到石家庄、唐山、邢台、张家口等地的奶厅(站)，被某些奶厅(站)经营者添加到原奶中，销售给石家庄三鹿集团股份有限公司(以下简称三鹿集团)等奶制品生产企业。三鹿集团等奶制品生产企业使用含有三聚氰胺的原奶生产的婴幼儿奶粉等奶制品流入全国市场后，对广大消费者特别是婴幼儿的身体健康、生命安全造成了严重损害，导致全国众多婴幼儿因食用含三聚氰胺的婴幼儿奶粉引发泌尿系统疾患，多名婴幼儿死亡。

二被告因涉嫌犯生产、销售有毒、有害食品罪被刑事拘留；检察院以以危险方法危害公共安全罪起诉二被告，辩护人提出的辩护意见之一是：被告张某军不具有危害公共安全的主观故意；被告张某章对“蛋白粉”的毒副作用认识程度有限，主观恶性不大。法院未采纳辩护方的意见，一审判决张某军犯以危险方法危害公共安全罪，判处死刑，剥夺政治权利终身；被告人张某章犯以危险方法危害公共安全罪，判处无期徒刑，剥夺政治权利终身。①

① (2008)石刑初字第353 号。

二被告均上诉，除了对所判罪名存在异议外，上诉理由也多集中于犯罪故意上：张某军虽知三聚氰胺是化工产品，不能供人食用，但对于三聚氰胺的成分及危害后果其并不知道，其生产、销售含有三聚氰胺的"蛋白粉"的最初和最终目的是挣钱，并没有危害公共安全的主观故意，更无法预见到本案的严重后果；张某章不知道所销售的"蛋白粉"被人食用后会危害人的健康和生命安全，主观上没有用危险方法致人重伤、死亡的故意。二审法院最终驳回上诉、维持原判。①

对于二上诉人没有危害公共安全的主观故意的上诉理由，认为根据杨某某的证言，"证明张某军以亲戚开油漆涂料公司为由购买三聚氰胺，能够证实张某军对三聚氰胺的性质、用途是明知的，其也多次供述明知三聚氰胺是化工产品，人不能食用"，"足以认定张某军对制作专供往原奶中添加的含有三聚氰胺的混合物，会对奶制品消费者的身体健康、生命安全造成伤害是明知的"；同时认为"有证据证实张某军为掩人耳目、以防罪行暴露而化名'张某某'并变换生产场所，以'腻子粉'的名义生产、运输、销售专供往原奶中添加的含有三聚氰胺的混合物，且为牟取非法利益积极推销，生产、销售'蛋白粉'达数百吨，张某军在预见到这可能会危及不特定多数人的身体健康、生命安全和奶制品企业的财产毁损等严重后果发生的情况下，仍采取放任态度，其主观上具有危害公共安全的故意"。

（三）对于行为和结果的明知

如上文所述，由于内心状态的隐蔽性，无论是理论上还是实践中对于"意欲或放任"的认定多是从"明知"以及行为表现推知的，所以我们这里主要讨论"明知"。

对于明知的内容是否包括"结果"，还是只要认识到所实施行为的内容和性质就可以了？在上例中，张某军的辩护及上诉理由都提到其只知所生产或销售的是"三聚氰胺"且三聚氰胺属于化工产品，但不知道三聚氰胺的危害后果，更不知其对公共安全的危害性。也就是说行为人明知行为的内容与属性，即生产、销售的是作为化工产品而非供人食用的三聚氰胺，但不明知其行为的危害性。而法院的判决则认为，"张某军以亲戚开油漆涂料

---

① (2009)冀刑一终字第57号。

公司为由购买三聚氰胺,能够证实张某军对三聚氰胺的性质、用途是明知的,其也多次供述明知三聚氰胺是化工产品,人不能食用”,“足以认定张某军对制作专供往原奶中添加的含有三聚氰胺的混合物,会对奶制品消费者的身体健康、生命安全造成伤害是明知的”。从法院的逻辑来看,张某军由于明知三聚氰胺是化工产品,所以明知其所生产、销售的含有三聚氰胺的“蛋白粉”添加到原奶之后会有人身危害性。但是,作为对行为属性“生产、销售化工产品”的明知能否等同于对于结果属性“造成人身危害”的明知?

如上文所述,通过“明知”的程度经常可以推知行为人的“意志”,以解决对意志因素证明的困境;是否因此可以通过对“行为”的明知来推定对“结果”的明知?笔者认为不可以。明知危险还去做的确可以大体推定行为人对于结果的接受态度,但明知自己在做什么却不一定能够知道做这件事的后果如何。行为和后果是两个范畴,行为可以在相当程度上受人的意志支配,但是结果却会因多方因素的介入而出乎人的预料;受人的意志支配而为的行为具有必然性,受多方因素影响而出现的结果往往具有偶然性。明知驾车超速,却未必能够明知所驾驶的车辆会撞到一个散落的井盖然后冲出辅道撞死行人;明知所生产、销售的食品添加剂是化工产品,却未必能够明知人喝了含有这种添加剂的牛奶身体就会受到损害,何况以精细化工产品制成的食品添加剂比比皆是(如我们我熟悉的糖精钠),而天然添加剂反倒是少数。①

我国《刑法》第 14 条对故意所下定义为:明知自己的行为会发生危害社会的后果,可见并非只要明知行为即可。有学者立于风险刑法的立场主张对“结果”作“抽象化的理解”。② 对于结果的抽象化理解无异于将行为人对行为的危险性的认识等同于故意,结果的发生只是客观处罚条件而已。但是对于“结果”认识的抽象化违背责任主义原则。例如,暴行罪和故意伤害罪与故意杀人罪都是对人身的侵害,行为人主观上均明知自己行为对于法益的侵害性,如果采取抽象理解结果的立场,那么就会导致以客观发生的后果作为定罪标准,即客观归罪。同时,对“结果”作抽象化理解模糊了危

---

① 事实上,天然添加剂的毒性未必比化工产品添加剂小。

② 参见劳东燕:《犯罪故意理论的反思与重构》,载《政法论坛》2009 年第 1 期。

险犯与实害犯的界限。在刑法上,无论是危险犯还是实害犯都可以评价为是社会危害性,但对于前者的故意判断,要求只要能够证明行为人明知其行为的危险性即可,但后者则要求行为人必须明知行为会造成实害结果,若将第14条中的“结果”模糊处理,则会导致危险犯和实害犯的故意混同。例如,投放危险物质罪和故意杀人罪,前者作为具体危险犯,若证明行为人的故意,只需证明其明知投放了危险物质即可,而对于可能发生的致人死伤的结果则在所不问(事实上不排除是过失);后者作为实害犯,必须能够证明行为人明知自己的行为会导致人死亡的结果。

事实上,不同的犯罪类型中对“结果”的理解应有所不同。实害犯中的结果是具体的构成要件性的法益侵害结果;具体危险犯中的结果是具体的构成要件性危险;抽象危险犯中的结果是由行为的危险性所征表的具体的构成要件性危险。总之都是具体的,而不是抽象化的。在生产、销售伪劣商品罪一节中,作为具体危险犯代表的生产、销售不符合安全标准的食品罪,其故意表现为明知生产、销售的产品不符合安全标准且会造成食源性伤害的危险;作为抽象危险犯代表的生产、销售有毒、有害的食品罪,其故意表现为明知所生产、销售的是有毒有害食品。而至于实害犯,如生产、销售伪劣化妆品罪,其结果应属于客观的超过要素,无需主观明知,这一点详见后文。

在上例中,控方以以危险方法危害公共安全罪起诉,本罪是具体危险犯,欲证明“明知”,须证明被告明知其生产、销售的“产品”——在本案中即“蛋白粉”——具有导致危害公众生命、健康安全的危险,若证明仅停留在被告明知生产、销售的是含有(化工产品)三聚氰胺的“蛋白粉”层面上,尚不足够,这仅仅证明被告明知自己在生产、销售一种化工产品,但并不知其能否作为食品添加剂使用。事实是,三鹿事件之后,卫生部、质检总局等五部门才出台“乳与乳制品中三聚氰胺临时管理限量值公告”,规定“三聚氰胺不是食品原料,也不是食品添加剂,禁止人为添加到食品中”,并规定了限量标准。而在此之前,国家对食品特别是奶制品中的三聚氰胺含量从未检测过,也没有检测标准,生产者对于三聚氰胺是否能够用于食品的加工、生产也没有任何知识。不仅如此,即使在大规模的三聚氰胺事件爆发之后,政府部门完善相关规定,也并未完全禁止三聚氰胺出现在食品当中。事实上,三聚氰胺通过包装等渠道也可以进入食品,所以政府只是给三聚氰胺设定了一定的安全值,而不是只要食品中检测出三聚氰胺就视为不合格食品。也就是说,只要奶制品生产者按照安全标准,哪怕是添加了少量的三聚氰胺也不会给人体造成危害,这又给证明被告明知三聚氰胺被人添加到牛奶之后会致公众人身伤亡的危险增添了难度。

从判决来看,法院对明知的证明多着眼于对明知所生产、销售的产品的种类的证明,而对危险的明知的论述却不多。主要是从相关证人证言推定,如法院判决认为有证言"证明张某军以亲戚开油漆涂料公司为由购买三聚氰胺","有证据证实张某军为掩人耳目、以防罪行暴露而化名'张某某'并变换生产场所,以'腻子粉'的名义生产、运输、销售专供往原奶中添加的含有三聚氰胺的混合物",因此推定张某军明知其行为可能会危及不特定多数人的身体健康、生命安全。这种推定能否成立?以笔者看来,如果上述证言所表述的是客观事实,也只是进一步证明被告明知所生产、销售的是非食品用的添加剂,而未必能够证明被告明知该添加剂对人体可能造成危害。

至于被告张某章,其代理律师的辩护词当中对于"不存在犯罪故意"提出了如下理由:第一,张某章不知道"蛋白粉"中含有三聚氰胺,也不知道三聚氰胺是对人体有毒害作用的物质,所卖的"蛋白粉"中掺有三聚氰胺是新闻中发布了消息后才知道的,之前只是据张某军说是新物质配成的。第二,张某章的家人也一直在食用三鹿奶粉,因此其本人并不知道自己销售的"蛋白粉"具有毒害性,否则,其不可能让自己的家人去食用三鹿乳制品。相对于张某军而言,张某章缺乏"明知"更为明显。对于一个自己家人也在食用含有"三聚氰胺"的三鹿奶粉的人而言,无论如何也很难证明其明知三聚氰胺具有致人身危害的危险性。

综合全案,二被告作为缺乏专业化学知识的人,在国家并没有限制添加三聚氰胺也未设定安全标准的情况下,欲证明其具有"以危险方法危害公共安全罪"中的明知,存在很大难度,至少在本案中,难以得出肯定的结论。

(四)对于行为对象的明知

根据责任主义原则,欲证明行为人存在犯罪故意,需要证明其明知所有客观的构成要素(客观处罚条件或者客观的超过要素除外),那么,行为对象作为客观要素之一,当然应为明知的对象。例如,对于奸淫幼女的行为,行为人须明知对方为未满 14 周岁的幼女，若行为人根据对方的体征、相貌以及相关信息有理由认为对方并非幼女而自愿与之发生性关系的，自然就不成立犯罪。如果有人从保护幼女的公共政策出发，认为即使不知对方为幼女也应成立强奸罪，就是在主张严格责任。严格责任的根据仅能够从公共政策的角度加以说明，即政府对于某个群体的特殊保护，但是却触犯了责任原则，从而使刑法只沦为社会防卫的工具，而不考虑刑罚的报应根据。事实上，对于无罪过者进行刑事处罚既没有惩罚的根据，也没有预防的功能，即便是从英美法系所一向推崇的"实用主义刑罚观"出发，这样的惩罚也得不到任何实益。因为，显而易见的是，即使再谨慎的人都难免构成犯罪，那么，它所惩罚的只是一次偶然的意外事件，对于预防犯罪没有示范的意义，既不能保证被惩罚者下次不犯类似的罪，也不能丝毫减少他人可能发生的同类犯罪。因此，此时，所谓的公共政策、保护弱势群体，在面对一个足够理性、谨慎却无论如何都"注定"成为"犯罪人"的人而言，都显得苍白无力。

有学者认为，以为走私的是毒品，实际走私的是珍贵野生动物，按照实际走私的内容定罪。[①] 有些司法解释也没有把对行为对象的认识当作认定故意的必要条件。例如，关于走私犯罪，最高人民法院、最高人民检察院、海关总署《关于办理走私刑事案件适用法律若干问题的意见》第 6 条规定："走私犯罪嫌疑人主观上具有走私犯罪故意，但对其走私的具体对象不明确的，不影响走私犯罪构成，应当根据实际的走私对象定罪处罚。但是，确有证据证明行为人因受蒙骗而对走私对象发生认识错误的，可以从轻处罚。"那么，如果行为人以走私贵重金属的故意实际走私的是武器、弹药的，应认定为走私武器、弹药罪；相反，如果以走私武器、弹药的故意实际走私的是贵重金属，则应认定为走私贵重金属罪。但这种做法是把走私的故意解释为明知行为是走私国家"某种物品"，而不是根据各个罪名所规定的犯罪客体将故意理解为明知是某种具体的物品。但显然，在行为人被蒙骗走私了具有更大危害的物品，如武器弹药时，行为人缺乏犯罪故意，判决走私武器弹药罪就违反责任原则。所以，对于行为对象的认知是必要的，但有时行为人很难明确地知道自己的犯罪对象究竟为何，如上例中的情况，但并不

① 参见劳东燕：《犯罪故意理论的反思与重构》，载《政法论坛》2009 年第 1 期。

能因此直接否定犯罪故意并否定犯罪成立，当主观认识的行为对象和客观的行为对象有重合时，或者虽然侵害的对象不同但所犯之罪侵犯的是同一类法益，或者犯罪所侵害的法益之间具有包容关系时，应在重合范围内或者轻罪范围内成立犯罪既遂，这样处理既不违背责任主义原则，同时也不会轻纵了罪犯。

例如，对于销售假药或劣药的行为，以为销售的是劣药（过期或被污染的药品），实为假药（含有超标准的有毒有害物质），应该如何处理？按照上述处理原则，不能直接认定为销售假药罪，而应该认定销售劣药罪的既遂。还有一种情况，当行为人对于行为对象所属的性质不明，如某种对人体有害的保健品究竟是有毒有害食品还是药品存疑，但无论是哪一种产品都不违背行为人的意思，也就是说，行为人对于犯罪对象具有一种概括的故意，这时只需法官在客观上作出判断此产品是食品还是药品，并根据其客观属性定罪，因为无论定销售有毒有害食品罪还是销售假药罪都不违背责任原则。但是，实践中，生产者、销售者往往由于缺乏专业知识，无法区分假药、劣药，有毒有害食品和不符合安全标准的食品，而且其界限本来就模糊，完全依赖于专业人士和司法者的判断。例如，我国刑法规定的生产、销售有毒有害食品罪，其有毒有害食品必然不符合食品安全标准，甚至可以说是一种最不安全的食品。而具体何为有毒有害食品，并不存在判断有毒、有害性的绝对标准，需要依据经省级以上卫生行政部门确定的鉴定机构所做出的鉴定结论来认定食品是否具有毒害性。即使鉴定机构出具意见，也多是表述各类成分物质的客观含量，如果对某类物质的规定缺乏统一的国家标准或行业标准，则难以根据客观标准作出鉴定结论，从而引起被告方及司法机关的质疑。而且，一些案例中还出现由于被告不同意鉴定结论意见而要求再次鉴定，而再次鉴定与此前的鉴定结论截然不同的情况。在专业机构的鉴定都缺乏确定性、可靠性的情况下，作为本不具有相关专业知识的司法人员则更难依据客观标准作出公正的司法判决。由此，若要求只是一般人的生产者、销售者（或许生产者还具备一些专业知识，但销售者只处在产品的流通环节，通常不对产品的质量及缺陷负保证人责任）明知自己所生产、销售的是假药或是劣药、是有毒有害食品还是不符合安全标准的食品的确是强人所难，发生事实认识错误应该是无法避免之事。那么，是否应该在发生认识错误时,排除犯罪故意呢? 并不尽然。具体阐述详见下文。

(五)"有意忽视"是否故意?

自从罗马学家对故意(dolus)和过失(culpa)这两个概念区别使用以来,对于二者的区分基本都从事实层面上加以把握,认为故意中的"明知"是一种心理事实,具有现实性、确定性。因此,有认识就是明知,无认识就不明知,自然无故意。正如张明楷教授所言,"在没有认识的情况下,不管具有怎样的认识可能性,也不能认为存在认识因素",①这一点似乎无可争议。那么如此一来,不管是"有意忽视"还是"无意疏忽"都是没有认识,心理上不存在一种认识事实,也就不是故意。但是,是否只应在心理上把握故意,无认识就无故意? 与通说认为故意是主观心理状态相比,有学者主张应该规范地确定"责任"问题。例如,冯军教授提出"认定不存在犯罪故意的标准,不是行为人没有认识结果的发生,而是行为人对没有认识结果的发生不负责任"。② 也就是从法律规范评价出发,虽然无认识,但行为人须对此无认识承担责任时,仍视为故意。此时,故意不再仅仅是一个事实概念,而是一个规范概念。那么,何种情况下,行为人须对其无认识负责,根据冯军教授的观点,当"没有认识"完全不具有理性根据,或者说没有认识其实并非行为人"没有认识",而是"不想认识",行为人只需稍微关心一下他人的法益即可预见其行为会导致的不利后果,所以,对于这种"不想认识"不应该宽恕。③ 还有学者主张应该客观地确定"责任",认为"责任的每一个标准都是外部的或者客观的——一种合理举动的社会标准",谴责一个人从事危害行为的唯一不变的基础,便是把犯罪嫌疑人的行为决定与适当行动的标准进行比较。④

笔者赞同故意不仅是心理事实,而且应以一种合理的社会标准和规范期待为准据,将故意的认定与责任追究结合起来考虑。因此,应将"有意忽视"归类为故意,这是为了避免内心对犯罪成立要素实际知晓(不确定的抽

① 张明楷:《刑法学》(第2版),法律出版社2003年版,第216页。

② 冯军:《刑法问题的规范理解》,北京大学出版社2009年版,第46页。

③ 参见冯军:《刑法问题的规范理解》,北京大学出版社2009年版,第46~47页。

④ 参见[美]乔治·P.弗莱彻:《刑法的基本概念》,王世洲等译,中国政法大学出版社2004年版,第153页。

象的知道)但为了逃避责任而有意不去查实,是一种规范的理解。所以,所谓的“没有认识”其实不是行为人“不认识”,而是行为人“不想认识”,只要其稍微关心一下法益就能避免犯罪结果发生。这对于具有专业知识或者特定职权的人尤为如此。因此,有意忽视不同于作为过失的“疏忽”,而是一种“蓄意的疏忽”,是对法规范的不尊重、不在意。当职责上应当认识也容易认识甚至内心已经有所认识的情况下,行为人却为了防止堕入故意责任而遮蔽自己的双眼,以一种近乎自欺欺人并欺瞒法律的方式“有意忽视”,这便严重背离了一个守法的人在相同情况下会遵守的行为标准,严重背离了规范的期待。正如雅科布斯所说,“对遵守实在法规范无兴趣,是对实在法规范的意志欠缺,完全不是减轻处罚的理由”。① 对于这种客观表现,不存在宽恕行为人的任何余地。任何一个文明社会都不能容忍行为人的这种“不想认识”所造成的后果。因此,在实在法规范的意义上,完全不具有任何理性根据的“没有认识”就是“不想认识”的客观化,就是“明知”。②

(六)对明知的判断标准

行为人对于犯罪要素是否明知,依据什么标准进行判断,是行为人标准,抑或一般人标准?司法实践上,司法者对于行为人的主观状态往往是依据客观行为表现进行推定,如对于故意杀人或者故意伤害致人死亡的判断,往往是从打击部位、强度、时长等客观因素推断,似乎是从一般人的标准出发。但是作为责任要素的明知,事实上,必须考虑行为人自己的认知水平。当行为人认知水平高于一般人时,无论这是基于其专业素养还是偶然获得的知识,认识到一般人所不能认识到的危害事实或者危害结果,也就是说即使在一般人那里不明知,在行为人那里也是明知的。当然,对于超出一般人的认知水平不仅是责任阶层应该考虑的事实,而且在违法性判断上已然成为判断素材,根据一般脑外科医生的认知水平,手术符合常规、不存在任何不合理的危险,即是合法的,但是如果具有顶尖脑外科手术研究水准和技术的医生可以预见并且由此回避可避免的危险,那么即便看似“循规蹈矩”的

---

① [德]格吕恩特·雅科布斯:《行为 责任 刑法——机能性描述》,冯军译,中国政法大学出版社1997年版,第47页。

② 参见冯军:《刑法的规范化诠释》,载《法商研究》2005年第6期。

行为也可能是违法的。如果是行为人的认知水平低于一般人(当然,这里必须排除那些“超越承担”的情形),则即使一般人预见到危险,行为人也可能没有预见,甚至缺乏预见可能性。这一点也经常作为辩护理由而被提出。例如,在“朔州假酒案”中,被告人用甲醇勾兑散装白酒进行贩卖,导致 27 人死亡、多人中毒。对于本案被告人的刑事责任,辩护人提出,只有“文化大革命期间小学四年级文化”程度的被告人不具备“甲醇或工业酒精不能食用、会吃死人”的化学常识。[①] 但这一点并没有被法院采纳。由于笔者没有找到当年的判决书,所以无法得知法庭的判决理由。但是从结论来看,可以推知判决是以被告人“文化大革命期间小学四年级文化”的状况作为认知能力的判断基准,认为其足以知道工业酒精对人体具有危险性,肯定其具有犯罪故意。

(七)无国家、行业标准时对缺陷产品的明知

对此,下文将以食品安全案件为例予以说明,此案例即为有名的“苏丹红案件”。

被告谭某棠是涉案的广州田洋食品有限公司(以下简称田洋公司)、广州市食品研究所服务公司的法人代表、总经理,负责公司产品的研究、开发,被告冯某华为总经理助理。两公司的经营范围主要是生产和销售辣椒油、辣椒粉等产品的复合食品添加剂。2002 年 3 月,谭某棠在研制生产复合食品添加剂的过程中,为了使产品的颜色更加鲜艳,产品更加畅销,指使冯某华到广东华颜化工有限公司购买化工色素油溶黄、油溶红,将其作为配料用于其调制食品添加剂田洋牌“辣椒红一号”“辣椒红二号”“天然巧克力色素一号”“饼四号”等复合食品添加剂,并进行销售。而化工色素油溶黄、油溶红主要用于皮鞋油、地板蜡的着色,其主要物质为具有致癌性的工业染色剂“苏丹红一号”,其中油溶黄中“苏丹红一号”的含量高达 98%。经审理查明,2002 年 4 月至 2005 年 3 月,田洋公司共生产上述食品添加剂 24 万余公斤,并基本销售完毕,销售金额高达人民币 440 余万元。

---

① 参见《山西假酒案辩护词》,载豆丁网:http://www.docin.com/p-90831824.html,最后访问日期:2018 年 12 月 27 日。

对于本案,检察机关以生产、销售伪劣产品罪起诉二被告。[①] 被告承认使用油溶黄、油溶红制作食品添加剂进行销售,但否认自己的行为构成犯罪,其中两个重要的理由是:(1)“对于田洋公司 2004 年 10 月 18 日之前的产品,没有任何合法有效的检验报告证实属于不合格产品;田洋公司生产的‘辣椒红一号’等产品均为合格产品,这有质监部门在 2004 年作出检验报告为证”;(2)“2006 年 3 月 6 日之前,国家没有任何禁止‘苏丹红一号’的规定和检测标准,而公开销售的油溶黄、油溶红并没有任何‘不得食用’的标记,被告人谭某棠是为了产品色泽好看而加入油溶黄、油溶红的,主观上不是明知违法而为之,缺乏犯罪故意。”[②]其中第一点,是从行政监管的角度来看,对于 2004 年 10 月之前的产品并没有相关质检部门认定“不合格”的检测报告,即说明其产品为合格产品,说明其完全可以根据既有配方继续生产和销售产品。被告据此主张既然有行政机关的确认,自然缺乏生产、销售伪劣产品的故意。对于第二点,国家相关规定并没有禁止“苏丹红一号”作为食品添加剂使用,因此行为人添加该元素时不明知其违法性,因而缺乏故意。

对于上述两点辩护理由,本书认为,首先要解决关于国家标准的问题(第二点)。如前文所述,刑事违法性具备与否的判断不能全依赖于行政违法性的有无,不能因国家标准或行业标准的不健全(事实上我国在很多产品的标准设置上均低于国际标准),在产品实质上具有危害性(危险性)且行为人也明知产品危害性(危险性)的情况下仍认为其合法,不健全的行政标准不应成为违法行为的庇护伞。也就是说,是否生产了伪劣或有毒有害

---

① 本案以生产、销售伪劣产品罪起诉,并且定罪是该罪名,而未涉及生产、销售有毒有害食品罪,是值得商榷的。“食品添加剂”是否可归类为食品?本书认为,使用着色剂、护色剂、漂白剂、食用香料以及乳化剂、增稠剂都是为了维持或者增强食品的某项特性或功能,但均不是食品的主要特性或者主要功能,只是起辅助性作用,而且其单独并不具有食品的功能(如没有人会单独食用防腐剂、增稠剂),只可以在一定范围内允许使用。因此,食品添加剂并不能算作食品之列。在这个意义上说,本案没有考虑生产、销售有毒有害食品罪是正确的。但是不能忽略的是,虽然不能作为生产、销售有毒有害食品罪的正犯看待,并不代表不能考虑(片面)帮助犯。本案中被告将食品添加剂出售给相关的辣椒油生产、销售企业,是明知他人会将其出售的“苏丹红一号”添加剂用于食品生产和销售而仍出售给他人,所以成立共犯应无异议。而本案判决未考虑共犯的可能性而直接适用一般法条不能不说有欠妥当之处。

② (2006)穗中法刑二初字第 69 号。

的产品,应该从产品本身的属性和对法益的侵害性出发加以判断。联系本案,被告主张2006年3月6日之前不存在禁止使用“苏丹红一号”的规定,因此认定添加“苏丹红一号”是合法的,则是犯了一个逻辑错误。对于国家关于食品添加剂的规定应该属于授权性规范,即规定“允许添加”行为人方有权添加,没有明文规定可以添加即为禁止,而非“法不禁止即自由”。因此,国家标准未规定不能作为被告行为合法的辩护理由,应考察其行为是否具有实质违法性。

否定了被告第二点的辩护理由,再回头看第一点。被告主张2004年10月18日之前的产品均检测合格,这说明在此之前相关部门并未足够认识到“苏丹红一号”的危害性,因此未将其作为检测对象,正如三鹿奶粉事件曝光之前,国家在奶制品进行检测时也不包含三聚氰胺。对此,可能存在两种情况。第一,被告确实不知“苏丹红一号”有危害,因此产品检测报告更使其坚信产品是无缺陷的产品,那么自身缺乏对犯罪构成要件的认识,即无故意。第二,被告本来知道“苏丹红一号”是用于皮鞋油、地板蜡的化学着色制剂,不可食用,那么即使有行政部门的检测合格的报告也不能因此否定其对犯罪事实的故意。在本案中,从被告作为一般人的认知水平出发,从被告向“广东华颜化工有限公司”购买化工色素油溶黄、油溶红的这一事实推定,其应该明知“苏丹红一号”的危害性,所以认定存在犯罪故意是合理的。

(八)明知的推定

对于“明知”,1992年12月11日最高人民法院、最高人民检察院《关于办理盗窃案件具体应用法律的若干问题的解释》中将“明知”解释为“知道或者应当知道”。对于共犯的司法解释也采用类似的观点,如最高人民法院、最高人民检察院《关于办理生产、销售伪劣商品刑事案件具体应用法律若干问题的解释》第9条规定:“知道或者应当知道他人实施生产、销售伪劣商品犯罪,而为其提供贷款、资金、账号、发票、证明、许可证件,或者提供生产、经营场所或者运输、仓储、保管、邮寄等便利条件,或者提供制假生产技术的,以生产、销售伪劣商品犯罪的共犯论处。”

其中存在争议的是“应当知道”。在我国刑事立法和刑法理论上,“应当知道”而不知道是疏于大意的过失的典型表述,且“应当知道”比较强调客观上行为人的注意义务,很容易被理解为是过失,以“应当知道”来认定“明知”,容易混淆故意与过失的界限,因此导致对司法解释的批判。① 现在的主流观点认为,虽然“应当知道”在立法和司法解释中的运用,犯了词不达意的毛病,②但有学者指出“明知”是一种心理状态,但不同于作为现实心理状态的“明知”,“应当知道”是司法上认识心理状况的判定方式,即通过“推定”认为行为人是明知的。因而,所谓“应当知道”是不同于现实故意(明知)的一种推定故意。③ 而对于现实故意和推定故意的区别,有学者指出,现实故意是有证据证明的故意,而推定故意是没有证据能够直接证明,但根据一定的证据可以推定行为人具有某种故意,行为人如果否认自己具有此种故意,则必须提出反证。④

对于推定故意,都要以客观事实为根据。例如,2000 年 11 月 22 日最高人民法院发布的《关于审理破坏森林资源刑事案件具体应用法律若干问题的解释》第 10 条规定:《刑法》第 345 条规定的“非法收购明知是盗伐、滥伐的林木”中的“明知”是指知道或者应当知道。具有下列情形之一的,可以视为应当知道,但是有证据证明确属被蒙骗的除外:(1)在非法的木材交易场所或者销售单位收购木材的;(2)收购以明显低于市场价格出售的木材的;(3)收购违反规定出售的木材的。这也是对推定的故意的规定,为司法实践认定故意提供了法律依据。在生产、销售伪劣商品的犯罪中,最常见的辩护理由就是被告缺乏对产品系伪劣产品、有毒有害食品、不安全食品、假药、劣药、不符合卫生标准的化妆品等的明知,也就是均缺乏认定被告具有主观故意的直接证据,通常都是根据认知水平“推定”确定其“应当知道”。但有些时候,特别不是作为主要生产者的行为人,如加工者、零售商,或者仅仅从违法的生产者、销售者那里获得原料的人,司法实践中应积极、充分地考虑行为人有可能受骗或者完全缺乏认识的可能性,而不是从其生产、销售的事实直接进行推定。作出判断时需考虑行为人与生产商、原料提供商、

---

① 参见张军:《破坏金融管理秩序罪》,中国人民公安大学出版社 1999 年版,第 550 页。

② 参见陈兴良:《“应当知道”的刑法界说》,载《法学》2005 年第 7 期。

③ 参见陈兴良:《“应当知道”的刑法界说》,载《法学》2005 年第 7 期;于志刚:《犯罪故意中的认识理论新探》,载《法学研究》2008 年第 4 期。

④ 参见陈兴良:《“应当知道”的刑法界说》,载《法学》2005 年第 7 期。

批发商之间的关系、熟悉程度、行为人对产品的熟悉程度、产品本身的外观是否足以让人误认、购买产品和销售产品的价格、伪劣产品在当地的普及状况、自己及近亲属朋友是否使用等。从现有的司法判决来看,多数判决未对被告提出的"缺乏明知"这一辩护理由给予正面且充分的回应,而是从客观事实直接认定"犯罪故意",有客观归罪的嫌疑。

这里以一起生产、销售有毒有害食品的案件为例。自2000年开始,被告人肖某某在位于新野县的新甸街东环路经营肖记祖传卤肉馆,加工卤肉向外出售,并在加工卤肉过程中非法使用工业松香褪猪毛。2011年9月,农业部发布的《畜禽屠宰卫生检疫规范》中规定禁止使用松香拔毛。而在此之前,用工业松香除家禽的毛已经成为行业惯例。2014年6月4日,新野县公安局民警在被告人肖某某的卤肉馆内提取了其加工的卤肉及松香样品送检。经检测,从被告人肖某某处提取的卤肉样品中检出工业松香成分,疑似松香的主体成分为工业松香。法院认为,被告肖某某在加工食品的过程中,非法使用国家禁止的工业松香为生猪褪毛,造成其生产的食品中含有有毒、有害的非食品原料,并予以公开销售,其行为已构成生产、销售有毒、有害食品罪。[①] 但是,工业松香为何物,一般人恐怕并不清楚,并不能因为有"工业"二字就直接推定被告乃至一般人都知道其具有毒害性,何况在一般人的语言环境中,其也未必被称为"工业松香"。而且,工业松香并非直接掺杂于食物中或者在加工食物的过程中作为调味料填入,而只是用来褪毛。假定被告在褪毛后用清水洗过,当然这一点在案件中并没有载明,笔者不得而知,更可排除被告的犯罪故意。更退一步,即便被告明知其用工业松香褪毛会使该物质部分残留于食物中,但是否就可以推定其明知残留的微量工业松香具有"有毒性、有害性"?最后,在2011年国家明令禁止使用工业松香褪毛之前,被告可能已经使用此法褪毛10来年,而且这(在当地)已是行业惯例,即便国家颁布了禁令,被告也对此未必知晓。而对于以上诸多疑点,法院全然没有查明,而是直接根据2014年某日所查获的卤肉品中含有工业松香,而工业松香褪毛为法所禁止"推定"被告存在生产、销售有毒、有害食品罪的犯罪故意。事实上,我们根本无法把这样的司法判断逻辑归

---

① (2014)南刑二终字第00199号。

类为“司法推定”,其不过是“司法恣意”罢了。

反观我台湾地区的“司法判决”,即使对于极难认定主观故意的证券犯罪,都没有采取轻易推定的态度,而是积极地从正面加以证明,若无法确证,则排除故意。例如台湾“证券交易法”中第155条规定“反操纵行为条款”,其第4款规定要求行为人须有“意图抬高或压低集中交易市场某种有价证券之交易价格”;第5款也规定行为人须“意图造成集中交易市场某种有价证券交易活络之表象”;或如第6款还规定行为人须“意图影响集中交易市场有价证券交易价格”。上述诸条款,具有主观“意图”,犯罪始成立,而对于“意图”的证明可想而知在司法上存在不小的困难(可以说,“意图”应比“明知”更难正面证明),纵然如此,台湾法院也未采取直接推定故意的态度。例如,其“最高法院”八十六年上诉字第5941号“刑事判决”:“如行为人不具上述意图,或无操纵之故意,或其上述连续行为尚未至足以影响证券市场之公正性及投资人对其信赖度,或虽足以影响若干而有正当理由者,即与该罪之构成要件有异”,“既无积极证据证明被告具有上述之意图及故意,而被告连续高价买入或低价卖出之行为,又不足以影响股市之公正性及投资人对其信赖度,自难认其有何违反证券交易法何言”。①

总之,断不可以“推定”之名行“客观归罪”之实!

(九)严格责任论的否定

严格责任、无过错责任或者绝对责任,已如上文所述,在中国乃至整个大陆法系都没有市场,这似乎是铁定的事实。但随着社会风险的加剧以及风险刑法的理念为越来越多的学者所接受,开始有些学者提出,承认一定范围内的严格责任应该是风险刑法的必然要求。而在英美法系,食品安全领域恰是严格责任多用的领域,因为从刑事政策的角度考虑其事关公共生活的安全。

风险刑法的确动摇了传统刑法的很多理念甚至原则,如对于法益的理解、刑法和其他部门法的关系、刑罚的主要功能等。但是,至今它还未能应该也不可能动摇刑法最基本的原则,正是这些原则使刑法成为刑法,而不是

---

① 陈锦旋:《论证券交易法反操纵证券价格犯罪之主观要件》,载《月旦法学杂志》2008年第5期。

民法或其他部门法。这些最基本的原则包括罪刑法定、罪刑相适应以及责任主义原则。

若以为有一些国家使用了严格责任,我们就可以拿来加以用之,是忽略了比较法的前提和比较的法则,那就是要对比法的语境来决定他国的法律制度是好是坏,可效仿还是不可效仿。我国、德国、日本的刑事立法与美国有很大不同,注意一下美国刑法典对犯罪的分类,可知其犯罪分为"重罪、轻罪、微罪、违警罪",可使用严格责任的犯罪只限于"违警罪"。违警罪,即违反警察法的犯罪,而违反警察法的行为在我国与德日是属于行政违法行为,如《德国秩序违反法》,我国《治安管理处罚条例》。这说明我们在观念中严格地对犯罪与民事侵权、行政违法作出了区隔,前者相对后者更具有道德上的可谴责性,惩罚手段上也更严厉,司法程序上也更复杂和严格。在一般民众的心中,对犯罪还保留着一份强烈的谴责感,这一点明显重于对民事侵权或者行政违法所产生的"不满"或者"非好感"。①

而事实上,美国刑事责任的绝对主流也是过错责任,严格责任只适用于"违警罪"。而违警罪恰恰在我国和德日不是"罪"。除非有朝一日我国刑法的管辖范围宽泛到如美国法的程度,惩罚体系完善到经常使用保安处分而不是刑罚,(非重大犯罪的)犯罪记录不再是人生中影响力巨大的指标,也许那时我们可以张开双臂欢迎严格责任。

第五节　规范性要素及其认识错误

一、规范性要素概述

构成要件要素包括规范性要素和描述性要素。前者是指需要法官精神

---

① 当然,不得不说的是,在我国目前的刑事司法领域有一个误区,把本来应该严厉谴责的犯罪行为(事实上也为国民法感情所不容)却只作为民事侵权行为,以赔偿手段加以补偿。其理由很简单,只是因为民法对此类侵权行为有规定,如高空坠物、饲养物伤人。但民法的此类规定并不否定其作为犯罪的性质,民法只是解决民事上如何弥补损失的问题,更代替不了刑事处罚。对于此类行为,民众显然不只是不满而已,完全可按照过失致人死亡罪或者过失致人重伤罪追究其刑事责任。

理解才能知晓其含义的要素,后者是指只需法官的感性认知即可明确其内涵的要素。但也有学者认为实无区分规范性要素和描述性(或记述性)要素的必要。理由在于,区别二者的标准空泛,所有构成要件最终应回归描述性的要素,并排除法官价值判断的空间。①也有人认为,构成要件要素究竟是描述性还是规范性,只是程度或成分的差别而已,所有的要素可以说都是规范性的,只是法官价值判断空间大小不同而已。②上述两种观点皆是基于区分的困难,而最终选择了不要区分,但最终两者的观点又不同,前者看中的是法的明确性、客观性特点,因此认为所有的要素都应是描述性要素;后者则选择了法的评价性特征,认为所有的要素都是规范性要素。笔者认为,很难区分出纯粹的规范要素与纯粹的描述要素,像"自然人"这样的概念看似很清楚,无须精神的深层次理解,但实则也需在法律评价的帮助下才能够区分;而"公文"这样的概念不仅需要通过其法律意义来认知,而且总是有一种感性表象的物质基础。因此,在罗克辛看来,不如把所有的要素都看成是规范要素与描述要素的结合体,一会是这个要素占上风,一会又是那个要素占上风。③

但是否因此不作区分?难以区分不等于不作区分,要区分是因为有区分的必要,有区分的好处。从学说史上看,梅耶(Mayer)第一次发现了规范性构成要件要素(Normative Tatbestandsmerkmale),这一发现打破了古典构成要件的价值中立性。在梅耶看来,规范构成要件要素一方面是"不纯正的构成要件要素",另一方面又是"纯正的违法性要素"。例如,盗窃罪中的"他人"的动产,是否为"他人"的动产是涉及行为的违法性评价的,④像"有毒有害食品""假药"这种要素也是如此。如何认定行为人明知所生产的、销售的是"有毒有害食品"或者"假药",并非像故意杀人罪中认定行为人明知所杀的是"人"这样一目了然。而且,在涉及错误的问题上,是构成错误

---

① 参见高金桂:《利益衡量与刑法之犯罪判》,台北,元照出版公司2003年版,第97页。

② See Baumann/Weber/Mitsch,a. a. o. s. 101。转引自高金桂:《利益衡量与刑法之犯罪判》,台北,元照出版公司2003年版,第92页;黄荣坚:《基础刑法学》(上),台北,元照出版公司2004年版,第107~108页。

③ 参见[德]罗克辛:《德国刑法学总论》(第1卷),王世洲译,法律出版社2005年版,第202页。

④ 参见王效文:《规范性构成要件错误与禁止错误》,载《台湾法学杂志》2008年第103期。

还是禁止错误,在法律上的后果(《德国刑法典》第16、17条)也有所不同。

那么如何区分,采取什么标准？最简明的说法是,描述性要素只需感性认识的要素;规范性要素是需要精神理解的要素,[①]但这一说法抽象且模糊,有失严谨,有待具体化、明确化。不同学者着眼于不同的方向进行阐述。根据大谷实教授的观点,无须价值判断,只需法官的解释和认识活动即可确定其含义的,为描述性要素;需要法官规范性、评价性的价值判断才能确定其含义的,是规范性要素。[②]德国的麦兹格尔(Mezger)也持此观点。[③] 但很难说在法官的解释和认识活动中不包括价值判断,如根据大谷实教授的举例,认为故意杀人罪中的"杀人"行为只需要"认识"即可,而至于"人"和"杀"的范围则需要法官的解释,但并无价值判断的必要。但是,当作出某个行为是刑法上的"杀人"行为时,实际上已经在作价值判断了,很难想象任何一个行为无须价值评价就可以得出有罪或无罪的结论。还有学者主张根据评价主体来确定:由立法者评价的为描述性要素,有待法律适用者加以评价的则为规范性要素。这一标准更是模糊不清,立法者一旦完成法律制定就不再参与法的解释与评价,我们对于法律的理解也不依赖于立法者。因此,何为立法者的评价并不重要,而且也没人能够确定究竟什么是立法者的评价。

关于是规范性要素还是描述性要素,笔者同意下述观点:二者之间不存在绝对明确的界限,规范性要素中也需要一个描述性实体作为依附,若现实中根本不存在一物,也无法进行规范性评价。因此,大多数的要素都是描述性要素和规范性要素的混合体,只不过在不同的构成要件要素中,有些描述性比重较大,有些规范性比重较大。[④] 但毕竟关乎犯罪故意的认定这一重大理论问题,所以在不好区分的情况下还必须作出区隔。

恩吉施(Engish)和罗克辛认为,应以对于构成要素的定义是否取决于

---

① 做出过类似表述的有威尔茨尔、罗克辛、平野龙一。参见[日]平野龙一:《刑法总论Ⅰ》,有斐阁1972年版,第168页;[德]罗克辛:《德国刑法学总论》,王世洲译,法律出版社2005年版,第202页。

② 参见[日]大谷实:《刑法总论讲义》,成文堂2007年版,第133页。

③ 参见张明楷:《刑法学》(第4版),法律出版社2011年版,第123页。

④ 罗克辛,Straqfrecht AT1,10/59。转引自王效文:《规范性构成要件错误与禁止错误》,载《台湾法学杂志》2008年第103期。

规范关系为根据确定，一个要素如果“只能根据一个规范的逻辑条件被想象和被考虑”，或者该要素是“指向一个（法律的或者法律之外的）规范”的，那么这个要素就是规范性的构成要件要素；反之，那些不取决于各种规范关系而存在的则称为描述性的构成要件要素。这种规范既包括法学上的也包括社会上的规范体系。①笔者赞同此分类。既然叫作“规范性要素”，该要素总是与“规范”有关，也就是会因为规范观念的不同、规范理解的不同对其要素的含义有不同的认知。因此，当认定行为人的故意时，必须考虑其规范认知能力以及规范观念来判断其是否对于该构成要素有明知。根据所涉及的规范评价以及所使用的规范体系不同，分别称为“法规范的评价要素”，“社会文化规范的评价要素”。区别在于前者在法律上有对该要素的内涵作出界定或者需要对该要素做出法律层面上的评价，后者则依赖社会文化的规范体系进行评价。前者如上述盗窃罪中他人的财物的判断需要借助于民法规范，再如猎捕杀害濒危野生动物罪中的“濒危野生动物”的判断需要借助于行政法规，又如“情节严重”“合法性”的判断需要整体上的法律评价；后者如强制猥亵罪中的“猥亵”、贩卖淫秽物品罪中的“淫秽”的判断都需要借助社会的文化规范进行社会性评价。

但是需要对规范性要素的分类也具有相对性：第一，任何评价最后都归于法的评价，社会文化规范评价的目的也是作出法的评价；第二，缺乏对某要素的法评价的认识，有时会导致对该要素的社会意义的认识错误；第三，刑法规范背后多有社会文化规范作为支撑，因此作出刑法评价难免也会牵连使用社会文化观念。

以上是对规范性要素的描述，而如果作为描述性要素，则独立于任何规范体系，不受规范关系约束，无论基于何种法律立场、专业立场、价值观立场、道德观、文化观立场，行为人的认知均不会有根本差异。因此只需根据一般常识或者通常经验对要素的含义作出判断即可。因此，对于行为人明知该要素的司法认定，无需特别证明，除非存在极其例外的情形（如精神障

---

① 参见［德］罗克辛：《德国刑法学总论》，法律出版社2005年版，第202页注101；［德］汉斯·海因里希·耶赛克、托马斯·魏根特：《德国刑法教科书》（总论），徐久生译，中国法制出版社2009年版，第329～330页。

碍)。总之,是否需要对某个要素进行规范性(包含法律规范、社会文化规范)理解这一标准揭示了描述性要素与规范性要素的实质区别。

二、规范性要素的分类

在明确了两种要素的区分标准的前提下,接下来的任务就是划分规范性要素的类型,并且确定对其明知和认识错误的判断规则。关于规范性要素的种类:(1)麦兹格尔将规范性要素分为三类,即法律的评价要素,一般文化的、社会的评价要素,量的评价要素;(2)平野龙一将规范性要素分为四类,即纯粹的法律要素、具有社会意义的要素、与价值有关的要素和伴随事实判断的要素;(3)张明楷教授将规范性要素分为三类,即法律的评价要素、社会的评价要素和经验法则的评价要素;①(4)王昭振博士将规范性要素划分为两类,即与价值和社会意义有关的要素和伴随事实判断的要素。②

但如上文所述,规范性要素均与规范性理解有关,那么就应该按照规范的类别去划分规范性要素的类型,即法律规范的评价要素和社会、文化规范的评价要素。而上述学者提到的其他类型要么可以归入前两类,要么不应属于规范性要素。

比如,量的评价要素被认为是与"界限"有关的要素,如"公然""放火""显著轻微"等,这些要素的确涉及量的评价,但多寡、高低、强弱的判断不能仅描述性地确定,而需借助社会观念、法律观念,不同人基于不同规范立场会得出不同结论。例如,要达到何种程度即为"放火",是点燃了媒介物,还是对象物独立燃烧,还是烧毁对象物,若脱离规范观念就不能作出量的判断。③

再如,与价值有关的要素,根据平野龙一教授的观点,"虐待""猥亵"属于此类,二者皆与价值判断有关,但价值判断是依据什么作出,无非是依据法规范或者社会文化规范,脱离了规范何谈价值判断?因此,价值判断的要

① 参见张明楷:《规范的构成要件要素》,载《法学研究》2007 年第 6 期。

② 参见王昭振:《论规范构成要件要素的刑法内涵与类型》,载《法学评论》2009 年第 2 期。

③ 对于不同的行为人,可能有人会认为自己烧毁了对象物才是放火,有人会认为点燃了媒介物就是放火,不同的司法者也可能支持不同的观点。这皆是缘自立场观点的不同,是规范观念上的差别。

素皆可归类于法评价要素或社会文化规范评价要素。

另如，伴随事实判断的要素，“危险”被认为是伴随事实判断的概念，①危险是对(客观或主观的)某种“状态”的评价而非描述，需要一定的事实作为基础，②但必然无法脱离社会文化规范。正如我们常说“给危险下定义是危险的行为”，每个人心中都有自己认为的危险，产生巨大区别和模糊性的原因并不是作为评价基础的事实有何不同，而是规范立场不同罢了。所以，将“危险”归类于社会文化规范较为妥当。

最后，如经验法则的评价要素，张明楷教授认为，《刑法》第114条中的“危险方法”“危害”公共安全、第116条中的“危险”、第137条中的“降低”等即属于这一类。③ 首先，我们看是否应该存在所谓的“经验法则的评价要素”，张教授并没有解释何为经验法则的评价要素，依字面意思来看，应为需要根据“经验法则”确定其含义的要素。那么，何为经验法则？经验法则应为经验上所形成的对于社会生活中事物间联系的判断规则，这一规则是根据事物间的关系的观察、统计、预测等所形成的判断，这一判断对将来判断将来遇到的同类事物间的关系具有指引作用。经验法则在法律操作上随处可见，如因果关系的判断，如证据的运用(一个尚未确定的证据对于说明某种事实是否具有证明性)，那么，在对规范性要素的判断上是否需要经验法则呢？答案是肯定的，因为任何判断都是要确定事物之间的关系。例如，我们之所以认为举枪朝人射击的行为是故意杀人行为，是因为我们对于抢会杀死人这一点具有经验；再如，判断卖黄色书刊是否为销售淫秽物品，除了要运用到社会文化观念外，也离不开我们的经验，若没有民众因看了黄色书刊而产生性刺激的，则不可能得出其行为属于销售淫秽物品。因此，经验法则只是一种在判断法律概念间关系时必不可少的规则，而非确定某概念(要素)含义的根据。至于张明楷教授所举的经验法则评价要素的示例“危险”“危害”等，欲确定现实的行为是否危险或会导致危害，自然是不可缺少经验法则，但作为确定其要素本身含义的依据，则是要通过对行为的整体法

---

① 实际上，在不同学者那里，所认可的伴随事实判断的要素的例子也不尽相同。

② 例如，是站在行为无价值的立场还是结果无价值的立场，在把握未遂犯和不能犯的界限上会有很大不同，这其实也是因为对“危险”的理解不同。

③ 参见张明楷：《规范的构成要件要素》，载《法学研究》2007年第6期。

律评价才能加以确定。如后所述,其应属于法规范评价要素中的“整体评价要素”。

综上所述,规范性要素只应包括法规范的评价要素和社会文化规范的评价要素。而对法规范的评价要素还可以进行分类。如上文所述,法规范的评价要素是要依靠既有法律体系加以定义或者需要作出法律评价的要素。笔者认为,根据所借用的法规范体系的不同,可将法规范的评价要素分为以下四种:(1)纯粹的法规范评价要素,即其他法律、法规对要素含义有基本界定(有时虽然法律法规有界定,但由于个人理解不同也可能需要动用法律程序加以确定其含义)的情形,如“有毒、有害食品”“未成年人”“盗窃罪中的‘他人的’财物”;(2)整体的法评价要素,即需要综合构成事实整体或行为当时的情景对行为性质作出法律评价的情形,如“情节严重”“情节恶劣”“情节较轻”“具体的危险”、妨害公务罪中的“依法履行职责”[①]等;[②](3)作为行政先置程序的法规范评价要素,即行为是否构成犯罪以之前是否经过相关行政许可或行政处罚为前提,如我国《刑法》第201条逃税罪规定,若构成本罪需要经过两次以上行政处罚,这里的“经过两次以上行政处罚”即属于此类构成要素;(4)作为空白刑法的法评价要素,空白刑法是成立犯罪的条件之一,只不过其内容并不明定于刑法规范之中,而须去空白规范中找寻,如生产、销售不符合安全标准的产品罪,其中的国家标准、行业标准即是需要补充的空白规范。

与生产、销售伪劣商品罪有关的规范性要素为第一类纯粹的法规范评价要素和第四类作为空白刑法的法评价要素。

---

① 本罪中公务行为的合法性可谓整体的评价要素,公务行为是否合法需要对公务行为的整体进行评价,而不能仅仅根据某一个情状来判断。对于此类规范要素的错误,德国学界的通说是,与整体评价相关的所有事实情状都是构成要件要素,如警察搜捕是否取得合法搜查证,对于事实情状的认识属于构成要件要素错误,阻却故意;而对于事实情状的整体评价则属于违法性错误,如尽管警察搜捕嫌疑人完全符合实质要件和程序要件,但行为人仍误认为其行为违法,则不影响其犯罪故意的成立(魏根特)。还有人认为“合法性”只是客观的处罚条件,无需行为人有所认识(许迺曼)。

② 整体的法评价要素为德国刑法学者所提出,笔者认为其是法规范评价要素中较为特殊的一种,并非是要借助其他法规范理解其含义,而是要用刑法体系对该要素做出整体法评价,因此,也归于法规范评价要素中。参见王效文:《规范性构成要件错误与禁止错误》,载《台湾法学杂志》2008年第103期。

三、对规范性要素的明知与认识错误

区分描述性要素和规范性要素的最大意义在于犯罪故意的判断。由于规范性要素的内涵需要根据法规范或社会文化规范来确定,那么,在什么意义上可以说行为人对该要素具有明知或者故意？同时,当行为人缺乏对规范性要素含义的认识时,是构成要件性错误还是禁止性错误？

对于社会的评价要素,学界基本有统一的看法,通说认为,只要行为人认识到"所属的外行人领域的平行评价"即认为其是明知的。例如,日本最高裁判所就散布淫秽物品罪指出:"关于《刑法》第175条之犯罪(散布、贩卖、公然陈列淫秽物品的犯罪——引者注)的犯意的成立,只要认识到存在有问题的记载和认识到在散布、贩卖它就可以了,不要求认识到存在有关记载的文书是否具备该条所规定的淫秽性。即使不具备《刑法》第175条所规定的淫秽性而贩卖文书,但如果客观上具有淫秽性,就应认定为法律错误,而不阻却犯意的成立。"①但如果不具备外行人的平行评价,如一个盲人在毫不知情的情况下贩卖淫秽书刊,则不能认为其一定具有一般人的认知,排除故意。

但是对于法规范的评价要素,则存在争议。有人认为其属于构成要件要素,有人认为其属于违法性要素,如果认为缺乏对规范性要素的认识属于构成要件性错误则阻却故意,如果认为其属于违法性错误(或禁止错误、包摄错误、法律评价错误)则通常不排除故意的成立。② 但有时,规范性要素的错误究竟是构成要件错误还是违法性错误不是那么清晰。规范性要素本身包括事实的判断和法律的评价,我国多数学者认为只要行为人对于作为法律评价的基础事实认知即可认为行为人具有犯罪故意,③但是这值得商榷。有时虽认识到基础事实,但由于不知其法律评价,可能因此而不知晓该基础事实具有何种社会意义,也就不明其行为的性质,应该排除犯罪故意。例如,如果认为所"盗窃"的财物在民法上是属于自己的财物,就不

---

① 最判昭32·3·12。

② 在有的国家则可以成为减免责任的理由,如《德国刑法典》第16条。

③ 张明楷:《规范的构成要件要素》,载《法学研究》2007年第6期。

可能在事实上认识到自己是在刑法上属于窃取“他人的财物”，其主观上也就没有反对法益或者规范的意思；如果认为所猎杀的动物并非动物保护法规中所规定的国家保护动物，也就是缺乏对其猎杀行为的社会意义的理解，因此也缺乏犯罪故意。用罗克辛的话说，虽然单纯对于法律概念之解释发生错误并不能阻却构成要件故意，但是在某些情形中，正确的法律评价即属于对相关事实情状精神上的正确理解，因此也成为构成要件故意的一部分。[①]

四、生产、销售伪劣商品罪中“社会评价要素”的明知与认识错误

对于“生产、销售伪劣商品罪”一节，如下文所述，有些要素是需要借助其他法律法规评价的法评价要素，但是当其他法律法规没有对某个刑法规范要素的内容作出规定而需要结合社会文化观念对该要素的内容作出实质判断时，此要素可视为社会的评价要素。例如，生产、销售有毒、有害食品罪中的“有毒有害食品”。虽然《食品安全法》对生产、销售有毒有害食品的行为作出了规制，但是并未明确何为“有毒有害食品”，因此该要素只能属于社会评价要素，而非法规范评价要素。

通说认为，对于社会的评价要素，不要求行为人了解规范上的法律评价，只要求行为人认识到所属平行行为人的评价即可。那么，除了具有专业知识的人之外，就应以一般人作为行为人认知水平的判断标准。例如，行为人所生产、销售的食品含有有毒、有害的食品添加剂时，即使无法证明其认识到所生产的是法律评价上的有毒、有害的食品，但只要他具有一般人的社会评价，即该食品对人体具有某种危害性或者对人体健康不利，就可以认定其具有犯罪故意。否则，如果一般人都无法认识到该食品对人体有任何不良影响，或者甚至对添加剂的属性全无所知，那么就是说所属平行行为人不具有犯罪故意，则只是一般人的行为人也不具有犯罪故意。这里以三鹿奶粉事件为例。

在三鹿奶粉事件中，依据现有资料来看，行政法规在案发之前对于三聚氰胺的规制并不存在，行政机关对于三聚氰胺的使用也没有任何监管措施，

---

① 罗克辛，strafrecht AT1，12/103。

也不进行检测。甚至在2008年年初,三鹿公司凭借“新一代婴幼儿配方奶粉研究及其配套技术的创新与集成项目”,还获得了2007年度“国家科学技术进步奖二等奖”。而且从同行业的其他乳制品企业中普遍查出含有三聚氰胺的问题奶粉可以推断,当时使用此种技术是行业内部的惯例。三鹿奶粉案发后,时至2008年10月7日,由卫生部、工业和信息化部、农业部、工商总局、质监总局联合发布的2008年第25号公告才载明:三聚氰胺不是食品原料,也不是食品添加剂,禁止人为添加到食品中。作为知识有限的被告张某军、耿某平等人,其并不知三聚氰胺具体为何物,“河北省多个地方的奶农告诉《财经》记者,现在(案发后)他们才知道这种白色粉末叫三聚氰胺”。主犯之一的高某杰在庭审时称,以为“蛋白粉”就像是食品中常加的普通添加剂一样,或者说更像是做豆腐用的卤水,对人不会产生那样大的危害。因而张、耿等人对于所添加的三聚氰胺的认识,更多集中于“三聚氰胺是种可提高蛋白质含量的物质,可以用来牟利”,至多可以认识到“三聚氰胺不符合食品安全标准”,①而缺乏对其毒害性的认识,否则被告绝不会让自己的亲属食用三鹿乳制品。

从社会大环境来看,当时一般老百姓对于三聚氰胺毒害性的认识,也是从事件爆发后开始的,所以就作案当时而言,无论是社会一般大众,还是张、耿等人,对三聚氰胺的毒害性都没有认识。而三鹿奶粉事件中,几乎未加证明地肯定了诸多案件被告的犯罪故意,尽管各地判处的不同案件定性不同,有的定以危险方法危害公共安全罪,有的定生产、销售伪劣产品罪,有的定生产、销售有毒有害食品罪,有的定生产、销售不符合安全标准的食品罪,但无一证明被告明知三聚氰胺对人体有某种危险性或者危害性,而是仅凭被告明知三聚氰胺属于工业原料一点便确定犯罪故意,但这还达不到证明故意的标准,何况还有些被告甚至连三聚氰胺是工业原料这一点也未必知晓。

五、对生产、销售伪劣商品罪中“纯粹法规范评价要素”的明知与认识错误

在我国《刑法》“生产、销售伪劣商品罪”一节中“纯粹法规范评价要

① 即使对这一点的认识,都需要足够的证据证明。

素”很多,如“伪劣产品”“假药”“劣药”“有毒、有害食品”“不符合安全标准的食品”“不符合卫生标准的化妆品”等,对于上述犯罪对象的含义,需要借助于刑法之外的规范(如《药品管理法》《食品安全法》《化妆品卫生监督条例》以及其他国家标准、行业标准)来判断。

这里以生产、销售假药罪为例。例如,《药品管理法》规定假药的范围是:(1)药品所含成分与国家药品标准规定的成分不符的;(2)以非药品冒充药品或者以他种药品冒充此种药品的。有下列情形之一的药品,按假药论处:(1)国务院药品监督管理部门规定禁止使用的;(2)依照本法必须批准而未经批准生产、进口,或者依照本法必须检验而未经检验即销售的;(3)变质的;(4)被污染的;(5)使用依照本法必须取得批准文号而未取得批准文号的原料药生产的;(6)所标明的适应症或者功能主治超出规定范围的。

如果一行为人误认为自己销售的药品虽然未经批准进口或者未获得批准文号但的确有疗效,所以并不是“假药”,是否存在生产、销售假药罪的犯罪故意,能否成立本罪?在上文所述的陆某海外代购药品案中,虽然以犯罪嫌疑人系“购买”而非“销售”而撤回起诉,但也留下很多疑问。如果说“代购”后原价出让并非销售,那么加价转让的代购恐难逃“销售”之名。[①] 本案中,第一,犯罪嫌疑人未必知道未经批准进口的药品即为“有毒有害药品”,因为作为一般人不会容易地知道《药品管理法》所规定的有毒有害药品的范围;第二,即使犯罪嫌疑人明知该药品系未经国家批准进口并且国家所禁止销售的药品,但经亲身使用后认为其疗效相当于国家批准进口的药品且价格明显便宜,实质地看,其也无法明知该药品具有实质的危害性。

这里涉及的问题是:明知什么内容,就可以证明行为人有犯罪故意?换句话说,是否需要行为人明知到其行为具有实质的社会危害性或者危险性?根据通说,作为法律的评价要素,只要行为人明知作为评价基础的

---

① 曾有案件被告因代他人网上购买火车票每张加几元钱卖出被判决倒卖车票罪而获刑。也有人提出如果只是加价卖给特定买家,仍然可以理解为“代购”。在现行立法下,这样的解释是合理的。

事实即可,在本案中,只需证明行为人认识到其所销售的药品系未经批准进口的药品,即可确定其犯罪故意。但可以看出,行为人因为缺乏对“有毒有害性”这一法律评价的明知,而缺少对药品的实质危害性的认知;即使认识到未经批准的进口属于国家认定的“有毒有害药品”,但是通过自己使用后内心确信其不具有实质危害性。对于这样的问题,应该如何处理?

德国学界通说认为,只有当补充规范是属于个别规范的行动处分时,行为人对此处分之内容与效力认识错误即属构成要件错误;在其他以一般规范(法律与命令)为补充规范之空白刑法的情况,只要行为人对于能够满足空白刑法及补充规范要件之相关事实有所认识,便具有该空白刑法之构成要件故意。[①] 也就是说,在这种情况下至多只是禁止错误,不阻却故意。在本案中,《药品管理法》显然属于一般规范,其作为空白刑法,根据该说,只要行为人认识到规范之事实即可(至于规范本身是否合理,是否存在不妥之处,并非所问)。这也是我国的通说。

笔者认为,在目前的立法状况下,这一观点是合理的。现代社会是规范的社会,而规范所包含的价值判断必然与公众的价值判断发生偏差,个体不能以自己对合法性的理解代替规范本身的态度,即使内心确信其行为不具有社会危害性,只要明知行为不法,也具有故意;反之,对于空白刑法,只要明知规范所认定的否定性事实,即使不知其不法,也可认定为故意,因为“不知法不免责”。但是,须知作为行政法规的《药品管理法》本身履行的是不同于刑法的职能,其从国家角度出发着眼于行政管理上的利益,而非患者的身体健康与生命法益。也许从行政管理的角度看,全面禁止销售未经批准进口的药品是正确的,但对于患者而言,其作为消费者有权自主选择究竟是使用贵的合法进口的药品还是便宜但同样有效的未经批准进口的药品,既然存在合理需求,出卖就有其理由。我们必须承认的是,由于各自目的不同,行政规制与刑法规制可能发生龃龉,因此,直接将行政规范中的违法行为作为刑法上的违法行为可能会导致不公平。所以,从立法技术上来看,使用空白刑法应

---

① 参见王效文:《规范性构成要件错误与禁止错误》,载《台湾法学杂志》2008 年第 103 期。

小心为之，特别是像生产、销售假药罪这样的抽象危险犯，实际上就是把补充规范直接作为刑法规范而未加限制地使用。[①] 在主观故意的认定上，就是将对行政违法的故意等同于对犯罪构成的故意。这从立法角度来看，的确存在弊端。

六、生产、销售伪劣商品罪中“作为空白刑法的法规范评价要素”的明知与认识错误

所谓空白刑法，是说刑法构成要件所禁止的内容需要借由其他法律规范来补充。例如，生产、销售不符合安全标准的产品罪。该罪规定，对于何为不符合保障人身、财产安全的产品，应根据相关产品的国家标准、行业标准来确定。这里的国家标准、行业标准即为空白刑法。对其的认识错误，也就是“作为空白刑法的法规范评价要素”的认识错误。

对空白刑法认识错误可以分为对空白刑法效力的错误和对空白刑法评价的错误。前者如对某个空白刑法规范是否有效或失效的错误，此种错误不影响犯罪故意的成立，如误认为空白刑法是限时法已失效或者没有认识到空白刑法规范已经发生变更，此时仍然依据事实上是否符合空白刑法规定的要件进行判断。重点在于对空白刑法评价的错误。

对于空白刑法评价的错误，其性质究竟是属于禁止错误还是构成要件事实错误，也存在争议。德国判例认为，该错误属于《德国刑法典》第 17 条所规定的“禁止错误”，[②]那么当这种认识错误是无法避免的场合，行为人不应承担刑事责任。但反对的观点认为，行为人不知道空白的补充规范的场合应属于《德国刑法典》第 16 条所规定的构成要件的错误，应该排除犯罪故意。[③] 笔者认为，空白刑法属于刑法构成要件的一部分，所以其错误应

---

① 风险刑法下，抽象危险犯的立法不仅不可避免，而且只能越来越多，尤其体现在关乎集体安全的领域。因此，从立法技术的角度出发，笔者绝不反对使用抽象危险犯的立法方式，而是反对简单粗暴地纯粹以行政法规范代替刑法规范，以行政违法代替刑事犯罪。抽象危险犯应以以往大量的统计数据作为依据将具有普遍、典型危险的行为规定为犯罪，同时还要求在该违法行为与法益侵害之间能够建立起概率足够高的正相关的关系。

② BGHSt 9，172；14，228.

③ 参见[德]Clause Tiedemann：《经济犯罪与经济刑法》，西原春夫等监译，成文堂 1990 年版，第 50～51 页。

为构成要件事实错误,但不能直接以不知行为属于空白刑法所禁止的行为而否定故意,根据通说,只要认识到法律评价的基础事实即可。例如,对于假药,只需知道是未经国家许可而生产的药品即可,无需认识到属于《药品管理法》所规定的假药,更无需认识到是生产、销售假药罪中所认定的假药。

这也是司法实践的态度。例如,在一起生产、销售不符合安全标准的产品罪中,被告生产、销售了不符合国家标准、行业标准的"预制板",辩护人认为被告不存在犯罪故意,因为被告并不知道其所生产、销售的产品不符合保障人身、财产安全的相关标准。而法院认为被告明知其所生产的预制板养护期不足,强度不够,即知道其不符合相关标准,所以有犯罪故意。① 笔者认为,这一观点基本上是妥当的。有时虽对基本事实有认识,但是对其属性及在刑法上的意义缺乏认识时,也难以认定故意。例如,若行为人以为持有的是100克鸦片,但实为100克海洛因;或者以为持有的是100克海洛因,实为100克鸦片,这自然不会影响故意的认定。但是如果过于形式化地理解对于毒品的认识,即不要求认识到该物质的名称及属性的话,虽然较容易确定故意,但是缺少了名称等具体属性的认识的要求可能会导致在认识的内容中实际上只有"白粉"这种"裸的事实"存在,从而有使"故意概念稀薄化"之虞。② 再如,市场上买到一只"枫叶龟"回家饲养并且杀死,而枫叶龟实为国家二级保护动物。行为人对于基础事实(杀死的龟是枫叶龟)存在认识,但不知其属于国家二级保护动物,因此缺乏对法益的反对态度,不成立犯罪故意。③ 在上例中,由于被告认识到明知其所生产的预制板养护期不足,强度不够,足以体现其对法益的反对态度,肯定故意没有问题。但是,如果在三鹿奶粉案件中,被告若不知三聚氰胺为何物而只知是"蛋白粉",则不知其危害性,就不能直接肯定故意。

---

① (2014)云法刑初字第00278号。

② 参见[日]前田雅英:《麻醉剂案件的多发化与刑法理论》,载《刑法杂志》1987年第2期。

③ 参见高巍:《论规范的构成要件的主观明知》,载《法律科学》2011年第3期。

第六节　客观的超过要素

我国《刑法》中包含了大量的定量要素，即关于数额和情节的规定。在“生产、销售伪劣商品罪”一节中也有相关规定。例如，第140条生产、销售伪劣产品罪，其规定销售金额5万元以上的成立本罪。正确解释这些规范条文，是正确适用相关刑法规定的关键。同时，由于我国刑法基础理论的限制，对定量因素的解释常要顾及一些刑法基本原则，故合理解释定量因素是较为困难的。例如，主客观相统一是我国刑法原则之一，该原则体现了责任主义的要求。根据该原则，成立犯罪不仅要求符合主观方面与客观方面规定的内容，还要求主客观两方面相统一。在故意犯的情形下，体现为行为人须明知犯罪客观方面的事实，并且希望或放任危害结果的发生，但若严格贯彻该原则，将可能导致部分犯罪间的罪刑失衡。

将某些客观要素与主观方面分离是解决前述问题的根本方法，通过以客观的超过要素来解释定量因素，实现主客观间相对的统一。笔者将从定量因素的一般理论说起，然后探讨如何在生产、销售伪劣商品罪中合理运用客观的超过要素理论。

一、定量要素与客观超过要素的基本理论

众所周知，我国刑法采用的是“立法定性 + 定量”立法模式，与德日刑法“立法定性、司法定量”不同，我国刑法是“以行为及危害程度（量）区分一般违法与犯罪的社会治安分权治理模式”。[①] 从条文规定上看，比如数额较大、情节严重、造成严重后果等都是典型的关于定量要素规定，这些规定的作用在于对行为、结果等要素作程度的限定，以划定惩罚范围。

从条文解释上说，一般对客观要件要求主客观相统一的刑法原则，并不适用于定量因素。首先，基于定量因素是影响刑罚而非影响违法性的构成要件要素，不需要定量因素与主观相一致。主观与客观相一致是为了确定

---

① 王强：《罪量因素：构成要素抑或处罚条件？》，载《法学家》2012年第5期。

主观恶性和罪责关系,既要确认行为人是出于某种可罚的主观心态作为或不作为,又要确认行为人是在认识了特定违法性要素后仍选择作为或不作为。由此可以推论,需要与主观对应的客观方面要具备两点要求,即影响故意或过失的认定和决定违法性判断,而这两点定量因素都不具备。对于定量因素是关于特定程度的认识,是建立在证成了违法性和主观恶性之后的判断,程度认识如何不影响主观恶性的认定与违法性的判断。定量因素的存在可以认为是刑事政策与立法技术的结合,设定定量因素并不是为了对违法性作规定,而是为了确定处罚标准,即以一定事实为基础来确定处罚范围;基于其他刑法体系的协调,考虑其他制度的适用,不应该认为定量因素要与主观相一致。刑法上诸如未遂认定、共犯责任分担都与定量因素有着密切关联,结合一些既有司法解释与实践做法,要恰当适用这些刑法制度的话,就需要在一定意义上将定量因素与主观相分离。

对于定量要素在刑法中的体系地位,主要有以下几种观点。(1)构成要件要素说。大致观点主张定量因素是构成要件的一部分,用于说明违法性。① 主张构成要件要素说的学者认为:“这种要件必须在行为人的认识范围之内。按照《刑法》第14条的规定,这种认识不要求一定是确定的认识,也可以是一种可能性的认识即认识到可能发生该种结果……因此,在行为人对于自己的行为所可能引起的严重后果,确实没有认识(预见)的时候,不构成犯罪。”②(2)罪量说。陈兴良教授提出罪量要素不属于客观要件,而应是独立于罪体、罪责之外的独立要素。陈兴良教授理论语境下的罪量要素,强调了它们只是犯罪程度的表述,这种程度变化不影响行为类型,由此可推导出与责任主义原则相分离的结论。③ (3)客观处罚条件说。该说借用德日刑法理论来分析、解释定量因素。根据该说,对罪量要素不需要认识,同时并不违背责任主义原则。④ (4)客观的超过要素说。张明楷教授主

---

① 参见[日]松原芳博:《客观的处罚条件》,王昭武译,载《河南省政法管理干部学院学报》2010年第1期。

② 黎宏:《论“客观处罚条件”的若干问题》,载《河南省政法管理干部学院学报》2010年第1期。

③ 参见陈兴良:《作为犯罪构成要件的罪量要素——立足于中国刑法的探讨》,载《环球法律评论》2003年第8期。

④ 参见柏浪涛:《构成要件符合性与客观处罚条件的判断》,载《法学研究》2012年第6期。

张“主要是指部分危害结果，导致的结论是对这些危害结果作为超过的客观要素不需要认识与希望或放任态度……只能就法定刑较轻的故意犯罪承认内容为危害结果的超过的客观要素”。[①]

笔者认为，客观超过要素的理论架构显然符合某些解释定量因素所需的因素，且从体系上说客观超过要素并不等同于客观处罚条件，前者仍旧属于构成要件要素，而后者通说认为是构成要件要素之外的处罚条件，故对既有基础理论冲击较小，所以，本书赞同运用客观超过要素理论解释定量因素。

客观超过要素理论设有五个限制条件，包括只应存在于有双重危害结果的犯罪中、出于限制处罚目的适用、适用于法定刑轻于明显故意犯罪的犯罪、须对之具有预见可能性以及划定客观超过要素不影响故意内容的完整性。[②] 这里仅阐明与本书相关的重要部分。

首先，客观超过要素不是脱离构成要件的独立要件，而是构成要件的一部分，反映法益侵害程度，影响犯罪的成立与违法性程度。构成要件是违法的类型，但是客观超过要素与犯罪类型无关。客观超过要素规定的内容一般有三种：一是对数额的描述，如对生产、销售伪劣产品罪应在规范层面上区分出“销售金额”与“销售金额五万元”，前者表述了本罪犯罪类型的一个重要特征——必须是销售之后才能处罚；二是对损害结果的规定，如生产、销售假农药、假兽药、假化肥罪中的“使生产遭受较大损失的”、丢失枪支不报罪中的“造成严重后果”；三是对某些客观时点的表述，这类规定的作用是显现出行为潜在的危险性，[③]以及实现不法行为与法益的对接，如虚报注册资本罪中的“取得公司登记时”。

其次，客观超过要素作为犯罪构成的一部分，根据责任主义的要求，必须对其有预见可能性。例如，以造成严重损失等作为客观超过要素的，确定预见可能性较为容易，因为当行为人对违法行为存在故意时，通常很难排除对于结果的预见可能性。例如，行为人故意销售假种子给农民，很难排除对

---

① 张明楷：《“客观的超过要素”概念之提倡》，载《法学研究》1999 年第 3 期。

② 参见张明楷：《刑法学》（第 4 版），法律出版社 2011 年版，第 242 页。

③ 参见［日］松原芳博：《客观的处罚条件》，王昭武译，载《河南省政法管理干部学院学报》2010 年第 1 期。

于损失结果的预见可能性。但是如果对于数额犯,其数额的有无不仅是违法程度的标志,进而也影响了刑事违法的有无,如果行为人缺乏对数额的认识可能性,则说明其无意对抗刑法,可能会排除其有责性。例如,在"天价葡萄案"当中,行为人虽明知所盗窃的是财物,但对财物价值的认识与财物的客观价值本身差别巨大。不能仅仅根据行为人明知自己在实施盗窃他人财物的行为,就肯定行为人的罪责。数额较大作为本罪构成要件的必要组成部分,需要行为人对其至少有预见可能性,而显然本案中根据行为人的认知水平不可能认识到所盗窃的葡萄达到值得刑罚处罚的较大数额,其仅能认识到作为普通水果的葡萄的价值。所以,本案行为人不应当承担刑事责任。

最后,客观超过要素适用于相对法定刑较轻的故意犯罪。但是刑法上,故意犯罪实际上是以不同的方式存在着竞合,客观超过要素仅存在于法定刑较轻的故意犯罪中。因为一方面,不需要证明对客观超过要素存在故意,因此整体上降低了对故意犯罪的证明标准;另一方面,如果行为人对客观超过要素存在故意的话,则应该适用法定刑更重的与之有竞合关系的其他罪名,这样才能保证罪刑均衡。例如,认定丢失枪支不报罪中"造成严重后果"是客观超过要素,但如果可以证明行为人系为造成社会恐慌而丢弃枪支,或者是希望或放任被犯罪分子捡到后利用其去犯罪的,则可以考虑以相关更重的故意犯的片面帮助犯来定罪处罚。

二、生产、销售伪劣商品罪中的客观超过要素分析

在生产、销售伪劣商品罪一节的犯罪中,条文既有数额犯的规定也有情节犯的规定,并且,在个别情节犯中还穿插了数额式的司法解释。从法条规定来看,"生产、销售伪劣商品罪"一节运用了诸多立法技术,这是立法技术的表现,但也给刑法理论提出了问题。下文将主要围绕《刑法》第 140 条生产、销售伪劣产品罪,第 147 条生产、销售假农药、假兽药、假化肥罪以及共犯认识不一致问题展开论述。

1. 生产、销售伪劣产品罪中的适用

生产、销售伪劣产品罪,规定了掺杂、掺假、以假充真、以次充好、以不合格冒充合格这几种伪劣造假手段,明确了一般意义上如何判断伪劣造假的

标准,即以5万元为起刑点。本罪的关键是对“销售金额5万元”等数额规定的理解。根据相关司法解释,销售金额指“生产者、销售者出售伪劣产品后所得和应得的全部违法收入”。[①] 在有相关行政法配套的前提下,未予销售或销售未达数额标准的都可以直接交给行政法来规制,无需动用刑法。上述规定都是为了划定开始追究刑事责任的门槛,不满足数额、结果或者时点在立法者看来则不具有处罚的必要性。因此,未满足上述条件通常不得认定为未遂犯,而应交由行政法加以处罚,即使销售金额达到了4.9万元,仍然不追究刑事责任。

根据客观的超过要素理论,将本罪中的销售金额认定为客观超过要素,那么当判定行为人存在犯罪故意时,无需证明行为人对销售金额有所认识,但需要证明有预见可能性。所以,通常而言,行为人没有认识到其销售金额达到5万元,并不影响犯罪故意。但是如果行为人由于合理原因,对于数额达到5万元确实缺乏预见可能性,也不能肯定其有责性。

2. 生产、销售假农药、假兽药、假化肥罪中的适用

从刑法规定来看,生产、销售假农药、假兽药、假化肥罪是以使生产遭受较大损失作为必要条件,这是对于犯罪结果的规定。但是根据司法解释的规定,对于较大损失有明确的数额规定,即损失达到2万元以上为较大损失。所以,最终本罪同生产、销售伪劣产品罪在认定客观超过要素时没有本质差异。

另外,这里需要特别注意的是,将某一要素划定为客观超过要素不影响整罪故意内容的完整性,犯罪仍是故意犯罪。虽然说作为犯罪故意,必须是认识因素与意志因素的统一,但是如果当以犯罪结果作为客观超过要素时,只需认定行为人对客观行为的内容、性质是明知的,而并不需要证明也希望或者放任危害后果(如本罪中给生产造成较大损失)的发生。例如,行为人在稻田施药期结束后,卖出一批假农药,其单纯认为因为时节已过农民购买后不会对稻田施药,认为不会对生产造成损害,但事后造成重大损失的,应

---

① 最高人民法院、最高人民检察院《关于办理生产、销售伪劣商品刑事案件具体应用法律若干问题的解释》第2条规定:“刑法第一百四十条、第一百四十九条规定的‘销售金额’,是指生产者、销售者出售伪劣产品后所得和应得的全部违法收入。伪劣产品尚未销售,货值金额达到刑法第一百四十条规定的销售金额三倍以上的,以生产、销售伪劣产品罪(未遂)定罪处罚……”

认定为销售假农药罪。

3. 对客观超过要素认识不一致时的共犯责任

在共同犯罪中如果出现行为人对于客观超过要素认识不一致的情况，应该如何处理？如前所述，客观超过要素虽不反映违法类型，但影响违法性程度，进而影响刑事违法的有无。作为客观超过要素，如果共犯人对于发生的后果都有预见可能性，就不影响共犯的成立。但是，如果共犯人不仅存在认识的不一致，甚至出现了预见可能性的不一致，则会影响责任认定。例如，第140条这样的数额犯，假如甲乙二人共谋生产、销售伪劣产品，双方约定好由甲负责生产，乙负责销售，事后分成。按照双方事先明确的价格约定，伪劣产品的销售总价格应为4万元，但因乙私自在实际销售中抬高价格，使实际销售额为6万元。本例中，乙的违法行为达到了应受刑罚处罚的程度，但根据甲的认知，其生产、销售伪劣产品的行为并未达到犯罪程度。那么乙的违法程度可否连带及于甲？笔者认为，在数额犯中，是否构成犯罪具有明确的数额标准，因此数额大小也决定了行为性质是属于行政违法行为还是犯罪行为，也就是影响到了刑事违法的有无。当行为人甲确定使其违法数额低于犯罪数额时，反映其无意悖反和触犯刑法，因此只应受到行政处罚；而乙的销售数额超过了犯罪数额，并且乙对此有明显过错，所以应当承担刑事责任。根据共犯的一般原理，共犯只需在违法上是共同的，而无需在责任层面也具有共同性。所以最终甲乙分别承担行政责任和刑事责任，也并无不妥。

第七节　未遂的认定

我国对于生产者、销售者的产品责任集中在“生产、销售伪劣商品罪”一章，包括了生产、销售伪劣产品罪等在内的9个罪名。在伪劣产品充斥的今天，如何认定生产、销售之伪劣产品是否入罪，如何对其定罪量刑是至关重要的。犯罪未遂作为到达既遂前的一个过程，如何认定也值得研究。

一、未遂认定的概述

《日本刑法典》第43条规定，“已经着手实行犯罪而未遂的，可以减轻刑罚，但基于自己的意志中止犯罪的，应当减轻或者免除刑罚”；《德国刑法典》第22条规定，“行为人已直接着手实现构成要件，而未发生行为人所预期的结果的，是犯罪未遂”。我国《刑法》第23条第1款规定，“已经着手实行犯罪，由于犯罪分子意志以外的原因而未得逞的，是犯罪未遂”，即构成犯罪未遂需要具备三个条件，分别为：着手实行犯罪、未得逞以及犯罪分子意志以外的原因。

（一）着手的认定

就大多数大陆法系国家而言，关于未遂犯的着手，主要有三种观点。

（1）客观主义。客观主义自费尔巴哈开始，认为行为在客观上具有危险性，那么为完成犯罪所实施的外在行为本身就成立犯罪并应当受到处罚。[①] 该观点在经历了几百年的沉淀，在刑法学理论有着非常重要的地位，在认识犯罪未遂的处罚根据上，客观主义认为未遂的处罚根据在于发生了法益侵害的危险性，应当从客观上加以判断，行为着手时客观上必定有所表现。（2）主观主义。随着18世纪刑事实证学派的兴起，犯罪学内部曾出现了主观主义的思潮，其认为未遂犯处罚的根据在于在犯罪中显示出来的犯罪人性格危险性的、与法相敌对的犯罪意思，[②]故以“犯意的成立，是依据其进行的行动来确定时”和“具有完成能力的犯意的行动表现”（犯意的飞跃表现行动）时，才具备实行着手。[③] 主观说扩大了刑法的处罚范围，现今已鲜有人支持。（3）折中主义。折中主义兼具了客观主义和主观主义的立场，但在具体主张上，日本和德国采取不同的理论。例如，日本有学者认为，在考虑行为人的行为之虞，在进行客观判断的同时，还要判断行为人故意中的意志因素以及目的犯中的目的等主观内容。而在德国则“印象说”

---

① 参见［德］安塞尔姆·里特尔·冯·费尔巴哈：《德国刑法教科书》（第14版），徐久生译，中国方正出版社2010年版，第46页。

② 参见张明楷：《刑法学》（第4版），法律出版社2011年版，第315页。

③ 参见［日］福田平、大塚仁编：《日本刑法总论讲义》，李乔、文石、周世铮译，辽宁人民出版社1986年版，第137页。

(Eindrucks-theorie)占据通说地位,该见解主张,在行为人“动摇了公众对法秩序有效性的信赖”或者“已经决定的准备措施也已经动摇了公众对法安全的感觉”①时,其行为作为未遂是可罚的。对于印象说,有学者批判道,主流未遂理论(印象说)太过快速地从处在实现犯罪行为构成的未遂中的不法推断出其应受处罚性,并又从这种不法的应受处罚性中推断出几乎所有未遂的刑法需要性。②

如上所述,主观主义已经没有市场;客观主义以对法益造成现实危险作为着手标志,坚持了法益保护原则,与传统刑法更加契合。但在司法实践中,纯粹的客观主义往往导致着手认定过晚,对于保护法益不利。例如,妻子欲杀死丈夫,于是准备了一杯毒酒,打算等到丈夫下班后回来让他喝掉。但是当天下午丈夫临时出差。丈夫三天后才回来,恰巧当时妻子外出不在家,丈夫自行将毒酒喝下身亡。在本例中,若根据客观主义,妻子准备毒酒时尚未着手,因为客观地看,丈夫三天后才回来,所以只有当丈夫回到家拿起酒杯时才产生现实的具体的危险,而妻子准备毒酒只能认为是预备行为,而对于丈夫喝下毒酒死亡则只能追究妻子过失致人死亡的责任,这一结论难以令人接受。

笔者认为,在风险社会的背景下,折中主义更符合风险刑法的气质,既不违背限制刑罚权的要求,同时兼顾了有效预防的需要。但在折中主义中,主张应该考虑行为人目的、计划的观点也不妥当。因为它过于依赖于行为人的内心倾向、犯罪计划,在行为人具有犯罪意志或目的的情况下以行为人为标准进行判断,实际上是倒向主观主义了。例如,妻子欲杀死丈夫,于是准备了一杯毒酒,打算等到丈夫一周后出差回来让他喝掉,但是当天下午丈夫提前回来自行喝了毒酒而死。对于本例,如果考虑行为人的目的、计划,则准备毒酒时只能是犯罪预备,但其行为已具备了现实危险性,也足以使一般人感知到危险,认定为预备会导致对着手认定过晚。所以,笔者赞同印象说。风险刑法的重要特征之一就是处罚的前置化,以促进社会的安全和稳定以及国民的安全感。所以,当行为动摇了国民普遍的安全感时,即便未必

---

① 参见[德]罗克辛:《德国刑法学总论》(第2卷),王世洲等译,法律出版社2013年版,第265页。

② 参见[德]托马斯·魏根特:《刑法未遂理论在德国的发展》,樊文译,载《法学家》2006年第4期。

带来客观的危险也值得用刑法来规制。其实，我国刑法已经现实地承认了公众的安全感是法益保护对象。例如，在编造、故意传播虚假恐怖信息罪，投放虚假危险物质罪以及《刑法修正案（九）》中新增的编造、故意传播虚假信息罪中，虚假的信息以及虚假的危险物质并不会带来客观现实的危险，而只会造成民众的恐慌。由此可见，民众的安全感或者民众对于公共秩序有效性的信赖已经成为保护法益。如果根据客观说，必须当行为具有客观危险时才能认定为着手，那么以上三罪的着手从何时起算？这会很难判断，因为即便三罪达成既遂也只是动摇了安全感，无客观危险可言，那么着手更无法产生客观危险了。事实上，印象说和客观主义在很大程度上是具有相似性的，都是以“危险”作为着手的判断根据，区别只是在于：客观主义主张对危险进行事后的客观判断；印象说主张以一般人（公众）的认知水平为标准进行事前判断。对于前者，危险是脱离民众感知的客观的危险；对于后者，危险是需要被感知的，体现为普遍的“不安全感”。具体判断时，客观主义要求法官站在裁判者的立场，以行为时存在的以及事后发生的事实作为判断资料；印象说则要求法官站在行为时的立场，以行为时一般人可能认识到的事实（以及行为人特别认识到的事实）作为判断资料。

大陆法系的有关未遂犯处罚根据的争论，在我国也引起了很多的共鸣，而该些争论直接地影响了对未遂犯具体问题的判断。我国“已经着手实行犯罪，由于犯罪分子意志以外的原因而未得逞的，是犯罪未遂”，从本条的表述中很难看出我国对于未遂犯的处罚倾向于何种学说，①但从实质上来看，未遂犯的认定应当是以客观说为基础而规定的。犯罪的本质是对法益的侵害，当法益并不存在危险而仅以刑法的主观意思的显现来处罚犯罪人显然是不可取的。我国刑法传统观点认为，所谓着手，就是开始实施刑法分则所规定的某一犯罪构成客观要件的行为。② 如在生产、销售伪劣产品罪中，一般认为生产、销售行为皆为该罪的实行行为，则以形式的客观说应从实施生产、销售时认为着手。可是从生产的哪一阶段开始才能认定为实施了构

---

① 参见张明楷：《刑法学》（第4版），法律出版社2011年版，第315页。

② 参见高铭暄、马克昌主编：《刑法学》（第4版），北京大学出版社、高等教育出版社2010年版，第165页。

成要件的一部分,是准备材料之时,正式投入生产、销售之时还是投入生产、进行销售的中间阶段。因此,形式客观说的缺陷便如同它的科学性一样,也是极为明显的。对于着手的判断,虽然只是一种行为对结果具有一定的因果关系的可能性判断,但其并不是盲目的,而是一种盖然性判断。"虽曰一定种类之行为未必皆惹起侵害之结果,唯倘其有惹起侵害结果之最大可能性存在。"[①]既然刑法的实质是对法益的保护,那么,从法益侵害的危险性来认定着手是更为科学的。当行为人实施的行为对刑法法条规定的法益造成侵害具有紧迫的危险性时,就有了引起结果的最大可能性,应当认定为着手。

我国关于产品责任的法条集中规定于扰乱市场经济秩序罪之中,如何认定这些罪的着手呢?虽然对于不同犯罪、不同案件的着手应当根据具体情况综合判断,但是就生产、销售伪劣商品罪而言,其中有许多相似之处,可以作相似理解。有人认为,不应将销售等行为局限起来,而应当作广义的理解,对于已经购进大量伪劣商品但尚未销售出去的行为,也应当认定为着手,因为此时其已经超越了为犯罪创造条件的范畴,且若作为犯罪预备来处理,与司法解释不符。[②] 对此,笔者以为并不妥当,应当以行为人开始实施生产、销售行为认定为着手,在生产、销售行为之前的准备材料、购入商品等行为应当认定为犯罪的预备。台湾学者蔡墩铭在区分预备与着手时认为,行为人着手实施行为,已对法益为直接攻击,具有直接危险性,而预备则是对法益的间接攻击,具有间接危险性。[③] 准备原料之于生产伪劣商品,购买之于销售伪劣商品就只具有间接危险性。如在认定生产、销售有毒有害食品罪时,有学者认为销售的理解应该是广义的,包括陈列、供应、销售。[④] 笔者以为该理解仍然会将犯罪未遂形态扩大化,将食品购入、陈列更多的理解是为了销售而预备,并不包含在销售之中。虽然抽象危险犯不能使着手的行为过于滞后,但是也不能将该时间点过于提早,否则不利于犯罪的惩罚与预防。在被认定为本罪的未遂或者既遂犯之后,就可能被判处5

① 蔡墩铭:《刑法基本问题研究》,汉林出版社1980年版,第195页。

② 参见史卫忠、张径楠:《生产、销售伪劣商品犯罪定罪量刑案例评析》,中国民主法制出版社2003年版,第60页。

③ 参见蔡墩铭:《刑法基本问题研究》,汉林出版社1980年版,第199页。

④ 参见方明:《略论生产、销售有毒有害食品罪》,载《法商研究》1994年第2期。

年以下的有期徒刑,若将过多的行为包含在销售行为之中,则不利于犯罪人的回归。而销售完成之时则应作为既遂的标志,即在销售开始之后完成之前则可能成立未遂。

诚然,生产、销售伪劣商品需要原材料的采购等步骤才能得以完成,但是刑法只针对相应的法益进行保护,当法益并未有侵害的紧迫危险性之时,如原材料采购等对于生产行为、购入相应商品等对于销售行为的开始仍有一段时间,此时从客观危险性上分析,不管是对于社会主义的市场经济秩序的侵害可能性,还是对不特定或者多数人的人身安全的侵害可能性都很小,即行为人所实施的行为尚不具有直接的威胁,仅具有间接的威胁。对于这些采购、购入行为而言,充其量只能认定为相应商品犯罪的预备形态,但此时这种危险非常微小时,不应当认定为本罪,也不可能给予处罚。再者,并不能以与司法解释不符来认定着手。我国刑法遵循罪刑法定原则,刑法的适用最重要也是最基本的是以刑法规定为依据,而不是以司法解释之规定判断适用的时机,这是一种本末倒置的做法。

当然,生产行为并不只限于将产品原料加工制造成商品一种行为方式。如有学者在论述生产、销售假药罪时提出,一切制造、加工、配制、采集、收集某种物品充当合格或特定药品的行为,都是生产假药的行为,而一切有偿提供假药的行为都是销售行为,[①]对此,笔者以为是正确的。就生产行为来说,论者的表述并没有脱离"生产"二字,虽然其认为制造、加工、配制、采集、收集等行为都可以认定为生产,但该生产仍然表示的只是将假药加工或者直接充当药品的过程,并未将"生产"一词进行扩大解释,而扩大到原材料的采购以及生产完成之后的运输、保管等行为,这符合罪刑法定原则。举例来说,我国对于食品安全的规定是以《食品安全法》为中心的,基于《刑法》与《食品安全法》之间良好的衔接考虑,根据《食品安全法》第 2 条第 1 款[②]对生

① 参见张明楷:《刑法学》(第 4 版),法律出版社 2011 年版,第 650 页。

② 《食品安全法》第 2 条第 1 款规定,"在中华人民共和国境内从事下列活动,应当遵守本法:(一)食品生产和加工(以下称食品生产),食品流通和餐饮服务(以下称食品经营);(二)食品添加剂的生产经营;(三)用于食品的包装材料、容器、洗涤剂、消毒剂和用于食品生产经营的工具、设备(以下称食品相关产品)的生产经营;(四)食品生产经营者使用食品添加剂、食品相关产品;(五)食品的贮存和运输;(六)对食品、食品添加剂、食品相关产品的安全管理"。

产、销售行为的规定,似乎应当将生产、销售理解为包括原材料采购、食品加工、包装、贮藏、运输和装卸等一系列步骤在内的生产、销售的全过程。对此,笔者不以为然。食品安全法从广义上定义生产、销售行为,并不仅是基于刑法入罪的考虑的,而是基于本法所代表的保护社会市场经济秩序整体考虑的。因此,在理解生产、销售行为时应当以《食品安全法》为基础,但是并不能照搬照抄,对于生产、销售不符合安全标准的食品罪应当根据刑法的明文规定,对生产、销售行为作平义解释,而不应该对该些超过生产、销售行为本身意义的行为进行规制。

对于"销售"而言,则是要与使用行为相区别,销售应当以营利为目的,若行为人购买商品后自用,则会对自己的生命健康产生侵害,不可能有犯罪一说;若无偿赠与他人商品,由于本罪所侵害的法益之一是我国的社会主义市场经济秩序,该行为并没有侵害该法益,此时并不属于"销售"一词所涵盖的范围,因而并不构成本罪;若无偿赠与致使侵害了他人生命、身体健康,应以相应的侵害人身权利的犯罪定罪处罚。当然,这应当与搭售行为或者"买一送一"等行为区别开来,在这种情况下,所谓的赠品虽然从表面上看是赠送的,却仍是一种营销手段,且往往销售者已将赠品的价格加在该商品之上,故应当认定为销售行为。但是若是提供给他人使用呢?笔者以为仍不属于销售。本罪所规制的行为是生产、销售行为,并没有规制购买者对商品的用途。行为人将产品销售,顾名思义应当将所有权转让给他人,若所有权并没有转让,则也不能认为是销售行为。只有当该商品有偿出卖给消费者,才属于销售行为,至于出卖价格是否为商品的对价,则在所不问。

因此,生产、销售伪劣商品罪以生产、销售行为的开始作为着手是合适的,当开始实施生产、销售商品时,行为人就极有可能也极有机会将伪劣商品投入市场中流通,就意味着行为人开始了实施侵害社会主义市场经济秩序的行为,也就是说对该法益有着侵害的直接危险性。若将生产、销售行为完成之时作为着手,则此时已对社会主义市场经济秩序造成了现实的侵害,则会使着手推迟,不利于对法益的保护。

(二)未得逞的认定

从字面意思来看,犯罪未得逞是指犯罪没有达到既遂。只要一经着手,既不是自动中止犯罪,又没有既遂的,就属于犯罪未遂。在大陆法系国家,犯罪既遂是指符合构成要件的违法的有责的行为本身，由此，具备表明犯罪的特殊构成要件的所有特征是既遂的基础。① 犯罪未得逞就是犯罪已经着手但是并没有完成的犯罪，对于犯罪未完成的认定，日本通说认为未遂犯符合修正的构成要件，②其认定主要依据刑法分则条文的规定加以判断，即其规定以犯罪既遂为模式，当犯罪行为并没有达到刑法分则条文规定的构成要件的情形，即是未遂。

长期以来，我国许多学者认为我国刑法分则也是以既遂为模式而构建的，其原因似乎不言自明的问题，也就少有学者作理论上的说明。这种观点认为，刑法分则条文规定的构成要件，只是既遂犯的构成要件，既遂犯是指行为人在犯罪意思支配下所实施的犯罪行为，已经具备了刑法分则规定的某种犯罪构成全部要件的犯罪形态。③ 因而分则条文的罪状设定只是针对既遂犯的。刑法分则条文规定的是基本的犯罪构成要件，而与之相对应的该犯罪的预备、中止与未遂等未完成形态则是通过刑法总则条款规定而形成的修正的构成要件。我国现以犯罪的构成要件没有齐备为通说认定犯罪未遂，即认为在我国刑法规定的是以既遂为模式的前提下，而未遂就是所实施的犯罪行为没有完全符合犯罪的构成要件。如在认定结果犯时，普遍认为存在未遂犯，如生产、销售不符合安全标准的产品罪中，生产不符合保障人身、财产安全的国家标准、行业标准的电器、压力容器、易燃易爆产品或者其他不符合保障人身、财产安全的国家标准、行业标准的产品，或者销售明知是以上不符合保障人身、财产安全的国家标准、行业标准的产品，造成严重后果的，认定为既遂，未造成严重后果的，即是未遂。

但是，有学者对上述观点提出质疑，认为“犯罪构成是判断犯罪是否成立的规格或标准，行为符合犯罪构成是刑事责任的唯一根据，因此一个犯罪只能有一个犯罪构成，只有这样犯罪构成才能起到区分罪与非罪，此罪与彼罪的作用。这样一来，将犯罪构成区分为基本构成与修正的犯罪构成实际

---

① 参见[德]弗兰茨·冯·李斯特：《德国刑法教科书》，徐久生译，中国法制出版社 2000 年版，第 329 页。

② 参见[日]大塚仁：《刑法概说》(总论)(第 3 版)，冯军译，中国人民大学出版社 2003 年版，第 213 页。

③ 参见马克昌主编：《犯罪通论》，武汉大学出版社 1999 年版，第 489 页。

上违反了上述的基本逻辑,混淆了犯罪构成与犯罪停止形态之间的内在关系。因为按照传统刑法理论,行为未具备全部构成要件根本不构成犯罪”,①因而我国刑法分则不是以既遂而是以成立为模式而构建的,我国刑法分则条文的规定,既包括了犯罪的既遂形态,也包括了预备、中止与未遂等未完成形态。笔者认为,这种观点符合我国的犯罪构成模式。因此,对于未遂犯而言,应当是在符合构成要件的基础上,对犯罪的既、未遂形态加以认定。如《刑法》第 140 条规定,“生产者、销售者在产品中掺杂、掺假,以假充真,以次充好或者以不合格产品冒充合格产品,销售金额五万元以上”的,构成生产、销售伪劣产品罪。从条文本身我们可以发现,生产、销售伪劣产品罪成立的条件包括:第一,生产者、销售者实施了“在产品中掺杂、掺假,以假充真,以次充好或者以不合格产品冒充合格产品”的行为;第二,销售金额在 5 万元以上。在分析某一行为是否为该罪的既、未遂时,首先要认定行为人实施该行为时是否实施了法条规定的四种行为,以及销售金额是否在 5 万元以上,二者缺一不可,缺少其一则不构成该罪,也不需要再对该行为进行既、未遂形态的判断。

自此,通说以为我国犯罪未得逞以是否齐备构成要件为标准是不正确的。在我国理论上认定犯罪未遂时,还有以“结果是否发生”,或者“犯罪目的是否实现”为标准的两种学说。前者称为“犯罪结果说”,即主张以犯罪结果是否发生作为犯罪既遂与未遂相区别的标准,后者称为“犯罪目的说”,即以行为人预期的犯罪目的是否实现来判断既遂与未遂。这两种学说皆各有优点但也有不全面之处。“犯罪结果说”在认定结果犯时,基本上是正确的,以结果没有出现认定犯罪未遂,既直观又客观。但是,对于非结果犯来说,如行为犯等不以法定结果的出现来认定犯罪时,如何以“结果”为标准就很难认定。“犯罪目的说”,则与上述在认定着手时有同一缺陷,即在行为人激情犯罪时如何认定其目的,即使是行为人存在犯罪目的的场合,如何判断行为人的目的并没有统一标准。例如,行为人盗窃了 1 万元后被抓,其辩称想盗窃 100 万元,所以主张应当认定犯罪未遂,此时应当如何认定存在很大的弊端。

---

① 参见张明楷:《犯罪论原理》,武汉大学出版社 1991 年版,第 456 页。

上述两种观点并不全面的一个重要原因，就是并没有从主客观相统一的角度来分析未得逞的标准。所谓未得逞就是未实现犯罪人实施计划的构成要件性逻辑结果。关于犯罪未遂，又有两种情形，一种为着手未遂（未终了未遂），另一种称实行未遂（终了未遂、欠效犯）。[①] 在此之前应当首先确定的是何谓生产、销售伪劣商品罪的实行行为。在生产、销售伪劣商品罪中，既有如生产、销售伪劣产品罪等的抽象危险犯，如生产、销售不符合安全标准的食品罪等具体危险犯，也有生产、销售不符合安全标准的产品罪等实害犯，由于其对法益侵害的程度有差别，在具体判断既、未遂时确有不同。但是概括来说，应当以生产、销售的完成视为实行行为的完成，即既遂的标志，故当实行行为完成之前，应当至多认定为未得逞。根据罪刑法定原则，既然其明文规定了该罪状，就应当以罪状的描述为基础来认定实行行为。从刑法条文的表述中可以发现，首先，都以规定生产某商品和销售某商品以叙述该罪罪状，以生产、销售行为作为实行行为是合适的，且如上所述，生产、销售应从字面意义对其理解即可；其次，行为人开始实施生产、销售行为被认定为本类罪的着手，从生产、销售行为的逻辑结果来分析，当生产、销售完成，商品生产完成成为成品或者商品进入流通领域被消费者所购买，其实行行为明显已然完成。至于生产、销售完成之后的包装、装卸等行为，则是实行行为完成后的事后行为。对于为生产、销售假药提供帮助而提供原材料、帮助运输、保管等，则是属于本罪的共犯，并不是基于生产、销售一词演化出来的。

所以对于着手未遂，当行为人实施了生产、销售行为时，应当在认定该行为成立犯罪的基础上判断该行为是否完成了，若未完成则认定着手未遂，不需再对生产、销售行为所产生的结果或者结果的危险进行判断；对于实行未遂，若完成了生产、销售行为，则应当在此基础上判断该行为人所想要达到的目的是否实现，或者其实施生产、销售行为所可能达到的逻辑结果是否发生，如在认定生产、销售不符合安全标准的食品罪时，应判断该行为是否达到了“足以造成严重食物中毒事故或者其他严重食源性疾病”的危险性。

---

① 参见［日］大塚仁：《刑法概说》（总论）（第3版），冯军译，中国人民大学出版社2003年版，第249页。

此时,可以从主观和客观来判断生产、销售是否对法益造成侵害及其程度到底如何。

(三)由于意志以外的原因而未得逞

一如德国、日本等国在刑法典规定犯罪未遂之时,并没有对犯罪未得逞的原因进行限定,因而其所指的未遂一般包括障碍未遂和中止未遂,当然障碍未遂中还包括了不能犯。就如我国台湾地区学者指出的那样:“在一般学说,均以着手实行犯罪后而因不遂之原因,又分为三种,即仅以不遂之因于意外之障碍者,始称为未遂犯,而以不遂之因于己者,则称为中止犯。不遂之因于不能发生结果者,则称为不能犯。其中尤以中止犯应与未遂犯区别,以前之立法例,亦从此见解,如法国刑法及属其法系之刑法并日本旧刑法均同,我国旧暂行刑律亦同。然又有一派,如德国学者,则以不分不遂是否因于意外之障碍,均为未遂犯,较近之立法例,多从此见解,如挪威、瑞士及日本现行刑法等是,我国现行法亦同,故特将旧刑律不遂因于意外之障碍一语删去,故现行法之所谓未遂罪,实包含学说上所谓未遂犯,不能犯,中止犯,三者。”①我国对未遂的认定限定在障碍未遂之中,即未得逞必须是犯罪人意志以外的原因,而并不是因为行为人自愿放弃犯罪或者主动防止结果发生的结果,是违背了犯罪人的意志,客观上犯罪不能既遂或者使犯罪人认为不可能既遂而被迫停止犯罪的原因。② 也就是说,行为人就是因为意志以外的原因而使犯罪未得逞,故可以将其作为在认定犯罪未得逞的一个方面加以考虑。

行为人因为意志以外的原因而停止犯罪,显然是违背自己的意愿的且阻止行为人继续实施犯罪的行为,这可能是由于客观的情况下,如行为人在销售伪劣商品过程中被警察抓捕,被被害人识破,或者其销售行为被第三者制止等,而使其无法继续意欲实施的犯罪行为;也可能是因为行为人的认识错误等主观原因,认为自己不可能完成犯罪行为或者以为已经完成犯罪行为但其实没有完成,如行为人认为其在食品中掺入的是有毒的“砒霜”继而

---

① 陈瑾昆:《刑法总论讲义》,吴允锋勘校,中国方正出版社 2004 年版,第 176 页。转引自陈兴良:《客观未遂论的滥觞——一个学术史的考察》,载《法学家》2011 年第 4 期。

② 参见张明楷:《刑法学》(第 4 版),法律出版社 2011 年版,第 323 页。

销售给消费者，其实该“砒霜”只是白糖，并没有使其生产、销售的食品成为有毒食品。

综上，笔者认为在认定生产、销售伪劣商品罪时，应当从字面意思理解生产、销售行为，自生产行为或者销售行为开始之时作为着手之起点，而以生产行为或销售行为完成作为行为完成之标志。当然，在具体罪名中，如生产、销售劣药罪，其要求“对人体健康造成严重危害的”，则是对生产、销售劣药的结果加以限制，并不能仅以生产、销售行为是否完成认定既、未遂，我们只能说生产、销售伪劣商品罪，开始实施生产或者销售行为后，而由于意志以外的原因没有完成生产或者销售行为时，则可能成立犯罪未遂。

我国刑法关于未遂的规定是概括式的，其并没有规定“对于未遂刑法分则有特别规定的才处罚”，所以原则上我国刑法对所有的犯罪都处罚未遂。但是，事实上，在认定犯罪未遂时，应当结合总则的规定就分则的罪名进行具体分析，才能认定各罪的未遂。在犯罪成立的模式下，刑法条文规定的是犯罪成立的构成要件要素，如“故意杀人”只是故意杀人罪成立的基本构成要件，至于故意杀人罪是既遂还是未遂要作具体判断。故讨论具体犯罪的既遂标准，才是意义所在。①

二、生产、销售伪劣商品罪的未遂认定

（一）生产、销售伪劣产品罪

1. 本罪是否存在未遂形态的理论争议

目前，刑法学界对本罪是否存在犯罪的未遂形态，大致存在两种观点，其最大的分歧点即在于该罪是只存在犯罪构成与否，还是也存在犯罪的未完成形态。

第一种观点认为依据《刑法》第 140 条的规定，行为人生产、销售伪劣商品的金额达到 5 万元以上的，才构成犯罪。因此，销售金额不满 5 万元的，则属于一般违法行为，且若伪劣产品还没有进入市场，则既没有破坏市场竞争秩序，也没有损害消费者的合法权益。由此，尚未销售，或者销售金额没有达到 5 万元的，不构成犯罪，即无既、未遂区分，只有成立与否

---

① 参见张明楷：《刑法学》（第 4 版），法律出版社 2011 年版，第 321 页。

的问题。[1]

第二种观点则主张，本罪为故意犯罪，其存在犯罪的未完成形态。生产者已经生产出了伪劣产品或正在生产伪劣产品，或者销售者已经购进了伪劣产品正在销售，销售金额可以达到5万元以上，即经营数额在5万元以上，但实际销售金额尚不足5万元即被查获的，应以犯罪未遂论，而不能认为不构成犯罪。具体而言，已经生产伪劣产品金额在5万元以上的，或者已经开始销售但销售金额不足5万元的，以未遂论；为生产、销售伪劣产品准备工具、制造条件的，如购进了金额5万元以上的伪劣商品尚未开始销售的，以预备论。[2]

通过分析上述两种观点，可以发现该罪构成要件之一的“销售金额”的理解颇有不同，这主要是两种观点对本条的理解角度不同，可以说两种观点各有千秋，其最大的理论争议点在于本罪的实行行为只能是销售行为，还是可以包括生产等行为。就笔者而言，原则上同意第一种观点。

本罪的行为只限于销售行为，而不包括生产、购入行为。本罪这一罪名往往被认为是一个选择性罪名，这似乎意味着该罪可以分解为生产伪劣产品罪与销售伪劣产品罪，因此单纯生产伪劣产品即使没有销售的也成立生产伪劣产品罪，这是我国的通说观点。例如，有学者就认为，生产、销售伪劣产品是两种行为，生产是制造伪劣产品并提供给他人的行为，销售时明知是伪劣产品而出售的行为。所以，若是自产自销、明知是合格产品而掺杂、掺假予以销售的，则同时兼顾生产、销售伪劣产品的行为。[3] 然而，从本罪名去判断本罪的实行行为还值得研究，有学者认为，本罪与一般选择性罪名有所不同，而是具有自身的特点。行为人仅销售伪劣产品时，可认定为销售伪劣产品罪；行为人既生产又销售伪劣产品的，可认定为生产、销售伪劣产品罪；行为人仅生产伪劣产品的，无罪。其实，完全应当将本罪仅概括为销售伪劣产品罪。因为既生产又销售伪劣产品时，也是因为销售伪劣产品才构

---

① 参见张明楷、黎宏、周光权：《刑法新问题探究》，清华大学出版社2003年版，第171页。

② 参见曲新久：《生产、销售伪劣产品罪的既遂、未遂与预备形态》，载《人民检察》1998年第10期。

③ 参见周光权：《刑法各论讲义》，清华大学出版社2003年版，第217～218页。

成犯罪,没有必要将并不属于犯罪客观行为的“生产”概括进去。[①] 对此,笔者以为具有合理性。

首先,从法条本身的表述分析,现行《刑法》第140条将1993年全国人大常委会《关于惩治生产、销售伪劣商品犯罪的决定》中“违法所得数额”修改为“销售金额”,被认为是国家在规定产品刑事责任上的进步。过去,违法所得数额的计算扣除了成本,仅计算利润,这在司法实践中出现了诸多问题,成本难以计算,由于成本不同,对于相同的销售金额可能出现不同的罪与非罪以及不同量刑的情况。现行刑法如此规定,一方面可据以确定客观、明确、稳定的销售金额;另一方面又可保证依法对行为人判处具体的罚金数额。2001年最高人民法院、最高人民检察院《关于办理生产、销售伪劣商品刑事案件具体应用法律若干问题的解释》(以下简称《伪劣商品案件解释》)指出,销售金额是指生产者、销售者出售伪劣产品后所得和应得的全部违法收入。这一解释表明,我国对于产品刑事责任的销售金额不再以利润为基础,而是以不扣除成本的全部金额,其不仅包括生产者、销售者出售伪劣产品所获得的违法所得数额,也包括生产者、销售者出售伪劣产品后将要得到的金额。由此,我们可以发现,不管是销售金额名称上的改变还是《伪劣商品案件解释》对销售金额的解释中都间接地说明了本罪只是针对销售行为,也就是《伪劣商品案件解释》中所提到的“出售”行为。只有销售出去的产品,才可能存在“销售金额”,它是以销售行为的发生为前提的。只有生产没有销售,“销售金额”则无从谈起。尚未销售的产品金额,不能认为是销售金额,因此,只生产了伪劣产品而没有销售的,就没有销售金额,没有销售金额也就无法构成犯罪。

其次,本罪以保护社会主义的市场经济秩序为法益,即本罪针对的是造成社会法益有侵害或者侵害可能性的行为,而非其他法益。生产行为只是生产者个体内部所为的行为,其并没有进入市场进行流通,则对本罪的法益并没有侵害或者侵害的可能性。生产者在工厂内部从事生产伪劣产品的行为时,产品仍堆放于工厂之中,若没有接续的销售行为而只是单纯堆放,并没有侵害任何法益的危险性和可能性,也就没有着手实施本罪,更谈不上未

---

① 参见张明楷、黎宏、周光权:《刑法新问题探究》,清华大学出版社2003年版,第174页。

遂或者既遂的问题。同理,在购进了金额5万元以上的伪劣商品但不进行销售,由于其并没侵害法益的危险性,也就不构成本罪。有学者基于此提出,单纯生产伪劣产品而未销售的,必须证明其是为销售而生产才能以本罪处罚,并根据其生产总量酌情确定销售金额。但无证据证实行为人要销售其生产的产品的,不能仅仅因为行为人生产了伪劣产品就推定其一定要销售。① 论者的观点从理论上来说似乎很有可行性,但是如何判断生产者的生产目的是否为了销售在论者论述中语焉不详,论者提出应当以证据证明,但是笔者相信在更多的情况下该目的不能用证据证明,从而可能导致生产者的侥幸心理,不利于法律面前人人平等的实现。与其在更多情况下行为人逃避了刑法的制裁,不如不加以刑事处罚而以其他方式进行规制。例如,我国《产品质量法》第50条规定:"在产品中掺杂、掺假,以假充真,以次充好,或者以不合格产品冒充合格产品的,责令停止生产、销售,没收违法生产、销售的产品,并处违法生产、销售产品货值金额百分之五十以上三倍以下的罚款;有违法所得的,并处没收违法所得;情节严重的,吊销营业执照;构成犯罪的,依法追究刑事责任。"对于生产伪劣产品等不构成犯罪的行为完全可以通过《产品质量法》等法规进行行政处罚。

《伪劣商品案件解释》第2条第2款、第3款规定:"伪劣产品尚未销售,货值金额达到刑法第一百四十条规定的销售金额三倍以上的,以生产、销售伪劣产品罪(未遂)定罪处罚。货值金额以违法生产、销售的伪劣产品的标价计算;没有标价的,按照同类合格产品的市场中间价格计算。……"这似乎又表示本罪的认定并不只局限于销售行为,也包括了并未销售的生产或者购入行为,即生产了15万元以上的伪劣产品同样构成本罪,只是此时并没有销售,故以未遂论处。的确,我们在认定犯罪时通常都以金额的多少判断应当判处的刑罚程度。但是,金额数量影响量刑的轻重须在犯罪成立之后才予以考虑,在没有成立犯罪时以金额的增大三倍而判定犯罪成立,是不符合罪刑法定原则的,因而是不科学的。并且,如果承认货值金额的存在,那么在判断本罪的成立以及未遂形态会有依照"销售金额是否在5万元以上"与"货值金额是否在15万元以上"两种标准,易出现司法混乱。而

① 参见周光权:《刑法各论讲义》,清华大学出版社2003年版,第219页。

且,在司法实践中,由于《伪劣商品案件解释》对于货值金额的规定,已经鲜少有司法机关根据生产者、销售者实际销售的伪劣产品进行定罪处罚,[①]而更多地根据货值金额来处罚,使很多行为人无端入狱。

当然,必须明确的一点是,本罪侵害的法益是社会法益,若生产、销售的行为只指向个人,只侵害个人的法益,那就明显不属于本罪的规制范围,可以考虑故意伤害等侵害个人人身权利、民主权利的犯罪。

2. 本罪既、未遂区分标准

那么,是否本罪正如第一种观点所说,只有成立问题没有未遂形态呢?对此,笔者并不赞同。笔者认为,本罪仍有未遂形态。但对该罪未遂的认定不是看是否达到销售额,而是要看销售行为是否完成。若销售行为完成则构成既遂,反之则构成未遂。

(1)既、未遂的判断标准

本罪规定,销售"在产品中掺杂、掺假,以假充真,以次充好,或者以不合格产品冒充合格产品"的,且"销售金额5万元以上"才成立本罪。从表面上来看,本条规定了犯罪的行为和犯罪结果,应当认定为结果犯,但如前文所述,本罪应是作为行为犯的抽象危险犯,应当从行为人是否完成了销售行为认定既未遂。

《刑法》在第140条明确规定了"销售金额5万元以上"才以犯罪论处,如前所述,这是罪量因素,是客观的超过要素。第140条规定"销售金额5万元以上"是为了限制处罚范围。换言之,销售金额在5万元以下的,其法益的侵害还没有达到启用刑法予以处罚的程度,否则刑法应该在法条中明确规定降低数额。这其实就是对构成本罪的最低要求,只有在5万元的基础上才有可能构成本罪,否则就不构成,也谈不上未遂之说。

虽然销售金额对于认定犯罪很重要,但其并不是本罪行为所应明知的实害结果,而是客观超过要素。[②]《刑法》第140条规定的销售金额5万元以上,并不是对生产、销售伪劣产品罪结果的要求,而是对生产、销售伪劣

① 参见聂慧苹:《生产、销售伪劣产品犯罪中金额问题的研究》,载《政治与法律》2010年第11期。

② 对于"客观的超过要素"的理解,参见张明楷:《"客观的超过要素"概念之提倡》,载《法学研究》1999年第3期。

产品罪行为程度的要求。[①] 换言之,销售金额并不是行为人在故意实施销售行为时所需要认识的内容,而只需在事后判断销售金额是否达到了5万元以上,并在此基础上判断销售金额属于哪个量刑档次即可。销售者在认识到在产品中掺杂、掺假,以假充真,以次充好或者以不合格产品冒充合格产品的情况下故意实施销售行为,就具有危害社会主义市场经济秩序的危险,因为伪劣产品在市场中流通会造成严重后果。但单纯的销售伪劣产品行为的社会危害性,还没有达到应当追究刑事责任的程度,为了限制处罚范围,便在客观上要求"销售金额达5万元以上"。

基于上述原因,行为人在实施销售行为时并不需要对销售金额进行认识,其明知的范围仅限于故意实施了销售行为本身,而销售行为本身对于市场经济秩序的侵害具有危险性,既然刑法并没有对销售行为进行认识上的限制,也就是只要从客观上对销售行为进行一般性认识即可,而无需进行具体分析,即可认为行为人实施了本罪的行为,故应当认为其为抽象的危险犯。

本罪中的"销售金额5万元以上"虽然是构成要件,但不需要行为人对严重后果具有认识与希望或放任态度。"销售金额5万元以上"便成为超出故意内容的客观要素,属于"客观的超过要素"。若以销售金额5万元作为本罪(未遂)的定罪根据,就会使定罪陷入随意的境地。就盗窃罪而言,以数额作为盗窃罪(既遂)的定罪根据,是可取的。而在未遂的情况下,盗窃行为的危害程度则主要是由数额以外的其他情节决定的;[②]同理,以其他情节作为本罪(未遂)的定罪依据,是妥当的。若是苛求行为人在对销售金额有明确的认识的基础上实施销售行为,则不利于对犯罪的认定。

就抽象危险犯的生产、销售伪劣产品罪而言,其存在未遂状态,理由有三:第一,从刑事政策的角度上来考虑,"因为有犯罪并为了没有犯罪而科处刑罚"(punitur, quia peccatumest, nepeccetur)。虽然保安处分或者不处罚犯罪人对于犯罪人的人权保护具有重大意义,与此相对的,刑罚因过去的犯罪行为而实施,带有事后性,却也可以达到预防犯罪以及矫正犯罪人的目

---

① 参见张明楷、黎宏、周光权:《刑法新问题探究》,清华大学出版社2003年版,第173页。

② 参见王志祥:《数额犯基本问题研究》,载《中国刑法学杂志》2007年第2期。

的,并可以满足被害人以及一般公众的报复情绪。① 个人刑事处罚是不可转让的。② 我国宽严相济的刑事政策要求全面把握“宽”与“严”之间的关系,如果宽严并用,该严不严,则不能遏制犯罪的产生。故在刑法明文规定的前提下,对于构成犯罪的,应当予以处罚,体现刑罚的惩罚、警示和震慑作用,从而有效地预防犯罪。由于本罪是抽象危险犯,其与实害犯不同,并不需要实害结果的出现,而只需行为人实施了销售行为即可,也就是说行为人实施销售行为时,其对法益的侵害已经具有危险性。刑法之立法目的在于保护国家、社会与个人之安全,若有侵害安全之行为,实不能不处罚,而为免侵害结果之发生,应当予以提前处罚,③如此才能更好地遏制此类行为的发生和蔓延,因此应当对本罪的未遂犯进行处罚。

第二,从构成要件的角度可以看出,行为符合犯罪构成,是认定犯罪的唯一根据。构成要件是成立犯罪最低限度的条件,低于此限度则不能成立犯罪,也就不是刑法所规制的对象。犯罪既遂与未遂两种形态,二者都是以成立为前提的,只有达到了犯罪成立的条件之后,才会有犯罪是否完成的问题。虽然许多犯罪成立之时就是犯罪既遂之时,但是,并不能因此而否认成立与既遂之间仍有一定的差异与界限。罗克辛认为,“适当的未遂就像危害一样,都是到达既遂的一个必经阶段”。④ 按此,可以将其分为犯罪成立、犯罪未遂、犯罪既遂三个层次,并且后两个层次明显是在第一个层次的基础上建立起来的。如此,本罪成立的构成要件为行为人须实施了“在产品中掺杂、掺假,以假充真,以次充好或者以不合格产品冒充合格产品”的行为,并且销售金额在5万元以上。在此构成要件完备的基础上判断本罪既遂的标准则是完成了销售伪劣产品的行为,并且销售金额在5万元以上。这其

---

① 参见[日]森本益之、濑川晃、上田宽、三宅孝之:《刑事政策学》,戴波、江溯、丁婕译,中国人民公安大学出版社2004年版,第83页。

② Robert Steinbuch, *The Executive-internalization Approach to High-risk Corporate Behavior: Establishing Individual Criminal Liability for the Intentional or Reckless Introduction of Excessively Dangerous Products or Services into the Stream of Commerce*, N. Y. U. Journal of Legislation and Public Policy, Vol. 10:321 (2007), p. 359.

③ 参见蔡墩铭:《刑法基本问题研究》,汉林出版社1980年版,第190页。

④ [德]罗克辛:《德国刑法学总论》(第2卷),王世洲等译,法律出版社2013年版,第257页。

中必然还有一个犯罪未完成的层次,即从实施销售行为到完成行为之间仍有未遂存在的可能。

第三,未遂的成立,一般以没有发生构成要件结果为要件,因此有人认为由行为人一定的身体动静即完成,而不以结果为构成要件要素的举动犯的场合,不存在考虑未遂概念的余地。[①] 但是,就日本刑法而言,非法侵入他人住宅罪是举动犯,其在刑法中仍有处罚该罪未遂犯的规定(第132条),从此可以看出,即便不是结果犯,但在犯罪的完成上具有一定行为阶段的场合,也有成立未遂犯的余地。[②] 行为人实施行为并不是一行为就成立既遂的,行为的实行也需要一个过程。行为作为一个犯罪从成立到既遂的进程的标志,反映的是犯罪的法益侵害程度的大小,随着犯罪行为的逐渐发展,法益的侵害可能性逐渐增加,行为的危险性也就逐渐增大,最终造成了对法益的侵害。对作为抽象危险犯的生产、销售伪劣产品罪而言,其属于行为犯的一种,从实施销售行为到完成销售行为之间并不是一蹴而就的,而是一个过程,在销售伪劣产品的场合,并非销售行为一经着手实施,在任何情况下都会达到法定的销售金额的要求,而是可能在着手后尚需经历一定的行为过程才能满足这种要求。这样,在着手实行销售行为后,便可能由于意志以外的原因最终犯罪行为所指向的逻辑结果并没有出现,而销售行为并没有完成。

(2)销售行为的具体认定

销售金额既不同于获利数额,也不完全同于经营数额,[③]它是指实际上已经销售出去的产品金额,不仅包括生产者、销售者为销售伪劣产品而投入的成本在内的在交易过程中得到的全部或者部分货款,或者产品还没有发出得到的预付款和定金等一系列的实际收到的违法所得收入,还包括在交易中约定给予的货款,也就是我们所说的"应得款"。实际收到的违法收入,其能明确直接地表示出销售金额的大小,很好判断。"应得款"则更侧重于对于没有实际收到,但是在一般情况下必然会收到的。在市场经济不断发展的今

① 参见[日]大塚仁:《刑法概说》(总论)(第3版),冯军译,中国人民大学出版社2009年版,第249页。

② 参见黎宏:《日本刑法精义》(第2版),法律出版社2008年版,第238页。

③ 参见陈兴良主编:《罪名指南》(上),中国人民大学出版社2008年版,第222页。

天,销售方式日益多样化,现实交付、合同订立、网络交易的日益发展,使我们在判断何为销售金额时更加复杂,也让在判断销售行为更需谨慎。

有学者认为,签订合同所涉及的标的额应该成为销售金额。其理由主要有三点:第一,签订销售伪劣产品的合同,破坏了市场经济竞争规则与秩序,进而可能使同行企业在竞争中处于不利地位,甚至严重影响我国产品参与国际竞争;第二,签订销售伪劣产品合同,侵犯了消费者的合法权益;第三,买卖合同原则上是诺成合同,除法律另有规定或当事人另有约定外,买卖合同自双方当事人意思表示一致时即为成立,并不以标的物的实际交付为合同成立要件。[①] 就签订合同而言,我国是社会主义的市场经济国家,合同被认为是我们在进行市场交易时最常见的方式。销售金额应当包括因签订合同而即将获得的金额或者说是销售合同上规定的货款,即"应得款"。

王某自 2003 年 9 月开始在昆明贩假烟。2003 年 10 月,王某曾以每条 23 元的价格卖给过刘某假冒云烟;2004 年 4 月 9 日,王某与刘某再次协议好以 23 元每条的价格出售假冒珍品白壳云烟,并约定于 4 月 12 日在某小区 172 号楼交货。双方交货时被公安机关查获,公安机关当场查获假冒珍品白壳云烟 1110 条。有学者认为,本案中 1110 条假烟因还未交货,应当认定为"尚未销售",因为若以销售计算,销售金额只有 25, 530 元,并没有到达刑法规定的数额,故应当以货值金额计算,认定该行为为本罪的未遂。[②] 但笔者以为,王某与刘某已经对交易假冒珍品白壳云烟的意思达成一致,买卖合同已经成立,此时销售行为已然完成,双方交货属于合同成立之后双方履行的交付义务,故应当将 1110 条假烟所涉金额认定为销售金额,并不能以销售金额并没有达到 5 万元而认为合同没有成立,参照《伪劣商品案件解释》的规定对不构成犯罪的行为认定为未遂。

在经济急速发展的今天,销售方式日益多样化,现实交付已经不是我们进行交易的必然选择,签订合同或者通过网络进行支付也成为新潮流,而其所带来的数额也应当成为销售金额的一部分。正如上述学者所说,我国的

---

① 参见张明楷、黎宏、周光权:《刑法新问题探究》,清华大学出版社 2003 年版,第 164 ~ 165 页。

② 参见杨兴培、李翔:《经济犯罪和经济刑法研究》,北京大学出版社 2009 年版,第 109 页。

买卖合同原则上都是诺成性合同，意思表示一致之时就是合同成立之时，而合同订立之时正是销售行为完成之时。此时，合同所指向的金额成为双方义务，产品是否交付并不影响销售金额的计算。刑法被称为其他法律的保护法，但是其并不仅仅只是其他法律的保护法，其具有自己独立所要保护的法益，故即使合同法中明确规定了合同无效的情形，其中就包括了“违反法律、行政法规的强制性规定”而无效的情形，也就是说，在签订销售伪劣产品的合同时，其本身并不受到民法的保护，①但只要侵害了刑法中所要保护的法益，同样应该包括在内。当双方签订了买卖合同，也就存在了销售的前提，在一般情况下，卖方接下来的行为就是向买方交付标的物。因此，双方签订合同成了销售伪劣产品的契机，此时，其已经扰乱了市场经济应有的秩序，使销售正常产品的卖家减少了销售商品的机会，也使买家受到了侵害，此时合同所约定的金额应当被认为是销售金额。

当然，《合同法》中也有不少实践性合同，或买卖双方在订立合同时约定以交付作为合同成立的标志，此时，笔者认为，销售金额仍然应当以合同中约定的金额为准，但是合同成立的时间应当是标的物交付之时。

除了通过书面签订合同之外，新兴也相当流行的就是通过网络交易的方式进行买卖，如众所周知的“淘宝”“当当”等网站为网络交易提供了便利的平台，但是由于网络交易并不能看到实物，买方通常只是通过网络图片以及网络评论的方式来猜测产品的质量，这也为卖方销售伪劣产品提供了契机。在卖方所销售产品的网站上，有文字对产品的基本介绍，图片预览等对产品描述，这可以被认为是卖方对于所销售产品的质量的承诺，如其描述该产品由100%纯棉所制，质量上乘，实际上其在棉布中掺入了其他劣等材质，质量下乘，此时，应被认为是伪劣产品无疑，此时其所销售的价格应当被认为是销售金额。

通过网络交易的方式进行买卖，其实质为买卖合同的一种变形，即也是通过买卖双方之间的合意完成买卖，紧接着通过其他方式交付产品。那么何

---

① 参见史卫忠：《生产、销售伪劣商品犯罪认定中的几个疑难问题》，载《刑事司法指南》2000年第4辑。转引自翟中东：《生产、销售伪劣商品罪立案追诉标准与司法认定实务》，中国人民公安大学出版社2010年版，第24页。

时才是网络交易销售完成之时呢？笔者认为应该是买方提交完成订单之时。在进行网络交易时，主要的几个步骤是浏览、查询、下订单、发货、确认收货，在浏览与查询阶段，买方并没有一定要买该商品的意思，此时并没有达成合意，而发货、确认收货则是卖方委托第三方对买方已下订单的产品进行交付，以及买方向卖方表达其收到产品的行为，属于合同订立后的行为，只有下订单这一行为可以被认为是销售行为。由于网络交易的特殊性，卖方并没有表示自己合意的机会，其只能通过产品下架的方式表示该产品已经不存在，表示不能与买方发生交易。由此，买方的购买行为对于该销售行为的达成就起着关键性的作用。当买方确认自己想买的产品即为特定的卖家所持有的商品时，其就以下订单的方式表示其订立合同的意思，在其完成订单之时，卖方销售产品的标的、地点、数量等都已经确定，这显然就是合同已经成立的标志。故，应以提交完成订单确定合同成立，而买方提交订单之后的退订、退货行为属于买卖合同成立之后的行为，也是为了保护网络交易这种特殊交易方式中买方权利而存在的，并不能将销售行为延至买方确认收货之后。

(3)销售金额的认定

对于行为人既销售伪劣产品，又同时销售合格产品的，是否应当将销售伪劣商品的金额与销售合格商品的金额区别开来？有的学者认为，不应区分，因为这样有利于打击生产、销售伪劣商品犯罪；也有的学者则认为应当将二者区别开来，这样有利于被告人。这里分两种情况进行讨论。

第一种情况，行为人销售合格产品与销售伪劣产品不能明确区分，行为人故意将合格产品与伪劣产品混杂在一起，导致销售伪劣产品的金额与销售合格产品的金额不可分割，此时是行为人自身故意导致的，则不能将二者区分开，而是应当一同作为销售金额计算。在实践中，行为人通常以部分合格产品欺诈对方，从而使对方信以为真。在此意义上，其合格产品实际上成为欺诈他人的工具，[①]在这种情况下销售合格产品的行为本身就具有欺骗意义，是为销售伪劣产品而实施的，可以说二者是一体的，因此将二者合并计算并无不妥。若将二者区别开来，可能使一些行为人为了逃避法律责任，将合格产品与伪劣产品混合销售，以求达不到5万元的构罪数额，不受刑法

---

① 参见张明楷、黎宏、周光权：《刑法新问题探究》，清华大学出版社2003年版，第168页。

制裁。如很多汽车配件公司在销售汽车配件时,同样销售假冒的汽车配件,和真品混合销售,利润最高可达真品的十倍。① 在此类案件中,店主销售混合的真假汽车配件,对于假汽车配件所占的比例并不完全清楚,或者根本不清楚。若将真假汽车配件分清楚,不利于销售金额的计算,也使案件难以展开,证据难以收集,最终可能导致行为人因证据不足而被释放。这并不是"存疑时有利于被告人"的体现,而是对犯罪的纵容。对于此类案件的纵容,最终受害的仍然是消费者,消费者基于对销售者的信任而购买产品,销售者却以半真半假的产品进行销售,有时甚至不到"半真",合格产品存在率极低,此时无疑是掺杂掺假的行为。同时,在二者相互混同或者相互依存的情况下,若真要将二者明确区分,恐怕司法实践中也会存在诸多问题,由于销售伪劣产品的行为人往往没有完整的账目记录,其销售金额就难以确定,有时甚至根本无账可查。这就使追究销售者的刑事责任存在很大的障碍,司法工作者作为事后的调查者和裁判者,不可能对二者作明确区分,而且也为其调查裁判增加了极大的负担,不利于对行为人的定罪处罚。

第二种情况,行为人销售既销售合格产品也销售伪劣产品,行为人或者将合格产品与伪劣产品分别销售给不同的对象,或者针对同一对象分别销售合格与伪劣产品的,二者可以明确区分。此时,应将二者区别开来,即销售金额只限于销售伪劣产品的金额。②

当然,当行为人以连续、多次的销售伪劣产品行为及销售时间延续性为外在特征,通过多次的、持续的生产、销售伪劣产品,不断累积,多次实施销售伪劣产品行为,未经处理的,伪劣产品的销售金额应当累计计算。销售金额在达到法定量时,其行为的性质即发生质变,从一般违法行为升格为犯罪行为,在这个过程中,行为如果中断,导致最终未能达到法定的量,则犯罪不能构成,当然更不可能成立犯罪未遂。

综上所述,笔者认为,本罪存在未遂状态,而对该罪未遂的认定不是看是否达到销售额,而是要看销售行为是否完成。现实交付以标的物现实交

---

① 参见《配件真假混卖 汽配店敛财25万》,载新浪网:http://finance.sina.com.cn/consume/puguangtai/20111010/110610591230.shtml,最后访问日期:2017年3月9日。

② 参见王作富主编:《刑法分则实务研究》(上)(第2版),中国方正出版社2003年版,第261页。

付时确认销售行为完成，合同以意思表示一致时确认销售行为完成，而网络交易则是以网络订单提交完成作为销售行为完成的标志，在此类销售行为开始之后完成之前，就是本罪的未遂。若销售行为完成则构成既遂，反之则构成未遂。

（二）生产、销售假药罪

近年来，我国制售假药行为十分猖獗，发生了多起假药案件，如2006年"齐二药制售假药案"致11人死亡；[1]2009年广西宜宾"假狂犬疫苗案"致5岁男童死亡。[2]《刑法修正案（八）》删除了本罪原罪状中"足以严重危害人体健康"的规定，仅规定了"生产、销售假药的"，因而本罪成了典型的抽象危险犯，只要完成了生产或者销售假药的行为即构成本罪既遂。与生产、销售伪劣产品罪相应的，本罪也有未遂形态。本罪包括生产与销售两种行为，在认定生产、销售伪劣产品罪时，之所以认定实行行为只能是销售行为主要是从法益侵害性与法条规定两个方面来分析，因此对本罪可作如下分析。

首先，从法益侵害性的角度分析，《刑法修正案（八）》之所以删除了"足以严重危害人体健康"之规定，其重要原因就是假药的危害性太大。从传统人本主义的观点出发，人本身的利益是刑法保护的目的所在。法益既然是人的规范意义下的概念，必然以对人有利或有害作为定义的基准点。[3]治病用药成了现下人民十分关注的一个问题，为了加大保护民生的力度，刑法学界有必要从民生与风险的角度来审视犯罪与刑罚，以求更好地保护公民的利益，即所谓"保民生"。[4] 正是在这样的情况下，风险刑法也应当发挥其作用。不论销售行为对于本罪法益侵害的危险性有多大，就生产行为而言，生产行为的完成是药品流入市场的第一步，此时法益侵害的危险性已然发生。从整体来看，生产的假药即使只是放置在仓库之中，仍然对法益有直接侵害的危险性。刑法将假药独立规定于一般的伪劣产品，是因为假药的

---

① 参见《齐二药制售"亮菌甲素注射液"假药案查清》，载光明网：http://www.gmw.cn/01gmrb/2006-07/21/content_453035.htm，最后访问日期：2017年3月3日。

② 参见《广西来宾查获千余份假狂犬疫苗　男童注射后死亡》，载新浪网：http://news.sina.com.cn/c/2010-09-25/095721165503.shtml，最后访问日期：2017年3月3日。

③ 参见许玉秀：《主观与客观之间——故意理论与客观归责》，法律出版社2008年版，第346页。

④ 参见夏勇：《民生风险的刑法应对》，载《法商研究》2011年第4期。

毒害性明显大于一般的伪劣产品。若以伪劣产品之规定加之于假药之中，可能会使生产行为缺乏被刑法处置而逍遥法外。如前所述，销售行为并不处罚无偿赠与行为，则生产者可通过此等法律漏洞而规避刑法处罚，此时生产者的刑法处罚问题令人为难。

其次，从法条的规定来看，生产、销售假药的，除判处主刑之外并处罚金或者没收财产，并没有规定按照“销售金额”计算，这除了在认定罚金时更加方便、减轻了司法工作人员的证明责任之外，还有一点就是间接证明，生产而未销售的行为也应当认为构成本罪。

故本罪的实行行为应当是生产、销售假药的行为，即开始实施生产或者销售行为后，由于意志以外的原因没有完成生产或者销售行为时，即是未遂。

(三)生产、销售劣药罪

1.劣药与假药的区分

上述已对假药的认定有了大致的认识，那么何为劣药呢？劣药，依照《药品管理法》的规定，是指不符合相关标准规定的药品。此处，《药品管理法》对假药和劣药作了区分，并采取了列举加概括的方式加以规定，对二者进行严格鉴别，便于司法实践中的认定。

有人提出，这一规定对于二者的区分并不合理，在假药与劣药之间的区分中易出现竞合的情形，如超过有效期的药品性质区别很大，部分超过有效期的药品还处在药品稳定期内，没有失去药效或者还没有变质，但有一些超过有效期的药品已经变质失效，甚至产生有毒有害物质，此时则既符合劣药的规定也符合假药的规定。因而认为应当将二者加以合并，并将《刑法》第141条与第142条合并为一个罪名，统称为“生产、销售伪劣药品罪”，根据行为人的违法事实，参照情节的恶劣程度、对社会的客观危害程度、相对人主观故意程度以及违法行为被发现后的态度等要素按照刑事责任的轻重区分量刑。①

笔者并不赞同论者的观点，也不赞同将二者合并成一个罪名。首先，从法律经济的角度考虑。在两种罪名同时存在并不影响刑法的正常运转时，

① 参见龙敏、倪超、李志民：《刑法中假药、劣药界定之反思》，载《人民检察》2010年第19期。

基于经济性的考虑，首先，应当从刑法的现有规定出发对二者进行区分和解释，而并不是考虑修改刑法，毕竟修改刑法需要耗费很多的人力、物力，并不能作为优先考虑的方案。其次，虽然对于假药和劣药的区分，单纯从概念上理解的确可能产生竞合，对于论者所提出的问题在现实中也会遇到，但是假药和劣药属于规范的构成要件要素，并不是只根据《药品管理法》对二者的概念直接进行判断的，假药是指药品所含成分与国家药品标准规定的成分不符合的，或者以非药品冒充药品或者以他种药品冒充此种药品的；而劣药是指药品成分含量不符合国家药品标准的。[①] 前者为成分不合格或无国家批准，后者为成分的分量不合格。但一般人对于二者并没有区分的可能性。既然如此，就需要司法工作人员运用知识去判断案件涉及的是假药还是劣药，在必要时还可以参考专业人员的意见。劣药比假药的危害要小是毋庸置疑的，而对药品到底是假药还是劣药的判断应当根据行为人的主观认识和客观表现出来的行为进行判断。如果行为人明确知道自己所生产、销售的是并没有得到国家批准的假药或者是不符合国家有关标准的劣药，而其生产、销售的药品确为其认识到的对象，则以相应的罪名定罪处罚；如果对于其生产、销售的药品到底为假药还是劣药并没有确切认识，而是出于漠不关心的态度，那么应当按照其实际生产、销售的药品是假药还是劣药定罪处罚，同时触犯两个罪名时应当数罪并罚；如果行为人对生产、销售的药品发生认识错误，认为自己生产的是劣药其实是假药或者认为自己生产的是假药实际经鉴定为劣药，那么此时，按照主客观相统一的原理，应当在假药和劣药的竞合范围内，以生产、销售假药罪定罪处罚。

2. 本罪并不存在未遂

《刑法》第 142 条规定，“生产、销售劣药，对人体健康造成严重危害的”，构成生产、销售劣药罪。本罪是故意犯罪，行为人在实施生产、销售劣药的行为时，对“对人体健康造成严重危害”的结果出现出于希望或者放任的态度，因而是实害犯，刑法对生产、销售劣药罪的范围进行了限制，对人体健康没有造成严重危害的并非属于刑法规制的对象。在刑法分则条文成

---

① 参见王作富主编：《刑法分则实务研究》（上）（第 2 版），中国方正出版社 2003 年版，第 280 页。

立模式下,本条规定的“对人体健康造成严重危害”①是犯罪成立条件,不是犯罪既遂的条件。当“对人体健康造成严重危害”的结果并没有发生时,并不构成本罪,也无所谓既、未遂之判断。理由如下。

第一,就本罪与《药品管理法》相衔接来看。刑法对生产、销售劣药的行为进行限制,劣药的危害性较假药小很多,因此不能如生产、销售假药罪一样扩大刑法的打击面。为了刑法的科学性,不将轻微的违法行为当作犯罪处理,本罪需要有实害结果的发生才构成犯罪。如果认为生产、销售的劣药没有达到“对人体健康造成严重危害”的标准,而应以未遂论处,处罚范围必然扩大,该标准也就失去了其在本罪中限制刑罚打击面的初衷。由于生产、销售劣药的单位或个人一般都有药品经营许可证等,在没有发生“对人体健康造成严重危害”的结果时,可以根据《药品管理法》第 75 条的规定没收违法生产、销售的药品和违法所得,并处罚款或者责令停产、停业整顿或者撤销药品批准证明文件、吊销《药品生产许可证》《药品经营许可证》或者《医疗机构制剂许可证》等。根据刑法的谦抑性原理,应优先考虑适用之,而不能优先适用刑法将其作为犯罪未遂处理,只有达到了“对人体健康造成严重危害”的实害结果时,才能对生产、销售的行为进行定罪处罚。犯罪既遂时,其法益侵害性显然达到了应当承担刑事责任的程度,但这并不意味着,未遂不需要行为的社会危害性达到该程度。因为犯罪未遂也是犯罪,既然是犯罪就必须具备达到应当承担刑事责任程度的社会危害性。所以,并非任何没有发生结果的危害行为都构成犯罪未遂,只有其中的社会危害性仍然达到了应当承担刑事责任程度的行为,才可能是犯罪未遂。②

2006 年安徽华源在生产克林霉素磷酸酯葡萄糖注射液(欣弗)过程中,违反规定生产,未按批准的工艺参数灭菌,降低灭菌温度,缩短灭菌时间,增加灭菌柜装载量,影响了灭菌效果,被有关部门以劣药论处,没收该企业违法所得,并处 2 倍罚款,责令停产整顿,收回该企业的大容量注射剂以及

---

① 最高人民法院、最高人民检察院《关于办理生产、销售假药、劣药刑事案件具体应用法律若干问题的解释》第 3 条第 1 款规定,生产、销售的劣药被使用后,造成轻伤以上伤害,或者轻度残疾、中度残疾,或者器官组织损伤导致一般功能障碍或者严重功能障碍,或者有其他严重危害人体健康情形的,认定为“对人体健康造成严重危害”。

② 参见张明楷、黎宏、周光权:《刑法新问题探究》,清华大学出版社 2003 年版,第 171 页。

《药品 GMP 证书》,对召回的欣弗药品予以销毁,[①]但未对责任人追究刑事责任,其主要原因就在于,虽然欣弗在生产、销售中出现了很多的问题,给公众健康和生命安全带来了严重威胁,并造成了恶劣的社会影响,但其并没有造成实害结果,因而并不构成本罪。

第二,从本罪的性质来看。本罪在破坏市场经济秩序的同时危害了不特定或者多数人的人身安全,即本罪的成立需同时侵害两个法益才能构成,生产、销售劣药而侵犯市场经济秩序与不特定或者多数人的人身安全的行为,并不是单纯只要求行为人生产或者销售劣药,而是要求该劣药给消费者带来严重的后果。当生产、销售行为并没有完成时,劣药不会流入消费者群体当中。换言之,由于没有将劣药销售给消费者的可能性,而不可能侵犯消费者人身健康等合法权益,也就不可能存在实害的后果,其行为的法益侵害还没有达到值得科处刑罚的程度。所以,只有当生产、销售行为完成时,才有造成结果发生的可能性出现,其并不同于本节关于危险犯的规定,危险犯并不需要现实结果的发生,因而可能在生产、销售行为未完成时就存在侵害法益危险性的可能性。

第三,从刑事政策的角度分析。宽严相济是我国基本的刑事政策,"宽"包含了惩办与宽大相结合政策中的"宽大"之意,[②]即在立法、司法等多方面应当对轻缓行为予以宽宥,进行非犯罪化的、非司法化的处理。

首先,就立法而言,为了限制刑罚的发动而在刑法中规定"对人体健康造成严重危害的"这一要素,若在没有发生这一结果时就认定构成本罪未遂,则规定该限制因素并无实际意义。立法上对宽大的规定应当落到实处,从保护人的基本权利自由的社会人道主义立场出发,应当在强调保护社会的同时,也强调保护个人。刑事政策体系呈现的是一种多层次的阶梯状的规范状态,行政法规范的是一般行政违法行为和严重违法行为,只有对社会危害最大也最严重的刑事犯罪才是刑法惩治的对象。[③] 行为人生产、销售

---

① 《安徽华源欣弗事件问责结果:5 责任人撤职》,载新浪网:http://finance.sina.com.cn/xiaofei/puguangtai/20061017/03432991418.shtml,最后访问日期:2014 年 3 月 10 日。

② 参见姜伟、卢宇蓉:《宽严相济刑事政策的辩证关系》,载赵秉志主编:《当代刑事法学新思潮》(下卷),北京大学出版社 2013 年版,第 1452 页。

③ 参见卢建平:《刑事政策与刑法》,中国人民公安大学出版社 2004 年版,第 15 页。

了劣药但未流通，则为一般行政违法行为；劣药进入了流通渠道但并没有对人体健康造成严重危害的，属于严重违法行为，其在外国可能构成犯罪（如违警罪等），但是在中国，不属于刑法所规范的范围，不构成犯罪未遂。

其次，从司法而论，无论是从宽还是从严，都要于法有据，要充分体现法治精神。[①] 就本罪而言，刑法明文规定要构成本罪需"对人体健康造成严重危害"，则在法治精神指引下，对于不构成本罪的，不能定罪处罚。劣药对人体的危害性在一般情况下并不是极为严重的，因此在没有对人身健康造成严重危害时并不需要刑罚的处罚，此时，对受害者的人身健康危害较小，而本罪法益的侵害较小或者没有侵害，并不需要刑法介入，将该行为犯罪化，认定为未遂。这是我国在宽严相济刑事政策指导下对轻缓性行为予以非犯罪化的重要体现。有学者指出，"刑法之定罪论刑，本身不是目的，而只是达到一定目的——防卫社会，预防犯罪的手段，即是一种政策的作用，刑事政策，也就是为刑法定罪科刑基础的政策。所以，刑法之制定与运用，罪行之确定与执行，都应从刑事政策的观点出发，以是否合于刑事政策的要求为指归，不合于刑事政策的立法，是不良的立法，离开刑事政策的裁判和执行，也必定是不良的裁判和执行"。[②] 在面对刑事政策与刑法的关系时，我们不能绝对地认为何者为基础，但是从论者的论述中我们可以看出，刑事政策在对刑法的立法与司法中都起到了很大的作用。基于此，本罪未发生严重危害时，宽严相济的刑事政策要求对其不作犯罪处理，也减少在对严重危害结果没有出现时行为人无端入狱的情况出现。

基于以上三个原因，笔者以为本罪并无既、未遂之分，诚然一般的实害犯罪都有既、未遂的区分，一般学者在论述实害犯时也以实害结果是否出现作为认定标准，但是这只是在一般情况下的认定。例如，我们在认定故意杀人罪时，以被害人的死亡结果是否出现判断既、未遂是没有问题的，此时，对于故意杀人罪来说，死亡结果并不是犯罪成立的必要条件之一，则以实害结果论无可厚非。又如，盗窃罪规定"盗窃公私财物，数额较大"时构成盗

---

① 参见姜伟、卢宇蓉：《宽严相济刑事政策的辩证关系》，载赵秉志主编：《当代刑事法学新思潮》（下卷），北京大学出版社2013年版，第1455页。

② 林纪东：《刑事政策学》，台北，中正书局1969年版，第9页。

窃罪,在数额并没有达到较大时则不成立犯罪(非扒窃、入户或者多次盗窃的情况下)。故,就本罪而言,当实害结果发生时构成本罪既遂,否则不成立本罪。

(四)生产、销售不符合安全标准的食品罪

1. 食品的范围

《刑法》第143条规定,"生产、销售不符合食品安全标准的食品,足以造成严重食物中毒事故或者其他严重食源性疾病的",为生产、销售不符合安全标准的食品罪。本罪由原来的生产、销售不符合卫生标准的食品罪演变而来。2018年《食品安全法》第34条对禁止生产、经营的食品作了规定,其中明确使用"不符合食品安全标准的食品"一词,《刑法修正案(八)》将该词引入刑法,使刑法与《食品安全法》相衔接,便于刑法的司法适用,而且从"卫生标准"和"安全标准"的对比上就可看出,后者的范围显然比前者大得多,也就是说本罪所适用的范围更加广泛。① 从"卫生标准"到"安全标准",虽然只有两字之差,却折射出中国对食品安全法律保护更深层次的思考,因为"安全"显然比"卫生"具有更深的含义和更高的要求。② 我国对食品安全的监管主要表现为以《食品安全法》为核心,以其他相关配套法律法规为补充,行政手段与刑罚手段并用的法律体系。2009年《食品安全法》第28条③对"不符合食品安全标准或要求的食品"作了详述,在不符合国家标准、地方标准或者行业标准的情况下实施生产、销售食品的行为,将被没收违法所得、违法生产经营的食品、食品添加剂和用于违法生产经营的工具、

---

① 参见李聪颖:《论食品安全的刑法保护》,河北师范大学2011年硕士学位论文,第17页。

② 参见高铭暄、陈璐:《〈中华人民共和国刑法修正案(八)〉解读与思考》,中国人民大学出版社2011年版,第115页。

③ 《食品安全法》第28条规定,禁止生产经营下列食品:(一)用非食品原料生产的食品或者添加食品添加剂以外的化学物质和其他可能危害人体健康物质的食品,或者用回收食品作为原料生产的食品;(二)致病性微生物、农药残留、兽药残留、重金属、污染物质以及其他危害人体健康的物质含量超过食品安全标准限量的食品;(三)营养成分不符合食品安全标准的专供婴幼儿和其他特定人群的主辅食品;(四)腐败变质、油脂酸败、霉变生虫、污秽不洁、混有异物、掺假掺杂或者感官性状异常的食品;(五)病死、毒死或者死因不明的禽、畜、兽、水产动物肉类及其制品;(六)未经动物卫生监督机构检疫或者检疫不合格的肉类,或者未经检验或者检验不合格的肉类制品;(七)被包装材料、容器、运输工具等污染的食品;(八)超过保质期的食品;(九)无标签的预包装食品;(十)国家为防病等特殊需要明令禁止生产经营的食品;(十一)其他不符合食品安全标准或者要求的食品。

设备、原料等物品，罚款，责令停业，撤销许可证等；若其行为“足以造成严重食物中毒事故或者其他严重食源性疾病的”，则成立本罪。

食品，指各种供人食用或者饮用的成品和原料以及按照传统既是食品又是药品的物品，但是不包括以治疗为目的的物品。因此，一般商家所生产、销售的保健品如“鹿龟酒”“青春宝”“蛋白粉”等都属于食品范畴。对于食品来说，除了其本身所需的原料之外，通常还需要一些辅助物质，如食品添加剂。那么食品添加剂是否属于刑法中所规制的食品呢？

例如，在“苏丹红案”中广东谭某棠、冯某华在研制生产食品添加剂时，为了使产品颜色更加鲜艳，明知化工色素油溶黄、油溶红不在国家规定的食品添加剂的目录之内，在未经有关部门对油溶黄、油溶红进行安全检测并取得使用许可的情况下，两次将油溶黄、油溶红作为配料加入食品添加剂当中，生产出田洋牌“辣椒红一号”食品添加剂；又以“辣椒红一号”为基础，加入辣椒精、姜黄等其他成分，生产出“辣椒红二号”“饼四号”“天然巧克力色素一号”等复合食品添加剂并予以销售。上述食品添加剂共243,571.9公斤，田洋公司和服务公司销售上述食品添加剂共计239,354.9公斤，销售金额共计人民币4,449,045.13元。经检验鉴定，上述产品含有“苏丹红一号”，均属不合格产品。① 食品添加剂则为改善食品品质和色、香、味以及为防腐、保鲜和加工工艺的需要而加入食品中的人工合成物质或者天然物质，其本身并不属于食品，而是为了食品的生产、加工或者保存而加入食品的一种非食品物质，应当属于非食品原料之列。我国允许使用的添加剂有200多种，其在对食品添加剂的使用中也有明确的剂量规定，如在熟肉制品中，山梨酸及其钾盐的最大使用量为0.075g/kg，氨基乙酸（又名甘氨酸）的最大使用量为3.0g/kg。若超出了规定的含量在食物中添加，则应认定为有害，在符合本罪标准时构成本罪。本案中，“辣椒红一号”“辣椒红二号”“饼四号”“天然巧克力色素一号”等复合食品添加剂由于含有“苏丹红一号”而不合格，但也并非属于有毒、有害的非食品原料，故应当属于伪劣产品。被告人谭某棠、冯某华销售的产品为不符合安全标准的食品添加剂，其销售数

---

① 罗桦：《如何认定在食品添加剂中掺入苏丹红一号的行为》，载《人民司法》2009年第6期。

额达5万元以上,应当构成生产、销售伪劣产品罪。综上,食品添加剂并不属于刑法所规制的食品。

2. 本罪未遂的判断

有学者认为,生产、销售不符合安全标准的食品犯罪,并不属于具体危险犯,需要在具体个案中对行为是否形成现实性、紧迫性危险予以判断,只要生产的食品具有"足以造成严重食物中毒事故或者其他严重食源性疾病"的性质,就符合了构成要件,因此其从本质上来说属于抽象危险犯。其认为立法者对"足以造成严重食物中毒事故或者其他严重食源性疾病"的规定是对食品的性质进行限制,并非表明是具体危险犯,只要对象具有这种性质,即便只是生产了而未来得及销售,也已成立犯罪,也有必要作为犯罪予以打击。① 笔者以为该观点有待商榷,本罪应当属于具体危险犯,论者以我国刑法分则条文以成立模式为基础这一点,笔者表示赞同,但是,并不能以此就否定本罪规定"足以造成严重食物中毒事故或者其他严重食源性疾病"的目的,是要求法官对生产、销售的食品在当时当地进行具体判断以确定是否构成本罪。生产、销售不符合安全标准的食品只有足以使不特定多数人的人身产生危险的可能性时,才可以认定为构成本罪。司法实践中,"足以造成严重食物中毒事故或者其他严重食源性疾病"难以确定的,司法机关还可以根据省级以上卫生行政部门确定的机构鉴定报告等相关材料进行认定,也就是说,对于成立本罪需要对生产、销售的行为进行具体判断,结合食品可能造成事故的涉及面、中毒人数、疾病的危害程度等进行评价,②而不是仅从一般的社会生活经验认定或者仅凭行为人的生产、销售行为而断定。具体危险犯中的危险需要司法人员根据行为当时的情况进行具

① 参见陈洪兵:《公共危险犯解释论与判例研究》,中国政法大学出版社2011年版,第57页。

② 最高人民法院、最高人民检察院《关于办理危害食品安全刑事案件适用法律若干问题的解释》第1条规定,"生产、销售不符合食品安全标准的食品,具有下列情形之一的,应当认定为刑法第一百四十三条规定的'足以造成严重食物中毒事故或者其他严重食源性疾病':(一)含有严重超出标准限量的致病性微生物、农药残留、兽药残留、重金属、污染物质以及其他危害人体健康的物质的;(二)属于病死、死因不明或者检验检疫不合格的畜、禽、兽、水产动物及其肉类、肉类制品的;(三)属于国家为防控疾病等特殊需要明令禁止生产、销售的;(四)婴幼儿食品中生长发育所需营养成分严重不符合食品安全标准的;(五)其他足以造成严重食物中毒事故或者严重食源性疾病的情形"。

体判断,认定行为具有发生侵害结果的紧迫危险,而抽象危险犯中的危险不需要司法上的具体判断,只需要以一般人的社会生活经验为根据,认定行为具有发生侵害结果的危险即可。[①] 既然对于本罪成立需要司法机关对“足以造成严重食物中毒事故或者其他严重食源性疾病”进行具体判断,则应当将其认定为具体危险犯。

例如,在 2004 年,南京三家火锅店提炼泔水油再回锅,南京市工商局、卫生局、商贸局、质量监督局、再生资源管理办公室等部门组成的专项整治领导小组对三家火锅店罚款 117 万元。[②] 提炼泔水油当作“老油”煮火锅给顾客食用,固然是不符合安全标准的食品,但是,对其具体判断后,发现并没有“足以造成严重食物中毒事故或者其他严重食源性疾病”的危险性,故不构成本罪,而应当给予行政处罚。由此,我们也可以看出,本罪在认定犯罪时需要进行具体判断,是具体危险犯。

当行为人生产、销售了不符合安全标准的食品,即行为完成。此时,若其生产、销售的食品“足以造成严重食物中毒事故或者其他严重食源性疾病”的,则成立本罪的既遂,至于生产、销售的不符合卫生标准的食品是否被食用,是否实际危害人体健康,对本罪的成立没有影响。[③] 在一般情况下,行为人对自己生产、销售的食品是否合格是明知的,作为故意犯罪,行为人须明知自己生产、销售的食品不符合相关安全标准,但是对于该食品不符合标准的程度有多大,其危险程度有多高则并不需要明知,因而“足以造成严重食物中毒事故或者其他严重食源性疾病”应当是客观超过要素,即该条件是本罪成立的构成要件,若没有达到此条件,则不构成本罪。行为人在行为时对所生产、销售的食品是否“足以造成严重食物中毒事故或者其他严重食源性疾病”有预见可能性,但是其并不是过失造成的,而是行为人希望或者放任的结果,只是并不需要对其程度明确知道。这也符合司法实

---

① 参见陈洪兵:《公共危险犯解释论与判例研究》,中国政法大学出版社 2011 年版,第 72 页。

② 参见《南京三家“傣妹”连锁火锅店提炼泔水油再回锅被处罚 117 万》,载商务部驻南京特派员办事处网:http://njtb. mofcom. gov. cn/aarticle/shangwxw/200411/20041100301827. html,最后访问日期:2014 年 3 月 10 日。

③ 参见顾肖荣、叶青、刘华、林荫茂主编:《体系刑法学》(刑法分则二),中国法制出版社 2012 年版,第 35 页。

践,即对于生产、销售不符合安全标准的食品判断是否"足以造成严重食物中毒事故或者其他严重食源性疾病"时需要因时因地,通过客观情况进行判断,而不需要确认行为人明确知道后果为如何。这并不同于本罪规定的"对人体健康造成严重危害或者有其他严重情节的"及"后果特别严重的"二者的规定,该二者为量刑的升格条件,因产生加重结果而加重法定刑,但其并不是构成要件要素。

那么本罪是否存在未遂形态呢?笔者以为是存在的。当行为人的生产行为、销售行为并未完成时,由于被人举报、机器故障等原因并没有完成,此时,虽然行为没有完成,但是我们仍可以根据制造食品的工艺、原材料等客观方面判断该食品是否"足以造成严重食物中毒事故或者其他严重食源性疾病",若其符合刑法对食品性质的该限制,则构成本罪的未遂;反之,当行为完成时则构成既遂。

(五)生产、销售有毒、有害食品罪

我国《刑法》第144条规定,"在生产、销售的食品中掺入有毒、有害的非食品原料的,或者销售明知掺有有毒、有害的非食品原料的食品的",构成生产、销售有毒有害食品罪。有毒、有害的非食品原料是指对人体有生理毒性,人在使用后会引起不良反应,损害人体健康的不能食用的原料。[①] 食品是各种供人食用或者饮用的成品和原料以及按照传统既是食品又是药品的物品,因而食品并不只限于经加工生产出来的食品,也包括鲜活制品,如直接将"瘦肉精"喂猪或者销售喂食"瘦肉精"的猪,应构成本罪。

本罪为抽象危险犯,其构成不要求发生实害结果,也不要求有发生结果的具体危险。当然,抽象危险事实上只意味着有危险性,而不问危险性的大小。但这并不是说只要行为单纯地违反规范就成立本罪,因为刑法以保护合法权益为目的,对合法权益没有任何侵害危险的行为不会被规定为犯罪。[②] 正如上文所述,抽象危险犯并不是只有成立与不成立的问题,本罪仍存在未遂形态。

---

① 参见王作富主编:《刑法分则实务研究》(上)(第2版),中国方正出版社2003年版,第289页。

② 参见周光权:《刑法各论讲义》,清华大学出版社2003年版,第228页。

本罪属于选择性罪名,生产有毒、有害食品、销售有毒、有害食品或者生产并销售有毒、有害食品都构成本罪。从本条条文可以看出,本罪包括两类实行行为,第一类是在生产、销售的食品中掺入有毒、有害的非食品原料的,第二类是销售明知掺有有毒、有害的非食品原料的食品的。

第一类实行行为可以概括为生产有毒、有害食品,因为在从生产者手中购买来的健康食品掺入有毒、有害的非食品原料其实就是对该食品进行二次加工,在行为性质上与在生产过程中掺入有毒、有害的非食品原料并无二致,就是一个生产过程,可以采取相同的思路。

这里可以分为两种生产类型。第一种类型为生产者在将原料生产成品的过程中掺入有毒、有害非食品原料。此时应当将行为人开始把有毒、有害的非食品原料掺入到生产、销售的食品中,这个时间点作为该罪着手的标志,也就是将开始实施掺入行为作为实行行为着手的标志。首先,本罪除了保护社会主义的市场经济秩序外,还要保护公民的人身安全,而由于本罪具有抽象危险犯的特殊性,法益的保护具有提前性,在生产、销售行为并没有达到真正危害人身安全之前就予以介入,有利于更好地保护公民的人身安全、身体健康,正因为如此,对于实行行为的着手判断不能过于滞后。当行为人开始在食品中掺入有毒、有害的非食品原料时,就有了完成掺入行为的极大可能性以及食品流入市场的高度可能性。行为构成本罪,在食品中掺入有毒、有害的非食品原料并不是针对个人的,那么,对于极有可能流入市场对市场经济秩序以及公民的人身安全造成极大威胁的行为应当认定为着手。其次,就生产行为来看,准备材料、购买生产机器等行为只是为了生产而做准备,不能认定为着手,而若将着手之时认定为生产开始之时,则对于一些生产者来说,其并不是在一开始就打算在食品中掺入有毒、有害的非食品原料,这会使法院在认定本罪时将并不属于有毒、有害的食品也归于其中。况且,在生产之时若没有掺入行为,很难说这一行为已经有了侵害法益的可能性,在没有侵害法益可能性时不能妄加断言。例如,在食品生产经营或者餐饮加工过程中为了谋取利益加入罂粟壳,以致他人上瘾,就应当以其加入罂粟壳之时认定为着手,若过早认定,在罂粟壳并没有加入其中时,不能认定为该食品有使人上瘾的可能。

有学者认为,掺入是指采取积极的动作,把法律禁止使用的有毒、有害的非食品原料加入生产、销售的食品中。[①] 也有学者认为，本罪中的掺入既包括将有毒、有害的非食品原料加入食品中，也包括将食品加入有毒、有害的非食品原料中。[②] 笔者以为第二种主张更为科学，如在食用酒精中掺入工业酒精与在工业酒精中掺入食用酒精，就并没有太大的区别。只要结果是食品与有毒、有害的非食品原料发生了混合，并不应该过多地区分掺入行为到底谁主动谁被动，这并不在刑法规制的范围之内。

应当明确的一点是，掺入行为对认定有毒、有害食品罪极为重要，但是，掺入只是其中一个步骤。虽然存在掺入之后即完成生产行为，如在食用的酒精中掺入工业酒精，即“酒精”生产完成，但也存在其他情况，如以“瘦肉精”喂猪，将其掺入饲料之中只是其中一个过程，有毒、有害的食品应当是食用猪，此时掺入不再是生产的全部，至饲养者将食用猪饲养长大销售之前，都可以认定为是生产。掺入行为并不等同于生产行为，即掺入行为完成之时并不一定是犯罪既遂之时。第一种行为将其归类为生产行为，就表明应当以生产行为的完成作为本罪既遂的标志，当生产行为完成之时，以一般人的判断即可知道，该产品若流入市场则有很高的危险性，对该行为应该予以规制。而掺入行为只是生产环节的一部分，在掺入之后，生产行为并没有完成之前很有可能出现行为人意志以外的原因使生产行为并没有完成，掺入了有毒、有害的非食品原料的食品此时也未能够流入市场，则此时应当认定为未遂。例如，行为人企图在原奶中添加含有三聚氰胺的蛋白粉，但是由于购买的原料是假的，并不含有有毒、有害的三聚氰胺，则行为人生产、销售有毒、有害食品不可能实现，行为人可以构成未遂；又如，行政执法机关对生产企业进行突击检查，发现了该生产行为，此时生产行为并没有完成则构成犯罪未遂。故不应当将“掺入”作为本罪的实行行为的全部，即以掺入的行为完成认定生产、销售有毒、有害食品的行为已然既遂。

第二种情况为生产已经掺入了有毒、有害非食品原料的食品的行为。如明知是以“瘦肉精”饲养的猪仍然进行屠宰等加工行为也是一种生产行为，此时的行为并不是一种“掺入”，但却是将猪肉制作成食品的过程，但从

---

① 参见方明：《略论生产、销售有毒有害食品罪》，载《法商研究》1994 年第 2 期。

② 参见张明楷：《刑法学》(第 4 版)，法律出版社 2011 年版，第 652 页。

实质上来看,仍然应当认定为是“生产”。

第二种情况俨然就是一个销售行为,故应当将行为人开始销售有毒、有害食品作为着手的时间点。虽然销售者可能并没有参与生产行为,但是,当其知道其购入的食品掺入了有毒、有害的非食品原料还进行销售,此时根据对社会经济秩序侵害的可能性以及所掺入的有毒、有害的非食品原料对人身安全的可能危害程度,来断定是否具有抽象危险,而当销售行为开始之时,侵害公民人身安全的危险性已然有了很高的实现可能,从一般人的经验来判断也会得出这一结论。

虽然刑法明文规定必须将非食品原料掺入食品之中才得以构成本罪,若行为人并未实施掺入行为,但是将非食品原料整体冒充食品,笔者以为此时,也应当认为构成销售有毒、有害食品罪。这其实就是在极端情况下,将非食品原料当作食品生产、销售,对“掺入”行为做扩大解释时才能理解。2004 年,程某伙同他人注册公司,为了非法牟取利益,程某从 3 月起多次购进工业酒精冒充食用酒精高价出售给易某的公司,①其以工业酒精假冒食用酒精销售的危险方法危害公共安全,致人死亡,构成销售有毒食品罪。此处,程某直接将购进的工业酒精冒充食用酒精进行销售,并没有掺入行为,但是从实质上看,其仍然是一种生产有毒“食用酒精”并进行销售的行为,故构成本罪。销售行为作为将有毒、有害食品从危险到实害的中间环节,在达到对人体安全和食品管理秩序的实质侵害的过程中起着承上启下的作用。正因如此,对销售行为的规制,也是极为重要的。虽然程某没有掺入有毒食品的行为,但从本质上看其实就是明知是有毒食品而销售,因而才有后续造成致人死伤的情况发生。“举轻以明重”,既然如此,对于该类行为也应当认定为销售有毒、有害食品罪。

综上,在认定本罪时,应以生产、销售行为为实行行为,当生产、销售行为开始而因为意志以外的原因没有完成时,构成本罪未遂。

（六）生产、销售不符合标准的卫生器材罪

《刑法》第 145 条规定,“生产不符合保障人体健康的国家标准、行业标

---

① 参见《工业酒精转卖三次成白酒　毒酒致死 14 人致伤 39 人》,载 http://www.southcn.com/news/dishi/guangzhou/shehui/200412080054.htm,最后访问日期:2014 年 3 月 7 日。

准的医疗器械、医用卫生材料，或者销售明知是不符合保障人体健康的国家标准、行业标准的医疗器械、医用卫生材料，足以严重危害人体健康的”，构成生产、销售不符合标准的卫生器材罪。根据司法解释的规定，对于没有国家标准、行业标准的医疗器械，注册产品的标准可视为保障人体健康的行业标准。

本罪的法益是国家对医用器材的质量监督管理秩序和不特定或者多数人的生命健康权，属于具体危险犯，对不符合标准的卫生器材是否“足以严重危害人体健康”需要具体判断。如美国佳腾公司（Guidant Corporation）是全国领先的心脏复律除颤器制造商之一，可植入的除颤器是用来在重新建立正常的跳动节奏时监控心跳和管理心脏的电流。2005年美国佳滕公司中国代表处向国家质检总局报告，该公司生产的有关型号心脏起搏器和心脏除颤器存在缺陷，[①]当植入除颤器病人需要由单位产生的“电击”时，该设备偶尔会产生短路，在这种情况下，患者通常会死亡。在三年时间里，佳滕公司并没有对除颤器的缺陷进行公开说明。这种心脏起搏器和除颤器本身明显是有“足以严重危害人体健康”的危险存在，即使是患者的死亡结果没有出现也可以认定本罪。当然，“足以严重危害人体健康”是客观的超过要素，需要行为人对此有预见可能性。

综上所述，本罪有未遂形态，以生产、销售行为开始着手实施本罪，以是否完成生产、销售行为判断既、未遂。

（七）生产、销售不符合安全标准的产品罪

《刑法》第146条规定，“生产不符合保障人身、财产安全的国家标准、行业标准的电器、压力容器、易燃易爆产品或者其他不符合保障人身、财产安全的国家标准、行业标准的产品，或者销售明知是以上不符合保障人身、财产安全的国家标准、行业标准的产品，造成严重后果的”，成立生产、销售不符合安全标准的产品罪。

本罪对生产者、销售者并没有具体规定，因此，不管有无生产、销售资

---

① 参见《国家质量监督检验检疫总局公告2005年第109号　关于暂停办理部分型号心脏起搏器和除颤器的报检和相关检验检疫手续》，载海关律师网：http://www.customslawyer.cn/fgk/jckspjy/jckspjyfg/200506/31758.html，最后访问日期：2014年3月15日。

格,只要其产品不能保证消费者的生命健康安全的,都构成本罪。故生产、销售不符合安全标准的产品行为与严重后果之间应当有因果关系。行为与结果之间有无因果关系取决于产品是否符合国家标准、行业标准。① 如果电器、压力容器等产品本身符合国家标准、行业标准,在生产者、销售者提供足够说明的情况下,消费者因自己操作不当造成人身健康的损害的严重后果,则生产者、销售者并不构成本罪;对于个别产品不合格的,生产者、销售者应对该个别产品负责,造成严重后果的,成立本罪。现实中很多商家生产、销售的电器、压力容器等产品在使用时出现爆炸等事故,②有关部门应当对该爆炸产品进行检测,不符合安全标准的,对生产者、销售者应当处罚。不能因为该产品整体合格而对其个别产品的不合格而不予处罚。

本罪是实害犯,生产、销售行为必须造成严重后果,才构成本罪,因而本罪并不存在既、未遂形态的区分。

(八)生产、销售伪劣农药、兽药、化肥、种子罪

《刑法》第147条规定,"生产假农药、假兽药、假化肥,销售明知是假的或者失去使用效能的农药、兽药、化肥、种子,或者生产者、销售者以不合格的农药、兽药、化肥、种子冒充合格的农药、兽药、化肥、种子,使生产遭受较大损失的",构成生产、销售伪劣农药、兽药、化肥、种子罪。

本罪是实害犯,即生产、销售农药、兽药、化肥、种子的行为必须使生产遭受较大损失,才构成本罪。本罪所要求的损失,既包括直接损失,也包括间接损失。例如,生产、销售的假化肥所产生的损失既包括化肥的使用给农作物带来的减产、绝产等损失,也包括其残留的有害性给农作物的牲畜食用而导致牲畜死亡所导致的损失。本罪一般以2万元为起点。本罪要求生产者、销售者以营利为目的,至于是否实际取得非法利益,则在所不问。③ 本罪没有既、未遂之分,只有成立与不成立的区分,当发生使生产遭受较大损

---

① 参见张明楷:《刑法学》(第4版),法律出版社2011年版,第655页。

② 参见《苏泊尔电压力锅突爆炸翻滚　满屋下粥雨》,载青岛新闻网:http://www.qingdaonews.com/gb/content/2011-11/21/content_9015988.htm,最后访问日期:2018年3月7日;《美的电压力锅陷"密封圈"门　锅爆炸致女孩烫伤毁容》,载体坛网:http://sports.titan24.com/other/2012-03-13/202149.html,最后访问日期:2018年3月7日。

③ 参见周光权:《刑法各论讲义》,清华大学出版社2003年版,第234页。

失时成立本罪,结果没有发生时则不成立本罪。

(九)生产、销售不符合卫生标准的化妆品罪

化妆品,是指以涂擦、喷洒或者其他类似的方法,散布于人体表面任何部位(皮肤、毛发、指甲、口唇等),以达到清洁、消除不良气味、护肤、美容和修饰目的的日用化学工业产品,包括了育发、染发、烫发、脱毛、美乳、健美、除臭、雀斑、防晒化妆品等特殊用途的化妆品。《刑法》第 148 条规定,“生产不符合卫生标准的化妆品,或者销售明知是不符合卫生标准的化妆品,造成严重后果的”,构成生产、销售不符合卫生标准的化妆品罪。造成他人容貌毁损或者皮肤严重损伤的,造成他人器官组织损伤导致严重功能障碍的,致使他人精神失常或者自杀、自残造成重伤、死亡的等,应当认定为造成严重后果。

生产、销售行为和严重后果之间需要存在因果关系,化妆品本身符合国家标准、行业标准,在生产者、销售者提供足够操作说明的情况下,消费者因自己操作不当造成人身健康的损害等严重后果,生产者、销售者不构成本罪;对于个别产品不合格的,生产者、销售者应对该个别产品负责,造成严重后果的,成立本罪。

本罪是实害犯,生产、销售行为必须造成严重后果时,才构成本罪,因而本罪并不存在既、未遂形态的区分。

第八节　中立的帮助犯

“中立的帮助犯”是指行为人实施了中立的、具有继续性的、非针对特定对象性的、日常的行为,但事实上却有助于犯罪的实施。这种行为,在面对与正犯相同或类似的情况时也会实施,因而其并不是为了实现正犯的犯罪行为而实施的。换言之,中立的帮助行为虽然可以用来帮助他人实施犯罪,但是这一行为本身可以对任何人为之,对象为其他人时亦是适用的。例如,生产、销售伪劣商品罪,为该罪正犯提供快递服务的人将该商品从一地运往另一地,从表面上来看只是普通的运输行为,但客观上却帮助了正犯实施犯罪行为,这一运输行为即可能成立所谓的中立的帮助行为。当然中立

的帮助行为可以对任何人实施,并不代表它是一种职业行为,它也可以是一种私人行为,即没有业务性质但仍然是一种中立的、日常的行为。在中立的帮助犯中,最核心的问题就是处罚根据与处罚范围。本节主要通过对中立的帮助犯的一般法理的讨论,进而对实践中发生的生产、销售伪劣商品罪的几种常见的中立帮助的类型展开具体分析。

一、中立的帮助犯的学说及本书观点

(一)中立的帮助行为的既有解决思路

对于中立的帮助行为的研究,要在一般帮助犯的基础上展开,其须符合帮助犯的一般成立要件。首先,客观上帮助犯与正犯结果之间应当有因果关系,不仅是对正犯行为本身有促进作用,而且也要对最终的犯罪结果有促进作用,即双重促进作用。其次,帮助犯还要有帮助的故意,包括直接故意和间接故意。帮助犯也被称为"双重的故意犯",不仅帮助行为本身必须是故意为之,而且其所帮助之罪也以故意犯罪为限。[①] 但同时必须对中立帮助行为的范围有所限制。虽然在外形上与帮助行为类似,但却是反复实施的、为促进社会发展所必要的行为不应作为犯罪处理,否则必然会增加人与人之间的交往成本,使每个主体都要小心翼翼地负担起审核责任、保障人义务,形成一个巨大的保姆式社会。

关于如何限制中立帮助犯的成立范围,则众说纷纭。大体而言,分为两大类,即客观构成要件限制和主观构成要件限制。

1. 客观构成要件限制

(1)社会相当性说。该主张从中立帮助行为是否具有社会相当性的角度进行分析,这沿用了 Welzel 所倡的"社会相当性"的概念和内涵,即指行为只要没有逾越通常的社会秩序范围,便仍属于社会上运作的正常与可接受的状态;[②]反之,则认定为帮助犯。(2)职业相当性说。该说强调对职业规范的重视,以限缩帮助犯成立的范围,可以被认为是社会相当性理论的特

① 林钰雄:《新刑法总论》,中国人民大学出版社 2009 年版,第 361 页。

② 蔡蕙芳:《P2P 网站经营者之作为帮助犯责任与中性业务行为理论之适用》,载《东吴法律学报》2008 年第 1 期。

殊化。(3)客观归责理论,这是德国很有力的学说。其要件是以因果性存在为前提的,也就是存在对结果的促进作用的行为。因果性欠缺的场合,不可能成立帮助犯。在这一理论下,Frisch 提倡以特定义务和利益衡量进行归责,Reske 主张,如果违反职业规范的行为制造了危险且实现危险时,成立帮助犯,松生光正认为超出通常业务行为的范畴可罚,豊田兼彦支持根据混合惹起说和客观归责理论,当中立行为与正犯的犯罪计划和行为之间具有适合的关系时制造了不容许的风险,山中敬一将事例类型化进行详细分析比较。也就是说,各个学者在客观归责理论框架下皆提出了自己的判断方式。

2. 主观构成要件限制

(1)纯粹的主观说。早期德国,不强调帮助犯的因果关系,所以只要实施者至少有间接故意且有促进正犯之意图,就认为有责。所以,认为向妓院提供酒有促进意思,故成立帮助犯,但是向其提供食物则通常没有促进意思,原则上不成立帮助犯。(2)Roxin 区分说。对纯粹的主观说支持者已经很少,目前对主观构成要件的限制则以 Roxin 提出的在主观区分基础上的折中学说占主导地位。他认为应当将中立的帮助行为区分为两种情况讨论,即认识到正犯的犯罪决定以及仅仅估计到正犯的犯罪性举止,即区分为确定的故意和不确定的故意。如果是确定的故意,且行为具有“犯罪意义关联性”时,该帮助者就是可罚的。如果是不确定的故意,行为人仅仅考虑到自己的贡献被用于犯罪的可能性,则应当根据信赖原则否定可罚性。但如果其行为表现出一种为犯罪性使用目的的“极其可能性”,则超出了法所容许的限度,此时排除信赖原则的适用。

(二)本书观点

上述的对立显然是明显的,究其原因更是简单明了,即学者立场不同,对中立帮助行为这一问题,两种类型的理论支持者分别站在或主观或客观的角度,因而判断的重心显然也就不同。前者认为正犯的主观认识影响了帮助犯的成立与否判断,后者认为正犯的主观认识不应当影响该判断,这种行为的社会定位如何当然应当从客观方面来判断。难怪 Roxin 对 Jakobs 的观点进行批判时就指出,当正犯知道他人的犯罪目的时,特别是知悉他人毒杀计划时还进行帮助,否定成立帮助犯没有理由,因为不应将其与通过其他渠道得到的这种帮助进行区别对待。[①] 因为着眼点不同,主观与客观立场的学者的对立是明显的,但是二者却不是完全针锋相对,两种类型之间也有一致之处。其实,不管是从主观构成要件上去限制还是在客观构成要件中去限制,最终在认定过程中都融合了主客观两方面的要素对中立的帮助行为的可罚性进行综合评价。Roxin 的学说被认为是折中说,自然是有中和主客观两方面的观点存在。其在区分确定故意和不确定故意的基础上,对"犯罪关联性""极其可能性"等都是从中立帮助行为与正犯行为之间的客观联系上判断做出的。再如,Jakobs 的溯及禁止理论,虽将大部分的中立帮助行为都认定为不可罚,但也承认如果面包店老板为了帮助正犯下毒而特制了面包,可以构成帮助犯。又如,主观上只具有不确定故意的"街头案",Roxin 以其具有极其可能性而认为可罚,Jakobs 也不否认其可罚性。

因此,主客观学说之间是可以进行融合的,所以开始有些学者从综合的角度分析中立的帮助行为的可罚根据。例如,张明楷教授认为,应当通过综合考虑正犯行为的紧迫性,正犯(帮助者)对法益的保护义务,行为对法益侵害所起的作用大小以及共犯对正犯行为的确实性的认识等要素,得出妥当结论。[②] 周光权教授认为要考虑:(1)从客观上看,行为是否具有明显的法益侵害性,即日常生活行为对于正犯实行行为的物理、心理因果性影响大小,行为本身给法益带来的危险是否达到了可以作为"帮助"看待的程度;(2)从主观上看,正犯是否对他人可能实行犯罪有明确认识,即是否存在帮助故意;(3)从共犯处罚根据看,行为对正犯实行行为违法性、因果流程的影响,是否达到足以被评价为帮助的程度。[③] 由上可知,张明楷教授主要考虑了行为对法益的作用和行为人认识确定性两个因素;周光权教授重视帮助行为的因果关系以及行为人的认识的明确性。两位教授的观点整体上具有很大的相似性,均首先在一般帮助犯的意义上讨论中立帮助行为的可罚根据,重点强调行为对于法益侵害的因果作用,然后再考虑行为人认识的确

---

① 参见陈洪兵:《中立行为的帮助》,法律出版社2010年版,第99页。

② 参见张明楷:《刑法学》(第4版),法律出版社2011年版,第385页。

③ 参见周光权:《刑法总论》,中国人民大学出版社2007年版,第326页。

定性。如前文所述,中立的帮助犯当然必须满足一般帮助犯的因果关系,即对于正犯造成法益侵害的加功作用,但研究中立的帮助犯更应重视的是其特殊规则。在这一点上,两位教授都强调行为人认识的确定性是值得肯定的。

总体而言,笔者赞同结合主客观内容综合判断中立帮助犯的可罚性的研究路径,其中应该以客观因素为核心,以主观因素作为辅助。具体而言,客观上要考察行为人是否有义务避免使自己的行为为犯罪者所利用,或者说行为人是否有预测并审查正犯行为合法性的义务。因为一般地说,任何人的任何行为都有可能被有意者所利用而加功于他人的违法犯罪行为,但通常我们并没有义务去关注和防止自己的合法行为是否被别人所利用。作为一般的日常行为的从业者,如饮食店老板、五金店老板并没有义务去审查监督购买者的用途,出租车司机也无义务审查乘车人搭乘出租车的目的。但在某些特殊的领域,即便实施合法的业务行为也容易被犯罪人所利用,而防范合法行为被犯罪人利用也就成为该业务领域从业者的注意义务内容。例如,(合法)出卖枪支的人有防止枪支落入犯罪分子并被加以利用的义务,快递业者有避免帮助他人递送毒品、枪支、爆炸物、淫秽物品等违禁品的义务(但没有审查物品是否为伪劣产品的义务),银行的业务人员有防止通过自己的行为而帮助犯罪人洗钱、逃税等的义务。在有审查、监督义务的场合,如果行为人明知自己对他人的犯罪行为起到了促进作用,则应成立帮助犯。在行为人没有审查义务的场合,则应该根据信赖原则,行为人可以对他人的行为有合理的信赖,即使行为人明知自己对他人的正犯行为有一定的加功作用,通常也不构成帮助犯,因为其只处于"中立者"的角色。这一点同时也可以用客观归责理论来解释,但并非上文所述的"制造危险",而是根据规范保护目的的原理,即防止自己所从事的日常行为或者业务行为被正犯所利用而加攻于某种法益侵害。这一点如果属于注意规范(义务性规范)的保护目的的射程范围,则其行为就可以被客观归责,否则就不能被客观归责。以客观的"审查义务"的有无及规范保护目的为核心所构建的评价标准在确立中立帮助行为的可罚性时,是第一位的标准,需要优先判断。如果行为人具有审查义务,但未仔细审查或者在有怀疑的时候仍然提供了帮助,则可以排除其行为的"中立性",而肯定其帮助犯的角色;但是如果行为人本身不具有审查义务,则需要进一步判断,也就是要引进主观要素。

主观要素是辅助性的、第二位判断的要素,就是要判断行为人有无确定的故意。具体而言,即使行为人没有客观上的审查义务,但如果明确知道自己的行为会产生帮助正犯的效果,则此时法规范会立即要求行为人产生避免动机,否则就会构成予以处罚的帮助犯。这就如同在制造危险的判断中,一般采取客观标准,但如果行为人的认知能力超过一般人,则其特别认知便导致其注意义务范围扩大、程度加深,法规范对其期待也就超过一般人。这里是引入了 Roxin 教授的区分理论,认为“特别认知”只有是确定的故意时,才是可罚的帮助行为。因为一般地看,中立的行为不可能被认为是制造刑法上不允许的危险,借助客观归责理论,只有当行为人具有超出一般人的认知水平确定地知道其行为是在帮助正犯行为人时,看似日常行为、业务行为才会是刑法所禁止的。如前所述,任何行为都可能被他人所利用,而作为通常的理性人,在一定的时空下都可能认识到自己的行为会被犯罪分子所利用,所以“不确定的故意”的条件在一般案件中是非常容易满足的。而对于中立的行为人而言,不确定的故意并不足以使其产生避免动机,法规范也不能期待行为人因为怀疑自己可能被正犯所利用便不做生意或提供服务。而当行为人具有确定的故意时,其便不再具有“中立者”的地位,其行为也会失去“日常性”“合法性”的特征。所以,中立者能被评价为“帮凶”,需要其主观具有确定的故意。何时可以说行为人具备了确定的故意?当行为人明确知道正犯的违法行为现实地指向特定犯罪(包括特定几类犯罪),或者由被害人向行为人提出排除违法的帮助行为而不予排除时,行为人便具有确定的故意。例如,五金店老板看见甲对乙实施暴行,遇到乙的抵抗,此时甲冲进店里要买刀具,老板若卖给其刀具,则明显是站在了犯罪人的立场上,其角色便不是中立角色。

但是一定要说明的是,对于那些虽然明知特定犯罪正在威胁法益而提供了所谓的“支持”,但无论如何其行为也不能被评价为“帮助”“犯罪”的行为,则不成立帮助犯。例如,向饥饿或口渴的犯罪人出卖饮食,任何时候都不能视为对“犯罪”的加功。为他人提供身体上的能量只是日常生活上的行为,并非制造法所不能允许的危险,在“制造危险”阶段就应排除,自然更无需讨论是否与被害人法益受害之间有因果关联。因为,即使是正犯自己亲手实施中立的帮助行为,如出门杀人之前吃一顿饱饭,虽有助于其杀人行为的实施,但其本身也无法被认为具有刑法上的意义。在刑法上有意义的行为至少具有抽象的危险性,而上述行为甚至不具备作为预备行为的抽象危险,当然不能在刑法上作任何价值评价。所以,作为第三人基于日常行为或者业务行为而为正犯提供饮食的行为,则更加不具有刑法上的危险性,无法被评价为帮助犯。① 因此,虽明知夜总会从事组织卖淫行为而为其提供酒水、饮食、设施、装潢,都无法评价为是帮助犯,因为即使夜总会的经营者为了组织卖淫而自行准备上述条件都不具备与组织卖淫行为的密切相关性,尚不能被称为是犯罪预备,第三人基于业务行为而提供上述条件更不能被评价为组织卖淫罪的帮助犯。

二、中立的帮助犯在生产、销售伪劣商品罪中的展开

下文以生产、销售伪劣商品罪为研究对象,其中立帮助行为包括运输、雇佣、租借场地、销售等各种类型,在我国的司法解释和实践中多有涉及,有关的案例也很多。

(一)司法解释关于中立帮助犯的规定

我国对生产、销售伪劣商品罪的司法解释主要有五个,其中不乏对共犯的规定。

最高人民法院、最高人民检察院 2001 年颁布的《关于办理生产、销售伪劣商品刑事案件具体应用法律问题的解释》第 9 条规定:“知道或应当知道他人实施生产、销售伪劣商品犯罪,而为其提供贷款、资金、账号、发票、证明、许可证件,或者提供生产、经营场所,或者运输、仓储、保管、邮寄等便利条件,或者提供制假生产技术的,以生产、销售伪劣商品犯罪的共犯论处。”

最高人民法院、最高人民检察院 2009 年颁布的《关于办理生产、销售假

---

① 但是,如果为了帮助正犯毒死他人而为期提供特制的面包使其方便下毒,这个面包就不是作为食物而存在,提供面包具有与法益侵害的直接关联性,可以评价为具有犯罪预备的危险性,帮助者可罚。

药、劣药刑事案件具体应用法律若干问题的解释》第5条规定:“知道或者应当知道他人生产、销售假药、劣药,而有下列情形之一的,以生产、销售假药罪或者生产、销售劣药罪等犯罪的共犯论处:(一)提供资金、贷款、账号、发票、证明、许可证件的;(二)提供生产、经营场所、设备或者运输、仓储、保管、邮寄等便利条件的;(三)提供生产技术,或者提供原料、辅料、包装材料的;(四)提供广告等宣传的。”

最高人民法院、最高人民检察院2013年颁布的《关于办理危害食品安全刑事案件适用法律若干问题的解释》第14条规定:“明知他人生产、销售不符合食品安全标准的食品,有毒、有害食品,具有下列情形之一的,以生产、销售不符合安全标准的食品罪或者生产、销售有毒、有害食品罪的共犯论处:(一)提供资金、贷款、账号、发票、证明、许可证件的;(二)提供生产、经营场所或者运输、贮存、保管、邮寄、网络销售渠道等便利条件的;(三)提供生产技术或者食品原料、食品添加剂、食品相关产品的;(四)提供广告等宣传的。”

最高人民法院、最高人民检察院、公安部、国家烟草专卖局2003年《关于办理假冒伪劣烟草制品等刑事案件适用法律问题座谈会纪要》第4条第1款规定:“知道或者应当知道他人实施本《纪要》第一条至第三条规定的犯罪行为,仍实施下列行为之一的,应认定为共犯,依法追究刑事责任:(1)直接参与生产、销售假冒伪劣烟草制品或者销售假冒烟用注册商标的烟草制品或者直接参与非法经营烟草制品并在其中起主要作用的;(2)提供房屋、场地、设备、车辆、贷款、资金、账号、发票、证明、技术等设施和条件,用于帮助生产、销售、储存、运输假冒伪劣烟草制品、非法经营烟草制品的;(3)运输假冒伪劣烟草制品的。”

最高人民法院、最高人民检察院2010年《关于办理非法生产、销售烟草专卖品等刑事案件具体应用法律若干问题的解释》第6条规定:“明知他人实施本解释第1条所列犯罪,而为其提供贷款、资金、账号、发票、证明、许可证件,或者提供生产、经营场所、设备、运输、仓储、保管、邮寄、代理进出口等便利条件,或者提供生产技术、卷烟配方的,应当按照共犯追究刑事责任。”

可以看出上述司法解释的逻辑思路是:客观行为(提供便利条件等)+

主观故意(明知与知道或者应当知道) = 以共犯论处,这是按照一般成立要件进行判断的方式,客观上提供各种便利条件促进结果的发生,主观上具有帮助故意,就作为帮助犯处理。在一般情况下,这种判断方式并无不当之处。但是,在现实中却不乏在生产、销售过程中出现的部分如提供贷款、资金、运输、出租等可能是中立的帮助行为,将这些行为也一概按照司法解释规定的方式进行处罚,与笔者的主张不符,可能扩大帮助犯的处罚范围,导致一些正常的交易或者提供服务的行为也被归责,值得进一步思考。

关于以上司法解释,下文从主客观两方面进行说明。

(1)明知与知道或者应当知道

对主观意图的描述,司法解释更倾向于用"明知""知道或者应当知道"这两种方式表述,"明知"被作为我们认定犯罪故意的标杆性词语,一般都将其作为刑法规定故意形态的标志;"知道或者应当知道"的表述则更多出现在诉讼法的规定中,这是一种在实践中应用广泛的说法。就字面来看,"明知"与"知道"的意思应当是一样的,都表示清楚、了解之意,"应当知道"也是一个界定主观罪过形式的表述,《刑法》第 219 条第 2 款规定"明知或者应知前款所列行为,获取、使用或者披露他人的商业秘密的,以侵犯商业秘密论",将"明知"与"应知"并列起来,似乎意味着"明知"与"应知"含义并不相同,应区别对待。这组词与"明知"的范围大小如何理解就关系到司法解释对于帮助故意的主观规定是否合适了。

实践中,对主观的意图并不都是可以直接判断的,"应当知道"可以解释为"推定知道","所谓推定,是指根据事实之间的常态联系,当其一事实存在时,推引另一不明事实存在",①是相对于现实的知道而言的,是更倾向于一种诉讼实务中的判断,即虽然不能直接证明行为人知道犯罪事实,但是可以从其他证据推定其知道犯罪事实。也就是说,"应当知道"表示的是从证据角度上分析得出的"明知",其与"明知"和"知道"只是从不同角度进行的表述,它们在本质上是相同的。

举例而言,行为人提供制假技术等行为就应该意识到正犯学习此类技

---

① 张明楷:《如何理解和认定窝赃、销赃罪中的"明知"》,载《法学评论》1997 年第 2 期。

术是为了生产或者销售伪劣商品,提供违禁品等行为就应该想到正犯得到这些违禁品是为了走私、非法交易或者实施其他犯罪,就算正犯没有明确告诉行为人自己的犯罪意图,从这些行为的用途中就应当预见到会有相应犯罪行为发生,如果行为人没有加以阻止或者拒绝,就是“应当知道”。因此,对司法解释中规定的“应当知道”在刑法理论上认为是指故意的情形,“明知”与“知道”或者“应当知道”并无明显区别。

当然这种“应当知道”的情形毕竟是一种推论,在司法实践中应当避免盲目滥用,不能把一些基于自己生活的经验而推测出来的认识也当作“明知”进行判断。

(2)明知与帮助故意

根据我国刑法对犯罪故意的规定,明知并不等于故意,只是故意的认识因素,是其中的组成部分,因此对于明知的规定也就不能盲目地认为都是故意。

仔细阅读我国《刑法》可以发现,有39次提及“明知”这一词汇,除了第138条教育设施重大安全事故罪中的“明知”表明行为人已经预见到发生侵害结果的危险,责任形式是过失之外,其他的38个“明知”都表示犯罪故意。这从侧面体现了虽然明知不能等于故意,却“接近”故意,因此是有“明知”的表述首先考虑的就是是否构成犯罪故意。

中立帮助行为也是如此,行为人明知正犯实施犯罪行为仍为其提供便利,在这种情况下,一般而言具有帮助故意,在符合客观归责的前提下应当认定成立帮助犯;但是并不排除特殊情况下行为人只是预见到结果发生但轻信可以避免。因此,在进行司法解释时,对帮助犯的规定将避免过失的帮助涵盖其中。所幸的是,目前我国的司法解释中,都是对故意犯罪的个别规定,而且这些明知的规定都相当具体,明知他人要生产假药还提供资金、明知他人在销售劣药还帮其运输等,在刑法中已经明文规定了只能由故意构成,因此,在涉及过失时可以直接排除,对于这类司法解释我们可以直接将明知的规定等同于故意的规定。

(3)客观行为

综观上述司法解释,对客观行为的规定不外乎提供贷款、资金、账号、发票、证明、许可证件,提供生产、经营场所、设备、运输、仓储、保管、邮寄、代理进出口,提供生产技术等能使正犯实施行为更加便利的条件。其中提供贷款等行为明显是日常生活中较为常见的,所以我们在认定某行为符合司法解释规定的这些客观行为时,也应当分析这些行为是否为中立的帮助行为,若是,则不能根据帮助犯的一般成立要件罔下结论。

与正犯有意思有联络的行为自不必讨论。在无意思联络时,首先,应当肯定的是这些行为对结果有促进作用,即存在因果关系,否则没有再进行探讨的必要。其次,银行提供贷款、行为人提供场所等一般情况下可以是一种独立且无害的行为,这些行为或者是职务规则中所允许且对不特定的人一直在实施的行为,或者是一种日常生活中常见的行为。虽然行为人客观上确实促进了结果的发生,但是与其日常行为无异,如银行提供贷款是银行收入的最大来源,是最常实施的业务之一,如果银行只是按照日常的程序,根据规程操作在正犯提供符合要求的材料时提供贷款,该行为就是具有独立性且无害的行为,是不可罚的。但如果正犯提供的材料不符合要求或者行为人违规操作发放贷款的,那么该行为就不是具有独立性的行为,在符合帮助犯的一般要件时就应当成立共犯。

(4)注意规定

既然存在中立帮助行为不构成共犯的可能,那么何以司法解释还乐此不疲地规定"明知……而……以共犯论处"呢?笔者推测,此类司法解释其实是注意规定,即使司法解释不对这样的行为作出规定,遇到类似情况时,不是中立帮助行为的按照一般规定判断,是中立帮助行为的按照其特有的判断方式判断。

"如果认为是注意规定,则这种规定并没有增添新的内容,即便删除该规定也不影响法律的适用,若认为是法律拟制,则因为增添了新的内容,删除该规定会直接影响法律的适用。"[①]如果把上述司法解释认定为法律拟制的话,就相当于司法解释单方面地将所有符合规定内容的行为都认定为共犯,也就是将所有行为都按照一般的成立要件判断,有"一刀切"的风险,对共犯的打击面过大。如果将这类规定视为注意规定的话,其主要目的就提醒司法工作者若遇到此类情况可以按照共犯论处,而是否真的应当按照共

---

① 张明楷:《刑法分则的解释原理》,中国人民大学出版社2004年版,第247页。

犯论处,还应当结合具体案情作具体分析。

我们在认定共犯时应当慎重,案件认定过于繁复在案件堆积如山的今天固然不受法官欢迎,但若认定过于简单则会让无罪之人受到制裁,这也是我们应当杜绝的。所以我们在认定犯罪时一定要考虑定性和定量两方面的内容,只有条件都满足时才能进行处罚。

刑事责任需要承担是肯定的,关键在于由何人承担、如何承担。中立的帮助行为既然没有超越其日常行为的范围,就不应当将这样的行为区别对待,有时认为可罚,有时又认为不可罚,这对公民法的预测是不利的。现代生活交易过度频繁决定了各类中立帮助行为存在有很大的空间,我国虽然没有关于中立帮助行为的相关规定,甚至没有帮助犯的规定,但是并不能因此而否定这一行为在司法实践中的意义,因此我们在适用司法解释的规定时要谨慎,切记根据具体案情决定。

(二)司法实践关于中立帮助犯的案例

现代社会交易方式多样、流程复杂,导致了如今的犯罪手段也越来越多样化。在生产、销售伪劣商品罪中,生产者、销售者凭借各种运输方式将产品运往他处,雇用员工帮助生产,租借场地实施犯罪,在他处购得产品等行为固然有部分属于有意思联络的共犯范畴,也有一些行为属于中立的帮助行为的范畴。我国司法实践中就存在很多生产、销售伪劣商品共同犯罪的案例,其中也有不少案例涉及了中立的帮助行为问题,这些案例值得仔细探讨分析。

1. 雇佣关系

企业员工明知老板生产、销售伪劣商品还参加制假工作,这样的员工是否应当受到处罚值得思考。现实中典型的处理方式有两种,一种是将员工作为被告人,认定可罚;另一种就是将员工作为证人,即认为员工不应当受到处罚。

第一种方式如:

【案例一】2009 年以来,被告人刘某玲伙同赵某会购进病死猪肉,并雇用工人进行加工分割后予以出售。期间,被告人雒某销售死猪肉给刘某玲,后在刘某玲家打工,参与加工、分割病死猪肉。被告人许某思、陈某妮、王某永、王某五、王某元、徐某亮、陈某章、史某昆、李某峰、王某佳在刘某玲家的加工厂打工,明知是病死猪肉仍然直接参与加工。法院认为,上述被告人明知是病死猪肉仍然予以生产加工、销售,其行为均已构成生产、销售不符合安全标准的食品罪。①

【案例二】自 2007 年 4 月开始,被告人丁某宝、张某玲在租住处生产假冒保健品,被告人吴某阳、李某鹏、徐某沙、石某纳、项某月、胡某乐、杨某雅、秦某原、徐某瑞等人先后来到该制假窝点参与生产活动。自 2009 年 2 月开始,被告人许某廷在明知丁某宝等人从事生产、销售假冒保健品的情况下,帮助其运输包装、原材料及假冒成品保健品。法院认为该 12 名被告人的行为均已构成生产、销售伪劣产品罪。②

第二种方式如:

【案例三】2011 年底至 2013 年 9 月,佛冈龙山陈某华和同村农民陈某林在从化市、佛冈县等地收购病死猪,进行屠宰、分割,将未经检验、检疫的不符合卫生标准病死猪肉低价贩卖。期间,范某锋向陈某华、陈某林购买病死猪肉并出资建造冻库,雇请了附近村民加工生产假牛肉、瘦肉片、猪脚等肉制品。③ 法院判决陈某华等多名被告构成生产、销售伪劣产品罪,生产、销售不符合安全标准的食品罪和非法经营罪。

【案例四】河南省某歌酒业有限公司自 2006 年开始组织假冒生产并销售某品牌酒,被告人申某河、关某清、郝某利系该公司的主管负责人,被告人赵某彬销售的假冒品牌酒。法院认定河南省某歌酒业有限公司、申某河、关某清、郝某利、赵某彬犯生产、销售伪劣产品罪。本案中,郭某琴、付某飞在该公司负责开票工作,薄某生、张某海、秦某梅、段某梅均为该公司员工,在其工作期间曾向外销售假冒的品牌酒。该 6 人为本案证人。④

通过上述 4 个案例我们可以发现,同样是将病死猪肉制作加工肉制品的行为,案例一中许某思等人构成共犯,而案例三中范某锋雇请的附近村民则不构成犯罪;同样是制造销售假冒产品的行为,案例二中吴某阳等

---

① 河南省焦作市中站区(2011)站刑初字第 99 号刑事判决书。

② 河南省郑州市中级人民法院(2011)郑刑二终字第 210 号刑事判决书。

③ 程浩:《3·25 制售病死猪肉案昨天开庭宣判》,载和讯网:http://news.hexun.com/2015-01-22/172623653.html,最后访问日期:2015 年 1 月 22 日。

④ 河南省淇县人民法院(2007)淇刑初字第 99 号刑事判决书。

人可罚，而郭某琴等人则只是作为证人，未被追究刑事责任。这也折射出在我国的审判实务中，被雇用者帮助制造、运输等行为是否应当构成犯罪还未有统一的判断，而这些行为是否可罚涉及了中立的帮助行为的可罚理论。

笔者认为，在司法实践中判断是否将被雇用者认定为犯罪无非基于两个理由：其一，法不责众。当实施同样行为的人数过多时，如公司规模巨大，受聘用者众多，对众多的行为人给予处罚会使刑法的打击面过大，影响刑法处罚的科学性和合理性，但如果行为人并不多，如只是一个小作坊或者地下黑加工点时，可能就没有这方面的顾虑。其二，明知。在认定被雇用者构成犯罪时，必然会提到如“明知是病死猪肉仍然予以生产加工、销售”等证据，以被雇用者知道自己所为的是帮助正犯实施制造伪劣产品的行为为判决基础，即用帮助犯的一般成立要件检验是否具有主观意图和客观行为是否符合构成要件，并以考察是否存在主观意图为主。

第一个理由自然是不能成立的。诚然，我们在判断一行为是否可罚时应当考虑到法不责众的问题，但是这并不意味着以行为人人数的多少决定相同的行为是否归责。刑法有自己独立判断的方式，而不能将无关内容纳入考虑范围，考虑被告人人数的多或少。第二个理由同样值得商榷。正如笔者所坚持的，行为人具有故意犯罪意图固然是不可缺少的，但其行为是否可罚同样需要认真分析，主客观都符合条件才可以认定为共犯，不可偏废任何一方面。我国的司法实践中一般将明知作为判断中立的帮助行为可罚的唯一标准，显然是有主观主义的偏向，会使许多本不应该处罚的行为受到处罚。

并非所有的雇佣关系都可罚，这是我们在中立的帮助行为理论下可以达成的共识，如果这些行为并没有侵害一定的法益，只是日常工作时自然不值得刑法规制。我们在认定犯罪时需要对行为进行法益衡量，那是因为我们将行为的自由与法益的侵害进行比较，认为行为人自由行为同样是不可缺少的，但是这种衡量并不能以该行为本身就直接侵害法益为限。如果某一行为在实施时就是刑法明文规定的某种犯罪，如制作假药的行为本身就是符合刑法规定的犯罪行为，又怎能以保障他人自由来限制其可罚性呢？当然，由于我国刑法规定行为的法益侵害性只有达到一定程度时才应受到处罚,是否值得处罚仍应当根据具体案情作相应判断。

笔者不同意以行为人为正犯提供了心理上的帮助而将这些行为认定为一般帮助犯。心理帮助以正犯的犯罪意图未强化、固定为前提,显然在这些案件中,刘某玲等正犯不存在这方面的内心动摇。既然如此,这些正犯是否亲眼看着行为人在实施制造等行为就不是关键之处,其犯罪心理并不因此而动摇。即使是在有意思联络的场合,行为人也是以制造伪劣商品等物理帮助的方式帮助正犯生产、销售了这些伪劣商品,而非心理上的强化。当然,如果行为人在正犯犹豫不决是否要实施生产、销售伪劣商品时以其实际行动或者言语告诉正犯"你可以的",那么就另当别论。

针对案例一,许某思等人明知刘某玲等人实施的是加工死猪肉的行为是否构成犯罪,应当分几种情况讨论。其一,如果双方有意思联络,显然这样的行为是可以成立一般的帮助犯的。在很多情况下,被雇用者都与雇用者通过相互交换犯罪意愿达到共同实施犯罪的目的。其二,若双方没有意思联络,此时,许某思等人如果只是从事剔骨、剁肉、腌制等加工行为,与一般的猪肉加工生产无异或差别不大,这些也未对整个案情产生重大影响,只是根据刘某玲等人的犯罪计划实施的,应当说是独立且无害的行为,是不可罚的。其三,如果许某思等人的行为并不限于此,如将死猪肉通过加入化学制剂等使其看起来颜色红润、味道香甜等则不一样了,因为此时的行为已经超出了日常制造工艺的范畴,可能损害食用者的身体健康,应当说行为本身就是具有法益侵害性的,此时行为人的行为是依赖正犯而存在的,不具有独立性,其有义务不实施这样的犯罪行为,否则便是对犯罪行为的放纵。

同样的,就案例三来说,村民为范某锋加工死猪肉的行为也应当按照上述分析作具体判断。

相对而言,案例一中雒某的行为是容易判断的。雒某曾经向刘某玲销售过死猪肉,对刘某玲等的制造、销售行为有清楚的认识,后又去她家打工,不是简单的中立帮助,而是与刘某玲有意思联络的一般帮助犯。

案例二中,吴某阳等人若与丁某宝、张某玲没有意思联络,由于其明知制造伪劣保健品,故其先后参与加工是否可罚应当视加工的保健品是否对法益具有侵害可能性来确定,如其通过贴假品牌等制作工艺侵害了市场经济秩序,其有义务不为这样的行为,因而是可罚的。

案例四中郭某琴、薄某生等开票、销售的行为则有所不同,这些行为与日常行为无异,开票、销售等若没有意思联络,是独立且无害的中立帮助行为,是不可罚的。换个角度思考,某歌酒业有限公司是单位,本案未被作为自然人的共同犯罪处理证明该公司是有正常的业务的,那么郭某琴、薄某生等人的开票、销售行为就属于在该公司运作中实施的本职工作,是独立且无害的,故不可罚。

2. 运输行为

现代社会交通方式多样,如公交车、火车、飞机、出租车、自行车等,就犯罪而言,以这几种方式作为实施犯罪的辅助工具也是十分常见的,在生产、销售伪劣商品罪中,主要有两种类型的运输方式,一种是委托他人运输,另一种是正犯雇用了他人运输,在这两种情况下都有可能存在中立的帮助行为。

(1)委托运输。通过物流公司对伪劣商品进行运输是极为常见的,行为人往往通过委托运输达到其销售伪劣商品的目的,这类运输行为显然是一种日常的交易行为,因而可能是中立的帮助行为,有免予处罚的可能性。

委托运输行为具有免予处罚的可能性主要基于三个原因:其一,保护物流行业的运输自由,物流公司有规定应当对所运输的物品进行检查,执行收寄验视制度,对粉末、液体,以及不能直接辨识的机电装置等要重点查验,以确保将各类禁寄物品堵截在寄递渠道之外。但是,现实生活中,大多数的物流公司在运营中不对物品进行检查就直接承诺运输,这虽然违反了行业规定,需要进行整治,但这不是刑法规制的内容,刑法不能因此限制其运输的自由。更何况,大部分的伪劣商品从外观上可能很难发觉,如果硬性要求物流行业将此类物品排除在外不符合现实,刑法不能强人所难,那么就不能要求物流公司对无法辨别真伪的物品进行检验,毕竟这不是物流公司的职责范围。其二,国家有规定禁止物流公司运输某些物品,如发现禁寄物品应当通知相关部门处理,这些禁寄物品包括各类武器、弹药、易爆炸性物品以及易燃烧性物品，①而未将伪劣商品列入其中。可以这样认为，物流公司即使发现所运输的伪劣商品，也没有相关部门的义务，即没有监督控告的义务。其三，物流公司在收寄邮件时无需知道顾客的目的和动机，这是顾客自我答责的范围，并不是物流公司应当注意和关心的。物流公司作为服务行业，就是通过自己的运输中介服务将所委托的物品运输至目的地，而顾客通过这一运输行为所达到的目的则不在其业务范围之内。

因此委托运输是否可罚不应当从物品是否合法进行单一判断，而是应当考虑运输行为本身所表现出来的可罚性，即应考虑处罚这种行为是否造成对服务行业业务自由的过度限制，是否符合刑法谦抑性的要求，是否有悖普通人的法感情，以及运输行为是否丧失中立性质，从而得出可罚与否的结论。②

【案例五】2004 年至 2009 年，被告人张某举、赵某涛、张某宽生产假烟，几次通过王某亮的腾某达物流公司将假烟销往他地。2007 年 7 月前后，被告人张某举、赵某涛、张某宽在河南省襄城县生产假冒中华烟 59 件，共计 2950 条，价值 1,622,500 元，后通过被告人王某亮的腾某达物流公司发往江苏省阜宁县销售时被查获。法院认为被告人王某亮在明知是假冒卷烟的情况下仍然帮助其运输，系生产、销售伪劣产品罪共犯，货值金额 1,622,500 元，构成生产、销售伪劣产品罪。③

法院以王某亮明知是假冒卷烟仍运输，构成张某举等人生产、销售伪劣产品罪的共犯的观点笔者认为值得商榷。首先，从该案判决书的内容可以肯定的是，这一案例中王某亮与张某举等人并无意思联络，因此不是一般的共犯。其次，王某亮的腾某达物流公司是一个独立的物流公司，它是正常的

---

① 《禁寄物品指导目录及处理办法(试行)》中规定禁寄的物品包括：各类武器、弹药；各类易爆炸性物品；各类易燃烧性物品；各类易腐蚀性物品；各类放射性元素及容器；各类烈性毒药；各类麻醉药物；各类生化制品和传染性物品；各种危害国家安全和社会政治稳定以及淫秽的出版物、宣传品、印刷品等；各种妨害公共卫生的物品；国家法律、法规、行政规章明令禁止流通、寄递或进出境的物品；包装不妥，可能危害人身安全、污染或者损毁其他寄递件、设备的物品等；各寄达国(地区)禁止寄递进口的物品等；其他禁止寄递的物品。详见 http://www.spb.gov.cn/folder9/folder79/，最后访问日期：2015 年 1 月 23 日。

② 参见杜文俊、陈洪兵：《论运输行为的中立性》，载《河南师范大学学报》(哲学社会科学版)2009 年第 6 期。

③ 河南省尉氏县人民法院(2009)尉刑初字第 299 号刑事判决书。

经营类公司,其进行发货运输等都是在该公司的营业范围内的正常业务,张某举委托腾某达公司运输假烟只是其接受的业务之一。法院认为,2007 年被查获之前,王某亮并不明确知道张某举等人所托运的物品是假烟,没有帮助的故意,不构成犯罪,这一结论是值得支持的。当然除了没有故意之外,该行为也是该公司日常接受托运的行为,属于正常的业务自由范围,自然是不可罚的。而 2007 年的那次托运,法院以该假烟已被查获,王某亮对所运输的是假烟有明确的了解还帮助运输为由,认定构成共同犯罪。此次托运与前几次的运输行为无异,既然前几次行为是正常的业务范围之内,其有运输的自由,那么后一次也应当认为有这一自由,是独立且无害的行为,法院将这两个行为区别对待是不妥的。

另外,对该案的判决在认定王某亮是否具有故意的观点笔者有所怀疑,从判决书的内容中难以清楚地了解为何王某亮对运输的是假烟有明确的认识,法院不能因 2007 年那次托运被查获就认为王某亮具有明知,而且同样有疑问的是,在查获之前的路段王某亮是否知道同样值得怀疑。按照一般常识,假烟被查获之后就没有运输下去的可能性了,那么,如果从查获之后才知道王某亮具有明知的话,也不符合我们对帮助故意认定时间的判断。

(2)雇佣运输。第二种情形实际上就是一种雇佣关系,在案例二中许某延帮助运输的行为就是一种经雇用而实施运输的帮助行为。雇佣运输的特殊性在于其以雇佣关系为依托,从本质上来说仍是一种雇佣关系,因此在对这一种类型的运输行为进行判断时,可以结合雇佣关系一同进行。

司机在被雇用时,其任务就是帮助将物品从某地运往他地,只是该物品是雇主指定的,而非像物流公司没有特定的客人和物品,但是这并不妨碍我们在判断雇佣运输时行为的独立性,不管运输的物品是否是雇主所指定的,单纯的运输行为都不会因该物品的不同而改变。可以说雇佣运输与委托运输在本质上是没有差别的,这也是一种日常的行为,不能因为其被雇佣而有不同理解。不管司机运输的是伪劣商品还是货真价实的物品,都同样是运输行为,其工作就是搬、运雇主的物品。因此,在无意思联络的前提下,雇佣运输应当与一般的运输无异,是独立且无害的行为,不可罚。

回头看案例二,许某廷帮助运输的行为同样是应该分情况讨论的。

当他与丁某宝、张某玲没有意思联络时,其只是在实施普通的运输行为,没有超出这一普通行为的范围,其运输包装、原材料及假冒成品保健品行为其实就是搬、运行为,并不是针对丁某宝等人的要求而实施的为其量身定做不同日常搬、运的行为,并未超出日常之界限,而且这并非是因丁某宝、张某玲而特制的行为,并不是依赖这二人而存在的,是独立无害的行为,不可罚。

【案例六】被告人肖某如、佘某进受人指使驾驶一辆货车到花都区花东镇花都大道广州农商银行门口时被抓获,当场查获大货车上的成品假烟,经鉴定价值人民币2,737,150元,且全部是假冒注册商标的伪劣卷烟。法院认为,二人明知他人销售假烟,而为其提供运输服务,构成生产、销售伪劣产品罪。①

首先应当指出的是,本案中肖某如、佘某进运输伪劣卷烟显然是帮助他人运输伪劣产品的行为,即二人并不是生产、销售伪劣产品罪的正犯,且本案中也未明确指出指使二人的人是否具有违法性,将二人单独作为犯罪处理显然不符合本案坚持的混合惹起说的观点。

其次,二人受人指使时若与指使者有意思联络,当指使者构成犯罪时,二人可构成一般帮助犯。而在二人与指使者未有意思联络时,则二人的行为与普通的运输行为并无差别,是独立且无害的行为,不可罚。

3. 销售行为

正犯生产、销售伪劣商品自然需要许多商品交易为其提供原材料、外包装等,这些交易行为在日常生活中也是极为常见的,这些行为同样可能是中立的帮助行为,值得我们仔细分析其可罚性。

(1)原料销售。在众多交易关系中,最常见的就是买卖原材料了,如正犯需要生产假酒而购买水、成品酒以便将二者进行勾兑,正犯需要生产假药而购买相关制药材料或成品等,这些买卖有些是在日常生活中非常普遍的,如购买水的行为不管是否为实施犯罪都不可避免,这些行为有必要纳入中立的帮助行为中进行思考。有学者以所有权是否转移作为销售行为是否可罚的标准,认为如果在所有权转移前明知正犯实施犯罪而贩卖,构成共犯,

---

① 广东省广州市中级人民法院(2011)穗中法刑二终字第368号刑事裁定书。

在所有权转移之后才得知的则不构成犯罪。① 以所有权是否转移为标准可能会出现同样的行为不同对待,如买卖双方约定所有权保留,那么同样是将物品交付的行为可能没有约定所有权保留的就构成犯罪,而有约定的就不构成犯罪,这是令人难以接受的。以民法上的关系是否实现、何时实现作为判断标准是一种治标不治本的判断方式,我们需要的是更为实质性的判断方式,即从法益侵害与义务履行等实质角度判断是否存在"不容许的风险"。

笔者在查找相关案例时发现,几乎没有将销售日常的柴米油盐酱醋茶的行为作为犯罪的,这也从侧面反映了司法实践中同样认为大部分销售日常物品的行为是不可罚的,这些日常的销售行为都是人们的自由。

【案例七】被告人陈某某、龚某某先后从魏某军、胡某忠等人手中购买病猪或病死猪肉多头,经加工后销售,法院认定陈某某、龚某某构成生产、销售不符合卫生标准的食品罪。②

魏某军、胡某忠等人对向陈某某、龚某某销售病猪或者病死猪肉的行为是否明知在本案判决中并未体现,按照我国司法实践的通论可以认为"不知",这样的行为不可罚是应该支持的。笔者以为,即使魏某军、胡某忠等人知道陈某某等二人要加工制造肉制品同样不构成犯罪。我国虽然禁止销售病死猪肉的肉制品供人类食用,但是其仍有其他用途,魏某军等人不需要为陈某某等二人所实施的生产、销售不符合卫生标准的食品负责。

这样的案例并不少见,上述案例三也有体现,陈某华、陈某林也同样在从化市、佛冈县等地收购病死猪,而判决结果未将那些销售病死猪的行为认定为犯罪。

【案例八】被告人张某泉自2010年9月开始,向他人收购病死猪,经加工分装后作为食品投放到市场进行销售。2011年9月至2011年10月4日,被告人沈某元将病死猪从龙岩运至厦门售卖给张某泉。法院认为,被告人沈某元明知被告人张某泉收购意图还向其出售病死猪,构成生产、销售不符合安全标准的食品罪。本案的判决书指出,沈某元销售病死猪时张某泉

---

① See Smith. Hogan, *Criminal Law*(10th ed), The Bath Press, 2002, pp. 153 – 154.

② 重庆市黔江区人民法院(2008)黔刑初字第123号刑事判决书。

并未告诉他，并声称“死猪肉用于喂胡子鱼”，但其从日常生活经验出发认为“从龙岩拉病死猪肉到厦门喂胡子鱼成本大，胡子鱼价格不高会亏本，没人会做亏本生意”，因此怀疑该病死猪肉是卖给人食用的。[①]

同样是销售病死猪的行为，沈某元却受到了刑法处罚。从判决书中我们可以清楚地看到，张某泉并未将其真实目的告诉沈某元，沈某元只是自己猜到张某泉是要将病死猪加工成肉制品出售的，但是仅靠自己观察猜测到的事情就被认定为“明知”，笔者对此不能赞同，这不符合法律对“明知”的定义。明知应当是行为人明确知道正犯会实施犯罪行为，而不是通过会不会亏本、够不够隐蔽来猜测的，即使猜测准确也是个人能力问题，而不是行为是否可罚的问题。可以这么说，沈某元是因为其敏锐的观察能力而受到了处罚，而不是因为其行为应该受到刑法处罚。

除了上述以原材料作为销售对象外，以食品添加剂作为销售对象的案例也不胜枚举。以三聚氰胺为例，自“三鹿事件”之后，三聚氰胺的使用被推上了风口浪尖，但我们不能以此就断定销售三聚氰胺就是可罚的。事实上，三聚氰胺是一种化学制品，因有广阔的市场发展前景而投资销售者很多，在我国未被禁用，销售三聚氰胺是国家所允许的自由交易行为。交易三聚氰胺存在几种情况：其一，销售者不知道购买者购买三聚氰胺是为了要生产伪劣的奶粉，这是最“中立”的销售行为，不可罚；其二，销售者知道购买者购买三聚氰胺是为了加在奶粉之中，但这是购买者自我答责的范围，销售者即使知道也不需要为购买者的行为负责，故销售者的行为是独立且无害的；其三，销售者直接销售掺有三聚氰胺的奶粉或者奶制品等，这种行为已经被我国刑法所明确禁止了，自由销售即有侵害他人身体健康的可能，其行为是有害的，与他人犯罪的行为成立共犯，构成生产、销售有毒有害食品罪等犯罪的帮助犯，同时该销售行为本身也单独成罪，构成生产、销售有毒有害食品罪，即构成想象竞合。

同样受人瞩目的是瘦肉精的销售。瘦肉精与三聚氰胺的不同之处在于，我国已经明令禁止使用，任何销售瘦肉精的行为都是国家不允许的。瘦肉精的销售者在销售时就应当防止其被用于喂猪而导致猪肉不能给人食

---

① 福建省厦门市集美区人民法院(2012)集刑初字第412号刑事判决书。

用,因此该销售行为是有害的,且显然是可罚的。

(2)包装销售。原材料的销售固然是生产、销售过程中必不可少的,而包装也是必要的,在生产假酒、假烟等时,除了要购买制酒、制烟的原料、工具等,还需要将其包装之后才能出售。

【案例九】自2007年年底至2009年7月,被告人焦某昌等人在没有任何合法手续的情况下生产、销售不合格农药。2009年4月,被告人焦某昌在郑州视觉长虹设计包装有限公司找到被告人张某飞,表示要傍名牌农药做农药销售,要求仿照美国杜邦公司康宽牌农药塑料包装袋设计印刷包装,被告人张某飞在没有验证被告人焦某昌相关证件的情况下,帮助其设计了印刷包装,焦某昌修改后制版。法院认为,被告人张某飞虽有纸制品及塑料制品设计加工及销售资质,但明知被告人焦某昌不符合要求,没有验证其相关证件,直接帮助其设计印刷包装,为被告人焦某昌生产、销售伪劣产品提供帮助,其行为已构成生产、销售伪劣产品罪。①

要求印刷外包装尤其是注册商标等是需要相应资质的,缺乏相应资质一般来说是违法的甚至可能构成犯罪,②销售包装袋设计印刷等不能说都是自由的,但是毕竟焦某昌只是傍名牌农药的标识,即并不是直接生产注册商标标识,因此此类行为不一定可罚。本案的关键在于认定张某飞是否具有帮助故意,张某飞在设计并帮助联系印刷美国杜邦公司康宽牌农药塑料包装袋时应当对焦某昌的相关证件进行验证,其没有进行验证是过失还是间接故意并不十分明显,笔者以为认定为过失更为妥当,焦某昌在要求印刷包装袋时,是要求仿照并重新设计,而不是直接使用康宽牌包装。事实上焦某昌使用的是“康赛牌”的标识,而刑法对假冒注册商品罪等的成立都要求在同种商品上使用与注册商品相同的标识,显然从这一角度来说张某飞的行为是不符合犯罪构成的。其次,焦某昌向张某飞提出要求设计印刷时并未告知张某飞其生产的农药是劣质农药,只是说傍名牌农药做农药销售,因此张某飞其实对焦某昌生产、销售伪劣产品的行为不明知,因此不能认定为

---

① 河南省郑州市惠济区人民法院(2010)惠刑初字第59号刑事判决书。

② 《刑法》第215条规定了伪造、擅自制造他人注册商标标识或销售伪造、擅自制造的注册商标标识的构成非法制造、销售非法制造的注册商标标识罪。

犯罪。

【案例十】赵某某、李某某、青某某预谋后，以焦作市某有限公司名义生产、销售某某牌苏打水，经鉴定，其生产、销售的某某牌苏打水为不合格产品。期间，白某向其销售已印好的错版“某某™苏打水”外包装箱，后赵某某等人要求其加印时拒绝。①

白某向赵某某等人销售的外包装箱是事先已经印好因为印刷问题而被退回的，其不是应赵某某等人的要求而印刷的，白某是受合法委托而印刷了这些错版的物品的，因此其印刷的行为与赵某某等人的生产、销售行为并无联系，此其一。其二，白某并未将错版的外包装箱销毁而是将其卖给他人，这一点的确是违反交易惯例和要求的，但不管其是否为了牟利，将错版的物品销售给他人不具有法益侵害性，将外包装箱作为废品卖给他人也并无不可，印刷厂因版次印错而将错版卖给他人在日常生活中也很常见，应当说是独立无害的。同样地，白某对赵某某在生产不合格的苏打水而要利用其错版的外包装箱进行包装缺乏明知也是认定白某不可罚的一项出罪事由。从案情出发，白某显然是与赵某某等人没有意思联络的，从案例中我们也无从知晓白某在销售时发现了赵某某等人的犯罪计划，可以说是不明知的，从这一角度来说，白某的行为也是不可罚的。

4. 租赁关系

很多的生产、销售伪劣商品案件都是在出租屋内完成的，这就涉及出租人是否构成犯罪的问题，其中包括了两种情况：第一种情况是出租时就明知所出租的房屋会用于生产、销售伪劣商品；第二种情况是出租时不知道正犯要用于生产、销售伪劣商品，出租后发现但不阻止仍继续出租的。

针对第一种情况，按照笔者的思路，若出租人与正犯没有意思联络，那么该行为显然只是普通的中立帮助行为，并不依赖于正犯的生产、销售伪劣商品而存在。同时，虽然为他人提供租赁的房屋无碍于生产、销售伪劣商品犯罪的实现，但也不能对该犯罪的实现产生重要的转变，是独立无害的行为。提供食物、提供场所都是日常生活所必需的行为，既然刑法不可能以饿死犯罪人的方式杜绝犯罪，自然也不能以让人没有地方可以实施犯罪行为

① 河南省焦作市修武县人民法院(2011)修刑重字第58号刑事判决书。

的方式来限制犯罪的产生。

这与出租房屋时知道他人吸毒、卖淫不同,容留是指允许他人在自己管理的场所吸食、注射毒品、卖淫或者为他人吸食、注射食品、卖淫提供场所的行为,包括了消极不阻止他人和主动邀请两种方式。刑法明文规定了容留吸毒或卖淫行为的就构成犯罪,此时出租房屋容留他人在自己的出租房屋内吸毒、卖淫就不再是一种自由的可以随意实施的行为,而是刑法规定的具有法益侵害性的行为,法律已经限制了这种容留行为的实施,那么容留犯罪就不应该从中立帮助行为的角度来分析。

第二种情况其实与第一种情况并无本质差别。出租时出租人对生产、销售伪劣产品行为并不知情,即没有故意。首先,可以断定的是,出租人在出租时的租赁行为不构成犯罪。其次,判断后来出租人知晓但不阻止的行为是否构成犯罪。从客观上来看,第二种情况与第一种情况的区别仅在于,在出租人知晓时,该房屋已经出租并被承租人所使用了。故在其知晓的前后,承租人使用房屋实施犯罪行为并没有任何改变,既然如此,没有归责的理由,不能因为事后出租人知晓犯罪行为就可罚了。但是这种情况在实务中却也往往作为犯罪处理。

【案例十一】2011 年 4 月 13 日,叶县烟草局打假行动中查获被告人胡某、李某、谢某、李某某等人在叶县辛店乡租用被告人陈某的房屋生产、销售假冒卷烟。经查,胡某、谢某系管理人,李某、李某某系技术工人。法院认为陈某虽在出租房子时不知道是用来制假的,但在后来制假过程中知道房子被用来制假的情况后仍予以放任,构成生产、销售伪劣产品罪的共犯。①

本案是典型的第二种类型,陈某在出租时并不知情,而是在后续正犯的制假过程中得知的,但未收回已出租的房屋。陈某在出租时没有故意是不可罚的,这是可以肯定的;而后续的行为陈某也未超出出租房屋的范围,只是没有举报或者收回房屋而已,这与一般的出租房屋的行为没有任何差别。当然,如果出租人有知情而报的义务,那么即使知晓前后行为没有差别,仍应当认定构成犯罪。显然,就这一种情况来说,出租人并没有这种义务。出租房屋供人使用,属于日常行为,况且在承租人租赁期间,出租人并没有义

---

① 河南省平顶山市叶县人民法院(2012)叶刑初字第 18 号刑事判决书。

务对承租人的行为进行监督管理。将房屋出租给承租人，就在很大程度上将该房屋变成承租人的私人空间，出租人无权干涉，对于承租人的违法犯罪行为自然就没有举报、终止合同的义务。因此，不管胡某等人是否在陈某的房屋内生产、销售伪劣产品都与陈某没有关系，陈某没有承担任何义务，是自由租借房屋的独立无害行为，不可罚。

【案例十二】被告人梁某添等人制假烟，用假名"梁桂贤"租用被告人郭某科位于广东省佛山市顺德区碧江坤州工业区的达成五金塑料厂的车间作为造假烟的据点。郭某科在制造假烟的工厂正式开始生产后，知道其出租的车间用于制造假烟，并为该制造假烟的工厂里的工人买饭菜和日常用品等。法院认为郭某科在知道梁某添等生产、销售伪劣烟草制品后，仍提供场地及其他的便利条件用于帮助生产、销售伪劣烟草制品，是生产、销售伪劣烟草制品的共犯，构成生产、销售伪劣产品罪。[①]

首先，梁某添与郭某科之间的租赁关系是成立的，梁某添用假名租用车间在民法上可能产生不同的结果，但是我们在判断是否成立犯罪时则无区别，即使出租人没有按照相关规定签订租赁合同等，也仅属于民法规制的范围，不妨碍刑法上的认定，租赁关系是否有效还是效力待定，有偿还是无偿都不是认定犯罪时要主要考虑的，应当说，不管梁某添是否用"梁桂贤"这一假名，这都是梁某添与郭某科之间的契约事实。其次，郭某科在知道车间被用于制作假烟前的行为是不可归责的，理由与案例十一相同，郭某科实施的行为既是日常的独立行为，又对梁某添的行为不知情。关键在于后续行为是否可以归责，而案例十一与案例十二的区别也正在于此，案例十一中，陈某得知事情真相后只是单纯的"不作为"，即判决中所提到的"放任"，所以当陈某不实施其他行为时是没有可罚的理由的，但是本案中的郭某科并不止于此，其还帮工人买饭菜和日常用品等，即还"积极"地实施了其他的行为。如果单从郭某科帮工人买饭菜和日常用品等行为来看，同样是日常的行为，都是我们在日常生活中会帮其他人做的事情，所以如果梁某添等被告人对其做的这些事情并不知情的话，二者之间没有意思联络，郭某科的行为是不处罚的。

---

① 广东省佛山市中级人民法院(2005)佛刑二终字第349号刑事判决书。

郭某科在知情后仍主动为工人提供便利条件,已超出单方面明知的范畴,让梁某添等人知道郭某科已经知道自己的行为而且在提供便利条件让自己制作、销售的行为更加顺畅,那么此时郭某科就不再是“孤军奋战”,而是与正犯有意思联络的行为,因此郭某科为梁某添等提供了便利条件就可以认为是一般的帮助犯了。

5. 提供资金

生产、销售伪劣商品犯罪中还有一种相当多见的帮助形式,那就是提供资金,这里面包括资金提供的多种方式,如银行贷款、个人借款、偿还债务等,这些行为都可能在客观上让生产、销售者利用这些资金实施生产、运输等作为。

向银行贷款是极为常见的获得资金的方式,这也是银行的主要业务之一,正犯向银行贷款可以利用伪造的证据证明自己具有贷款资格,也可以用真实的材料,银行在提供贷款之前会对贷款人所提供的材料进行审查,判断是否真实。这里存在几种情况:第一种,正犯向银行提供的材料是真实可信的,且符合要求,当其向银行申请贷款时,若银行职员知道其所贷款项将运用于生产、销售伪劣商品,并不妨碍职员将贷款发放给他,因为此时正犯并无任何欺瞒行为,职员发放贷款完全是符合银行的规章制度的,这样的行为是独立且无害的。第二种,正犯向银行提供的材料是虚假的,但是银行职员并没有察觉,这种情况下职员并不存在任何明知的可能,也是不可罚的。第三种,正犯向银行提供的材料是虚假的,银行职员对此已经明了且其知道正犯会用这些贷款去生产、销售伪劣商品但仍然将贷款提供给正犯。这种情况银行职员的行为已不是其正常的业务行为了,而是特意根据正犯提供的材料为正犯而实施的行为,可以说此时银行职员是为了帮助正犯而实施了违规提供贷款的行为,那么此时就应当认为该行为已经失去了独立性,是可罚的。另外,若其行为还违反国家规定构成其他如违法发放贷款等犯罪的,则构成想象竞合犯。

个人借款是另一种很常见的形式,我国合同法将借款合同作为十五种有名合同之一就足以看出其在生活中出现的频率。一般来说,个人偶尔将金钱借与他人是个人借贷的自由,个人的钱财如何处理、如何使用只要在合法限度内都是允许的。在个人借款时同样可能遇到在银行贷款时可能遇到的几种情况，但个人借款较之银行贷款的特殊性在于其没有借款的特殊规程需要遵守，因此即使知道他人提供的资料是伪造的，基于借款的自由，明知他人是去生产、销售伪劣商品的，也不可罚，因为此时该行为依然是与一般的借款行为无异的，而不是为了正犯将借款特殊化了。

【案例十三】黎某文等人未经烟草专卖主管部门批准，将江西省修水县林业局的基建仓库作为制造假烟的工厂，苏某培在黎某文劝他加入时拒绝，但最终答应借钱给黎某文，先后三次借出约人民币 7 万元用于制假烟厂的运作。①

本案中，黎某文已经将其要制造假烟的情况告知苏某培，即苏某培处于明知状态，同样的，苏某培将钱借给黎某文也没有给黎某文带来心理上的帮助，虽然苏某培对黎某文的犯罪行为有清楚的认识，但是此时的黎某文已经下定决心要做此事，苏某培是否加入对其是否实施该犯罪行为没有任何心理上的波动，不能构成心理帮助犯。而且，苏某培拒绝了参加生产、销售假烟，即已拒绝与正犯达成意思联络共同实施犯罪了，因此不能从帮助犯一般的成立要件去思考。应当说这是中立的个人借款的典型，苏某培将自己的钱借给黎某文，仍属于个人借款的范畴，其将自己的财产借与他人而自己未参与其他任何生产、销售的行为应当是独立且无害的，其有借款给他人的自由，借给黎某文与借给他人并无差异。这一行为的对象并不具有特殊性，也不受法律的限制或禁止，因此是独立无害的中立行为。法院将其作为证人处理未进行处罚的做法笔者表示支持。

个人之间除了借款给他人之外还有偿还先前债务，如行为人与正犯存在债务关系，在正犯生产、销售伪劣商品的过程中，行为人明知其在犯罪仍然将钱还给正犯，也是一种常见的中立帮助行为。行为人所归还的钱其实是属于正犯的支配范围的，是正犯可以任意使用的，不能因为这些钱不在自己身边就认为不可使用。就如同行为人将钱存入银行一样，银行暂时保管这些钱，暂时取得这些钱的所有权，但是这些钱仍然属于正犯可以任意支配的范围，是正犯可以使用的。行为人将钱偿还给正犯是在履行民事义务，是完全符合法律规定的，不管是提前偿还、延迟偿还还是按照合同约定偿还，都属于民事

① 广东省佛山市(2006)佛刑二终字第 184 号刑事裁定书。

法律所允许的现象,延迟偿还要履行的也只是违约责任,将这样的行为作为犯罪处理显然是不合常理的。一方面,行为人偿还债务没有任何义务保证所偿还的款项不会被用于犯罪,这对行为人来说是过分的苛求。另一方面,偿还欠款是日常生活中非常普遍的现象,无论偿还的对象是谁,偿还行为都是独立存在的,其不会因为偿还对象是犯罪分子行为就发生改变,其偿还的对象不同但是都可以抽象为"人",其从本质上来说没有区别,因此是独立无害的行为。

应当说,无论是借款还是还款,提供资金的行为只要与日常的行为无异,那么就是不可归责的,正犯如何使用这些款项并不是行为人应当而且可以控制的,只要还在自己可以自由借、还金钱的范围内,就是"可容许的风险",就是不可罚的。

第四章 过失的缺陷产品刑事责任

关于过失犯的立法，我国以过失致人死亡罪和过失致人重伤罪作为一般条款，以交通肇事罪、重大责任事故罪、医疗事故罪等过失犯罪作为特殊条款。我国刑法并未在缺陷产品生产、销售领域规定独立的过失犯罪，因此司法实践中至今罕有刑事判决处罚因过失造成产品缺陷并致害的犯罪。

如本书第一章所述，国际社会整体上在加强对产品责任事故的刑事规制，大陆法系自不待言，英美法系也已经开始相关实践。我国目前的刑事立法状况显然存在一定问题，但这并非当然导致司法对过失产品责任束手无策。如上文所述，我国刑法规定了过失致人死亡罪和过失致人重伤罪这样的一般条款，当一个行为没有特殊条款予以处罚时，完全可以退而适用一般条款。但是在司法者看来，既然立法上明确规定了生产、销售伪劣商品的故意犯罪，而没有规定相应的过失犯罪，那么立法者的本意就是只追究故意的缺陷产品的刑事责任，对于过失责任者，只按照侵权法来追究民事责任。

但是，无论是在理论上还是立法上都有追究过失产品责任的可能性，司法者狭隘地认为只能在特别规定了产品责任的过失犯罪时才可处罚，是思维惯性使然。我国司法上长期坚持过失产品责任只限于侵权责任的思维定式，而难有突破，本书的立论着眼于如何根据过失犯理论在现行立法下追究过失的产品刑事责任。

第一节　过失产品责任的根据与责任限度

一、案情与判决

下面以三鹿奶粉案①作为典型案例进行分析。本案案情持续时间较长,而本案的时间节点对于案件定性具有重要意义。所以,接下来笔者根据时间节点将案情分成四个阶段加以介绍,并且分析不同阶段被告人的违法行为及其主观心理状态(为了论述方便,本案分析忽略单位犯犯罪的部分)。

(1)第一阶段:2007 年 12 月 ~ 2008 年 5 月 17 日。2007 年 12 月以来,三鹿集团陆续收到消费者投诉,反映有部分婴幼儿食用该集团生产的婴幼儿系列奶粉后尿液中出现红色沉淀物等症状。2008 年 5 月 17 日,三鹿集团客户服务部书面向被告人田某华、王某良等集团领导班子成员通报此类投诉的有关情况。在该阶段,三鹿集团收到不良反应投诉,被告人得知投诉情况,但尚不知问题原因。

(2)第二阶段:2008 年 5 月 20 日 ~ 2008 年 7 月 30 日。为查明原因,三鹿集团于 2008 年 5 月 20 日成立了由王某良负责的技术攻关小组。通过技术小组的排查,确认该集团所生产的婴幼儿系列奶粉中的“非乳蛋白态氮”含量是国内外同类产品的 1.5 ~ 6 倍,怀疑其奶粉中含有三聚氰胺。2008 年 7 月 24 日,三鹿集团将其生产的 16 批次婴幼儿系列奶粉,送河北省出入境检验检疫局检验检疫技术中心检测是否含有三聚氰胺。在这一阶段,三鹿集团组成攻关小组排查原因,怀疑奶粉中含有三聚氰胺,但尚未证实。

(3)第三阶段:2008 年 8 月 1 日 ~ 2008 年 8 月 13 日。2008 年 8 月 1 日,河北省出入境检验检疫局检验检疫技术中心出具检测报告,送检的 16

① 本案被告包括:石家庄三鹿集团股份有限公司;田某华,石家庄三鹿集团股份有限公司董事长、总经理;王某良,石家庄三鹿集团股份有限公司副总经理;杭某奇,副总经理;吴某生,原奶事业部总经理。本案判决参见《最高人民检察院公报》2009 年第 4 号(总第 111 号)。

个批次的奶粉样品中15个批次检出三聚氰胺。截至2008年8月1日,全国已有众多婴幼儿因食用三鹿婴幼儿奶粉出现泌尿系统结石等严重疾患,部分患儿住院手术治疗,多人死亡。

2008年8月1日下午5时许,被告人王某良将河北省出入境检验检疫局检验检疫技术中心的检测结果向被告人田某华进行了汇报。田某华随即召开集团经营班子扩大会进行商议,王某良就婴幼儿奶粉中检测出三聚氰胺及三聚氰胺系化工原料、非食品添加剂,以及国家不允许在奶粉中添加的情况作了说明。会议决定:暂时封存仓库产品,暂时停止产品出库;王某良负责对库存产品、留存样品及原奶、原辅料进行三聚氰胺含量的检测;被告人杭某奇加强日常生产工作的管理,特别是对原奶收购环节的管理;以返货形式换回市场上含有三聚氰胺的三鹿牌婴幼儿奶粉。三鹿集团在明知其婴幼儿系列奶粉中含有三聚氰胺的情况下,并没有停止奶粉的生产、销售。

在对该集团成品库库存产品、样品库留样产品三聚氰胺含量进行检测后,2008年8月13日,田某华、王某良召开集团经营班子扩大会。会议决定:(1)库存产品三聚氰胺含量10mg/kg以下的可以出厂销售,三聚氰胺含量10mg/kg以上的暂时封存,由王某良具体负责实施;(2)调集三聚氰胺含量20mg/kg左右的产品换回三聚氰胺含量更大的产品,并逐步将含三聚氰胺的产品通过调换撤出市场。会后,王某良召集有关人员开会,宣布对经检测三聚氰胺含量在10mg/kg以下的产品准予检测部门出具放行通知单,即准许销售出厂。

2008年8月3日,被告人杭某奇经被告人田某华同意,根据2008年8月1日集团经营班子扩大会议决议,找到被告人吴某生,通报了该集团奶粉中含“非乳蛋白态氮”的情况,要求吴某生加强奶源管理,并指示对于加工三厂拒收的含“非乳蛋白态氮”超标的原奶,转送到其他加工厂以保证奶源。8月4日在原奶经营部晨会上,吴某生根据杭某奇的指示,向原奶经营部有关管理人员提出,各奶户送往加工三厂用于奶粉生产的原奶如被拒收,可以将这些原奶调剂到行唐配送中心、新乐闵镇配送中心,再由这两个配送中心向三鹿集团下属的其他企业配送。会后,因“非乳蛋白态氮”检测不合格而被加工三厂拒收的原奶共7车,29.806吨,先后被转往行唐配送中心、新乐闵镇配送中心。行唐配送中心、新乐闵镇配送中心先后向保定三鹿、加工二厂、三鹿乐时奶制品公司配送原奶共计180.89吨。这些原奶与其他原奶混合后进入了加工程序，分别生产了原味酸奶、益生菌酸奶、草莓酸酸乳等含有三聚氰胺的液态奶。经对其中12个批次液态奶进行检测，均含有三聚氰胺（含量最高为199mg/kg，最低为24mg/kg），共269.44062吨，并已经全部销售，销售金额合计1,814,022.98元。

经检测和审计，2008年8月2日~9月12日，被告单位三鹿集团共生产含有三聚氰胺婴幼儿奶粉72个批次，总量904.2432吨；销售含有三聚氰胺婴幼儿奶粉69个批次，总量813.737吨，销售金额47,560,800元。

在本阶段，被告得知产品确实含有三聚氰胺后先后两次召开集团经营班子扩大会议，第一次会议决定加强管理、换回货品；第二次会议决定继续销售三聚氰胺含量10mg/kg以下的奶粉，将含量较高的奶粉逐渐调换撤出市场。事后，又将含有三聚氰胺的原奶转而用于生产液态奶，并进行销售。

（4）第四阶段：2008年9月12日。三鹿集团被政府勒令停止生产和销售。

本案一审、二审判决均认为：田某华、王某良明知其生产的三鹿牌婴幼儿奶粉中含有三聚氰胺，且明知三聚氰胺是对人体有害的非食品原料，仍继续生产、销售含有三聚氰胺的婴幼儿奶粉；被告单位石家庄三鹿集团股份有限公司、上诉人田某华、杭某奇、吴某生明知其收购的原奶中含有三聚氰胺，且明知三聚氰胺是对人体有毒、有害的非食品原料，仍将原奶调配到本集团下属企业，生产、销售含三聚氰胺的液态奶。其生产、销售的含有三聚氰胺的食品，既是有毒、有害食品，又是伪劣产品。被告单位及各被告人的行为均已构成生产、销售有毒、有害食品罪。同时，其行为又符合生产、销售伪劣产品罪的构成要件，应当依照处罚较重的规定定罪处罚。因现有证据不足以证实被告单位及各被告人在2008年8月1日[①]得知其产品中含有三聚氰胺以后，继续生产、销售的奶制品流入市场造成了危害结果，故应以生产、销售伪劣产品罪对原审被告单位及各上诉人定罪处罚。

---

① 该日，河北省出入境检验检疫局检验检疫技术中心出具检测报告，送检的16个批次奶粉样品中15个批次检出三聚氰胺。

二、案件阶段性解析

通过该判决,可以看出法院重点分析了2008年8月1日被告的行为,也就是河北省出入境检验检疫局检验检疫技术中心出具了检测报告,证实了送检的奶粉样品中绝大多数都含有三聚氰胺之后,认定被告“明知”其生产的婴幼儿奶粉中含有三聚氰胺,且明知三聚氰胺是对人体有害的非食品原料而继续生产和销售,或者“明知”三聚氰胺是有毒有害的非食品原料而用于生产液态奶,所以判决构成相应的故意犯罪。但是这里存在几个问题。第一,法院只考察了8月1日之后行为人继续生产、销售的行为,而未对此前长期生产、销售含有三聚氰胺婴幼儿奶粉的行为未加评述,同时对于2007年5月17日接到消费者投诉到2008年8月1日一年多的时间内被告的违法行为置之不理。第二,法院只根据8月1日之后的行为判断被告的主观心态,即认为是故意,而未考虑此前行为人有无过错。第三,法院认为由于无法证实8月1日之后继续生产、销售含有三聚氰胺的奶制品的行为是否造成了危害结果,于是认定对被告适用生产销售伪劣产品罪,而不是生产销售有毒、有害食品罪。

对于判决存在的上述问题,下文将结合本案的不同阶段,具体分析被告人的行为及其主观过错。

第一阶段,不明知但有过失的阶段。本案被告之前对生产、销售的婴幼儿奶粉含有三聚氰胺这一点并不知情,直到接到客服部的报告后才了解情况。在这一阶段,行为人表现为不作为,即违背对本公司采购、生产环节的监督、管理职责,未建立合理、安全的原奶采购及奶粉加工的管理制度,致使公司长期从奶农手里收购含有三聚氰胺的原奶,却不加检测。同时,三鹿集团从2007年12月就开始收到消费者投诉,但直到2008年5月被告才收到客服部的报告,中间经过了近半年的时间,也说明其内部的安全管理制度存在问题,被告具有管理过失。综上,本阶段被告应承担不作为的监督、管理过失责任。应考虑过失致人重伤罪、过失致人死亡罪。

第二阶段,未必的故意阶段(间接故意)。2008年5月17日,三鹿集团进行排查,怀疑产品中含有三聚氰胺,此时被告便开始具有犯罪故意,是不明确的未必的故意。然而被告并未采取停止生产、及时回收等措施,而是继续生产、销售含有三聚氰胺的奶制品。所以此阶段的违法行为既包括作为也包括不作为，主观方面是明知产品可能具有毒害性而放任危害结果的发生，属于间接故意。

第三阶段之后，确定的故意阶段（直接故意）。2008 年 8 月 1 日，有关部门的权威检测结果证实三鹿集团所生产、销售的奶粉确实含有三聚氰胺，被告未直接采取停止生产、销售并对已销售产品积极回收的合理方式，而只是以低危害的奶粉逐渐换回高危害的奶粉，并且更有甚者将含有三聚氰胺的原奶转而用于加工液态奶继续销售。所以，本阶段被告仍在继续违规生产、销售有毒害性的奶粉或者液态奶。这一阶段被告行为既包括作为，也包括不作为，两者都在继续导致危险结果和危害结果发生；被告由于明知其产品含有害物质三聚氰胺，并且该物质必然会对人体健康造成危险或者危害，所以其不回收、继续销售的行为就是积极追求结果发生，是直接故意。①

综上，本案根据被告人主观心理状态的不同，分成了过失阶段、间接故意阶段和直接故意阶段。对于后两个阶段，其（继续生产、销售的）作为与（不予合理回收的）不作为一起构成了生产、销售有毒、有害食品罪，同时也触犯了生产、销售伪劣产品罪。同时，如上所述，被告具有故意的时点应该提前至 2008 年 5 月 17 日，以该时点进行计算，此后继续销售的行为以及对此前销售的产品不回收的行为很可能导致了重大的危害结果，那么找到相应的证据证明其行为导致了危害结果应是大概率事件。而判决一方面不恰当地延后了起算时点至 2008 年 8 月 1 日之后，另一方面只考虑了作为，而没有考虑对已经销售的缺陷产品不回收的不作为所造成的危害结果。接下来重点考察第一阶段的过失犯罪。

三、追究过失产品责任的根据与限制

如上文所述，三鹿集团疏于对原奶的采购管理，导致长期使用含有三聚氰胺的原奶。而对于这一点，被告作为集团的负责人和主要管理者应承担

---

① 被告田某华对于杭某奇、吴某生要求将含有三聚氰胺的原奶转至其他工厂生产液态奶是否明知，案情交代不清。如果是明知，则属直接故意；如果不知情，则存在过失，负有监督管理过失责任。被告杭某奇、吴某生对上述行为具有直接故意。

监督、管理责任,而其未履行职责导致发生婴儿死亡、健康受损等结果,具有重大过失。而本案判决对此未有提及。笔者认为,我们有必要认真对待过失的产品责任,过失产品事故大量存在,仅仅依靠侵权责任无法有效遏制缺陷产品的制造、销售问题,无法真正保护国民的生命安全和人身健康。

但是这里有个重要的问题,那就是如何划分产品侵权行为和产品犯罪。根据刑法的谦抑性和最后手段性,只有当其他部门法无法合理有效规制违法行为时才需要启动刑法。所以究竟是应该按照司法实践的惯例继续由侵权法管辖过失产品责任,还是应扩展至刑事责任。这里分几点进行阐述。

首先,从比较法角度来看,追究过失的生产、销售缺陷产品的刑事责任有他国经验可供借鉴。如前文所提到的德国皮革喷雾器案(BGHSt 106 ff),由于公司生产、销售有缺陷的皮革喷雾器,造成消费者的身体健康受到严重侵害甚至危害了部分消费者的生命。在本案中,追究了公司主要负责人的刑事责任,根据行为人的主观心态不同,包括一部分的过失责任和一部分的故意责任。其中过失责任(过失伤害罪)是指被告人在接到第一起严重致害事件开始到召开董事会特别会议(会上研究所所长报告了调查结果,认为公司所生产、销售的喷雾器不具有毒害性,不需回收)之前,而此后继续生产销售及不回收的行为则成立故意犯罪(危险伤害罪),虽然公司调查后认为产品不存在问题,但法院仍认定被告对其产品致害是明知的,至少为间接故意。同时,德国刑法并未特别规定针对产品责任的故意或者过失犯罪,而是根据一般的故意犯罪或过失犯罪来追究责任。这一点也值得我们借鉴。

其次,从立法上来看,在我国以刑罚手段追究产品责任是有法可依的。如前所述,根据《刑法》第 233 条过失致人死亡罪与第 235 条过失致人重伤罪的规定,完全可以以这两个罪名追究相关过失产品犯罪的责任。过失犯罪都是开放性的构成要件,过失犯中的“制造危险”或者“违反客观注意义务”应考察行为是否违反了现实的法律规范、行业规章、内部规范以及交往规范。其范围很广,包容性很强。过失地生产、销售伪劣产品,首先违反了国家的相关法律规定,即使在法律规定未明的场合,仍然可以根据行业规范、交往规范等确定义务范围,并进一步确定其义务违反行为。所以,完全具备根据过失致人死亡罪和过失致人重伤罪处罚过失生产、销售伪劣商品的行为的条件。

再次，从司法上来看，我国司法实践中实际处罚过失犯罪范围过窄，有扩大处罚的必要。我国刑法在规定了过失致人死亡罪和过失致人重伤罪这两个过失犯罪的一般法条外，又在“危害公共安全罪”“危害社会管理秩序罪”等章中规定了危险物品肇事罪、消防安全事故罪、工程责任事故罪、交通肇事罪、医疗事故罪等特殊的过失犯罪。所以，司法者通常会优先适用特殊的过失犯罪，在没有特殊过失犯罪的场合，才会适用一般过失犯罪。而实际上，我国一般过失犯罪的适用范围非常有限，主要集中在争执斗殴致死伤，枪支走火致死伤，非生产作业情况下的操作不当致死伤，非交通环境的机动车、非机动车致死伤的犯罪。而对于日常生活中大量存在过失致死伤的情况，如恶狗伤人、高空坠物、电梯事故以及过失产品事故，司法惯例是倾向于仅作为侵权责任事故处理。而为何如此处理并没有适当理由，无论是考虑法益侵害程度还是行为人过错大小，此类事故均不一定逊色于作为犯罪处理的其他事故。[①] 事实上，侵权责任与刑事责任并不冲突，不是非此即彼的关系，而是可以并存的。不能因为行为人应当承担侵权责任，就不再追究其作为犯罪的责任。我国司法实践选择性地只追究某些过失犯罪的刑事责任，缺乏合理根据，司法实践应该根据一般过失犯构成要件的要求扩大对过失犯罪的处罚范围。

最后，刑法是否一律处罚所有过失的产品责任事故，还是应有所区分？本书认为，如果用刑法将过失产品责任一网打尽的话，可能会造成处罚范围过大、责任过重的问题，也会导致模糊侵权责任和刑事责任的界限，所以主张有限制地追究过失的缺陷产品致害的刑事责任。若限定刑法的处罚范围，则无非从违法性程度和责任程度以及刑事政策三个方面着手考虑。第一，从违法性来看，过失致人死亡罪与过失致人重伤罪两个罪名已经把结果限定为“重伤”或者“死亡”，可以说违法性程度已经非常高，不宜再提高。

---

① 而且，我国的过失犯都是结果犯，只有发生实害结果才能追究刑事责任。而对比其他国家在刑法，特别是在行政刑法中大量规定过失危险犯，甚至抽象危险犯的事实，我国刑法存在处罚时点过于推迟的问题。事实上，过失犯罪的损害结果并不一定会轻于故意犯罪，甚至可能重于故意犯罪，而且结果发生的范围也可能大于故意犯罪。只处罚过失结果犯会导致损害无法挽回，适当使过失犯处罚时点前置化是法益保护的需要。

第二,从有责性来看,就是要考察过失的程度。我国刑法只划分了一般过失和特殊过失,没有具体规定业务过失和重过失,而在侵权法上,过失分为轻过失和重过失,在大陆法系的刑法上,过失也分为一般过失、重过失和业务过失。本书认为,可以从重过失和业务过失入手考察过失的程度。所谓重过失,是指本来行为人付诸较小的精神紧张即可预见行为的危险性并且回避结果发生,但是由于行为人严重懈怠主观注意义务,导致未能预见并回避结果的发生。所谓业务过失,是指在业务行为中存在的过失,而业务是指具有继续性、反复实施的危险性活动,业务过失被认为是重过失的典型形式。重过失和业务过失的法定刑均重于普通过失,重过失加重处罚的理由,是因为其懈怠注意义务程度高于一般过失。业务过失加重处罚的理由如下,一方面,业务行为人具有不同于一般人的职业身份、地位,因此也具有特殊的注意义务,即对于国民的生命健康等法益的保证人义务;另一方面,由于业务行为人的特殊业务职责,法规范要求其注意能力应该高于一般人,而且事实上也通常高于一般人,那么行为人懈怠其注意义务就应承担较重的责任。所以,这里本书提倡将重过失、业务过失的产品责任纳入刑法的管辖范围,这也符合风险刑法的现实要求。第三,从刑事政策的角度来看,我国实行宽严相济的刑事政策,一方面,要适当扩大过失犯罪刑事责任的范围,避免司法实践选择性适用过失责任,避免过失犯罪侵权责任化;另一方面,也要防止过失犯罪过剩化。

在三鹿毒奶粉案件中,数名被告人均具有公司主要管理人员的身份,负有特殊的职务、业务,注意义务高,注意能力强,但其长期忽略产品质量的管理,严重违背注意义务,严重懈怠主观注意,属于业务过失、重大过失,并造成了重大损害结果,理应作为犯罪处罚。不仅是本案,对于因其他过失生产、销售伪劣产品造成重伤或死亡结果的,也应该追究过失致人死亡罪或者过失致人重伤罪的刑事责任。

第二节 过失犯的一般问题

本节首先从一般过失犯入手讨论过失犯的内部结构,进而阐述如何追究产品过失犯罪的刑事责任。

学说史上，大陆法系的过失犯理论经历了旧过失论、新过失论、修正过失论的发展历程，三者合并称为传统过失论①；②20世纪70年代后刑法学又迎来了客观归责理论，被期待用以重构过失不法。面对诸多理论与学说，必须厘清以下内容。(1)客观归责理论能够超越传统过失论的争论，如其所愿重构过失不法吗？还是仅仅继承发展了某一种传统过失犯论，抑或过失犯根本不需要客观归责理论？(2)如果用客观归责理论重新解释过失不法，我们应该如何对待传统过失论中的诸多概念——客观注意义务、结果回避义务、结果回避可能性、结果预见可能性，是保留还是代替，抑或彻底放弃？(3)如果用客观归责理论改造过失不法，应该如何构造，其判断规则如何？其中具体问题包括制造危险的判断应采用什么标准？实施合义务行为但危害结果仍可能发生时如何归责？规范保护目的在过失不法的认定中有何意义？当其他因素介入时能否排除归责等。本书拟从传统过失论入手力图使以上问题清晰化。

一、过失不法：传统过失论与客观归责论

传统过失论体系各异，但均有缺陷，有待扬弃。

(一)传统过失论的简要回顾

1.旧过失论

古典刑法时代，受自然科学尤其是物理学的影响，一切事物均被认为受到自然因果律的支配。犯罪也被视为由某行为所引起的外界事物的不利变化，因此对于过失犯，重要的是在自然因果律的支配下产生了法规范所不能容忍的结果，也就是看重结果无价值。在违法层面上，过失犯与故意犯没有不同，因此，旧过失论下过失犯仅剩下“足以充分肯定其责任的认识、预见可能性的程度以及究竟应该如何判断的问题”“其他部分全部在故意犯中

---

① “传统”过失论只是相对而言，事实上其在当今的日本刑法学界还有相当的支持者，无论是旧过失论还是新过失论。

② 为了区分的方便，罗克辛将客观归责理论之前的过失犯论称为“传统的过失论”，本文借用之。参见[德]罗克辛：《客观归责理论》，[日]山中敬一译，载《关西大学法学论集》第44卷第3号，第264页以下。

解决即可”。[①] 旧过失论虽名之为“旧”,在日本却仍是非常有力的学说。[②]

2. 新过失论

新过失论是目的行为论的产物,受目的行为论影响,故意不再仅是责任要素其同时也是构成要件与违法要素,相应地过失也不仅是责任过失,也有构成要件性过失与违法过失。社会背景方面,现代工业造就了很多危险行业、危险领域,一旦事故发生就难以排除预见可能性,此时若根据旧过失论追究责任就会扩大处罚范围。因此,要通过限制过失犯的实行行为来限制刑罚,具体做法是:只有当行为人违反了客观注意义务或者结果回避义务(或者表述为实施了“从基准行为逸脱的行为”或者“不具有社会相当性的行为”)时,才认为是实行行为。新过失论使过失犯的重心从预见可能性转移到了实行行为。[③]

3. 修正旧过失论

为了回应新过失论对旧过失论处罚过宽的批判,部分旧过失论者也开始研究过失犯是否存在不同于故意犯的实行行为,这就是修正旧过失论。修正旧过失论的代表是平野龙一。平野主张过失犯的实行行为不单纯是与结果有因果关系的行为,而是对结果发生具有“实质不被允许的危险”的行为,并且认为“过失行为所具有的危险性也可以理解为对结果的客观预见可能性,因为在有危险的场合一般人都能够预见”。[④] “客观的预见可能性”即以一般人为基准判断行为当时能否预见到结果的发生,如果行为引起结果发生具有一般人经验上的相当性,则可以肯定客观预见可能性,行为也就具有实质的危险。

可以说,修正旧过失论一定程度上反映了新旧过失论融合的趋势,旧过

---

① [日]川端博、前田雅英、伊东研佑、山口厚:《刑法理论的展望》,成文堂 2000 年版,第 191 页以下。

② 参见[日]前田雅英:《关于过失犯的考察》,载《平野龙一先生古稀祝贺论文集》(上卷),有斐阁 1990 年版,第 307 页以下。

③ 20 世纪中后期,随着工业化的深入,公害事故特别引人瞩目,在新过失论内部又发展出新新过失论,该说认为成立责任过失不要求行为人对结果发生具有“具体预见可能性”,而只要有一种抽象的危惧感就可以了。但该说有违背责任主义之嫌,没有得到普遍赞同。参见[日]藤木英雄编:《过失犯——新旧过失论争》,学阳书房 1975 年版,第 33 页以下。

④ [日]平野龙一:《刑法总论 I》,有斐阁 1972 年版,第 193 页以下。

失论也注重实行行为,并试图对实行行为作出实质化解释。平野说既用对结果具有实质危险的行为来定义过失犯的实行行为,也用客观的预见可能性来确定何为实质危险。有日本学者批判其在外部的、客观的行为概念中掺入了作为主观要素的预见可能性,会导致向主观违法论靠近的危险。[①]但平野主张从一般人而非个别人的认知能力出发判断有无实质危险,仅从这一点上还难以说是主观的违法论,但其将一般人经验上的相当性融入实行行为的判断,可以说是向以行为无价值为根基的新过失论靠近。[②]

(二)传统过失论需要被扬弃

旧过失论以预见可能性为中心,忽视过失犯具有不同于故意犯的实行行为,认为只要是与结果有因果关系的行为都是实行行为,是从结果"逆算"实行行为,[③]大大贬损了实行行为的自在自为性。行为无价值反映犯罪的本质,结果无价值则只是行为不法的延续,这从人们总是以"行为"而不是"结果"来定义犯罪即可窥见一斑。行为的无价值并非从结果的无价值逆推而来,相反结果的无价值只能从行为的无价值中生发产生,即为违法行为在现实世界中烙下的不良印记造成的不利变更。[④] 在法哲学的意义上,具有主体性的人真正能够选择与掌控的仅限于自己的思想与行动,虽然人也能够在一定程度上设定因果流程以及行为的结果,但一旦行动落入现实世界,便不得不受到诸多自然因素与社会因素的左右,其所设定的因果经过与最终结果并不一定会按照人的意志实现。正如人虽然可以以其善的意志、行动去追求善的结果,但结果有时未必总能够尽如人意,但并不能因此否定奋斗与追求的意义。对于犯罪的人也是如此,犯罪人以其主观恶性设定了行动,虽然可能偶然地没有发生恶的结果,但并不能因此否定其行动的

① 参见[日]前田雅英:《过失犯之考察》,载《平野龙一先生古稀祝贺论文集》(上卷),有斐阁1990年版,第307页以下。

② 在日本的过失犯论中,行为无价值论者有时也会使用"危险"概念来描述实行行为;结果无价值论者也接受了"违反结果回避义务"的提法。参见[日]大塚裕史:《过失犯中实行行为的构造》,载《刑事法学的新动向》(上卷),成文堂1995年版,第153页以下。因此,我们已不能从概念使用、语言描述上区分旧过失论与新过失论,新旧过失论出现了融合的趋势。

③ 参见张明楷:《未遂犯论》,法律出版社1998年版,第61页。

④ 对于结果,应理解为对法益所造成的不良变更。参见[日]小林宪太郎:《因果关系与客观归属》,弘文堂2003年版,第25页。

恶性,因为没有造成恶果不是他个人的功绩。总之,用来评价违法性的基准不应是结果,而应是行为,旧过失论只重结果、不重行为的观点不妥当。

新过失论将过失犯的重心转移到实行行为是一大进步,但仍然存在许多问题。首先,关于违反结果回避义务,(1)以回避结果的发生为注意义务的内容,仍然是从结果出发定义行为,与新过失论行为无价值的立场相矛盾,这也许正是"违反结果回避义务"的表述也同时为修正旧过失论者所接受的原因;(2)违反结果回避义务也被描述为"不采取结果回避措施",将过失犯的实行行为等同于不作为,这为旧过失论者所诟病。[①] 其次,关于违反客观注意义务,一般认为客观注意义务包括法令上的义务(主要是行政取缔规则)与习惯、条理上的义务,[②]但这些都是形式化的标准,直接以行政规则、习惯与条理上的义务为根据认定过失行为缺乏合理化根据,因为无法解释为何违反刑法规范之外的规则的行为能够构成犯罪。最后,关于实施从基准行为逸脱的行为或不具有社会相当性的行为,何为基准行为、何为社会相当性极其模糊,尚待具体化,无法为过失行为提供可靠的判断标准,也不可取。

至于修正的旧过失论,它用"危险"定义过失犯的实行行为,为过失不法注入了实质的内涵,是正确的思考方向。但该说只停留于概念层面,且表述凌乱,[③]没有建立起体系化、类型化的具体判断规则,流于空洞,最终也未能解决过失判断类型化、规范化的问题。而且如上所述,持修正旧过失论的学者虽然主张结果无价值,但该说有明显向行为无价值靠拢的倾向,立场并不明确。

综上所述,传统过失犯论经历了从以主观为中心到以客观为中心的转变,从形式化到实质化的转变,但均未能够很好地解决过失犯尤其是过失不法的认定问题,亟需在更加规范化、实质化、类型化、精细化的方向上发展

---

① 参见[日]前田雅英:《过失犯之考察》,载《平野龙一先生古稀祝贺论文集》(上卷),有斐阁1990年版,第307页以下。

② [日]大塚仁:《刑法概说》(总论),冯军译,中国人民大学出版社2003年版,第200~201页。

③ 该说所谓的(实质的、现实的、直接的、具体的)"危险"也都是不确定的,正如香川达夫所说,危险是一个有程度、有幅度的概念,即从对法益侵害的很小可能性到很大的盖然性。参见张明楷:《未遂犯论》,法律出版社1998年版,第62页。

出新的过失犯理论,以扬其所长、弃其不足。这是过失犯理论发展的必然要求,也符合当今刑法学研究的趋势。客观归责理论力图承担起这项任务。

(三)客观归责论的意义

对于客观归责理论的质疑主要是来自相当因果关系的支持者,其认为客观归责理论不过是相当因果关系中“相当性”的具体化,是“相当性”的下位检验规则,①客观归责理论将刑法上的因果关系降低为条件关系,再设计出一个新理论来限制归责的范围,实则不过是相当因果关系说的翻版。②但是,客观归责并没有将因果关系贬低为条件关系,相反恰恰看穿了因果关系对于解决归责这一规范性问题的无济于事。因果关系本来就是一个自然因果律上的问题,它只能以机械的计算公式“如果没有 A 就没有 B,那么 A 就是 B 的原因”来解释事物间的逻辑关系,而进一步规范层面上的责任认定则无法由因果关系解决。无论是以“相当性”还是其他词汇来限制因果关系,只能在理念上与条件关系作出区隔,实则并无可操作的意义。相当因果关系虽然在历史上发挥了重要作用,但自客观归责理论产生之后,其历史任务已经完成,此时应该退回到自然的条件关系那里去,将责任归属交由规范化、精致化的客观归责理论,而不是习惯性地沿用相当因果关系说,然后再用客观归责理论的具体规则去充实它。与其给“旧瓶子”装上“新酒”,不如直取从装帧到内容物皆优的佳酿,但采用新理论并不意味着抹杀旧学说在知识进步方面的功绩,因为学问本来就是要踩在前人的肩膀上不断前行。

罗克辛也不讳言客观归责与相当因果关系有某种渊源。他曾言,就因果流程有无重大因果偏离这一狭义的客观归责判断而言,相当因果关系与危险实现具有重合性,“到这里为止,相当理论和客观归责是同一回事”。③

---

① 参见苏俊雄:《从刑法因果关系学说到新客观归责理论之巡历》,载《法学家》1997 年第 3 期。

② 日本还有学者提出“广义的相当性”与“狭义的相当性”的概念,以此否定客观归责理论的必要性。其认为前者以行为时存在的所有事情为基础,是行为之于结果的危险行为的归责问题;后者即相当因果关系的判断,也就是结果归责的问题。参见[日]前田雅英:《过失犯之考察》,载《平野龙一先生古稀祝贺论文集》(上卷),有斐阁 1990 年版,第 315 页。但“广义的相当性”与“狭义的相当性”是在客观归责论产生之后效仿该理论而提出的构想,是在否定客观归责的同时又暗自借鉴客观归责理论。

③ [日]山中敬一:《客观归属论的理论史考察》,载《关西大学法学论集》第 44 卷,第 26 页以下。

可是,即便两者力图解决的是同样的问题,后者所设计的判断规则的精细化程度也为前者所不能比肩。广义的客观归责与相当因果关系说则毫无关联,它瞄准的是整个构成要件阶层,改造了犯罪尤其是过失犯的构成要件与不法,诸如"降低危险、允许的危险、注意规范的保护目的或构成要件效力范围的问题"独属于广义客观归责的领域,[①]为相当因果关系理论力所不逮。特别是,客观归责理论架构起注意规范与法益侵害结果之间的关联性桥梁,彰显其规范论、目的论的刑法学立场,具有理论独创性。总体而言,客观归责理论具有相当因果关系说所无法比拟的优势。

(四)客观归责下传统过失论概念的存废

如上文所述,过失犯尤其是过失不法需要新的理论体系来架构,而客观归责被认为可以实质地、规范地解决故意犯、过失犯客观方面的问题,其中最重要的是"重构"过失不法。[②] 罗克辛甚至曾言,以客观归责重构过失不法,客观注意义务、预见可能性、结果回避可能性这些概念毫无用处,完全可以抛弃。[③] 适用客观归责理论会导致传统过失论的上述概念均无用吗?这一观点尚待商榷。

(1)关于客观注意义务。新过失论下违反客观注意义务是构成要件性行为,具体表现为违反行政规则、条理、习惯等。究竟其在客观归责下的地位如何,存在争论。一方面,罗克辛认为其无用、可弃;另一方面,许迺曼则认为用客观归责中的"制造不被允许的危险"取代客观注意义务违反不切实际,实则只是加以补充。[④] 笔者认为,罗克辛虽试图以制造危险代替客观注意义务违反,但实则制造危险的判断脱离不了注意义务违反的判断,因为违反行政规则、条理、习惯上的注意义务对于危险制造的判断具有指示性意义,如交通事故中行为人是否制造了法所不允许的危险首先就要考察其是否违背了交通规则。但许迺曼认为客观归责是对客观注意义务违反的补充,也值得讨论。如果认为客观注意义务是指行政规则、条理、

---

① 参见[德]罗克辛:《客观归责理论》,[日]山中敬一译,载《关西大学法学论集》第44卷第3号,第264页以下。

② 同上书,第264页以下。

③ 同上。

④ 同上。

习惯上的义务,那么客观注意义务违反只能是协助制造危险的判断,而不是用制造危险对其进行补充,因为罪刑法定原则要求只有触犯刑法才构成犯罪,违反其他规则只能作为判断资料。因此,在客观归责框架下应该保留客观注意义务,但不是用制造危险去补充、完善其内容,而是让其发挥本来的功能,即作为危险制造的判断资料,且仅限于是协助危险判断的资料,因为,一方面违反客观注意义务的行为未必会制造刑法所不允许的危险,另一方面没有违反客观注意义务的行为也可能制造了刑法所不允许的危险。

(2)关于结果回避可能性。在传统过失论中,该概念可以在以下两个意义上使用。第一,结果回避可能性是结果回避义务的基础。在这个意义上,缺乏结果回避可能性会否定客观的结果回避义务,即否定注意义务违反。这在客观归责理论体系下,应属于行为归责——制造不被允许的危险的范畴。第二,结果回避可能性是条件关系的前提,也是因果关系的前提。在这个意义上,如果行为人没有违反注意义务,危害结果也会不可避免地发生的话,那么违反注意义务与结果发生之间就不存在因果关系,即不存在过失不法。这在客观归责理论体系下,应属于结果归责——实现不被允许的危险的范畴。笔者认为,在客观归责框架下,上述两个意义上的结果回避可能性都有存在的价值。第一,在行为归责上,需要讨论以一般人还是个别人的结果回避能力为标准来确定行为是否制造了危险;第二,在结果归责上,需要讨论即使实施合义务行为也无法回避结果发生或者可能无法回避结果发生时,是否能够肯定危险实现。

(3)关于结果预见可能性,在传统过失论中,它属于主观责任的范畴,是过失责任的基础。罗克辛之所以认为该概念在客观归责体系下可以抛弃,是因为传统理论有时会将一个本属于客观行为的问题误解为预见可能性的问题。例如,对于罗克辛所举的“怂恿他人雨夜出门,希望他人被雷击死,结果他人果真被雷击中死亡”一例,传统学说解释行为人不可罚的原因是缺乏可预见性,但罗克辛认为该解释弄错了重点,这实际上应属于客观归责的问题,行为人并没有制造不允许的危险。就类似案件而言,的确不需要用缺乏预见可能性来否定可罚性,但不能因此否认预见可能性在过失犯中的意义。客观归责理论只是改造了过失不法,而预见可能性对于责任阶段的判断仍然是必要的。其实，真正对预见可能性概念构成威胁的是注意义务的主观化、个别化倾向，该说主张注意义务的设定要以行为人个人的认知能力、结果回避能力为依据，这最终可能导致预见可能性的空洞化。

(4)至于结果回避义务，是应该保留还是废弃，罗克辛没有明确指出。对此，我国有学者则主张不仅不能废弃结果回避义务，而且“违反结果回避义务”足以揭示整个过失犯的核心内容，判断过失不法根本不需要客观归责。[①] 但是如果从结果出发，“凡是导致结果发生的行为都违反了结果回避义务”，最终会使过失犯的实行行为被架空，重回旧过失论。笔者认为，采用了客观归责理论后，真正应该废弃的是“结果回避义务”。本来结果回避义务是新过失论中的概念，但后来也为旧过失论者所接受。之所以能为旧过失论者所接受，是因为其表述方式是以结果不法为核心，将没有回避结果发生作为过失行为的内容。虽然新过失论那里，客观注意义务与结果回避义务是在同一意义上使用的，但前者是对行为本身违法与否的判断，是事前的判断，体现行为无价值的立场；后者则是从结果出发的逆推行为，是事后的判断，体现结果无价值的立场。而客观归责中危险制造的判断是事前的判断，是站在行为当时的立场考察行为是否制造了法所不容许的危险，若站在事后立场以事后设定的行动准则作为处罚根据，则与罪刑法定原则的旨趣不相符合；[②]只有结果归责才是事后的判断，是站在事后的立场考察行为所制造的危险是否在结果中实现。[③] 因此，虽然可以保留客观注意义务，却应该废弃本来在同一意义上使用的结果回避义务。

(五)客观归责下过失不法的立场

经客观归责理论改造后的过失不法，其立场如何？是行为无价值、还是

---

① 参见周光权：《结果回避义务研究——兼论过失犯的客观归责问题》，载《中外法学》2010年第6期。

② 东京地判平成13·3·28。参见[日]井田良：《变革时代的理论刑法学》，庆应义塾大学出版会2007年版，第155页。

③ 参见[德]许迺曼：《关于客观归责》，陈志辉译，载许玉秀等编：《不移不惑献身法与正义——许迺曼教授刑事法论文选辑》，台北，新学林出版股份有限公司2006年版，第541页以下。

结果无价值？对此，学者观点不同。前田雅英批判客观归责理论是行为无价值的，[①]费利许(Frisch)也认为客观归责理论是从行为无价值的立场展开的；[②]罗克辛本人主张“在行为构成中包含着过失的行为无价值”，[③]但他反对过分的行为无价值，认为“危险制造”总是结果归属的问题；山中敬一则强调客观归责是从结果无价值的立场提出的“危险”概念，是对行为无价值的修正；[④]甲斐克则指出客观归责既可以按照行为无价值的立场来解释，也可以按照结果无价值的立场来解释。

在学理上，客观归责的立场不可能无差别地既是行为无价值又是结果无价值，但的确无论行为无价值的支持者还是结果无价值的支持者都可能赞同客观归责理论，差别在于如何理解制造不允许的危险。如果将危险理解为行为的危险，进行事前判断，就比较偏重行为无价值；如果将危险理解为对于结果的危险，进行事后判断，则比较偏重结果无价值。[⑤] 笔者认为，在重视实行行为本身的危险性以及将行为人的特别认知作为不法判断资料这一点上，客观归责与行为无价值更为接近。但客观归责同时也兼顾了结果不法的重要性，因为它重视行为不法与结果不法的关联性，这一点不仅体现在危险是否实现的判断上，还体现在结果是否属于注意规范保护目的的判断上。因此，可以说客观归责理论构架下的过失论是以行为无价值为基础兼顾结果无价值的二元论。这也契合了罗克辛本人主张行为无价值，但又反对过分行为无价值的立场。

综上所述，站在二元论立场上的客观归责理论对于克服传统过失论的缺陷具有重要意义，但用其构造过失犯不能否定传统过失论中诸概念的价值，客观注意义务、结果回避可能性、结果预见可能性等概念仍有存在的价值，并可以在改造后的过失论中找到自己的位置。因此，用许迺曼的话说，

---

① 参见[日]山中敬一：《刑法总论Ⅰ》，成文堂1999年版，第347页以下；[日]川端博、前田雅英、伊东研佑、山口厚：《刑法理论的展望》，成文堂2000年版，第27页以下。

② 参见[德]罗克辛：《客观归属论》，第286页以下。

③ 参见[德]罗克辛：《德国刑法学总论》(第1卷)，王世洲译，法律出版社2005年版，第714页。

④ [德]罗克辛：《客观归责理论》，[日]山中敬一译，载《关西大学法学论集》第44卷第3号，第286页以下。

⑤ 如平野龙一所主张的修正旧过失论中“危险”的判断，就是结果的危险，是事后的判断。

“客观归责理论并没有提出陌生的标准，而是以无论如何能在构成要件层面加以解释的标准作为出发点，并且表示出能够在行为规范与结果发生之间制造出符合一般预防目的的关系”。[①] 在这个意义上，认为客观归责彻底“重构”了过失不法稍显过分，毋宁说是在继承新过失论的基础上，从规范论出发将过失不法改造成为更加规范化、精致化的体系。

二、过失责任：以预见可能性为中心

在古典过失论下，故意犯与过失犯在不法层面的考察内容相同，区别仅在于责任阶段。此时的过失犯理论被称为“旧过失论”，旧过失论把重心放在过失责任上。但随着目的行为论的兴起，旧过失论日渐式微，对于过失犯的讨论从过失责任转移至过失不法。而过失不法的内涵也不再仅仅是造成了某种结果无价值，更重要的是行为违反了作为“理性、谨慎的一般人”的某种客观注意义务。特别是自20世纪70年代以来，客观归责逐渐取代“结果回避义务违反”成为判断过失不法的最重要理论，过失不法在学理上得到了蓬勃发展。而与此同时，作为旧过失论的核心、建立在预见可能性基础上的过失责任在学界逐渐失去了昔日的光辉，有学者敏感地捕捉到，刑法教科书留给过失犯罪责要素的篇幅相比过失不法显得寒酸许多。[②]

（一）“责任过失”的地位

如果说目的行为论只是让过失犯论的重心发生转移，那么，当今刑法学过失不法的主观化倾向与“接受性过失”理论几乎快要掏空责任过失阶层的核心，而只留下一些与故意犯共通的要素。至于曾一度被认为是过失犯本质要素的“预见可能性”，我们却开始找不到它的位置。“责任过失”的命运更加令人担忧。

1. 过失不法的主观化倾向

首先，对责任过失造成威胁的是近年来影响很大的“主观化”说（或者“个别化”说）。该说认为，违反客观注意义务或者危险制造的判断应该以

---

① ［德］许迺曼：《客观归责理论》，［日］山中敬一译，载《关西大学法学论集》第44卷第3号，第558页。

② 参见许恒达：《“超越承担过失”的刑法归责》，载《东吴法律学报》第20卷第2期。

行为人个人的认知能力和避免能力为标准。一言以蔽之,就是以个人为基准的结果预见能力和结果回避能力是客观注意义务的前提。该说在德语国家非常有影响,已成为瑞士刑法学的通说,在德国与奥地利也是有力的学说。① 虽然该说变得有力是近些年的事情,但其在大陆法系的存在时间并不短。在日本20世纪20年代就已有学者提出主观化说的观点,其认为“过失的有无应该与各个犯罪行为相联结,根据主观具体的理解力来判断注意的有无”。② 当代学者中更是不乏主观说的支持者,如日本学者井田良教授指出:“刑法规范是为对人们的行动施加影响而设,因此其本来就只能对能够施加影响的要素发挥作用。换言之,只有以事实上具有一定知识、能力的人并且其在社会中现实的活动为前提,刑法才能使其发挥运用知识的能力并对其科以结果回避义务,反之则不可。”③德国学者许迺曼支持主观化说的理由是:“构成要件合致的行为就是违反行为规范,……以行为人的状况和认知为出发点。因为行为规范并不应该处理任何一个假设的案例,而是处理个别行为人在一个具体的历史事件中的行为”,“从任何一个被想象成理想旁观者的知识基础中得出行为规范,会是完全没有意义的,因为这在一般预防的观点下完全是无意义的”。④

注意义务主观化的核心内容是,过失违法的有无不应以抽象的一般行为人作为判断依据,行为人的能力高于一般人时,就采用更高的标准;行为人的能力低于一般人,则采用更低的标准。该说颠覆了通说所主张的过失不法以一般人为标准(例外是,行为人能力高于一般人时,通说认为超出常人的特殊能力对于不法也有影响,因此其不法判断标准可以简称为“一般人+特别行为人”的标准)、过失责任以个别人为标准的“两级理论”。主观化说会导致的直接结果是,既然刑法为每个人都确定了不同的规范内容,则原本属于过失责任的判断内容会移植到过失不法的判断中来,使过失责任的判断提前,过失不法与过失责任的界限也变得模糊。

---

① 参见[日]吉田敏雄:《过失犯的构造》,载《北研》第41卷第4号,第675页。

② [日]古川伸彦:《刑事过失论序说》,成文堂2007年版,第143页。

③ [日]井田良:《变革时代的理论刑法学》,庆应义塾大学出版会2007年版,第185页。

④ [德]许迺曼:《关于客观归责》,陈志辉译,载许玉秀等编:《不移不惑献身法与正义——许迺曼教授刑事法论文选辑》,台北新学林出版股份有限公司2006年版,第553页。

对此,持主观化说的学者则反驳说,其观点不会混淆过失不法与过失责任,两者的区别在于"遵守行动规范所需要的能力及其可能性是违法要素,而根据规范意识制约自己形成违法动机所需要的能力及其可能性是责任要素"。① 但是,问题的关键是,究竟哪些能力及其可能性是违法要素,哪些是责任要素,上述学者并没有说明。事实上,究竟哪些能力关乎行动规范的遵守,哪些能力关乎违法动机的形成,是难以确定的。例如,行为人的结果认知能力,既是影响行为人行动选择的违法要素,同时也会影响行为人避免动机的形成,在这个意义上,它又是责任要素。一个要素如何肩负两重重任?还有支持主观化说的学者提出,不为实行行为所需的主观能力是违法层面需要考虑的要素;履行结果回避义务所需的主观能力则是责任层面需要考虑的要素。② 根据该观点,在交通事故的场合,为了避免死伤结果行为人要履行注视行人动静、保持合理车距、适时减速避让等结果回避义务,行为人履行上述义务的前提是其具备相关的能力,该能力是责任要素;在懈怠上述义务的前提下行为人驾驶机动车继续行进的"作为"是实行行为,行为人放弃实行行为的前提是具备不作为的能力,该能力是违法要素。这种区分的实质是把注意义务拆分为不作为义务和谨慎作为义务,影响前者的是责任要素,影响后者的是不法要素。但一个过失犯罪中的注意义务很可能本来就是由多个义务复合在一起的,其作为一个整体被拆分是没有道理的(何况换个角度看,不作为义务与谨慎作为义务本来就是"一体两面",无法拆分),更不应作为区分不法与责任的根据。

上述主观化说为自己的辩驳并不成立,该说难以避免地造成了过失不法与过失责任的混同。除此之外,主观化说还存在以下弊端。

第一,对不同人科以不同规范的观点消解了规范的统一性、整体性,不利于实现规范的行为规制机能与一般预防机能。主观化说要求每个人必须根据自己的知识基础判断自己应予遵守的规范,其本身是对罪刑法定原则和国民预测可能性的严重伤害,是在刑事义务之外又对国民附加了衡量、判断和评价的义务(本应为司法者的义务),本来每个国民只需参照确定的一

---

① [日]井田良:《变革时代的理论刑法学》,庆应义塾大学出版会2007年版,第188页。
② 同上书,第190页。

般性标准约束自己的行为即可,如今还要求其对应自己的具体状况确定应遵守的义务,既无必要,亦无可能。法规范区别于伦理、道德的重大特征就是外在性、稳定性、权威性,正因如此,法规范才是可信赖的、可期待的,作为匿名交往社会中的每个公民只有透过具有上述特征的法规范才能获得可靠的预期,即自己行为会产生什么样的后果,并据此做出合乎规范的行为选择。

为了防止破坏法规范的统一性,支持主观化说的学者提出“客观注意义务的类型化”理论。其基本观点是,为了实现罪刑法定主义的明确性要求,在尽可能的限度内将各个生活场面中的注意义务逐一类型化。该观点力图一方面维持规范的客观统一,另一方面做到注意义务的明确具体。但是,客观注意义务的类型化过于理想化。生活事实丰富多彩,交往关系充满了多样性、复杂性、突发性、异常性。即便立法者可以预见常规状态下的一般风险,但却无法预见非常状态下的特殊风险,遵守了常规注意义务并不意味着在特定场合下就没有制造危险。例如,在接到存在特殊风险的报告或者出现特殊风险的明显迹象时,必须采取能够防范风险的一切合理措施而不只是常规措施。相反,在一些场合下,对注意义务的要求又比一般场合要低。例如,大灾难发生时秩序异常混乱且医疗人员严重不足,此情景当然与日常治疗的状况有所不同,因此对此时医生的注意义务要求也较平日低。对此也许注意义务类型化说会提出,可以将“大灾大难的发生”作为注意义务类型化的参考标准之一,但灾难有不同的表现形式,灾难也有不同的程度,处于灾难之人还会有不同的需要,如何一一细化?即便我们穷尽了一切状况(包含上述各种形式、程度、需要等),类型化仍无法顾及可能存在的所有异常情形(如医生突发疾病、患者特异体质等)。试图将无限的注意义务类型化的设想,虽然能满足构成要件明确性的要求,但却会遗漏更多类型化之外的违法行为,即所谓“挂一漏万”。要想成为一个思虑周全的立法者,不是要绞尽脑汁设想各种各样的生活场景,而是要静下心来思考如何建立起是够实现一般正义的规范。而至于行为人的个体差异,是影响责任有无的要素,是个别正义的领域,不是立法者要考虑的问题。在这里,“不法是客观的,责任是主观的”这句话可以说基本上是正确的,不法与责任的区分格局是不容整体性破坏的。司法过程也必须是先将司法对象视为一般人,以确定其行为是否违反了统一的法规范,即行为违法的判断,然后再确认作为个体的行为人是否基于自由意志选择了违法行为,对于其违法行为行为人是否有可谴责的理由,即对行为人责任的判断。

而且不得不考虑的是,如果在过失犯中承认注意义务的主观化,那么,不作为犯中的作为义务是否也应该以行为人个人为基准进行判断?再进一步追问的话,刑事责任能力作为所有犯罪的共通要素,也有程度差异,反映着行为人的认知能力和结果回避能力的不同,那么是否也应将刑事责任能力作为不法要素加以考察?这样的话,不仅过失犯、不作为犯中不存在客观的注意义务或作为义务,即便在故意犯、作为犯中,法规范也要对应每个公民的责任能力差异设定禁止或命令,那么具有普遍效力的法规范将何在?

第二,注意义务主观化说还容易导致承认"危惧感说"。主观化说在预见可能性与结果回避义务之间建立起了关联性,低度的预见可能性对应较弱的结果回避义务,高度的预见可能性对应较强的结果回避义务。因而,哪怕只是发生了"万一的事态",行为人对此认知能力极低,也容易肯定预见可能性,[①]并肯定结果回避义务。但是,认为仅具有对万一事态的极低的预见可能性也应承担过失责任,并且将其作为认定结果回避义务违反的根据,无疑是变相承认危惧感说,同时会导致"以事后设定的行动规范来规制事前行为"[②]的后果,这不仅与责任主义相龃龉,也与罪刑法定的精神相背离。而事实上,这样的观点已为司法实践所否定。例如,在日本有名的"药害艾滋帝京大学医院案"中,东京地裁认为,案件当时虽然作为被告的医生存在结果发生的预见可能性,但是其可能预见的程度很低,以该程度的预见可能性为前提,被告原则上没有停止使用"非加热血液制剂"的行为不能认为违反了结果回避义务。[③] 这个判决是妥当的,也得到了学界的普遍支持。

第三,注意义务主观化说不符合刑事法制发展的现实。过失犯的构成

---

① 参见[日]井田良:《变革时代的理论刑法学》,庆应义塾大学出版会2007年版,第150页。

② 同上书,第156页。

③ 本案的基本案情是,帝京大学医院与大阪医院在给血友病患者与肝病患者进行治疗时,为了止血使用了进口自国外的非加热第Ⅷ、Ⅸ因子血液制剂,但由于上述非加热血液制剂混有艾滋病毒,导致患者使用后感染艾滋病。关于本案判决,可参见东京地判平13·3·28。

要件具有开放性,注意义务的内容需要法官在审理具体案件时进行补充,但并非依据行为人的个人状况确定,而是有客观依据可循。众所周知,因为在法系统中,对一个违法行为的规制往往不是通过一个法部门来实现,而是通过多个法部门配合完成的。当行政法、经济法或其他部分法规范与刑法规范指向同一种违法行为时,其立法目的具有一定程度上的包容性或者重合性,此时为了确定并不明确的刑事义务(作为开放构成要件的过失犯的注意义务是不明确的)可以借助于明文列举于行政法、经济法等规范中的客观义务来加以确定。随着行政法规、经济法规的细密化,在许多关乎人的基本生活法益的领域(如食品、药品、矿山、交通、建筑、消防、医疗安全等),许多非刑事法规范上的义务都可以作为刑事法义务。而显然这些法义务是以客观、统一的形式存在于规范性法律文件当中的,并非依据个体的认知、责任能力差异而设。哪怕是不成文的生活交往义务也只能根据"法益保护原则"客观化地设定,如在百米冲刺时要注意别撞伤他人,在照看自己的幼子时要注意防范幼子可能面临的所有危险。所以,设立刑事义务的一般规律是,义务系因事而设、因法益保护关系而设,而非"因人而设"。

但这里要稍加补充的是,即便法秩序是个统一体,刑法上的注意义务也不受制于其他部门法的义务。只是有时可以借用,而借用的前提是违反其他部门法的义务不仅危害政府的管理职能,而且威胁刑法所保护的人的根本生活利益,也就是必须通过作为犯罪本质的"法益"概念建立起刑事义务与其他法义务沟通的桥梁,否则就会造成刑事义务的行政法化或者刑事法的形式主义。

2. 接受性过失

另一个使人们质疑"责任过失"的理由是"接受性过失"(也称"超越承担过失")。原本根据"行为与责任同时存在"的原理,若行为人在行为时缺乏违反客观注意义务的认知能力,则应该否定过失罪责。但接受性过失理论认为,承担特定危险行为的人一定要具备相应的能力,若个人能力欠缺在行为人从事危险行为之前即可预见,却胆敢超越个人能力从事该特定行为从而导致法益侵害的,就不能排除过失。承认接受性过失理论的结果是,会在一定程度上导致建立在个别化标准之上的责任过失形同虚设。例如,一个人明知或能够预见自己因年龄过大、患病、视力缺陷、身体疲劳、经验不足、技术不高、个性轻率等原因而无法胜任某项危险任务时，却仍然鲁莽承担，并造成了危害后果，则不能排除责任。而危险普遍存在，各个行业都对行为人的业务能力有所要求，这时欠缺必要的知识、能力很难起到排除责任的作用。那么责任过失的判断还有何意义和必要？所以，有学者说，即使学理上承认“责任过失”，但“在实践中，这个在原则上得到承认的个别化标准，在明确过失的罪责时，并不总能坚持到底”，而是“在个人的可认识性和可避免性没有得到进一步审查时，直接从过失的不法中推断出行为人的罪责”。[①] 也就是说，实务上并不会主动积极地判断责任过失的有无，而是通过过失不法推定过失责任的存在，“责任过失”只不过是存在于人们的观念中罢了。

当然也有人对接受性过失提出质疑，认为它把过失责任“追溯到一种可能是过去长期生活方式的罪责上去”，如一个外科医生缺乏外科手术的能力是因为在学校接受教育时不够勤奋，一个司机缺乏足够的交通知识是因为在驾校没有认真上课。[②] 的确，接受性过失一定程度上威胁着“行为与责任同在”的原理，但业务行为危险化、专业化、规范化背景下，超越自己的能力从事危险行为的后果是容易预知的，此时能力低下者应选择安全妥当的行为而不是去冒险，一个无知或无所顾忌的冒险行为导致危害后果不应成为免责的理由。因此，为了克服行为时无罪责这一点，“犯行前置化”理解是必要的。[③] 如果构成要件行为时点的能力欠缺是行为人自行导致的，为了认定刑事责任，必须将行为时点提前到可以回避危害结果的时候，也就是为行为人设定一种前置的“不作为义务”，即由于缺乏能力而应审慎地避免实施危险行为的义务，而对于未履行该不作为义务而言，行为人是有罪责的。

笔者认为接受性过失理论具有合理性，但是承认接受性过失不应成为否定责任过失的理由。因为，当行为人无法事先预见行为时会有突发状况

---

① [德]罗克辛：《德国刑法学总论》(第1卷)，王世洲译，法律出版社2005年版，第740页。

② 同上。

③ 犯行前置化学说得到德国很多学者的支持，如雅各布斯、鲍曼、乌尔里希·韦伯等。参见许恒达：《“超越承担过失”的刑法归责》，载《东吴法律学报》第20卷第2期。

(例如,司机驾驶机动车时突发心肌梗塞而昏倒或者医生在做外科手术时突然视力变得微弱)时,或者当某种危险的发生对于行为人是异常状况(例如,车况良好的汽车行驶过程中突然爆胎或者普通外科手术过程中发现患者的生理结构或病理特征与常人存在不可预见的重大差异)时,则不应使行为人对于由此导致的危害结果承担责任。也就是说,虽然业务承担所必需的能力的缺失并不会影响过失责任的成立,但仍然应在责任阶层考虑与行为人业务无关的或者事前无法预估的情况。

(二)预见可能性的对象与程度

责任过失的判断,关键就是预见可能性的判断。预见可能性的判断主要解决两个问题,一个是预见可能性的对象,另一个是预见可能性的程度。

1. 预见可能性的对象

如果将故意犯与过失犯对照来看,故意与过失同样作为构成要件的主观要素与责任要素,都是表达一种规范违反的意思,那么过失犯的预见对象与故意犯的明知对象应该是一致的。根据责任主义的要求,故意犯的明知对象,包括除客观处罚条件(或客观超过要素)之外的一切客观要素,如行为(含行为对象、时间、地点、样态等)、结果、因果关系。那么,作为过失犯预见可能性的对象也应参照之。但事实上,根据通说和判例的立场,预见可能性要求行为人能够预见到"特定的构成要件性结果以及因果关系的基本部分",[①]与故意犯明知的对象不尽相同。

首先,对危害行为的预见。通说并未提及须对危害行为有预见可能性,笔者认为原因有二。(1)通说将所有的过失犯都作为结果犯看待。传统过失犯形态均为结果犯,无结果则无犯罪,行为受结果规制,无危害结果,则无危害行为,则无违法。因此,对于预见可能性的判断只强调对结果的预见。(2)通说建立在旧过失论的基础之上。旧过失论认为过失违法与故意违法没有区别,不像新过失论那样承认过失犯具有独特的实行行为"客观注意义务违反",因此自然在预见可能性的判断上会忽视对行为的预见。

但是,过失犯并不必然都是结果犯,全球风险社会背景下各国有逐渐承

① 札幌高判昭51.3.18。

认过失危险犯的趋势。[①] 至于我国现行立法是否规定了过失危险犯，尚存在争议。[②] 无论我们从刑法释义学上看是否承认过失危险犯，应该说在具有公共危险性的领域以及不发生重大危害结果只是基于偶然的情况下承认过失危险犯是妥当的。例如，飞机降落前飞行员忘记打开飞机的升降器，在着陆前45秒钟被地面指挥人员发现才幸免于难。[③] 基于一般人的合理判断，该案中发生危害结果的可能性极大，没发生实害后果只是由于偶然的因素，而我们不能每一次都寄望于幸运。为了避免类似事故发生必须强化义务的履行、规范的遵守，也就是要将过失犯刑事不法的核心转移至违法行为。实施高危险行为本身已包含了结果发生的可能性，待到严重后果出现再进行事后干预对于受害法益已无济于事，同时还会鼓励人们侥幸心理，不利于一般预防。因此，新过失论主张，客观注意义务违反与故意犯的实行行为一样具有独立的违法性，即指向法益的危险性，那么要贯彻责任主义原则，预见的对象也应包括行为的内容、性质。如果站在客观归责理论的立场上，更应赞成危害行为是预见可能性的判断对象。客观归责理论包括危险制造和危险实现这两个基本部分构成，前者标识实行行为，后者标识危害结果和因果关系，两者都是判断预见可能性时应考察的内容，如果行为人无法预见其行为会制造法所不允许的危险，则应否定过失。

其次，对危害结果的预见。通说认为行为人需要能够认识到危害结果的发生，但并不要求能够预见到结果发生的细节，而是将其抽象化，认为只要能够预见到构成要件性结果即可。例如，对于过失致人死亡的，不需要预见到是谁的死亡、死亡的人数等，而只需预见到是人的死亡，这实际上与判

---

① 如《德国刑法》第306条d所规定的因失火所导致的财产损失即人身伤亡的危险；《日本刑法典》129条所规定的过失致使火车、电车或者船舶的交通发生危险，或者致使火车、电车颠覆或者破坏，或者使船舰颠覆、沉没或者破坏的；我国澳门地区《刑法典》第279条所规定的过失醉酒、麻醉或者严重违反交通规则而致财产损失及人身伤亡的危险等。

② 有争议的条文主要集中在《刑法》第133条之一的危险驾驶罪、第330条妨害传染病防治罪、第332条妨害国境卫生检疫罪，有人认为这些条文是故意的危险犯，有人认为是过失危险犯。参见冯军：《论〈刑法〉第133条之1的规范目的及其适用》，载《中国法学》2011年第5期；张明楷：《危险驾驶罪的基本问题——与冯军教授商榷》，载《政法论坛》2012年第6期。

③ 这是1987年发生于美国的一个案例，该案中飞行员受到了起诉。参见刘仁文：《过失危险犯研究》，中国政法大学出版社1998年版，第35页。

断故意犯中事实错误的标准——“法定符合说”持同一标准。[①] 对于这一点,学界几乎没有争论。但是,完全无视因果进程中可能存在的特殊情况(如发生了方法错误时),剥离掉危害结果的所有具体特征,将危害结果简单地类型化,并非没有疑问。这一点将在下文结合预见可能性的错误予以详述。

最后,对因果关系的预见。对因果关系预见可能性的认定,是最具争议性的问题。如前所述,预见可能性的对象应与故意犯的明知对象相同,那么我们要考察一下故意犯中明知的内容是否包括因果关系。对此,存在肯定说和否定说两种观点。肯定说主张,因果关系作为客观构成要件要素之一,行为人当然对其要有明知,但因果进程的不重要偏离对故意的认定不会有影响。例如,德国联邦最高法院曾经针对一起故意杀人案判决道:犯罪人“无法事先预知事实发生的流程的所有细节”,但事实上“故意需涵盖事实发生的流程……”,除非“当发生的偏离尚保持在普通生活经验所能遇见的界限范围内,而且该行为不存在其他正当化评价”。[②] 也就是说,当因果流程具有生活经验上的异常性时,欲证明故意则须证明行为人对因果流程是明知的。否定说则认为,因果关系不是独立的构成要素,只要同时存在行为与结果就存在因果关系,因此对于故意的认定,也只要求行为人对行为和结果有认识,而不要求其对因果关系的内容也有认识。[③]

笔者认为,第一,根据《刑法》第 14 条的规定,犯罪故意是指“明知自己的行为会发生危害社会的结果……”可见,证明故意需要行为人明知是自己的行为引起了危害后果,所以对因果关系的明知本是故意的应有之义。第二,在具体案件的处理上如不要求行为人对因果关系有认识,就会导致不公平。例如,甲以杀人的故意用刀刺向乙的腹部,但由于力度不够只造成乙腹部轻伤,随即被警察制止,但由于乙本身患有严重的血友病(甲事前不知

---

① 西原春夫教授的表述是“必须认识到包含甲的‘人’的死亡这种程度的抽象化的事实”。参见[日]西原春夫:《过失犯的构造》,载中山研一、西原春夫等编:《现代刑法讲座》(第 3 卷),成文堂 1979 年版,第 18 页。

② [德]罗克辛:《德国最高法院判例 · 刑法总论》,何庆仁、蔡桂生译,中国人民大学出版社 2012 年版,第 30 页。

③ 参见张明楷:《刑法学》(第 4 版),法律出版社 2011 年版,第 133、329 页。

情)，最后还是因血流过多而死。对于本案，根据肯定说，由于本案因果流程具有异常性，偏离了一般的生活经验，所以只有当甲明知乙有血友病时，才能认定为故意杀人罪的既遂，否则只能认定为故意杀人罪的未遂。而根据否定说，只要行为人认识到构成要件性行为和构成要件性结果，即肯定犯罪故意。本案中，甲实施了杀人行为，造成了死亡结果，而且甲明知自己的行为会发生致人死亡的结果，即便没有认识且不可能认识到乙有血友病，也肯定犯罪故意，成立故意杀人罪的既遂。但是，对于不知情的甲追究故意杀人罪既遂的责任显然不合理。所以，故意犯中对因果关系有明知这一点是证明的对象。

如果在故意犯中将因果关系视为明知的内容，那么在过失犯中就没有理由否定因果关系也是预见可能性的判断内容。这里先举例说明。假定A在练习剪纸时不小心用剪刀扎到了B的腿部致其轻伤，但B因患有血友病流血不止而死亡。由于A对于自己行为导致B死亡这一点不具有预见可能性，不能认定A成立过失致人死亡罪。无论学者对因果关系采取哪种学说（主观说、折中说、客观说或者以客观归责理论取代因果关系），都会赞同这一结论。这一点似无争议，但事实是，尽管判例表面上都要求行为人能够认识到因果关系的基本部分，实则却认为要求行为人具备与故意犯同样的对因果关系的预见可能性是不可能的，或说实际上并不需要对因果关系的预见。① 也有学者指明，判例虽说要求能够预见到“因果关系的基本部分”，但事实上是更加倾向于重视对结果的预见。② 之所以出现这样的情况，是因为对因果关系的“基本部分”的理解存在偏差。

2. 预见可能性的程度

关于预见可能性的第二个问题就是预见程度，所谓“预见”都是行为当下对将来可能发生事情的推测，要求绝对正确地预见到自己的行为会导致什么样的结果，以及如何导致结果发生是不合理的。所以，总是允许一定程度的抽象。根据允许抽象的程度不同，可以分为“具体的预见可能性说”和抽象的“危惧感说”。前者是通说，是旧过失论和新过失论的共同主张，该

---

① 参见［日］山口厚：《刑法总论》，有斐阁2005年版，第205页。

② 参见［日］大谷实：《刑法总论讲义》，成文堂2007年版，第199页。

说要求行为人必须能够预见到“具体的结果以及因果关系的基本部分(或者重要部分)”。[①] 而新过失论则认为只要行为人对结果的发生可能存在“不是会对人的生命、身体有危害吗”这种抽象的危惧感(或者不安感),就肯定预见可能性。但由于产业行为多伴随着危险,技术革新更会引发未知危险,化学工业、核工业等领域所潜藏的危险甚至难以预测和防控,那么若在责任过失的判断上采取危惧感说,则几乎等于取消预见可能性的判断。[②]

众所周知,危惧感说在当今刑法学界并无立足之地。然而,与学理上旗帜鲜明、高度一致地反对危惧感说形成对比的是,司法实务的态度是相当地暧昧。实务界一方面宣称自己支持具体的预见可能性说;另一方面又事实上倒向危惧感说。应该说,很多情况下判例上所说的对于“基本部分”的预见与危惧感说是很接近的。例如,对于北海道大学电手术刀案件,札幌高等裁判所的判决虽然要求被告对“基本部分的预见”是可能的,但是由于判决对因果经过予以相当抽象化地把握,事实上,除了语言表达上的区别之外,无法让人感知到与危惧感说有任何的不同。[③] 再如,在日本很有名的“关西近铁生驹隧道电车火灾案”中,最高裁判所对于预见对象也进行了相当程度的抽象。该案中,火灾本来是由于不可能预见的原因致供电电缆起火而引发的,法院为了肯定被告的预见可能性,用容易预见到的其他因果经过代替了事实上的因果流程。[④] 实际上的认定模式就是,假设现实中无法预见的因果经过是 A1,能够预见但并未在该事件中实现的因果经过是 A2,如果可以确定被告能够预见到包括 A1 和 A2 在内的抽象化的因果经过 A 时,就肯定被告对 A1 有预见可能性。这反映了实践中对于因果关系的把握愈加抽象化,事实上导致具体预见可能性说和危惧感说的界限不明。

---

① 参见[日]前田雅英:《刑法总论讲义》,东京大学出版会 2006 年版,第 282 页以下。

② 众所周知的一段对危惧感说的批评是:“通常在面临未知的危险挑战的情况下,即使采取了完全的防护措施,人们往往仍然会有一种说不清的不安感。如果在这种情况下认定存在预见可能性,当发生结果时就按过失来处理的话,不外乎是回到了古老的结果责任论的旧路上去。”参见[日]西原春夫:《过失认定的标准》,载《日本刑事法的形成与特色——日本法学家论日本刑事法》,李海东等译,法律出版社日本成义堂 1997 年版,第 251 ~ 254 页。

③ 札幌高裁昭 51·3·18。

④ 高决平 12·12·20。

第三节　缺陷产品责任中的不法

综合上文所述,本书将在客观归责论的意义上讨论产品责任的过失不法。根据客观归责论,过失不法包括制造危险和实现危险两个基本部分,产品过失责任也是如此。由于我国未单独规定过失生产、销售伪劣产品的犯罪,实践中都未作为犯罪处理,因此下文所举案例均为国外案例。

一、行为归责:制造不被允许的危险

欲判定过失不法,须首先考察是否存在可以归责的实行行为。这里以日本著名的"森永奶粉砷中毒案"为例讨论过失缺陷产品犯罪的实行行为。该案的基本案情是:1955 年,日本冈山、广岛两县发生婴儿奶粉中毒事件,造成众多婴儿死伤。经审理查明中毒原因为森用奶粉中含有"砷"化学元素。又进一步调查发现,森永公司长期以工业用"第二磷酸苏打"当作溶解牛奶的乳质稳定剂。而该稳定剂之供货商松野公司却有一段时期以含有砷的劣质品供货,未被森永公司德岛加工厂所察觉,最终导致发生所谓制造、贩卖含砷奶粉事件。

一审法院判决:厂方所用药品为当地有信誉的药商提供,由于过去未曾发生事故,故而信赖该药商,未进行检测,并无过失问题,该厂厂长及制造科长无罪。"只要能够证实这种场合存在预见可能性,'为防止结果的发生而科以某种负担是合理的'这种程度即可。虽不确定究竟是什么,但并非完全没有这种危险,因而不能完全无视这种危险,只要具有危惧感就足够了。"

二审法院判决:信赖原则并不适用于本案,依规格订货并执行检查的义务依然存在。德岛工厂厂长及制造科长因未尽其注意义务,应负业务过失致人死亡的责任。

最高法院判决:工厂厂长为事务主管,对药品的订货、检验及使用并无直接注意义务和监督义务,应判无罪。而制造科长为制造部门的最高责任者,尤其第二磷酸苏打为其亲自研究开发之物,对于该药品之订货使用,即

使不追究直接行为责任,也应该追求其监督的责任,因此对制造科科长宣告3年有期徒刑。最高法判决理由主要为:(1)第二磷酸苏打并非日本药局处方药品,制造者本身无法保证其成分,因此,有混入不纯物甚至有毒物质的危险,该危险属于可预见的危险。(2)作为食品从业受雇人员,应使用有质量保证的药局处方药品或纯度高的试剂,而被告未使用属于第一个过失。又德岛工厂有能力执行检验,但怠于检验,属于第二个过失。(3)食品制造业者与交通工具驾驶人的立场完全不同。对于交通上的众人,彼此皆因信赖共同依据交通规则而行动,但并无法律据以信赖上下游业者皆依本业规则行事,更遑论信赖最终使用产品的消费者具有预防能力。①

(一)制造危险的判断

1. 制造危险的判断资料

在新过失论那里,过失犯的实行行为被认为是“违反客观注意义务”,而客观注意义务的来源通常被认为是行政规则、条理、习惯等。但为何违反其他部门法或者规范会成为犯罪行为,这一点无法解释。反过来,同样不能成立的是,认为遵守其他规则所设定的安全义务就等于遵守了刑法上的义务,或者说将其作为没有制造不允许危险的根据。但是又不能回避的是,现代社会是法制社会,规范遍布社会生活的主要领域,在有关公众安全的领域更是法网严密。作为开放构成要件的过失犯罪,对于其实行行为的判断无法脱离现有的行政规则、安全制度、技术规范等独自为之。从这个意义上讲,我们可以把过失犯的罪状类比于空白罪状,但是又不等同于空白罪状,因为过失犯实行行为的违法性判断又不全然依赖于其他规范。具体而言,在我国以下有关产品安全的规范可以视作对过失生产、销售缺陷产品的实行行为司法判断的重要参考资料。

第一,为了保护公众的生命、身体安全和消费者权益,立法者在行政规则中普遍设立了防范危险的安全规范,如《产品质量法》《药品管理法》《食品安全法》《食品卫生安全条例》《医疗器械监督管理条例》《化妆品卫生管理条例》《种子管理条例》《农药管理条例》《化学危险物品安全管理条例》等。违反以上法律法规中的某些规范可以视为制造了刑法所不允许的危

① 最判昭44·2·27。《判例时报》第547号,1969年4月,第92页。

险,但这些规范中也有大量条文与刑法所保护的法益无关。例如,(1)许多规范体现的是政府对于产品安全的行政监管职能,如《产品质量法》规定产品监管部门实行抽查制度,这是对监管部门职权和工作制度的规定,与生产者、销售者的刑事义务无关;(2)有些规范规定的是消费者的权利,如消费者的知情权、申诉权等;(3)有些规范规定的是民事责任、行政责任。即使剔除上述无关条文,也不能将上述行政法规所规定的义务等同于刑事义务。因为在行政监管意义上的违法行为对于公众安全未必是危险的,因为行政法与刑法的规范目的和立足点不同。同时,任何行政安全立法都不可能做到完全周延、毫无漏洞,在存在规则阙如、过时或有错误时,即使遵守了现有行政安全规则对于法益保护也不充分,刑法上未限定过失犯注意义务的范畴而是保持其开放性就是有意避免漏洞发生。

第二,除了法律规范外,违反"社会交往规范"也会制造不允许的危险。社会是由千千万万交往中的主体组成的,主体之间具有交往关系,所以每个主体都不能仅听从内心的任性而行动,而是要在追求行动自由的同时防范因自己的行动侵害他人或者社会的利益,为此主体只有在遵守"交往规范"的界限内才能获得最大限度的自由。[①] 交往规范的内容非常广泛,[②]在我国具体包括:(1)某行业内的技术规范、行动规则等,如生产、销售不符合安全标准的产品罪,其中就规定以电器、压力容器、易燃易爆产品等的国家标准、行业标准作为标准,再如"国家玩具安全技术规范"规定了玩具制造的安全技术标准,生产、销售不符合上述标准的产品很可能被认为制造了不被允许的危险。(2)公司、企业内部与安全保护有关的制度、规则,但仅限于该制度、规则与保护消费者安全具有密切关联时。(3)其他社会交往规范,是指(1)(2)之外从保护消费者及其他公众生命身体法益出发必须要遵守的规范,一般而言,遵守上述规范就已足够,但是在生产、销售的是具有特殊危险的产品(如易燃易爆或毒害性产品)或者是具有危险防护性产品(如

---

① 关于交往社会,参见[德]京特·雅各布斯:《规范·人格体·社会——法哲学前思》,冯军译,法律出版社2001年版。

② 罗克辛将交往规范仅限于私人利益团体在技术领域及体育运动方面所创设的规则,该观点过于狭隘。参见[德]罗克辛:《德国刑法学总论》(第1卷),王世洲译,法律出版社2005年版,第717页。

放射性物质防护装备)时,基于"不寻常危险的案件事实"所提出的要求比"根据平均水平制定的规则"所产生的要求更加严格。① 此外,在有本行业或本领域不常见的特殊危险发生或者接到产品危险或实害的报告时,应尽极度谨慎之注意停止生产、销售、查明原因、召回产品等。

第三,除了直接与生产、销售产品有关的安全规范外,还有些规范是为监督者、管理者所设,即监督义务、管理义务。现代产业行为不可能仅由产业工人完成,而是由不同部门、不同人员相互配合并且通过构建严格的监管系统才能实现。因此,当发生产业工人违背客观注意义务制造了刑法上不被允许的危险时,同时必须考察有关监管人员是否违背了监督、管理义务。

结合"森永奶粉砷中毒案",日本最高法院最终否定了工厂厂长行为的违法性而肯定了制造科长的责任。对于工厂厂长,由于其不是直接行为人,因此只能考察其监督过失责任,但法院认为在药品订货、检测方面其也无监督义务,所以就不存在作为实行行为的危险制造。但是,即使厂长不是直接行为人,其作为最高责任人,对整个工程的生产制度、进货渠道、产品质量负有整体性监管义务,工厂没有建立起严格的订货和检测系统不仅是下级制造科科长的职责所在,更是厂长本身的职责,因此,有追究其业务是过失致人死亡罪的余地。对于制造科科长,法院认为其作为制造部门的最高责任者对于该药品之订货使用、检测至少具有监督义务,其没有使用药局的处方药品或有保证的高纯度药品,又未对所使用的药品进行检测,其行为制造了刑法所不允许的危险。应该说,关于保证产品质量、对使用的原料进行检测、规范进货渠道等规范皆可在相关法律规范中找到,如日本《产品责任法》,甚至也可以在行业规范、企业制度中找到。即使在上述规范中都没有规定,作为生产者保证其所生产的产品安全是最基本的交往规范,违背上述规范可以看作其"制造不被允许的危险"的明证。

2. 制造危险的排除

虽然如上文所述,为了防范危险而设的安全义务愈加严密,无论是成文的还是不成文的,但是义务总是有限的,危险的存在是绝对的、必然的,刑

---

① 参见[德]罗克辛:《德国刑法学总论》(第1卷),王世洲译,法律出版社2005年版,第716页以下。

法必须允许一定的危险存在。任何义务都只能从一般规律上降低危险发生的概率。而且,当今社会利益往往与危险共生,允许危险存在才能获得于人类更大的利益,如效率、便利,多数科技产品都是如此。“允许的危险”的法理最初就产生于高度工业化社会的背景下,①而如今,在“风险社会”的环境下,随着全球化的进程通过媒体的传播,以及新型风险自身的不可预测和不可控,公众内心的不安情绪在蔓延。产品安全也是其中令人担忧的重要部分,其中既包括对科技产品安全性的担忧,也包括对日常食品、药品安全性的担忧,还包括对未知产品(如转基因食品)安全性的担忧。但过于强调危险预防、社会安定、民心稳定极易导致过剩的刑罚,导致自由减少、行动萎缩安全与自由之间的关系失衡。所以,在抑制危险行为的同时必须为国民留下自由行动的空间,以保持社会的活力,也就是要允许一定的危险存在。

危险是否被允许并非以程度高低来衡量。关于允许危险的判断,通说以社会有用性为标准,主张以承认一定的利益牺牲为前提,但秉持为了发展而优先考虑社会全体利益的价值观。② 但有用性标准仅考虑了结果的恰当性而有失偏颇,因此有学者主张应从行为无价值的立场出发根据社会相当性进行判断。③ 然而,实质上,“行为无价值的允许的危险,并不绝对排斥利益衡量的法理;结果无价值的允许的危险,也包含对行为样态的评价,两者的区分并不那么绝对”,④完全可以将两者结合起来。具体需要考察的指标包括:(1)行为目的是否为法秩序所承认,即该产品的生产、销售、使用是否违背善良风俗;(2)若不发生危险,行为目的是否无法实现,即需要考虑危险产品的可替代性;(3)是否符合法益衡量的原则,即考察产品的价值是否大于其可能导致的危险。⑤ 根据上述标准,如在新药开发阶段,在新药对人

---

① 参见[德]许迺曼:《传统过失刑事责任观念在当代社会中的弊病》,王秀梅译,载《法学家》2001 年第 3 期。

② 参见[日]前田雅英:《被允许的危险》,载中山研一、西原春夫、藤木英雄、宫泽浩一编:《现代刑法讲座》第 3 卷,成文堂 1979 年,第 25 页以下。

③ 参见[日]中义胜:《过失犯中被允许危险的法理与危险分配》,载《日冲宪郎博士还历祝贺(过失犯 1)》,有斐阁 1966 年版,第 49 页以下。

④ [日]前田雅英:《过失犯之考察》,有斐阁 1990 年版,第 302 页以下。

⑤ 参见[德]Engisch, Untersuchungen über Vorsatz und Fahrlässigkeit im Strafrecht, 1930, S. 287ff。转引自[日]前田雅英:《被允许的危险》,载中山研一、西原春夫、藤木英雄、宫泽浩一编:《现代刑法讲座》(第 3 卷),成文堂 1979 年版,第 25 页以下。

类机体的具体作用方式与作用效果尚未完全明确之前,有时为了治愈某种大规模爆发的传染性疾病,也不得不暂且允许该药品投入使用。即使能够预见该药物对人体的某些组织、器官会有损害(包括重大损害),但因为生命法益的紧迫性、重大性与普遍性,对于身体健康的危险就应该被允许。[①]但是如果该药物的使用是出于人体实验的目的,或者不是为了紧急情况下救助公众的生命法益,或者有其他更加安全的药物可以替代时,即使获得被害人的同意,也不允许将该药物运用于人体。

3. 信赖原则

信赖原则常在过失犯中适用。这里有必要简要说明"信赖原则"在过失犯中的体系位置,用以说明为何在"制造危险"部分讨论信赖原则,而不是将其放在"过失责任"部分探讨。日本通说认为,在能够适用信赖原则的场合就应否定主观的预见可能性,即信赖是内心的问题,是主观的责任要素,是判断预见可能性的方法。[②] 这一观点也得到了我国一些学者的支持。例如,张明楷教授认为:"在合理信赖被害人或第三者会采取适当行为时,缺乏预见可能性或者预见可能性很低,因而不能追究过失责任。"[③]

但是,本书认为,信赖原则与预见可能性实为不同层面的问题,前者是规范问题,后者是事实问题,两者并无关联。信赖原则是对交往关系中遵守规范的人的"恩典",如果行为人根据规范的指引采取了正确的行动,且不存在特殊情况(如对方属于需要特殊保护、监视的群体或者不具有可以信赖的资格等)。那么,为了保障交往的顺畅,确保社会秩序的高效,就应当允许行为人信赖其他社会交往的参与者也会规范地行动。因为在一个规范的社会里,除了少数具有监督义务的行为人(如监护人、组织体内的监督

① 允许的危险与被害人承诺(或推定的承诺)不同。后者是因为被保护的法益不存在而阻却违法,但如果被害人明确表示不接受治疗,则不能阻却违法。但对于允许的危险,则无论被害人是否同意,只要符合上文规定的若干条件,即可阻却构成要件的实行行为性。

② 参见[日]盐谷毅:《信赖原则的序论性考察》,载《神山敏雄先生古稀祝贺论文集》(上卷),成文堂2006年版,第93页。

③ 张明楷教授一方面认为信赖原则的适用会限定结果回避义务的内容,如在封闭的高速公路上驾驶车辆的人会合理信赖行人不会横穿公路,则驾驶者的结果回避义务就仅限定为避免与其他车辆相撞;另一方面也认为信赖原则与预见可能性也有密切关系。参见张明楷:《刑法学》(第4版),法律出版社2011年版,第271页。

者、国家机构中的监督者)之外,没有人有义务监督他人是否会合规范地行动,而只需自己守法[①]即可。这一规则不仅适用于交通环境中,而且应是社会发展的普遍原则,反之若不遵守该规则,就会有使国家成为“警察国家”的危险,而每个公民也会变成“国家卫士”。在一个规范的社会里,应该形成这样一种秩序:只要我自己规范地行动,履行了所有法义务,即可信赖他人也规范地行动,而不必担心因他人违法而使自己陷入归责。这一效果就是,作为守法者,理应“因合理信赖而免责”,这是他们在法规范上应享受的利益。概言之,在规范社会里,行为人遵守义务是其获得信赖利益的前提,也是唯一条件。如果具体放在客观归责理论的框架下来解释的话,遵守义务即等于“没有制造法所不允许的危险”,即便行为有一定的危险性(如高速交通),在行为人守法的情况下该危险也应自然转移给其他交往参与者负责。所以,合理信赖的结果就是否定行为不法,既然无不法行为,自然不必担心一个合法行为会导致什么危害后果,更无需为回避危害结果付出意识的紧张。而预见可能性的有无是一种事实,是以行为人自身的认知能力标准、综合行为当时主客观所有情况对主观过错进行判断,此判断与法规范的价值取向无关,也与行为人是否履行了义务无关。不能说,由于法规范赋予了被告“信赖利益”,所以其“可得预见”这一事实便不存在;也不能说,由于被告“能够预见”,所以法规范就剥夺这种“信赖利益”。简言之,“在适用信赖原则的场合,即使预见结果是可能的(或者不管预见是否可能),也不否定过失”。[②]

信赖原则的本质是“君子务本”,即“个人做好自己的分内之事”。对于他人管辖领域内的事情,即使从自己领域也“可以窥视其样态”或者危险(有结果预见可能性),也不要求采取相应的结果回避措施。[③] 或者再重申一遍的话,就是适用信赖原则的场合下,即使行为人对结果有预见可能性或者根本不管其有无预见可能性,过失不法均应被否定。

因此,信赖原则属于危险制造排除的内容,是“允许的危险”的法理的

① 在此“法”应作广义理解,不仅包括成文法规范,还包括行业规范、日常交往规范。

② [日]井田良:《刑法总论的理论构造》,成文堂2007年版,第122页。

③ 参见[日]井田良:《变革时代的理论刑法学》,庆应义塾大学出版会2007年版,第155页。

反面。这里有必要在缺陷产品致害的过失不法的刑事责任中探讨信赖原则的适用余地。主要涉及的是:第一,生产商对上中游企业(如原料提供商、包装企业、技术支持企业等)的信赖;第二,销售商对生产商的信赖;第三,生产商、销售商与消费者之间的信赖;第四,上级对下级的信赖。但是由于第四点和监督过失问题紧密相连,所以,将在下文监督过失部分予以详述。

首先,关于生产商对上中游企业的信赖。在上例中,一审判决即认为,厂方所用药品为当地有信誉的药商提供,由于过去未曾发生事故,故而信赖该药商,未进行检测,并无过失问题。即为信赖原则适用之适例。但究竟能否信赖,该药商应考察多重因素,并非因为之前信誉良好就可径直适用信赖原则。因为信赖原则的适用必然导致监督责任的消失,须谨慎为之。(1)若对于原料提供商、提供包装的企业,除非是由国家认证或者有相关权威机构检测合格的证明,生产商均不得以存在长期合作关系或者之前从未出现问题为由,逃避监督检查的义务。作为生产商,对于所利用的原材料的质量应该负保证人义务,这不仅是来自民法的要求,同时也是刑法上法益保护原则的要求。在众所周知的三鹿奶粉案件中,三鹿集团也存在对奶源监管不力的问题。三鹿集团奶源的一部分是散户奶,有的由奶农直接交给三鹿,有的则通过奶站交给三鹿,数百个奶站提供的奶源,本身就加大了奶源质量不合格的风险,而三鹿集团又疏于监督,根本无法保证奶制品的质量。按照我国《乳品质量安全监督管理条例》的规定,生鲜乳收购站只能由取得工商登记的乳制品生产企业、奶畜养殖场、奶农专业生产合作社开办。但是三鹿集团选择的收购站的3/4都是个体私营投资和养殖小区,有一部分还是流动收奶点,这些奶站经营主体成分复杂,数量又多,存在监管困难这一客观事实。三鹿集团在知晓其选择的奶站的复杂性与不可控性的场合,就有可能预见该问题奶源会造成被侵害的情况。此时,三鹿集团断无主张信赖原则适用之任何可能性,因为对象不具有可得信赖的基础。例如,毒胶囊事件,如所购入的药品外壳胶囊系有毒有害或不安全产品,药品制造商同样负有检测义务,对其安全性负保证人责任。(2)对于技术支持企业,生产商在确定选择某个技术支持企业之初,负有在同行业内比较考察该企业技术的可行性、安全性的职责,除非所用技术专业性极高,非达到相当程度的专业人士不得而知,否则不得适用信赖原则。例如,对于生产高精医疗仪器的生产商而言，也应具备相当的本行业内的专业知识，只是对仪器的某个精密零件或者技术需要借助于其他企业的技术，对该专业性极高的技术，只要该技术是合理的（如为行业所认可，为生产商所普遍使用，获得国家专利，经过严格的科学实验等），即使存在一定程度的风险，也是允许的，对于生产商可以适用信赖原则。

其次，关于销售商对生产商的信赖。一般而言，凡是具有法人资格或者合法注册并经过卫生部门、质量监督部门检验合格的产品，销售商均可信赖其产品质量，无需另行检测或鉴定。但是对私人或小作坊提供的商品或所谓的“三无”产品，负有保证其质量的保证人责任，若无法检验或证明其产品的安全性，则应拒绝销售。同时，对于明知或应当知道系假冒他人商标、产品合格证等标识的产品，也负有检测或拒绝销售的义务。

最后，关于生产商、销售商与消费者之间的信赖。第一，通常消费者当然可以信赖其所购买的产品是安全的产品，但如果消费者以明显低价购买“三无产品”自无信赖的基础。此时，若因为产品招致人身损害或财产损失，能否依被害人承诺的法理阻却行为人的违法性？或依自赴风险的原理，将损害或者损失归于消费者自我答责的范畴？例如，消费者明知药品没有国家批号而仍听信他人宣传从私人手中购买，但因该药品是假药不仅不能治病，反而致人肝脏严重受损；或者消费者明知所购买的插座是三无产品，但为贪图便宜而购买，后因使用中触电身亡。这里的人身伤亡的结果是由生产商、销售商承担还是消费者自行承担？笔者认为，这应该结合一个国家的法治状况进行考察。如果一国法治发达，国民规范意识浓厚，人们普遍从正规渠道购入商品，“三无产品”的生产、销售是极为例外的情形，那么，消费者的上述行为属于自赴风险，刑法断无保护的道理。如果一个国家的法治欠发达，制假贩假猖獗，商品整体质量堪忧，从非正规渠道买卖“三无产品”的现象普遍，则不能将危险全部转嫁给消费者。第二，关于生产商、销售商对于消费者合理使用的信赖。信赖原则要求行为人不存在违法行为，因此，只有当生产商、销售商的产品本身安全并尽到充分的提醒警示的注意义务时，方可信赖。例如，食品业者需要提醒消费者包装内的干燥剂是不可食用的，而不能信任消费者具有足够判断力不去食用干燥剂。

(二)制造危险的判断标准

产品生产者、销售者制造危险的判断标准问题,是以一般人的认知能力、合义务行为能力①(包括职业、智力、受教育程度、身体状况、精神状况、生活经验、社会地位等)为标准,还是以行为人个人的认知能力、合义务行为能力为标准?对此,主要有以下几种观点。

第一,德、日传统通说认为在构成要件与违法性层面,过失的判断是从一般人出发的客观判断(构成要件性过失与不法过失),在责任层面,过失的判断是以行为人个人为标准的主观判断(责任过失)。② 其主要根据在于:(1)严格区分客观的违法与主观的责任;(2)以一般人为标准进行违法判断,能够发挥规范的一般指引作用,规范是客观的,其对所有主体提出的要求是统一的,不应因行为人的不同而有所不同。

该说为了坚持客观的违法论而完全否定主观要素对违法性的影响,③并不妥当。如过失犯中,行为人具有特殊的认知能力与合义务行为能力,规范对其提出的义务要求就不应该仅等同于审慎的一般人。

第二,与传统通说的观点截然相反,近年来主张注意义务主观化、个别化的学说变得非常有力。该说认为注意义务违反完全取决于行为人个人的能力,具有多高的能力就应被科以多高的义务。④ 具体而言,如果行为人能力高于一般人,其注意义务就比一般人高;如果行为人能力低于一般人,由

---

① 在传统过失论中,通常使用的概念是"结果回避能力",认为具备结果回避能力是结果回避义务的前提。但如前文所主张,结果回避义务的表述过于倾向结果无价值,与客观归责的立场不匹配,应该废弃。与之相应地,也不应在此处使用"结果回避能力"(但在讨论结果回避可能性时,仍会涉及结果回避能力问题),而应代之以"合义务行为能力"。

② 参见[日]西原春夫:《过失犯的构造》,载中山研一等编:《现代刑法讲座》(第3卷),成文堂1979年版,第1页以下;[德]Schönke/Schröder/Sternberg-lieben, StGB, 28. Aufll., 2010, vor §15Rn. 133ff. 118. 转引自陈璇:《论客观归责中危险的判断方法——"以行为时全体客观事实为基础的一般人预测"之提倡》,载《中国法学》2011年第3期。

③ 当今的违法论主要是客观违法论内部的对立。主张客观违法论的学者大多承认违法性的有无、程度也会受到目的、意图等主观要素的影响,但对于该主观要素是否为违法要素,则存在争论。如有学者提出,主观要素并非违法性根据,至多使"发生法益侵害结果的客观危险性"增加,换言之,其不是直接加重违法性,而是通过增加客观危险而间接影响违法性程度,因此反对主观本身对违法性产生影响这一意义上的"主观违法要素"。参见[日]山中敬一:《刑法总论Ⅰ》,成文堂1999年版,第387页。笔者认为,这是值得倾听的观点。

④ 该说在德语国家非常有影响,已成为瑞士刑法学的通说,在德国与奥地利也是有力的学说。参见[日]吉田敏雄:《过失犯的构造》,载《北研》第41卷第4号,第675页。

于法律不能要求不能为之事,其注意义务就比一般人低(雅各布斯)。[①] 对此,许迺曼给出的理由是:“构成要件合致的行为就是违反行为规范,……以行为人的状况和认知作为出发点。因为行为规范并不应该处理任何一个假设的案例,而是处理个别行为人在一个具体的历史事件中的行为”,“从任何一个被想象成理想旁观者的知识基础中得出行为规范,会是完全没有意义的,因为这在一般预防的观点下完全是无意义的”。[②]

笔者认为,相对于传统通说的保守,注意义务主观化、个别化的主张又有些激进,毕竟犯罪体系需要维持大体上从客观到主观的判断程序,否则就不利于防范司法恣意并保障司法效率,而以个人能力为基础的客观归责判断必然会导致责任阶层的空洞化,个人能力一旦成为违反注意义务判断的基础,责任过失便无实质内容可言。除了体系上的理由外,以一般人能力为基础提取出规范要求的观点看似颇有道理,但实则毫无意义。因为,无论故意犯还是过失犯都要处理具体的历史事件,都要面对特定的有血有肉的行为人,但这毫不妨碍规范对一般人发出客观的要求。如果针对不同职业、教育水平、智力状况、身体状况的人使用不同的违法概念,则无异于把规范肢解,将破坏规范的统一性、客观性与权威性。如此一来,不仅过失犯当中将不存在统一的注意义务,在不作为犯中,由于也要考虑不同行为人的作为能力,统一的作为义务也将不复存在。甚至在故意犯中,行为人的认知能力、控制能力也不可能相同,那么是否“禁止杀人”的规范命令自始也要针对不同行为人提出不同的要求？规范命令一旦被肢解,将无法发挥规范的普遍指引功能,构成要件的定型性特征将荡然无存、注意义务的类型化目标将无法实现,[③]行为主体将变得无所适从。因此,只有事先确定一般性行为标准,方可建立规范性秩序,至于特定主体是否最终应对不法行为承担责任则是接下来要判断的事情。而若将注意义务主观化、个别化,则必然使责任过

---

① 参见许玉秀:《探索过失犯的构造——行为人能力的定位》,载《主观与客观之间》,新学林图书出版公司1997年版,第196页。

② [德]许迺曼:《关于客观归责》,陈志辉译,载许玉秀等编:《不移不惑献身法与正义——许迺曼教授刑事法论文选辑》,台北,新学林出版股份有限公司2006年版,第553页。

③ 虽然过失犯的实行行为缺乏定型性,但无论是为了自由保障的目的还是行动指引的目的,“制造危险“的类型化一直是过失理论所追求的重要目标。尽管不能做到彻底的类型化,但如上文所述以行政规范、交往规范等作为判断资料可以大体上实现类型化目标。

失的内容被掏空、不法与责任混为一谈,近代以来确立的犯罪构成的基本框架也就因此荡然无存了。

第三,虽然受到了注意义务主观化、个别化的冲击,但在制造危险的判断上,德国当前的通说仍然是"一般人 + 特别行为人"的判断模式。也就是说,若行为人的能力高于一般人,应该采用个别人标准;若行为人的能力相当于或者低于一般人,则采用一般人标准。① 违法过失所采取的一般人标准不是指社会的平均人,而是行为人所属交往领域(如脑外科医生)内具有通常知识、经验、能力的认真而审慎的一般人,罗克辛称其为"标准人物"。②

对于当今的通说,也有不少批判者。理由主要集中于:(1)混淆主客观要素的界限,在分析构成要件与不法阶层前考虑行为人的特别认知,混同了客观的危险与对危险的认知;③(2)既然一般人是"行为人所属之特定社会群体的具体一般人",要根据职业、地域、文化等标准进行划定,则最终一般人标准也会倒向注意义务的个别化。④

针对理由(1),虽然当今违法论的主流已不再是彻底的客观违法论,但大体上还是呈现出客观违法、主观责任的结构,因此通说反对注意义务的个别化。但是,必须在过失不法中考虑行为人的特殊认知与能力,方可避免轻纵犯罪。例如,聘用了国际顶尖药学专家的制药公司对药品本身的性质、功能、副作用的认知能力肯定高于一般的制药企业,如果对该制药公司的规范要求与一般制药企业相同,则会纵容违背专业知识、放松专业要求,于法益保护不利。但此时,制药公司以及顶尖专家的特殊认知是否如被批评的那

---

① 参见[德]罗克辛:《德国刑法学总论》(第1卷),王世洲译,法律出版社2005年版,第724页。

② 参见[德]罗克辛:《德国刑法学总论》(第1卷),王世洲译,法律出版社2005年版,第720页。

③ Björn Burkhardt, Tatbestadsmäßiges Verhalten und ex-ante-Betrachtung, in: Wolter/Freund (Hrsg.), Straftat, Strafzumessung und Strafprozeß im gesamten Strafrechtssystem, 1996, S. 106. 参见陈璇:《论客观归责中危险的判断方法——"以行为时全体客观事实为基础的一般人预测"之提倡》,载《中国法学》2011年第3期。

④ Björn Burkhardt, Tatbestadsmäßiges Verhalten und ex-ante-Betrachtung, in: Wolter/Freund (Hrsg.), Straftat, Strafzumessung und Strafprozeß im gesamten Strafrechtssystem, 1996, S. 106. 参见陈璇:《论客观归责中危险的判断方法——"以行为时全体客观事实为基础的一般人预测"之提倡》,载《中国法学》2011年第3期。

样成为不法的要素,尚值得讨论。准确地说,行为人的特别认知(其实也包括一般人的认知)虽属于主观范畴,但并不是不法要素本身,只是作为危险判断的基准,真正的不法要素是以其为标准所确定的能够成为判断资料的客观事实的范围,如学者所言,"主观或个人因素并不是判断基础,而只是决定事实的哪些部分能够进入判断基础的选择性标准而已",真正作为不法要素的仍然是客观事实。[①] 针对理由(2),批评者认为"所属交往领域"的一般人实则无异于个别人,如其举被告施暴致被害人冠心病病发而死一例认为,应根据被告的个人情况将其限定为"男性、50 岁、小学文化、曾在东南沿海农村生活 × 年、到大城市生活 × 年的城市居民",[②]这样限定大大缩小了"一般人"的范围,但如此限定并不妥当。一般人是行为人所属交往范围内审慎的自然人,与该审慎自然人的认知水平、行动能力无关的行为人自身特点不应被设置为标准人物的特征。对于产品生产者、销售者,只需考虑与其对产品本身质量、安全性的认知能力有关事实即可,如教育背景,职业经历,在本专业领域中所处的位置,所掌握的特殊技术、专利等。

二、结果归责:实现不被允许的危险

行为所制造的危险必须在结果中实现,方能归责。在过失犯中,特别要考虑结果回避可能性与注意规范的保护目的对于结果归责的影响,以及当有其他因素介入时的结果归责判断。

(一)结果回避可能性

1.结果回避可能性与结果归责

结果回避可能性无论在故意犯还是过失犯中都有重要地位,一直被认为与因果关系或客观归责紧密相关。结果回避可能性的判断需要考察:假

---

① 参见 Wolfgang Frisch, Straftat und Straftatsystem, in: Wolter/Freund (Hrsg.), Straftat, Strafzumessung und Strafprozeß im gesamten Strafrechtsszstem, 1996, S. 186。转引自陈璇:《论客观归责中危险的判断方法——"以行为时全体客观事实为基础的一般人预测"之提倡》,载《中国法学》2011 年第 3 期。

② 陈璇:《论客观归责中危险的判断方法——"以行为时全体客观事实为基础的一般人预测"之提倡》,载《中国法学》2011 年第 3 期。

设实行了合义务的替代行为,是否同样会发生危害结果。即使遵守注意义务,仍未能回避几乎确定地可能性结果发生,在故意犯中否定既遂的责任,[①]在过失犯中则免除责任。

在日本,判例上也大多会因为缺乏结果回避可能性而否定因果关系。例如,汽车司机以超过限速15公里的速度行驶(实际行驶速度每小时40公里),在和对面的车错车后,撞死了横过马路的行人。该案中,由于司机即便按照规定速度行驶也不可能在出事地点前停下来,以防止事故发生,因此,判决认为司机的超速行驶行为和结果之间不存在因果关系。[②] 再如,在"大洋百货"火灾事故中,法院认为"即使被告(销售科长)平常对三楼的营业人员进行防火训练,也很难说在火灾蔓延到三层店铺之前,能够有效地采取关上C号楼梯的防火门的防火措施",因此否定了因果关系。[③]

德国则在客观归责理论下解决结果回避可能性问题。例如,在著名的"羊毛笔案"(RGSt 63,211)中,毛笔制造厂的老板将事先未消毒的山羊毛交给女工加工,导致四名女工因感染炭疽杆菌而死亡。但事后证明,即使按规定的措施消毒也无法消灭当时欧洲国家尚不知道的炭疽杆菌,女工依然会死。罗克辛认为,根据事前的判断,被告忽视消毒的行为创设了重大危险,但事后确定该危险并没有在结果中实现,因此不可归责。[④] 对该观点,学界几乎没有什么争议,笔者也表示赞同。因为当时的科学水平表明无论行为人怎么做,消除危险都是不可能的,事后来看没有消毒的行为并没有升高危险,使法益状况变糟。但对"保持车距案"(BGHSt 11,1),学界则存在激烈争论。该案中,被告卡车司机超越一辆自行车,按规定他本应该保持1~1.5m的车距,但其距离骑车人仅有75cm,超车时醉酒的骑车人在酒精作用下反应迟钝而将自行车向左打过去,结果被卡车后轮轧过死亡。事后查明,即使被告保持了合理的车距,但考虑到骑车人酩酊的状况,事故仍然可

---

① 参见许恒达:《"超越承担过失"的刑法归责》,载《东吴法律学报》第20卷第2期。

② 东京高判昭和47·12·19。参见[日]北川佳世子:《交通事故和过失论》,载高铭暄、赵秉志主编:《过失犯罪的基础理论》,法律出版社2002年版,第75页。

③ 参见[日]大塚裕史:《企业灾害和过失论》,载高铭暄、赵秉志主编:《过失犯罪的基础理论》,法律出版社2002年版,第97页。

④ 参见[德]罗克辛:《德国刑法学总论》(第1卷),王世洲译,法律出版社2005年版,第254页。

能发生。联邦最高裁判所认为,“一个违反交通的举止行为,只能在符合交通规则的举止行为肯定不会造成这种结果时,才允许作为一个造成损害的结果的原因”,因此判决被告无责任。罗克辛则根据危险升高理论认为,“正确的开车行为虽然不是肯定,但是也的确可能拯救骑车人的生命,由于不遵守保持距离的规定而超越许可的风险,以在法律上有重大意义的方式提高了一种致命性事故的机会”,①从而肯定客观归责。

对于联邦最高裁判所的判决,只有当合义务行为“肯定”不会造成危害结果时才肯定危险实现,这种观点不妥当。因为,既然是“假定”未曾发生的事实,就很难百分之百地确定如果合义务地行动结果是否会肯定发生,要求绝对确定地排除结果发生的可能性,不切实际。因此,日本有学者提出应该像不作为犯那样,如果采取预想的适当措施,结果不会发生具有“十有八九”的确定性,或者达到“接近确实性的盖然性”时,方可肯定因果关系。②但上述标准能否适用于过失犯,很值得商榷。之所以对不作为犯的结果回避程度要求很高,是因为与作为犯不同,不作为犯并没有开启法益侵害的因果流程,而只是对已经存在的因果流程未加干涉,在这个意义上,不作为犯的违法性总是低于作为犯,而不可能等价于作为犯。③ 而对于过失(作为)犯,由于是行为人积极地引起了危险,使法益处于不安全的境地,其对法益的破坏力大于不作为犯,因此对过失(作为)犯的归责要求不能像不作为犯那样严苛。否则,在有复合因素共同导致结果发生的场合,如被害人存在过错或者有其他因素介入时,过失犯几乎都会变得不可罚,因为按照接近确定性的盖然性标准,即使行为人实施了合义务行为,也无法排除其他因素可能会导致的结果发生,致使追究过失犯的刑事责任变得异常困难。

因此,对于过失犯,应该采用危险升高理论。只要行为显著升高了结果发生的危险,或者如果实施合义务行为就会显著降低结果发生的危险,即可肯定结果归责。但也有反对者提出质疑,理由是:第一,过失犯是实害犯,必

---

① [德]罗克辛:《德国刑法学总论》(第1卷),王世洲译,法律出版社2005年版,第257页。

② 参见[日]大塚裕史:《企业灾害和过失论》,载高铭暄、赵秉志主编:《过失犯罪的基础理论》,法律出版社2002年版,第97页。

③ 因此《德国刑法》明文规定对于不作为犯的处罚可以轻于作为犯(第13条)。

须证明制造危险与发生结果之间具有关联性,而危险升高理论只论证了增加危险,实际是把实害犯当作危险犯来看待;[①]第二,危险升高理论违背“疑罪从无”原则,既然无法确定实施合法行为时结果是否会发生,那么就应该从有利于被告的立场出发,否定其责任归属。

对于质疑一,要求人们遵守的注意规范从来都是要降低结果发生的可能性,而不是彻底避免结果的发生。正如许迺曼所说,“仅仅从有容许风险存在,就可显示出注意规定从来不是以百分之百防止结果发生为目的,而是仅以明显地降低结果发生的风险为目的”。[②] 对此,日本也有学者表示赞同,认为只要行为违反了法规范的期待,且该行为减少了结果回避的机会,就不能否定结果归属。[③] 就“保持车距案”而言,仅与骑车人保持75cm距离是大大增加骑车人倒地危险的动作,尽管会怀疑“也许保持了合理的车距,酩酊的骑车人也可能会倒地被轧死”,但与其执着于“合义务行为时结果究竟能否发生”这个无法确知答案的假定性问题,不如根据已知事实“违规行为大大升高了危险”而追究责任。对于质疑二,“疑罪从无”说的是刑事程序法上的证据标准问题,但危险升高理论说的是归责标准问题。在这里并不存在一个证据无法确定的“疑罪”,行为造成法益侵害危险升高是确定的事实,有足够证据予以支持。用“疑罪从无”来批评只不过是要把归责建立在百分之百的结果回避可能性的基础之上,但法学不是自然科学,鲜有案件能够以科学证明作为依据百分之百地确定事实,若以此为标准,不仅建立在数据统计基础上的“疫学因果关系”[④]缺乏合理性,绝大多数的不作为犯、过失犯乃至部分故意犯(特别指多因素介入的复杂的故意犯罪)都恐难以定罪,由此陷入司法“不可知论”。

---

① 参见[德]Baumann/Weiber/Mitsch, Strafrecht, 2003, §17, Rn. 边码87。转引自车浩:《假定因果关系、结果避免可能性与客观归责》,载《法学研究》2009年第5期,第155页。

② [德]许迺曼:《关于客观归责》,陈志辉译,载许玉秀等编:《不移不惑献身法与正义——许迺曼教授刑事法论文选辑》,台北,新学林出版股份有限公司2006年版,第565页。

③ 参见[日]小林宪太郎:《因果关系与客观归属》,弘文堂2003年版,第34页。

④ 疫学因果关系,是指在公害事故中,当无法通过科学手段获知违法行为与死伤结果之间的因果关系时,效法流行病学所采用的统计方法,通过论证违法行为与死伤结果之间具有某种正向关联而确定其因果关系的存在。疫学因果关系为刑法学界所普遍认可,但当初考夫曼也曾批评其违背疑罪从无原则。关于疫学因果关系,参见张明楷:《外国刑法纲要》(第2版),清华大学出版社2007年版,第130页以下。

综上所述,对于“羊毛笔案”及类似案件,能够通过事后的科学证明确知即使实施了合义务行为危害结果也是注定不可避免的,就不能进行结果归责。因为,一个事前建构的注意规范由于结果百分之百不可避免而变成一个对于回避结果而言毫无意义的无效义务,违反注意义务所制造的危险也不可能在结果中实现。但对于“保持车距案”及类似案件,即使实施了合义务行为,结果也可能发生,而违背注意义务显著提高了结果发生的可能性,则应该对行为人进行结果归责。因为设定作为“安全带”①的注意规范本来就是要使法益侵害的可能性降到最低限度,而违背注意规范、升高危险的行为则显示出了行为不法与结果不法之间的关联性,法益侵害结果也在注意规范的保护目的范围之内。由此观之,上文所引用的日本二判例的判决结论,也有商榷的余地。

2. 过失产品责任中结果回避可能性的判断

结果归责是事后的判断,因此,要以行为当时与事后查明的行为后发生的所有事实作为判断资料,站在旁观者的立场考察结果回避可能性的有无。举例而言,对于火灾事故中结果回避可能性的判断,往往要综合考虑火、烟流速的专家鉴定结论、避难所需时间的实验结果、证人证言等,并对比日常生活上的经验法则得出结论。②

在产品责任事故中,就是站在事后的立场考察如果生产者、销售者遵守了一切关于产品生产和销售的义务,符合法律规定以及国家标准、行业标

---

① 许迺曼将事先设定的注意规范比喻为防止危害结果发生的安全带。其表述是:“在检验注意规范是否在事前的观察看起来也是有意义的时候,正好是在问是否由于时间流程有无法弄清楚的细节而应该透过注意规范来准备一种安全带(Sicherheitsgürtel)。”参见[德]许迺曼:《关于客观归责》,陈志辉译,载许玉秀等编:《不移不惑献身法与正义——许迺曼教授刑事法论文选辑》,台北,新学林出版股份有限公司2006年版,第565页。

② 参见[日]井田良:《犯罪论的现在与目的行为论》,成文堂1995年版,第209页。例如,日本“川治王子饭店”火灾事故中,专家经鉴定认为,如果被告按规定设置防火门、防火区划就可以产生30分钟的防烟效果。30分钟对于被害人转移至安全场所是否足够呢?侦查机关通过实验得出结论,从火灾通报到最后一名客人逃生避难通常情况下只需要7分多钟的时间,但是如果考虑“旅馆的大多数客人是老年人,相比壮年人欠缺行动的敏捷性,作出避难行动的决断较慢、气力较弱,而且有的客人在面临火灾时,会由于恐惧或者狼狈而需要费工夫进行避难引导”,因此,若使所有客人都转移到安全场所将花费30分钟的时间。因此,法院认定如果被告事先设置防火门、防火区划并且平日进行充分的火灾通报与避难引导训练,就可以使所有被害人免于伤亡,肯定了结果回避可能性(最决平成2·11·16)。

准,并且尽到了合理的谨慎义务,是否能够避免结果的发生。如果在上述情况下,仍因不明原因导致损害,则行为人不承担责任。特别是新药的研制和开发,虽经过合理的动物试验、人体试验并经过国家许可批准生产、销售,但仍在应用于患者时导致了不可预计的损害,则药品生产者、销售者不负刑事责任。毕竟自然界还有很多未解之谜,人类智慧有限,科学也无法解释很多现象和避免危害发生,若要产品致害即追究厂家或销售者的责任,则无异于客观归罪。如果这样,刑法就会成为科学进步的"绊脚石"。但是如果已经接到了产品致害的报告,即使无法证明是何原因导致产品缺陷以及产品缺陷究竟为何,就应立即停止生产和销售,通过合理渠道告知消费者,并采取回收措施,否则行为人应该对由于继续销售所导致的损害承担责任。

另外,需要注意的是,以假定的合义务行为替代性地考察结果回避可能性,不能仅从回避结果出发,还要考虑是否具有实施合义务行为的现实性、可行性。对此,一方面要考察行为当时的客观环境;另一方面还要考察合义务行为的能力,该能力也以"一般人 + 特殊行为人"作为标准。进行合义务行为的替代判断,有时还需要站在行为当时的立场将假定的合义务行为与实际发生的注意义务违反行为进行比较、衡量才能确定合义务行为的现实性、可行性,这一点尤其表现在尖端技术的使用当中。例如,在被称为"药害艾滋"的日本著名的产品事故①中,作为被告的专业医生给血友病患者使用了感染艾滋病毒的"非加热血液制剂"致患者感染艾滋病而死亡。控诉方提出,如果被告使用其他代替医疗方案(使用"加热血液制剂"),患者就不会死亡。对此,法院认为,应该将使用非加热制剂会产生的治疗效果与可能预见到的感染艾滋病的危险相比较,并且将使用非加热制剂的医疗方案与使用加热制剂的医疗方案相比较才能得出结论。但是,本案的利益衡量非常微妙:非加热制剂的止血效果较好、副作用较少、能够防止后遗症;加热制剂相对非加热制剂较为安全,但使用上也存在不少障碍,首先难以获得,其次作为血友病的补充疗法从血友病患者的观点出发很难认为当时会被采用。基于两者比较衡量的微妙关系,法院认为,无论选择哪一种方案都有导致错误的可能。因此,这种情况下,使用加热制剂就不能成为在检验结

① 东京地判平成13・3・28。

果回避可能性时的“假定的合义务替代行为”。

（二）规范保护目的

规范保护目的本属于风险实现的下位规则，但自从许迺曼对其深入阐述之后，其位阶显著提高，[①]几乎成为整个危险实现阶层的代言，非实现危险以及非实现不被允许的危险中的许多问题都可以用规范保护目的规则加以解释。其原理是，在客观归责的判断上涉及两个规范，即事前的行为规范（注意规范）和事后的制裁规范（法益保护规范），[②]在对某个行为进行归责之前必须考察，制造危险所违反的行为规范和实现危险所违反的制裁规范是否有目的关联性，或行为所造成的法益侵害结果是否属于注意规范的保护范围。概言之，只有当行为人所制造的危险对于规范所保护的法益是有意义的，该危险行为才能进入刑法规范的评价视野，才可以将法益危害结果归责于该行为。

但有学者主张，过失犯体系根本不需要规范保护目的，其实质不过是“结果回避义务，有时还包括对因果进程相当性的判断”，又因为结果回避义务以预见可能性与结果回避可能性为前提，因此注意规范保护目的的“核心是结果回避可能性”。[③] 但该观点并不妥当。首先，规范保护目的与结果回避可能性在过失犯中的地位、判断内容不同。前者是在肯定危险实现的前提下判断注意规范与法益侵害结果之间的关联性，是纯粹的规范问题；后者是在假定不存在注意规范违反时，考察危险是否会实现，其核心是事实问题（当然不仅是事实问题）。如果说结果回避可能性与规范保护目的还有些关联的话，即具有结果回避可能性是判断规范保护目的的前提，但规范保护目的与预见可能性则分管不同内容，分属不同阶层，两者的关系没有讨论的必要。其次，规范保护目的与结果回避义务无关。主张两者实质内容相同的学者认为，“自行车照明案”（RGSt63，329）这个被通常用规范保

---

① 参见［德］许迺曼：《关于客观归责》，陈志辉译，载许玉秀等编：《不移不惑献身法与正义——许迺曼教授刑事法论文选辑》，台北，新学林出版股份有限公司2006年版，第541页以下。

② 参见［德］许迺曼：《关于客观归责》，陈志辉译，载许玉秀等编：《不移不惑献身法与正义——许迺曼教授刑事法论文选辑》，台北，新学林出版股份有限公司2006年版，第541页。

③ 周光权：《结果回避义务研究——兼论过失犯的客观归责问题》，载《中外法学》2010年第6期。

护目的来否定归责的案件，实际上应该解释为：被害人受伤系非构成要件性结果，非结果回避义务的内容，本来就无需预见与避免。[①] 然而，按照该学者一贯主张的行为无价值的立场，[②]结果回避义务必须是事前的判断，站在行为当时的立场考察行为人是否违背注意义务。既然是事前的判断，就没有理由认为被告“没安装照明设备”在行为当时不违反结果回避义务，因为该行为显然违背了德国的交通法规且制造了刑法上的危险。并且，如果不进行规范保护目的的判断，也没有理由否认受伤是构成要件性结果，因为从事实上看法益的确受到了侵害，被害人受伤当然应该属于过失致伤罪(《德国刑法》第229条)的危害结果。但本案被告的确不应该受到处罚，可是这并非因为结果并不构成要件性结果，而是由于结果并不属于规范保护目的范围。换言之，不处罚的结论只能在事后将结果与注意规范相对比进行关联性判断时才能得出，规范保护目的并非无用。最后，的确如上述学者所批判的那样，规范保护目的“包括对因果进程相当性的判断”，[③]但如上文所述，虽然规范保护目的与相当因果关系的任务相近、判断对象相同，但后者无法完成任务，前者则从规范论上确立了明确、具体的判断规则，应用规范保护目的代替相当因果关系。

总之，若承认过失行为存在注意规范的违反，就必须事后考察所发生的结果是否处于当初所设立的注意规范能够涵摄的范围，或者考察注意规范与侵害结果之间是否具有关联性。虽然不能说规范保护目的理论尽善尽美，如被批评的那样注意规范保护范围尚无法完全确定，[④]但这可以通过事实经验与规范解释的互动来完善，并不能因此否定其价值。那些反对规范保护目的、认为其无用的观点，实质上都是在悄然运用“规范保护目的”原理得出归责结论后，又把该功绩套到其他概念(如结果回避义务、结果回避

---

① 参见周光权：《结果回避义务研究——兼论过失犯的客观归责问题》，载《中外法学》2010年第6期。

② 参见周光权：《违法性判断的基准与行为无价值论——兼论当代中国刑法学的立场问题》，载《中国社会科学》2008年第4期。

③ 甚至有学者认为“规范保护目的范围理论所涉及的具体案件，从来都是相当因果关系论的对象”。参见[日]前田雅英：《刑法总论讲义》(第4版)，东京大学出版会2006年版，第178页。

④ 参见[日]前田雅英：《刑法总论讲义》(第4版)，东京大学出版会2006年版，第878页。

可能性、相当因果关系)的头上,这顶“皇冠”本应加冕于规范保护目的之上。

在运用注意规范保护目的这一原理时,要分清注意规范的内容以及其规范目的。例如,有的规范是纯粹的行政管理规范,如生产、销售国家管制的产品(如烟草)需要经有关部门的批准;有的规范是为了保护消费者的人身或财产安全;有的规范是为了保护生产者所雇用的员工的人身安全(如上文的“羊毛笔案”)。其中,只有第二项即为保护消费者安全所设的注意规范才是有效的规范,违反其他规范的行为不应被认为与危害结果之间具有因果关系。当然在很多时候,同一条规范可以指向不同目的,同一目的也可以由多条规范来实现,这一点需要注意。另外,即使是纯粹针对消费者安全法益而设的注意规范,还要具体分析该条规范是要如何防止结果发生,假如其目的是为了防止结果通过 A 的方式发生,而现实中结果是通过 B 的形式实现的,则其结果也不属于规范保护目的范围。

(三)其他因素介入时的归责

1. 介入被害人行为

首先,如果被害人自杀、自伤的,如消费者利用购买的刀具实行自我伤害。商品生产商、销售商当然可以信赖其合法产品不被用于自杀或自伤。即使是国家管制的刀具或者枪支,虽然其本身就具有杀伤人的功能,行为人也至多可能对第三人利用其产品杀伤他人负责,因为这属于注意规范保护目的范围,而对于消费者故意利用产品自我伤害的行为应属无需避免也无法避免的部分。

其次,关于被害人自赴危险的。如消费者明知所购买的压力产品(如高压锅)或易燃易爆产品(如爆竹)没有生产合格证,是小作坊未经批准且未经检验合格的情况下生产的,而仍然购买,在使用过程中产品发生爆炸致消费者严重受伤,此时责任应该归属于生产者还是消费者?德国有学者认为这应属于被害人自我答责的范畴,不应追究行为人的责任。[①] 但笔者认为,不可一概而论。如果产品从客观上看明显使消费者感受到缺陷与危险,

---

① 参见[德]罗克辛:《德国刑法学总论》(第1卷),王世洲译,法律出版社2005年版,第262页以下。

或销售者明确告知产品的缺陷与危险,则所发生的不利后果应该由消费者自我负责。但通常情况下,产品的缺陷并不那么容易感知,多隐藏于内,非专业人士不可能确定知道或者在相当程度上知道产品的危险,即使非正规厂家生产,也不一定就预示明显风险,则危害结果仍归于生产者。生产者制造了产品并将其流入市场,当然对于产品质量安全负首要责任,可以说是"最高管理权人",同时又由于产品生产本身具有专门化、专业性、技术性的特点,消费者与生产商处于信息、技术、知识不对称的地位,此时若将危险过多地分配给消费者,从刑事政策上看无疑会鼓励产品制造业者降低质量要求,公然违反安全义务,导致违法成本降低,不利于一般预防,不利于产业升级和产品质量提高。那种将行为人与第三人平行考虑、主张被害人与行为人对法益负有同样保护义务的观点,[①]与以个人自由为基调的法益保护原则相冲突,以被害人明知风险并自由决定承担风险为由而取消义务违反者的责任,无异于让每个人都实施自我保护,但这只有在国家已经建立了一个外部普遍安全的规范环境的前提下才可能实现,否则就是国家懈怠公民保护职责、刑法疏于法益保护任务。只有当被害人愿意自赴重大危险,仅靠侥幸才能幸免于难时,才可视为值得规范保护的法益不存在(此时几乎与被害人承诺无异),法益受损才不能归咎于行为人。[②]

最后,介入消费者或其他使用者的过错行为。实践中比较常见的是使用者操作失误。例如,消费者在使用燃气热水器洗澡时,未按照说明书要求将热水器安置在了不通风的狭小室内,洗澡时由于一氧化碳浓度超标时中毒而亡。当生产者无过错,而消费者有重大过错或者故意时,危害结果不能

---

① 参见[日]小林宪太郎:《因果关系与客观归属》,弘文堂2003年版,第86页以下。

② 究竟一个行为的危险性有多大,如醉酒驾驶造成事故的危险,这虽然可以通过统计的方式得出客观的数据,但法规范上的危险不应是一个纯客观的东西,总与一个国家、民族、地区的公民的普遍感受有关。一个法治发达的地区,公民普遍具有强烈的规范意识,醉酒驾驶者也极少,因此其对醉酒驾驶的危险也会更敏感,不醉酒驾驶或不乘坐醉酒驾驶者的车的理性约束也越严格。在这样的地区,对于要求搭乘醉酒者的机动车的人,虽然因发生车祸而死伤,也可能被认为属于被害人自我答责的领域,因为这完全是由于被害人的"任意"造成的。相反,在一个规范意识、危险意识以及理性约束都较为薄弱的地区,违反交通秩序是常有的事,则被害人的危险行为在绝大多数情况下都会被原谅。对于这些地区,目前的任务不应是用刑法不保护的方式来促进弱者的理性,而应是用刑事处罚的方式引导强者遵守法规范、法义务,只有在建立起规范的社会秩序之后,才是强化公民自我保护义务的合适时机。

由生产者承担。

但有时行为人和被害人都有过错,此时应该如何处理?这里举一案例进行说明。案情是:村民张某某修建房屋,向被告钟某独家经营的预制板厂订购2.34米型号的预制板。由于钟某交付的预制板混凝土养护期不足,导致张某某等三人站在预制板上施工时预制板断裂而跌落,最后致一死二伤。被告以生产、销售不符合安全标准的产品罪受到起诉,被告辩称,被害方也有过错,包括张某某不停催货,预制板超重以及施工时未戴安全帽。判决认为,被告所生产的预制板不符合我国《混凝土结构工程施工质量验收规范》中所规定的预制板养护期和混凝土强度的国家标准和行业标准,却销售给他人,致严重后果,符合《刑法》第146条的生产、销售不符合安全标准的产品罪。至于被害方的过错,法院认为,三人的重量不足以压垮一个质量合格的预制板,而至于没有戴安全帽施工和买房催货对本案定罪量刑没有影响。①

分析本案可知焦点在于因果关系的证明,也就是能否将死伤结果归于被告行为。本案属于多因一果,在被害人违法行为和危害结果之间介入了被害人的过错行为。如辩方所称,被害方过错包括"催货""超重""未戴安全帽"三点,法院只排除了"超重"与危害结果之间的联系:如果是合格的预制板,即便超重也不至于发生危害结果,即如果被告实施合法替代行为,即可回避结果发生。若经过周密测算或者按照国家与行业标准,一块合格的预制板足以承载三人重量,则法院的结论当属合理。但对其他两点辩方所称被害人过错,法院未加论证即得出结论实有不妥。第一,关于被害人催货(以被告并没有拖延工期、违背合约为前提)。被告若已明确告知混凝土养护期不足,预制板存在断裂危险,被害人仍多次催货,甚至可能会有诸如"责任自负"之类的意思表示,那么被害人应属于自赴危险,发生危害结果不能再由被告承担责任。第二,关于被害人施工时未戴安全帽。未戴安全帽属于施工中的常见错误行为,从规范保护目的来看,佩戴安全帽这一规定是为了保护施工者自己的利益,就像要求副驾驶系安全带一样。而且相关规定只是在危险发生的一刹那能够一定程度上减轻危害而不是排除危害,

① (2014)云法刑初字第00278号。

而且相对于产品本身不合格而言,未佩戴安全帽属于常规的不显著的过错行为,不足以阻断被告危险行为开启的因果关系。而且当所介入的被害人过错行为是不作为时,其作用力本来就小于作为,所以既不能阻断因果流程的进行也不会导致因果流程的重大偏离。

综合本案,被害人未戴安全帽不会导致对行为人的归责,但被害人的“催货”是导致预制板不合格的原因,且属于自赴危险的行为,最终的危害结果应由被害方负责。①

2. 介入第三人行为

在介入第三人行为的场合,通常要区分介入第三人的故意行为与其他行为。

首先,关于介入第三人的非故意行为。介入他人的过失行为或无过错行为是常见的情形,监督、管理过失多与此有关。从规范保护目的来看,注意规范设立之初的应有之义在于防范第三人过失导致法益侵害。例如,设立建筑工程领域中的监督义务,本身就是要防止直接操作者因不慎而酿成事故,因此,不能因介入操作者的过错行为而否定对监督者的责任归属。

此处,以一案例说明。被告人金某在东阳市南马镇从事为当地企业安装土制简易升降机的业务。2012 年 11 月,东阳市某工厂负责人厉某雨(另案处理)经人介绍找到被告人金某为该厂安装土制简易升降机,被告人金某以人民币 10,000 元的价格从厉某雨处包揽了为该厂新厂房安装土制简易升降机的业务,双方约定制造升降机所需的零件与材料由被告人金某负责采购,费用由厉某雨负担,被告人金某负责拼装土制简易升降机。2012 年 12 月,被告人金某将土制简易升降机安装于东阳市防军溪西压席厂的厂房内,但未在升降机上安装限位开关、上极限限位开关、平层装置等必要的安全部件。厉某雨支付被告人金某人民币 5000 元。后厉某雨安排员工厉某兴负责操作该升降机,用于工厂内运送草席、草丝、家具等。厉某兴在轿厢内负责操作升降机,员工韦某、罗某英、罗某、伍某亦进入轿厢内。厉某兴

---

① 至于张某某之外的其他人员的死伤,也应由张某某负责,因为其负有保证其所雇用的工人的人身安全的责任,应该提供安全合理的工作设备。类似案件很多,如升降机事故[如(2014)东刑初字第 771 号]中往往都伴有被害人的超载情节,此类案件皆可参照本案处理。

操作升降机升至顶层三楼后，因操作失误使轿厢持续上升，导致电动葫芦起升限位损坏，与滑轮罩壳分离后轿厢从三楼坠落至一楼，造成厉某兴死亡，韦某、罗某英、罗某、伍某受伤的重大伤亡事故。

事故发生后，经质监部门委托金华市特种设备检测中心对上述土制简易升降机事故进行技术鉴定，认定被告人金某所制作安装的上述土制简易升降机存在电动葫芦起升限位失效、缺少上限位开关和上极限限位开关；缺少轿厢门、平层装置、信号操纵装置；运行防坠落保护装置未起作用，轿厢使用竹胶板等安全缺陷，违规乘人，操作人员操作失误，导致事故发生。

法院认为，被告人金某明知不具备相应的资质，违反产品质量法规，生产不符合保障人身、财产安全的国家标准的产品，致一人死亡、多人受伤，后果特别严重，其行为已触犯刑律，构成生产不符合安全标准的产品罪。①

本案中，被告金某作为生产者所生产的升降机没有安装限位开关、上极限限位开关、平层装置等必要的安全装置，其所交付的产品属于不安全产品。本案中的第三人厉某兴在操作升降机时操作失误，存在过失，但其过失行为属于常见过错，正是安装上述安全设备所要防止出现的情况，在规范保护目的之内，此第三人过错不能排除被告的责任。虽然从事后鉴定结果来看，似乎是“各打五十大板”，但依客观标准判断，则可知，若被告所生产的升降机安装了上述设备，则即使第三人操作有误，也不致发生死伤事故。由此可说明，事故责任在于被告而非第三人。②

其次，关于介入第三人的故意行为。对此存在很大争议，争论的焦点是过失正犯与过失共犯的问题。例如，Exner以限缩的正犯论③为根据，提出在具有完全责任的故意的直接正犯者介入的场合，如果认为故意犯的“背

---

① (2014)东刑初字第771号。

② 对于第三人是否应当承担责任，笔者认为应该考察其失误的行为表现是什么，是否为常规错误，是否为重大过错，以及错误操作所违反的注意规范是否能够与起升限位损坏建立起关联性。而由于本案提供的事实有限，这里无法作出判断。总之须注意的是，生活中每个人都可能犯错，但并非任何错误在刑法中都有评价的必要。

③ 正犯理论有限缩的正犯论、扩张的正犯论与统一的正犯论之争，以限缩的正犯论为通说。在过失犯中，学者普遍认为除了过失正犯外，过失的帮助犯与教唆犯均不可罚。关于正犯理论之争，参见[日]中山研一、浅田和茂、松宫孝明：《修订刑法(共犯论)》，成文堂1997年版，第52页以下。

后者”也可以是正犯,则是在过失犯中把本属于故意犯中的“教唆”“帮助”行为当成正犯看待,这会导致过失犯中的正犯含义与故意犯中的正犯含义不同。① 因此,主张不应处罚被告。这是当时德国刑法学界的主流观点,该观点也可以称为“溯及禁止论”,即主张“故意正犯的背后不存在过失正犯”。但也有学者提出,应该根据过失行为是否“促使可能预见的犯行更加容易地达成”来确定能否对被告进行归责。② 还有学者认为,不能仅凭第三人的行为性质来认定过失犯的责任有无,而应该同时考察过失行为的危险程度及介入行为的危险程度进行判断。对于能否将故意犯背后的过失犯当作正犯进行处罚的问题,日本通说也坚持“限缩的正犯”概念。日本学界则“一方面维持‘限缩的正犯概念’,另一方面又有主张‘过失犯的正犯范围比故意犯宽’的倾向”。③ 如前田雅英认为,“与侵害同一法益的故意犯相比,过失犯的实行行为包含了较轻的危险性”,因为“过失犯表现出‘定型性缓和’的特征”。④ 在实务中,日本也存在追究故意放火者背后的过失犯责任的判例。⑤

就产品责任而言,假设生产者由于操作失误在生产过程中掺入了有毒、有害的原料,或者未对其所购入的原料进行严格检测而致将毒害性物质掺入产品之中,而该产品在销售过程中又被销售者或者第三人故意投毒,若消费者食用之后死亡的,能否追究生产者的责任?若根据溯及禁止论,则不能追究生产者的过失之责。但笔者认为应该分情况进行判断。例如,产品中掺入的有毒、有害性物质若只是少量食用通常不足以致死,而销售者或者第三者投毒行为足以致死,则死亡结果不能归责于生产者;若产品中掺入的毒害性物质达到致死量,销售者或者第三者投毒行为也足以致死,则承认两者

---

① F. Exner, Fahrässiges Zusammenwirken, Festgabe für R. v. Frank, 1930, S. 594. 转引自松宫孝明:《过失犯论的现代课题》,成文堂2007年版,第6页以下。

② C. Roxin, Bemerkungen zum Regreverbot, Festschrift fur H. Trondle, 1989, S. 1m93. 转引自松宫孝明:《过失犯论的现代课题》,成文堂2007年版,第15、59页。

③ [日]松宫孝明:《过失犯论的现代课题》,成文堂2007年版,第13、270页。

④ [日]前田雅英:《关于监督过失》,载《法曹时报》第42卷第2号,第25页。

⑤ “长崎屋尼崎店”火灾事故一审判决认为,尽管有故意放火的可能,但因为作为建筑物“最高管理权人”的店长与作为“防火管理者”的业务经理没有尽到充分的避难训练的义务而构成业务上过失致死伤罪。参见神户地判平成5·9·13。

的行为均与死亡结果之间有因果关系(二重的因果关系);若生产者掺入的毒害性物质与销售者或者第三人故意投放的毒害性物质均未达到致死量,但两者融合后致人死亡的,则由于其行为单独都不能致死,从有利于被告的角度出发,则不能把结果归于任何一方。对于过失犯的生产者不成立犯罪,对于故意犯的销售者或第三人成立犯罪未遂(重叠的因果关系)。

三、不法的认定

"三菱自工卡车轮胎脱落事故"是一起日本的著名案例。基本案情及判决如下:2002 年 1 月在日本横滨,一辆由三菱汽车公司生产的大型拖车的轮胎突然脱落,造成一女死亡,两个儿童受伤("濑谷事故")。而后有四人以业务上过失致死伤罪被追究刑事责任。在此主要讨论事故当时三菱汽车公司的市场品质部长 X 以及作为市场品质部组长、辅佐部长并负责卡车/公交车的品质保证业务的从业员 Y 的责任。在该事故发生约两年半以前,X 负责处理类似的事故(中国"JR 公交车事故")的过程中,就知道三菱汽车公司的该种轮毂有强度不足的问题,被告人 Y 也在知道该问题的情况下,没有进行充分的调查,也没有向被告人 X 报告、进言,在"JR 公交车事故"发生的同年 9 月,被告人 Y 向被告人 X 提出了一份发给运输省管理人员的报告书,报告书中记载了"其他同种轮胎没有质量问题,该问题并不具有多发性,因此不需要对别的同种轮胎进行处理"等虚假内容,而后也没有采取任何措施避免同种事故的发生。

一审判决参照该案同种轮毂发生破损事故的频率等情况,在客观上可以推定三菱汽车公司制造的轮毂具有强度不足的缺陷,而后基于被告等人的职权,在处理类似事故的时候被告等人就具有对本案事故的预见可能性和结果回避可能性,因此判决被告等人成立业务过失致死伤罪。而后被告人进行了上诉,最后最高法院驳回了被告等人的上诉,维持了一审判决。[①]

关于本案二被告的行为的违法性,虽没有采用客观归责理论,但对于注意义务、结果回避可能性、因果关系等均有详细论述,最高裁判所的判决描述如下。

---

① 最判平 24·2·8。

1. 关于注意义务违反

在中国"JR 公交车事故"案件处理的时候，三菱自工制造的轮毂强度不足的可能性很大，再加上预测的事故的重大性和多发性，当时，三菱自工把该公司制造的 D 轮毂轮切破损事故作为秘密情报处理，以垄断事故信息。但事实上，负责召回等改进措施的人员，不仅根据相关召回法规对装备 D 轮毂的危险车辆负有行政法上的召回义务，而且其在刑事法上也负有注意义务，应采取措施，以防止因强度不足而导致 D 轮毂轮切破损事故再次发生。于是，对于被告人 Y，考虑到其地位、职权和权限等要求，应该命令相关部门彻底调查事故原因。若三菱自工制造的轮毂强度不足的风险还存在，相关部门便应该向被告人 X 报告，并在召开相关会议中提议实施召回等改善措施的执行程序，并向交通部门的负责官员报告调查结果。另外，对于被告人 X，比照其地位、职权和权限等，应该从被告人 Y 处征集更详细的报告，把握三菱自工制造的轮毂可能存在强度不足的这一事实并且指示被告人让其彻底调查原因，若三菱自工制造的轮毂强度不足的可能性还存在，一方面应该开展关系会议并朝着实施召回等改善措施的公司内程序前进；另一方面对于交通部负责官员的请求，应该正确地报告调查结果，其应采取召回等必要的措施，防止以强度不足为起因的 D 轮毂的轮切破损事故重新发生的注意义务。

论点表示在当时的三菱自工内部，从品质保证部门和设计开发部门的力量关系和召回制度的实际状态来看，两名被告人对于 D 轮毂，无法采取召回等措施，但是，比照两名被告人的地位、权限和中国"JR 公交车事故"当时，有很多三菱自工对其制品实施召回等改善措施的例子，无论如何也不能说，两名被告人不能履行上述义务。

2. 关于结果回避可能性与因果关系

原判决认为，虽无客观数据表明强度不足是 D 轮毂轮切破损事故的原因，而且也没有证据可以断定本案事故的原因在于 D 轮毂强度不足，但只要能够推测认定三菱自工的 D 轮毂存在强度不足的缺陷即可。其一方面主张无法确定 D 轮毂的强度不足；另一方面又主张"根据对 D 轮毂的强度不足的怀疑，可以认定如果实行召回，则由于 D 轮毂轮切破损而导致的本案事故就确实不会发生，就算是根据本案'濑谷事故'的起因是由于磨耗而导致轮切破损的假定,也能够防止事故发生,由此可以认定存在没有实施召回的过失”。一审判决由此肯定了结果回避可能性。

事实上,作为D轮毂的升级产品而开发的F轮毂增大了D轮毂的强度,而装备F轮毂后,从平成8年6月到平成18年10月只发生了一起事故。在中国“JR公交车事故”处理的时候,如果两名被告人尽了上述的义务,能采取召回D轮毂的改善措施,装备F轮毂的话,对于本案“濑谷事故”的能够防止毂轮切破损吗?或者说即使发生了轮切破损事故,在那个时候也会发生和本案“濑谷事故”不同的情况,得出肯定自身的结果回避可能性的结论。

但是,正如上文所述,两名被告人负担的业务上的注意义务是,防止由于强度不足的D轮毂导致轮切破损事故重新发生。暂且不论存在D轮毂强度不足,如果不认定本案事故是由于D轮毂强度不足引起的话,就不能说事故是两名被告由于违反了上文中的义务而导致危险现实化的结果,也不能认定两名被告违反上述注意义务和本案事故之间具有因果关系。因此,原判决的说明就是不适当的。

但根据一审、二审判决及记录,可以肯定下述事实:

(1)作为重要的保安零部件的轮毂,由于其超乎预料的破损而在10年内发生了40起轮切破损事故(若仅就D轮毂而言,则6年间有19起事故),其中也包含轮毂磨耗程度不大的事例。

(2)在本案“濑谷事故”后进行的关于D轮毂强度的实际驾驶时承重力的试验中,在以时速25km的速度绕半径15m的圆周行驶时,压力平均值为633.2MPa,在大致直角的交叉点处转弯时压力平均值为720.5MPa,大大超过了D轮毂最大承重力432MPa,以此实验结果可以认定轮毂存在强度不足的缺陷。

(3)三菱自工的卡车巴士部门是分公司,其在平成16年3月24日,以一连串的轮毂轮切破损事故的内容和其检验结果为根据,对于装备D轮毂的车辆以强度不足为理由向国土交通大臣报告召回,在召回报告书中的“不合格的状态,构造,装置,性能的状况以及原因”一栏中写着“由于前轮轮毂强度不足,在转弯频率高的行驶情况下,轮毂的凸缘部边缘附近会发生龟裂。另外如果在配备情况,装载条件等主要原因发生重叠的场合,有提前发生这种龟裂的可能性,最坏的情况是该部分断裂,轮胎脱落”。实际承认了D轮毂强度不足。另外,在应对一连串轮毂轮切破损事故的处理时,三菱自工公司内继续采用的“磨耗原因说”,即D轮毂轮切破损的原因完全是配备不良等使用者一方的问题,这一说法缺乏合理性和说服力。

另外,从本案事故的车辆来看,很难否定车辆的配备、使用等状况存在缺乏紧固管理,超载等不适当的问题,但是车辆的制造者在设计、制造时,以通常应市场的实际状况作为标准,不能说本案车辆使用的不适当属于异常。

综上所述,可以认定D轮毂在设计和制作的过程中存在强度不足的缺陷,本案事故并不是车辆使用者一方造成的,可以认定D轮毂强度不足是事故的起因。可以说,二被告没有对装备D轮毂的车辆采取召回等改善措施,违反了上述义务并使危险现实化,导致了事故发生,可以认定因果关系。

第四节 缺陷产品责任中的过失

一、预见可能性认定的宽缓

在过失责任层面,期待可能性,违法性意识可能性都是需要讨论的问题,但是由于其在产品责任领域不具有典型性和特殊性,所以本节仅就预见可能性问题加以阐述。

如上文所述,对于过失犯中的预见可能性,理论通说要求对构成要件的结果以及导致该结果发生的因果关系的基本部分有具体的预见可能性,而对危惧感说持否定的态度。但是事实上,在风险社会的背景下,随着公害事件以及重大灾难事故等频繁发生,在未知的危险现实化的过程中,关于预见可能性的判断愈加难以确定,企业领导者的过失刑事责任的判断也愈加复杂。坚持“具体的预见可能性说”虽然可以很好地贯彻责任主义原则,充分尊重行为人的意志自由,但于国民之生命、健康法益保护极为不利。危惧感说恰恰可以解决这个问题。行为人一旦有危惧感存在,即便对具体的维修内容、可能的危害结果无预见可能性,但只要行为本身具有“典型的危险”或者“重大的危险”,行为人就会对危险产生不安,据此应该采取合理的避免措施，若未尽避免义务，仍须负过失责任。在涉及重大法益的场合，行为人所负的注意义务也更重，特别是在业务过失和重过失的场合，人们对于危惧感说全然反对的态度开始松动。

在此背景下，有学者提出了"生活关系区别过失论"，主张根据不同的生活领域、业务范围采用不同的过失理论。例如，对于交通事故的案件，应当适用新过失论，在追究行为人的刑事责任时，要求行为人具有具体的预见可能性；而对于企业灾害等类似案件，应当适用新新过失论，只要行为人具有危惧感就足够了。[①] 针对目前食品药品事故频发的状况，我国也有一些学者提出在食品、药品事故过失责任的认定中采用危惧感说，但大部分学者还是认为在普通过失中应采用具体预见可能性说，而在产品责任事故中采用危惧感说有损刑法理论的完整性。虽然在理论层面，具体预见可能性说的地位尚无法撼动，但实务态度的模糊、理论解释上的两可总是为危惧感说留下了一定的余地。

近年来，日本井田良教授、高桥则夫教授等，对危惧感说进行了再评价，称为"修正的危惧感说"。例如，井田良认为："把预见可能性的对象由必须是构成要件的结果，修正为预见可能性的法益关联性……如果修正这一点的话，危惧感说就应该被肯定。"[②]该理论将预见可能性的对象设定为"法益"而非"结果"，看似没有本质变化，但是结果特别是"业务上过失致死伤罪"的结果要求是实实在在的物质结果，必须具体化，而"法益"则可以进行抽象化解释，可以是物质损害，也可以是精神损害，可以是个体法益，也可以是集体法益，所以它比"结果"要模糊得多。由此一来，就将预见可能性对象抽象化、模糊化了，实际操作起来可能与危惧感说无异。高桥则夫也认为："危惧感说如果仅基于与法益没有关联的内心活动来认定是否存在预见可能性的话显然是不妥当的，但是如果与法益有关联的话危惧感说也可以被支持……构成要件的结果本身并不会赋予行为方向性、形成行为规范的要素，因此过失犯的场合，对于构成要件的结果的具体的预见可能性就不

---

① 参见马克昌：《比较刑法学原理》，武汉大学出版社2002年版，第255页。

② ［日］井田良：《变革时代的理论刑法学》，庆应义塾大学出版会2007年版，第153～154页。

是必要的,只要具有危惧感就足够了。”①

危惧感说以新过失论为前提,预见可能性仅作为判断结果回避义务的前提,对于结果的发生不需要具体的预见可能,只要具有危惧感的程度就足以了。该说实质上,对于在预见可能性较小的场合,只要实施程度比较低的结果回避措施;在预见可能性较高的场合,就被要求实施程度较高的结果回避措施。

笔者认为,如上文所述在认定过失责任的过程中,具体预见可能性说和危惧感说有时只有称谓之异,而无内容之别。正如大塚裕史教授所说,“采用具体预见可能性的论者对于具体的内容也都有不同的解释,在解决具体的事件时,也有与危惧感说得出同一结论的场合”。② 修正的危惧感说虽然大胆采用了“危惧感”的名称,但事实上,也可以认为它是介于高度预见可能性说与危惧感说的中间学说,在对预见可能性的判断上,并不要求对构成要件结果的具体预见可能,而要求行为人预见可能的对象与构成要件的结果具有法益关联性。修正的危惧感说在一定程度上限制了危惧感说的归责范围,又使对预见可能性的判断标准相对明确化,是值得认真对待的新思路。

也有学者提出,危惧感说实际上和德国法上的“重大过失”理论具有一定的相似性。③ 德国法上有关于重大过失的规定,主要针对环境犯罪或者经济犯罪。所谓重大过失,亦可称为“轻率”(Leichtfertigkeit),是一种有责性重于一般过失的过失,在法定刑设计上,也重于普通过失犯,而与业务过失犯相当。主要是针对那些犯罪,其行为本身具有较高的风险性及损害可能性,行为人必须承担特殊的注意义务。当行为人“忽略损害发生的高度

---

① [日]高桥则夫:《规范论与刑法解释论》,成文堂2007年版,第81~82页。如玩忽职守罪,欲证明被告对于最终人身伤亡的物质结果有具体的预见可能性几乎不可能,但实践中却极少有因无法证明主观过错而认为无罪的情形,实践的做法多是改为证明被告对抽象法益侵害具有预见可能性,多表述为:能够预见到其行为会损害国家形象、破坏社会秩序、侵害公民权益等。这并不违背罪责原则,因为如高桥教授所说,是法益在指引我们的行为,而非结果,能够预见到对法益的危害即可肯定过失。

② [日]大塚裕史:《铁道事故与企业干部的管理监督责任》,载《曾根威彦学生、田口守一先生古稀祝贺论文集》(上卷),成文堂2014年版,第659页。

③ 参见张丽卿:《新刑法探索》,元照出版有限公司2014年版,第210页。

可能性”或“违反特别重要的注意义务”时,刑法即须适时介入,以保证法益的安全。换言之,重大过失等于破坏重大义务。这里所说的就是具有典型危险性的行为,其危害发生是很容易预见的情形。既然稍微付诸思维上的注意即可预见危险,却仍忽视之,自然要比一般过失犯的责任更严重。虽然我们不能像有学者所认为的“危险认知 + 实施行为 = 故意”,但在容易预见到危险而没有预见或者预见到抽象的危险而轻率行为的场合,认定“重大过失”是妥当的。由此可知,预见可能性程度决定着注意义务的程度和范围,当对于法益侵害有较大程度的预见可能时,则要求采取较高程度的回避措施;反之,当对于法益侵害只有低度的预见可能时,则只要求采取较低程度的回避措施。不同的预见程度对应不同的注意义务,因此不一定要把预见可能性限定在程度较高的“具体”的层面上,即使是“抽象”的层面,也可以对应低度的义务。这个意义上可以说,危惧感说与重大过失理论分别占据过失程度的两极,前者表明对于法益的低度的过失,后者表明对于法益的高度的过失,两者所引起的注意义务程度也应不同。

在产品责任领域,“修正的危惧感说”更有适用的必要,这源自产品致害因果关系的难以确定。产品致害的因果链条往往很长,会介入很多因素,如上文所述包括被害人过错、被监督者过错、第三人过错等,而且一次性使用缺陷产品未必会导致损害,如食品事故,多半是多次累积的因果才可以导致实害发生。此时,若要证明具体的预见可能性,则只能会导致无罪判决的结果。特别是对于那些具有特殊性的产品而言,如涉及食品、药品安全的领域,“修正的危惧感说”以及“重大过失”理论更显得重要。比如,生产商对于使用的各种原料的来源不进行核查,对产品的安全性不进行检测,对于药品的副作用不进行充分论证等行为,均具有典型危险。“故在刑事程序中,即便无法证明其为故意犯罪,仍可认为具有轻率过失。司法机关比较难以证明食品业者有故意,但至少可以推断有重大过失。”[①]所以,重大过失的立法设计,是为了防堵行为人的抗辩,认定其有重大过失,而补足故意处罚的不足(Frischer)。[②] 我国虽然没有“重大过失”的规定,但是这一理论完全可

---

① 张丽卿:《新刑法探索》,元照出版有限公司2014年版,第210页。

② 参见张丽卿:《新刑法探索》,元照出版有限公司2014年版,第211页。

以在实践中有所反映,即在刑罚量定时有意识地对具有严重过失者给予从重处罚。

以“三鹿集团事件”为例,在事故发生之前,相关人员疏于对原奶进行检测,其应当预见原奶有混入其他物质的危险,并且在食品和药品领域也有非常严格的行业标准,一旦在生产过程中混入非正常产品原料,可以说在一定程度上就有产生伤害或死亡的危险,而这种人身伤害是应该被预见的,而无须具体预见到婴儿喝了其奶粉之后导致肾衰竭而死亡。明确了这一点,可以促进企业管理者完善企业管理,在生产的每个环节都注意风险的预防,减少可能的各类事故的发生。

二、过失的认定

(一)一审判决①对过失的认定

首先,对于被告 X。(1)其明知过去发生过轮毂发生轮切破损并导致轮胎脱落的事故,被告 X 作为市场质量管理部长并处于质量情报处理责任人的立场,对于过去发生的中国“JR 公交车事故”的内容、处理状况以及同类事件的内容,其理应从被告 Y 处收集报告,尽力掌握这些事件的内容(通过操作新商联书系统,也能够搜索到有关过去的轮毂轮切破损的不正常的质量信息)。(2)如果被告 X 采取上述行动,就会对包括 D 轮毂在内的三菱自工的轮毂强度不足的事实产生怀疑。此外,虽然三菱自工在处理“山秀事故”等案件时依靠的是轮胎“磨耗理论”,但被告 X 也能够知道对用户说明时所使用的这一理论仍然只是一个假设性的说法。(3)被告 X 没有采取召回等改善措施,而是将装备 D 轮毂的卡车、巴士置于社会交通环境中不管的话,就会发生中国“JR 公交车事故”同样的轮胎脱落事故,这不仅对车辆的使用者,而且对其他的交通参与者都会造成危险,而对这样的危险被告是必须且当然应该预见的。

其次,对于被告 Y。被告 Y 在三菱自工中长期工作,而且是本公司质量情报的处理者,所以应当知道在其没有采取召回等改善措施的情况下,行驶中的车辆轮毂会发生轮切破损并导致有一定重量的前轮轮胎脱落,由此可

① 横滨地判平 19·12·13。

能给车辆使用人及其他交通参与人造成危险。

(二)二审判决①对过失的认定

二审判决没有作出特别的说明,总体上认为,在中国“JR 公交车事故”处理的期间,存在能够认定怀疑 D 轮毂强度不足的客观状况,在这一基础上,两名被告应该能够预见到若没有实施召回等改善措施,放任装有 D 轮毂的车辆行驶的话,就可能发生轮切破损事故,造成人身损害。

(三)最高法院裁决②对过失的认定

最高法院对二被告的预见可能性有详细的说明。三菱自工制造的轮毂的开发基于客观数据,其强度没有被确认,且轮毂是重要的保安零件,其破损基本上是难以想象的,行驶中的轮毂发生轮切破损这样的事故是车体本身预料之外的事。

从“山秀事故”到中国“JR 公交车事故”之后,包括该事故在内 7 年里发生了 16 起(其中,关于 D 轮毂的有 8 起)类似的事故,在三菱自工的公司内部这是确定的事实,即比起中国“JR 公交车事故”,虽然公司把之前事故的情报与人身事故的发生有联系这一重要情报分类,但是却继续将其作为当时交通部不知道的秘密情报处理。比照这一事实,可以很明显地了解到在中国“JR 公交车事故”处理的时候,被告人是可以认定其公司制造的轮毂可能强度不足这一情况的。

被告 Y 作为质量保证部门的组长,直接负责中国“JR 公交车事故”,其知道该事故的详细内容,其过去也负责过“山秀事故”以及“金八事故”这 2 起轮毂轮切破损事故,此后也接到陆续发生的同样事故的报告。基于以上情况,在中国“JR 公交车事故”案件处理的时候,可以认定被告 Y 对于三菱自工制造的轮毂强度不足已经有足够的认识,包括中国“JR 公交车事故”在内,把过去的轮毂轮切破损事故的事故形态的危险性作为根据的话,就能很容易地预测到,没有寻求召回等改善措施,放任装有可能存在强度不足的 D 轮毂的车辆行驶的话,会因为 D 轮毂的轮切破损而造成人身事故。

对于被告 X,其作为品质保证部门的部长,在中国“JR 公交车事故”案

---

① 东京高判平 21·2·2。

② 最判平 24·2·8。

件处理的时候，曾从被告 Y 处得到报告，可以认定其对该事故的内容，以及过去相当数量的同种轮切破损事故的发生都有认识。因此，对于被告 X，从其经历和立场来看，在中国“JR 公交车事故”案件处理的时候，比照该事故的事故形态的危险性，能够认定其足以预测到，没有实施召回等改善措施，放任装有可能存在强度不足的 D 轮毂的车辆行驶的话，会因为 D 轮毂的轮切破损而造成人身事故。

也有人认为，中国“JR 公交车事故”中破损的磨耗量最大只有 1.46mm，因此被认定为异常磨耗并以此作为事故发生的原因，所以中国“JR 公交车事故”案件处理当时，二被告不可能怀疑 D 轮毂的强度不足。但是如上所说，当时轮毂轮切破损事故早已陆续发生，对于中国“JR 公交车事故”车辆虽然有观点认为属于异常磨耗，但是也不能得出两名被告不能认识事故是由于 D 轮毂强度不足造成的。

再者，在三菱自工公司内，直到本案事故发生之前，对轮毂的轮切破损事故的处理一直采用磨耗原因说，即轮毂的轮切破损的原因为轮胎磨耗，而这种磨耗是因为使用者一方配备不良所致。这一磨耗原因说，原本是在第一起轮切破损事故即“山秀事故”的处理过程中出现的，公司虽经过一年的调查却没有明确轮切破损的原因，该说当时只是为了对事故车辆的使用者进行说明，而由设计开发部门提出的一种假设性说法而已。在内容上，该说还把磨耗原因完全归结于使用者一方，其着眼点被认为是缺乏根据的。另外，“金八事故”的报告显示，轮毂的磨耗量为 0.05 ~ 0.10mm，其磨耗量并不是非常大，但却也有产生轮切破损的例子。由此可见，磨耗原因说所主张的 D 轮毂轮切破损的原因主要是配备不良等使用者的问题，不具有合理性和说服力。

从上述判决的内容来看，均肯定了被告对于事故发生的预见可能性，其判断的标准是以行为人的认知能力，如考虑了被告二人多次处理曾经发生的类似事故的事实，考虑了被告在本公司的工作年限、经验，以及当时知识进步的程度以及获取信息的难易等主客观两方面，作出了肯定的判决。关于预见可能性的程度，判决并没有明确是采取具体的预见可能性说还是危惧感说，但从判决列举大量支撑被告能够认识到轮毂缺陷的事实（特别是曾经发生过若干其类似事故）来看，应该采取的是具体预见可能性说。但是，本案对于事故发生原因不特别明确，如一审判决认为，无客观数据表明强度不足是D轮毂轮切破损事故的原因，而且也没有证据可以断定本案事故的原因是D轮毂强度不足，被害方所引起的轮胎磨耗这一原因并不能完全排除，此时，认定被告存在过失似乎又是站在抽象的危惧感、不安感之上了。

第五节　缺陷产品的监督过失责任

在由缺陷产品引发的事故中，从国外的司法实践来看，追究生产企业的刑事责任主要围绕两个阶段来进行：一是在产品开发与制造阶段，由于对从业人员的监督与对产品的管理不当等原因，使产品产生了某种缺陷，导致事故发生；二是在回收阶段，没有恰当地对缺陷产品进行回收，而导致被害扩大的场合，企业应承担不作为的刑事责任。本节主要探讨的是第一部分，第二部分将放在第五章阐述。

从我国近几年来发生的重大的食品案件可以看出，我国法院在故意的缺陷产品的刑事责任认定上，还是倾向于追究企业相关管理人员的故意责任，而现实发生的产品事故，在产品制造过程中行为人对于产品本身存在质量缺陷缺乏认识，无法追究相关人员的故意责任时，如何追究离现场较远的监督、管理人员的过失责任成为问题。

“监督、管理过失”既可以指一种主观的罪过形态，也可以指一种过失犯罪类型。本书是在后者的意义上使用这一概念的。监督过失，是指“具有防止他人实行危险行为的监督地位的人，对于其监督义务所存在的过失责任”；管理过失，是指“对于危险的设备、物、动物等的管理上所存在的过失责任”。[①] 在产品责任事故中，上级对下级生产、销售了缺陷产品所负的责任即为监督过失责任；产品管理者对所生产、销售的产品的安全性负有管理过失责任。

上文提到的森永奶粉砷中毒案就是一个监督、管理过失的代表性案例。关于工厂厂长和制造科长的责任，最高法院判决认为：工厂厂长为事务主

---

① ［日］山中敬一：《刑法总论Ⅰ》，成文堂2004年版，第369页。

管,对药品的订货、检验及使用并无直接注意义务和监督义务,应判无罪。而制造科长为制造部门的最高责任者,尤其第二磷酸苏打为其亲自研究开发之物,对于该药品之订货使用,即使不追究直接行为责任,也应该追求其监督的责任,因此宣告3年有期徒刑。判决虽否认了工厂厂长的监督过失责任,但却忽略了其所生产的产品本身质量的管理责任。工厂厂长虽不直接负责订货、检验,但作为最高领导者,其当然应对本工厂生产的奶粉的安全性负第一位的责任,即管理责任。

另外,上文曾提到三鹿奶粉事件中被告人负有监督、管理过失责任,这里详细分析之。

一、缺陷产品的监管过失责任:以三鹿案为例

如前所述,本案只追究了被告明知问题奶粉中三聚氰胺的含量超标却继续扩大生产、销售的故意犯罪(判决构成生产、销售伪劣产品罪)的刑事责任。

对于第一阶段三鹿集团负责人是否存在原奶监控、检测上的失职,对问题奶粉的产生是否存在过失责任,判决并没有涉及。

在本案有关生产、销售伪劣产品罪的判决中,法院追究了四名被告的责任。其中包括田某华(三鹿集团董事长、法定代表人),其在三鹿集团单位犯罪活动中起组织、指挥作用,系直接负责的主管人员,应按照其组织、指挥的全部犯罪处罚;王某良(三鹿集团副总裁),其安排将含有三聚氰胺的婴幼儿奶粉出厂销售,系直接负责的主管人员;杭某奇(三鹿集团副总裁),其安排其他人员将含有三聚氰胺的原奶调配到其他企业生产、销售液态奶,系直接负责的主管人员;吴某生接受杭志奇的指令,协调将含有三聚氰胺的原奶调配到三鹿集团下属企业生产液态奶。

根据监督、管理过失原理,应考虑三鹿集团相关人员的责任,而若考虑监督、管理过失,则责任人未必与故意犯罪相同。监督、管理过失的犯罪主体必须结合行为人的身份、地位、职权以及其实际负责的领域来考察。田文华作为董事长,对集团所生产的产品的安全性负第一位的监管责任,有义务建立安全的奶源进货体制,是当然的责任人。而至于上述其他被告,如副总裁就要具体考察其职权范围如何,如果是负责生产、进货、检测等与产品质

量相关的部分,则也应承担监督、管理过失责任;如果其职权与此无关,则不承担过失责任。对于根据集团体制并按照上级命令直接负责奶源进货的部门领导和工作人员,则没有过错,不承担责任。

而关于监督、管理过失责任的具体内容,一方面,相关负责人对于奶源的监管不力,导致奶源的品质存在问题;另一方面,三鹿集团作为当时的奶制品龙头企业,应当制定涉及原奶收购、配送的安全管理规则,在对原奶的检测规则上存在漏洞,才存在蛋白质被混入而三鹿集团却浑然不知的情况。在事故发生时,上述监管问题是我国奶制品行业普遍存在的问题,在经济高速发展时期,企业中一些管理者对食品生产缺乏了解、食品安全风险意识不强,许多企业选用落后的技术设施及采用不过关的行业标准,导致大量不合格产品的产生。因此有必要对设备、机构的管理及人员体制的完善方面负有职责的管理人员进行追责,这样有助于促使管理者从原料、生产等全方位完善生产中的各个方面,从而减少事故的发生。

二、缺陷产品的监管过失与信赖原则

上文论述过生产商、原料提供商、销售商、消费者之间的信赖关系问题,这里要阐述的是在企业内部不同职务的人之间的信赖关系问题,也就是监督者与被监督者之间信赖原则的适用。

(一)监督关系中能否适用信赖原则?

关于能否在监督与被监督的关系中适用信赖原则,学界也是莫衷一是,有否定说和肯定说之分。否定说的论据主要如下。

第一,认为信赖原则是为了保证交通顺畅而承认的例外,交通领域之外的场合不能予以承认。例如,神山敏雄教授论述道,信赖原则是为了现代交通系统顺畅进行而实行的交通政策中的例外"特典",在国家政策尚未确立统一的普遍处理规则的领域中发生的事故不能与交通事故同等处理。①

第二,认为信赖原则仅适用于对向性过失竞合中被害者负担责任的场合,而不适用于并行性过失竞合当中。也就是说,只能将信赖原则适用于加

① 参见[日]神山敏雄:《信赖原则的界限》,载《西原春夫先生古稀祝贺论文集》,成文堂2006年版,第50页以下。

害者与被害者之间，而在被害者没有过错的场合，如果在加害行为的实行者之间适用信赖原则实际上是将结果回避责任转嫁给被害者，会导致对被害者法益保护的弱化。①

第三，信赖原则仅适用于处于并列关系的具有分工体制的组织活动中，而“监督者与被监督者”表现为纵向的监督与服从的关系，在这种关系中，不允许监督者轻易地信赖被监督者并将全部责任都委任给被监督者。② 大塚裕史教授也提出：监督关系的场合与平等、对等关系的分工场合不同，在该场合不得适用信赖原则，否则将会导致监督责任的弱化。③

笔者认为，第一种观点将信赖原则的适用仅限于交通领域并没有可靠的根据。在社会生活中，不仅交通领域需要高效率，任何分工的存在都是为了提高效率，而为了提高效率就必须在从业者之间进行危险分配，应该允许将特定的业务及由此产生的相关责任委任给具有专业态度和专业能力的人。完全禁止交通领域之外的信赖，必然导致在组织体业务活动中，每个人除了要为自己管辖的业务领域付出紧张与注意之外，还必须紧张和注意他人的业务，这不仅不利于提高业务的效率，也不利于提高业务的质量。第二种观点认为信赖原则只能适用于加害者与被害者之间也失之过狭。在不同加害者之间适用信赖原则实际上是在加害者之间进行责任分配，将可以合理信赖其他正当履行业务的人排除在刑事责任之外，而由专属管辖该业务的加害者对被害者承担责任。因此，并不会导致将责任转嫁给被害者的问题，不会对被害者造成不利益。第三种观点之所以反对将信赖原则适用于监督过失，是因为考虑到监督者具有监督职责，如果允许监督者将业务完全委任给下级，会有使监督者轻易摆脱监督职责之虞。但因此绝对否定监督者对于下级的信赖并不合理。监督者一般地负有监督义务，但在下级具有专业态度、专业技能而值得信赖时，监督者便可以甚至应该将特定业务完全交给下级。因此，监督关系的存在并不当然否定信赖原则。

---

① 参见[日]神山敏雄：《信赖原则的界限》，载《西原春夫先生古稀祝贺论文集》，成文堂2006年版，第64页以下。

② 参见[日]土本五司：《过失犯研究》，成文堂2004年版，第138页以下。

③ 参见[日]甲斐克则：《火灾死伤事故与信赖原则》，载中山研一、米田恭邦编著：《火灾与刑事责任——以管理者过失处罚为中心》，成文堂1993年版，第152页以下。

然而,前田雅英教授又进一步提出,“信赖原则是限定行为人预见义务和结果回避义务的工具,因而只有在不承认信赖原则的条件下才能谈得上监督过失问题”。[①] 这种观点看似也是因为监督的存在而否定信赖原则的适用,但实则与上文提到的否定说的观点有根本不同。前田雅英说的是信赖原则适用的结果,而非能否适用的问题。换言之,如果在监督者与被监督者之间适用了信赖原则,就会免除监督者的监督义务,因此不可能承担监督过失责任。在这个意义上,我们可以说信赖原则与监督过失责任(而不是监督关系)是相互排斥的矛盾关系,但不能因为监督关系的存在而否定信赖原则的适用。正因为如此,我们研究的不是信赖原则与监督过失的关系,而是信赖原则与监督关系的关系问题。

根据上文所述,笔者认为,完全否定信赖原则在监督关系中的适用不符合现代社会生活的实际。从现代社会的组织结构和运作方式来看,分工业已成为组织运行机制的核心特征,也是组织化行为得以高效运行的基础。组织体内部的事务处理越来越专业、细密,上层管理者、监督者不可能事必躬亲,而应逐渐从细微、琐碎的技术性事务中抽身出来,转而集中精力于决策规划、组织协调、重点管理等,具体事务则逐级分配给各个专业部门的下级完成。而且,随着专业化、技术化特征的日益明显,许多事务往往只能由具备相当知识和经验的专业精英来承担,对于那些具备相当资质、技能和谨慎态度的从业者,信赖其能够在确保安全的前提下完成业务应当是适当且必需的。但仍然有学者不无担心地说,“信赖原则是强者的逻辑”,对底层的物理担当者是严厉的,对于管理部门则过于轻纵。[②] 虽然如上文所述,该观点过于绝对,但也是值得倾听的意见,它警示我们要严格信赖原则的适用条件,将其作为“例外”来对待。对此,甲斐克则教授认为“首先要以分业的确立和业务分担者具有的专门能力为前提条件,然后在监督者与被监督者之间必须存在实质的信赖关系”,该信赖关系“要以在两者之间是否存在指

---

① [日]前田雅英:《关于监督》,载《法曹时报》第42卷第2号,第19页。

② 参见[日]井上佑司:《监督者的刑事过失(二)》,载《法政研究》第48卷第2号,第56页。转引自[日]甲斐克则:《过失犯的基础理论》,载高铭暄、赵秉志主编:《过失犯罪的基础理论》,法律出版社2002年版,第12页。

向结果回避的日常信赖的积累”为根据进行判断。[①] 大谷实教授则对信赖原则的适用提出三个标准:第一,是否确立了充分的分工体制;第二,业务分担者是否具备专门的能力;第三,所从事的是否为高度危险的业务。其中,具备明确、科学的分工以及业务从事者具备专业的技能,都是信赖必备的前提条件,但对于第三点,有学者提出质疑,认为因业务的危险性高、注意义务范围广就不能适用信赖原则的提法过于武断。[②] 笔者认为,该批判性的观点是妥当的。只能说危险性高的业务中,对被监督者的专业素质与监督者的监督义务要求更高,适用信赖原则的条件更加严格,但不能因此一概否定信赖原则的运用。另外,笔者认为,如果适用信赖原则,除了上述积极条件之外,还必须具备以下消极条件:第一,监督者不能设定了可能诱发从业者无法适当行动的劳动环境(例如,使从业者超负荷的工作);第二,不能已经显著存在与具体危险发生有关的异常现象或者已经接到可能发生具体危险的报告;第三,在有抽象危险存在的情况下,如果被监督者履行了“谏言”义务,向监督者提出了整改意见,而监督者不进行合理整改的,不适用信赖原则。

(二)监督过失的产品责任中信赖原则的运用

在产品责任中,如果符合上述条件,也可适用信赖原则,主要适用于制造商的管理人员与从业员之间或者上级的管理人员与下级的管理人员之间。如上文所述,信赖原则的适用必定改变监督者与被监督者之间的责任分配,会弱化监督职责,而强化下级人员的责任。

第一,监督者存在确立产品安全体制(原料引进、技术管理、人员配备、安全检测、危险监测)上存在过失时,不能主张其对下属存在足够信赖,因为其违反义务行为本身就有危害或者与危险结果之间具有因果关系。

第二,被监督者所犯为常识性错误时,不能直接成为监督者信赖的理由。例如,不能说在药品生产过程中要穿无菌服是行业内常识,就免除监督者的教育培训义务,不得主张相信下属了解上述知识并按照要求去做。

---

① 参见[日]甲斐克则:《过失犯的基础理论》,载高铭暄、赵秉志主编:《过失犯罪的基础理论》,法律出版社 2002 年版,第 12 页。

② 参见[日]甲斐克则:《火灾死伤事故与信赖原则》,载中山研一、米田泰邦编著:《火灾与刑事责任——以管理者过失处罚为中心》,成文堂 1993 年版,第 152 页以下。

第三,被监督者能否被信赖不仅取决于行为本身的简单与复杂,常识性还是专业性,还取决于被监督者自身危险应对与安全保护的能力、经验、知识等。不能简单地认为工作简单即可信赖,还要考虑被监督的对象是否值得信赖。

第五章 事后不回收的缺陷产品刑事责任

在风险社会中，上述故意、过失生产、销售缺陷产品致人死伤的事故是比较常见的产品责任形式，但随着科技的大发展，人们在享受各种新发明带来的巨大便利的同时，也常常会面对或深陷于各种前所未有的新型风险当中。这导致在实践当中，并非所有缺陷产品的生产者都对产品缺陷的存在具有过错。一方面，产品的生产过程可能完全符合科学的操作规程，产品本身也符合国家规定的质量标准；[①]另一方面，风险社会本身隐藏着很多前所未有的新型风险，某些缺陷在产品出厂、售出之际即使运用当时最先进的科学手段也难以检验出来，因此难以为生产者所知晓。但是，如果产品被流入市场之后发现了缺陷的存在，而且能够证明该缺陷与消费者的人身、财产的重大损害之间存在因果关系，[②]生产者是否有义务采取措施对该缺陷产品进行回收以防止损害

① 我国刑法中的很多犯罪都要求行为必须违反了相关行政法规的规定。例如，若构成生产、销售伪劣商品的犯罪，需以该商品不符合国家标准、行业标准为前提。即使处罚此类犯罪的理由根本上并不在于其对行政法规的违反，而是对于人的生命、身体这些基本法益的侵害与威胁。事实上，刑事规范过于依赖行政法规、行政标准的做法不仅不利于保护法益，也易导致刑事裁判的形式化。

② 包括科学的因果关系以及疫学上的因果关系。

的进一步扩大？如果生产者采取不作为的态度致使更多的人死亡、伤害或者导致更严重的财产损失，是否应该承担刑事责任，承担何种刑事责任？

在我国对于故意、过失生产、销售缺陷产品致人死伤的刑事责任的追究尚且存在诸多问题的情况下，对于这种风险社会出现的新型产品事故，司法实践上当然不会有刑事处罚的先例，不仅不存在刑事处罚的先例，甚至我们都看不到有追究民事责任的情形。其没有被追究法律责任的根据大概是我国《产品质量法》第41条规定的免责条款，其中第3项规定“将产品投入流通时的科学技术水平尚不能发现缺陷的存在的”，生产者不承担赔偿责任。既然都不能追究民事责任，当然更不能问及刑事责任。但是，上述规定只能说明生产者对其发现缺陷之前生产、销售的产品不承担责任，却不能说明如果产品销售后发现存在缺陷并导致法益侵害发生，生产者对其不及时采取回收措施导致损害扩大的也不能承担责任。[①] 而事实上，对于行为人不进行回收所导致的法益侵害扩大的行为，并非不存在追究其刑事责任的余地。本章要讨论的就是事后发现产品缺陷却不履行回收义务的责任问题。

一、案情与判决

这里首先以一起德国著名的案件为例加以说明。20世纪80年代发生的“皮革喷雾器案”引起了刑法学界震荡，回收义务问题成为关注的焦点。

该案的案情是：生产皮革喷雾器的有限公司将自己生产的皮革喷雾器投入市场，自1980年开始先后接到报告称使用其商品的消费者出现了呼吸障碍、咳嗽、呕吐、恶寒、发热等症状，其中有患者甚至因为肺部浮肿发生生命危险而入院。1981年5月，该公司召开临时董事会，数名董事及研究所所长就该事件进行了讨论。会议期间，研究所所长作了报告，认为调查结果

---

① 我国在《产品质量法》之后的一些立法中规定了回收制度，如2009年通过的《食品安全法》在第53条设立了食品召回制度。该条第1款规定：“……食品生产者发现其生产的食品不符合食品安全标准，应当立即停止生产，召回已经上市销售的食品，通知相关生产经营者和消费者，并记录召回和通知情况。”但是，该规定也不能说明生产者应该承担对出厂时无法发现缺陷但流通后发现缺陷的产品的回收义务。因为食品召回义务的前提是食品不符合安全标准，而这显然不包括产品出厂时存在无法检测的缺陷的情形。

没有表明喷雾器有毒且具有危险性,因而无需进行回收,但提议“为了查明原因,应该委托公司以外的机关进行调查,并在产品包装上附加警示标志,针对各类不同情况分别对已有的标志进行更改”。董事会接受了该提议,并形成如下决议:“在日后的调查能够确定产品果真存在缺陷、对消费者产生危险之前不下达停止销售、回收产品的命令,也不采取警告行动。”此后,有限公司又相继接到被害报告,但由于该公司即便继续进行调查也没有查明原因物质为何物,因此没有停止销售产品,导致了被害范围的进一步扩大。直至1983年9月,在有关管辖机关的介入下,该公司才停止皮革喷雾器的贩卖并开始进行产品回收。①

1990年德国联邦裁判所对本案作出了判决。② 判决认为,有限公司的两名被告董事从接到被害报告至决定继续销售有害产品这一期间的行为构成作为的过失伤害罪(4起);其决定继续生产、销售、不予回收之后的行为分别构成作为(生产、销售)与不作为(不回收)的故意伤害罪(38起)。

二、关于回收义务的学术争议与评析

德国学者之间对于上述判决结果及其理由产生了诸多争议,争议的焦点主要集中在被告是否具有回收义务以及回收义务的发生根据上,概括起来,主要有以下几种代表性的学说。

(一)安全确保义务说

这是德国法院一审判决所采取的立场。一审判决直接从民法上的产品的“安全确保义务”③以及回收义务中引申出刑法上的作为义务。然而,毕竟民法的设定目的与刑法不同,因此将民事义务直接拿来作为刑事义务的根据并不充分,而且还有扩大刑事责任的危险。正如许迺曼所言,民法上的回收义务是排除侵害请求权的衍生物,因此肯定民事上的回收义务是容易

① 关于案情与判决的内容,参见[日]镇目征树:《刑事制造物责任中不作为犯论的意义及展开》,载《本乡法政纪要》1999年第8期。

② BSHSt. 37,106.

③ 我国也称“安全保障义务”。该义务规定在《产品质量法》第26条第1项,即生产者应当保障其产品质量“不存在危及人身、财产安全的不合理的危险,有保障人体健康和人身、财产安全的国家标准、行业标准的,应当符合该标准”。

的,但是“把刑法上的产品责任扩张为和民法责任一样宽广的做法”,是“退缩回到形式的法律义务理论”。[①] 从民法上找寻作为义务根据无疑是形式化的做法,我们应该结合刑法的法益保护实质化、规范化确定作为义务的根据。

(二)危险源支配说

危险源支配说又包括事实支配领域说与规范支配领域说。

1.事实支配领域说

持该说的代表人物是许迺曼。许迺曼坦言:“在现代工业社会中站在刑法最前线的当然是刑法的产品责任,其最重要的部分乃是由最高法院所确认的生产者将已经贩卖给消费者的危险产品回收的责任。”[②]但他对于这一新的责任形式的态度比较保守,这与他一贯主张的作为义务根据或保证人地位理论——“支配原则”不无关系。

许迺曼将对原因的事实支配视为作为义务的根据,他认为,无法否认的是产品一旦被带入市场流通,生产者便对产品丧失所有的实质支配,因此,回收义务也就无从谈及。他的具体理由是:“销售物被置于流通领域之后,即使在其有害性逐渐被认识的场合,也不能将民法上的回收义务与刑法上的保证人义务同等看待。因为对于已经投入流通的产品而言,已然失去了继续的事实上的支配。企业已不具有对已置于市场的产品施加影响的权限。”[③]许迺曼根据其支配理论进一步论述其否认生产者保证人地位的理由:“生产者事后对产品危险性的认识也不能补足其对产品事实支配上的缺陷,因为对该危险的认识在许多场合都存在。例如,原料检查部门、商品检查部门、相关行政机关等都可能获得对该产品危险的认识,但我们并不认为这些部门具有保证人地位。”[④]因为以上部门所承担的义务不过只涉及

① 参见[德]许迺曼:《德国不作为犯法理的现况》,载许玉秀等:《不移不惑献身法与正义——许迺曼教授刑事法论文选辑》,台北,新学林出版有限公司2006年版,第650~651页。

② [德]许迺曼:《过失犯在现代工业社会的捉襟见肘》,载许玉秀等.:《不移不惑献身法与正义——许迺曼教授刑事法论文选辑》,台北,新学林出版有限公司2006年版,第538页。

③ 许迺曼,Unternehmenskriminalität und Strafrecht. S. 99。转引自[日]镇目征树:《刑事制造物责任中不作为犯论的意义及展开》,载《本乡法政纪要》1999年第8期。

④ 参见[日]镇目征树:《刑事制造物责任中不作为犯论的意义及展开》,载《本乡法政纪要》1999年第8期。

《德国刑法》第323条c的“救助义务”，而该救助义务以相同的程度涉及每一位讯息拥有者。[①] 这正如尽管得知幼儿落水且具有救助可能的路人皆负有对幼儿的救助义务，但并不成为支配该幼儿生命的保证人（故意杀人罪的主体）一样，事后的危险认知无法弥补“支配”上的不足，这无论对生产者还是其他机关、部门都是如此。[②]

许迺曼的观点在日本学界也获得了一定的支持，堀内捷三教授同样根据事实支配理论提出：“生产商对于远离批发商而处于流通过程中的制造物，即使能够确保对该商品具有排他性，也不能说该危险物处于自己的支配领域。因此，无论是生产商还是批发商，对于已流入市场的产品都不具有应予回收的作为义务，对于消费者健康受损这一点也不承担不作为伤害罪的刑事责任。”[③]

诚如以上两位学者所言，在空间上，远离生产者处于流通中的产品已不属于生产者的支配领域。但是，某些产品虽然在空间上不属于生产者的控制，但是生产者可以通过一定的技术手段掌握、追踪产品的销售路径以及消费者的资料，也就是说在组织上仍然可能对产品进行事实的支配。例如，对于汽车的生产、销售而言，我国《缺陷汽车产品召回管理规定》第16条明确规定：“制造商应按照国家标准《道路车辆识别代号》（GB/T16735－16738）中的规定，在每辆出厂车辆上标注永久性车辆识别代码（V/N）；应当建立、保存车辆及车主信息的有关记录档案。对上述资料应当随时在主管部门指定的机构备案（见附件1）。”而提交备案的材料则应该包括车辆识别信息、技术资料、经销和售后服务渠道以及车主信息；其中车主信息又包括车主的姓名、身份证号、地址、邮政编码、电话和电子邮件，车辆识别代码，车辆购买时间。[④] 由此可见，就汽车生产商而言，即使产品脱离了厂家，生产者仍

---

① 参见［德］许迺曼：《德国不作为犯法理的现况》，载许玉秀等：《不移不惑献身法与正义——许迺曼教授刑事法论文选辑》，台北，新学林出版有限公司2006年版，第651页。

② ［德］许迺曼：《过失犯在现代工业社会的捉襟见肘》，载许玉秀等：《不移不惑献身法与正义——许迺曼教授刑事法论文选辑》，台北，新学林出版有限公司2006年版，第538页。

③ ［日］堀内捷三：《制造物的缺陷与刑事责任——序论性考察》，载《研修》第546期。

④ 我国《缺陷汽车产品召回管理规定》第26条规定，制造商确认其生产且已售出的汽车产品存在缺陷决定实施主动召回的，应当立即将其汽车产品存在的缺陷、可能造成的损害及其预防措施、召回计划等，以有效方式通知有关进口商、销售商、租赁商、修理商和车主，并通知销售商停止销售有关汽车产品，进口商停止进口有关汽车产品。制造商须设置热线电话，解答各方询问，并在主管部门指定的网站上公布缺陷情况供公众查询。

然具有对该产品进行事实支配的现实可能性。

但是,这是否因此成为汽车生产者履行回收义务的根据？笔者认为,"事实支配"只能说明生产商能够容易地对产品进行回收,或者说它反映的是回收可能性的有无及其大小,而不能为回收义务提供理论依据。能够回避结果发生的人未必具有回避结果发生的义务,因此,我们还需从其他角度找寻回收义务的根据。

2. 规范支配领域说

在规范支配领域说又具体可以分为"效率说"和"社会期待说"。

第一,效率说。该说认为企业管理者对其产品危险性的相关知识具有独占性,并且处于能够做出对产品采取回收措施的意思决定的地位,因此能够最有效率地对其危险产品进行回收,所以,企业的管理者具有保证人地位,负有回收义务。也就是说,无论产品是否已经脱离了企业的管辖领域,只要企业集中掌握着商品危险性的信息,控制该商品危险的责任就不能移转给零售业者及消费者。即使存在多数可以采取回收措施的主体,企业管理者也是其中能够最具效率地采取结果回避措施的主体。例如,他们可以要求尚未上市的产品停止上市,可以在一定程度上掌握已进入流通的产品的路径,从而要求停止产品的继续流通。①

笔者认为,该观点也是值得商榷的。首先,产品的生产者未必具有知识的独占性与行动的优越性。很多情况下,外部的第三者(如媒体、监管部门乃至于竞争者)同样具有这方面的优势,但他们不可能成为具有回收义务的保证人。其次,该说从经济效率的观点出发认为能力最高的人具有保证人地位,这违背了刑法的正义观念。义务是从规范或者法益出发对行为人提出的要求,具有客观性。如果法规范或法益对能力高者提出的要求高于能力低者,那么将会导致"能者多责"的错误结论。最后,回收效率这一指标同样表明的是结果回避的可能性与容易性,这可以认为是对具体行为人能否科以结果回避义务或者作为义务的前提,但不能视为作为义务的来源。作为义务的来源说的是客观义务的合法根据的问题,其作用是保证不真正

---

① 参见[日]镇目征树:《刑事制造物责任中不作为犯论的意义及展开》,载《本乡法政纪要》1999年第8期。

的不作为犯与作为犯具有同等价值的可罚性。如果以该说作为回收义务的根据,则任何可以回避危险的人都可以成为不真正不作为犯的保证人。因此,知识与行动上的优越性不能成为回收义务的根据。

第二,社会期待说。持该说的代表是布哈姆森,他首先对事实支配说进行了批判,认为事实支配说仅仅以“物理的”“现实的”支配关系为依据确定保证人义务是不妥当的。社会期待说则从社会秩序的现状出发认为社会是高度复杂且持续变化中的系统,社会秩序处于一系列连锁关系的影响之下,互相补充、彼此混合。因此,不能仅以事实支配关系为基础,还必须援用法的影响与处分关系才能得出合理结论。具体而言,该说认为,产品回收义务的存在与否与产品是否尚在企业内部或已处于销售网络,抑或是已经流入店铺或消费者手中没有关系,而是应该通过可预期的社会成员的“相互期待”来予以说明,而该期待是由现实存在的一般人所承认的、某种被赋予的特殊社会地位所决定的。本案中,消费者与生产者之间的地位决定了前者对于后者回避、消除危险具有社会性的期待,正是基于这种社会性期待,使生产者对于其制造的产品具有“法律上”的支配权与处分权,也就是具有保证人的地位与义务。①

对于该说,笔者认为,第一,期待不能产生保证人的回收义务。“期待”反映的是社会的交往关系,期待有社会主体的期待,有法规范的期待。后者是法律义务的根据,前者只代表社会主体自身的主观任意,与法律义务无关。当然,如果社会主体的期待与法规范的期待相一致时,被期待的对象也应当承担法律义务,但其义务的来源仍然是法规范。因此,即使社会公众具有合乎法规范的合理期待,该期待也不能成为回收义务的来源。何况在本案中,社会公众不仅可以对生产者有所期待,对于企业监管部门、政府机关同样可以有合理的期待,②但是否监管部门同样具有刑法上的保证人义务?

---

① 参见[德]布哈姆森:《正式组织中的不作为责任》,载[德]Knut Amelung 编著:《组织内犯罪与个人的刑事责任》,[日]山中敬一监译,成文堂 2002 年版,第 137 页。

② 许迺曼认为,这种一般性的期待在许多地方都可以找到,如信赖政府会照顾普通繁荣和国民生产所得持续成长。但充其量该期待只能产生第 323 条 c 所规定的一般行为义务,即救助义务,而不是保证人义务。参见[德]许迺曼:《德国不作为犯法理的现况》,载许玉秀等:《不移不惑献身法与正义——许迺曼教授刑事法论文选辑》,台北,新学林出版有限公司 2006 年版,第 655 页。

答案显然是否定的。第二,法律上的支配权、处分权也不能产生保证人的回收义务。布哈姆森是在否定物理、现实的支配的基础上进而提出"法律上"的支配权与处分权的,但何为"法律上"的支配权、处分权并不明确,而且对于已经处在消费者手中的缺陷产品,生产者如何能够支配和处分,就这一点布哈姆森也没有详细说明。退一步讲,即使生产者有法律上的支配权、处分权,该权利也不能成为保证人义务的根据,因为在法律上权利是不能导出义务的,法律不能因为主体能够这样做而要求他必须这样做。概言之,支配权、处分权理论与效率说一样解决的都是结果回避可能性的问题,而不是义务来源的问题。

(三)先行行为说

德国联邦法院则以"先行行为"说为根据肯定了本案被告的回收义务,该先行行为是指:被告将具有导致消费者健康损害的危险产品置入流通的行为。但由于被告在产品投入流通之时无法认识到产品存在缺陷,因此学者就判决的合理性产生了分歧。分歧点集中在,作为回收义务根据的先行行为是否必须违反客观的注意义务。

1. 义务违反必要说

该说主张,若以先行行为为根据,该先行行为必须具有义务违反性。而本案中,被告在收到被害报告之前,根据当时一般的认知水平与检测手段,无法查明究竟是何物质导致了损害的发生,更无法排除所属产品之外的其他物质导致损害发生的可能性,因此生产者无法具体认识到产品存在危险性;而且,被告在接到被害报告之后,在本公司内部进行了充分的调查与讨论,结果是仍然不能确定其产品存在致人损害的缺陷。因此,该说认为被告已经尽到了注意义务,不存在义务的违反。对于判决放弃客观的注意义务违反性的做法,哈塞默尔从法治国的观点批判其将导致刑罚介入的预测可能性的丧失。① 布哈姆森也论述道:"以先行行为为根据的(保证人)义务的发生至少要限于基于客观过失的违法的先行行为,即先行行为所引起的对

① Hassemer. Produktverantwortung im modern Strafrecht, 2. Aufl., (1996), S. 59. 转引自[日]镇目征树:《刑事制造物责任中不作为犯论的意义及展开》,《本乡法政纪要》1999 年第 8 期。

于法益的升高的具体危险通常是不被允许的,是客观上预见可能的,且必须是如果采取了注意态度就能回避的","如果不遵守刑法上义务违反性这一最低条件,必然导致刑法上的行为秩序转化为状态保全秩序,导致责任的扩大",并且"与作为规范对象的人的意思决定的自由与影响相背离"。① 许迺曼则严厉地批评德国联邦法院的判决是以刑事政策上的必要性代替学理上的思考。②

义务违反必要说是站在行为无价值的立场,以被告在生产、售出环节不存在注意义务违反(或客观的预见可能性)③为由否定了先行行为可以成为回收义务的根据。笔者赞同行为无价值的立场,认为过失犯的成立需要以违反客观的注意义务为前提,但是不能因此赞同义务违反必要说的结论。因为该说实际上是把过失犯中的客观的注意义务违反与先行行为的客观的注意义务违反相混同。之所以称之为"先行行为",是因为其不是实行行为,而只是作为实行行为的事后不回收行为的根据。因此,只要实行行为本身违反了注意义务且行为人主观上存在过错,就不会违反责任主义原理,不会背离法治国的基本原则,也不会导致刑事责任的无端扩大。

2. 义务违反不要说

该说支持德国联邦法院的判决结论,主张即使产品的生产阶段不存在注意义务的违反,先行行为也可以成为回收义务的发生根据。但该说并非对先行行为毫无限定,而是以"升高的危险"代替"义务违反性"要件。例如,库伦(Kuhlen)提出:"在当今社会,无论产品的制造者、销售者在销售该产品时是否已经认识到存在与该产品不相称的危险,都可以从该危险行为中看出回收义务的发生根据。"④雅各布斯也认为,作为保证人地位基础的

---

① Brammsen. a. a, O. (Kap. 1, Anm. 1). GA1993, S. 105ff. 转引自[日]北川佳世子:《制造物责任的问题点》,载《早稻田法学》第71卷第2号,第204页注19。

② [德]许迺曼:《德国不作为犯法理的现况》,载许玉秀等:《不移不惑献身法与正义——许迺曼教授刑事法论文选辑》,台北,新学林出版有限公司2006年版,第652页。

③ 需要注意的是,该说没有遵循人的违法观,即没有将行为人主观的过错作为违法的根据,而是以客观上是否违反了注意义务为前提。

④ Kuhlen. a. a, O. (Kap. 1, Anm. 1). NJW1990, S. 568f. 转引自[日]北川佳世子:《制造物责任的问题点》,载《早稻田法学》第71卷第2号,第204页注16。

先行行为,只要是不可回避的日常性行为(交通、狩猎、制造业、危险物质的使用、医药品的临床试验等)所产生的伴有高度危险的行为即为已足。[①] 根据这一观点,即使是合法的先行行为,只要事后证明其制造了对于法益的高度危险,就可以由该先行行为导出消除危险的作为义务。

相对义务违反必要说而言,该说重视的不是先行行为对注意义务违反本身,而是该行为客观上产生了法所否定的危害结果。该说同样受到了很多学者的批判,除了上述从责任主义、法治国的角度进行的批判外,另一个批判的理由在于:该说的逻辑是以(无过错的)先行行为加上事后的"故意"[②]为根据,来追究行为人故意犯的责任,违反了"行为与责任同时存在"的原理。[③] 而且,如果行为人事前对产品缺陷的存在本来只具有过失,但对事后的侵害结果存在故意时,行为人也会被追究故意犯的刑事责任,也就是导致本来的过失作为犯转化为故意的不作为犯。这一结论是不合理的,而且也违背了"行为与责任同时存在"的原理。[④]

对于该批判,笔者认为,第一,该说没有违反同时存在的原理。因为同时存在的原理要求的是"实行行为"与责任同时存在,而不是先行行为,先行行为的确与事后故意的存在时点不一致,但作为实行行为的不采取回收措施的行为却是与事后故意同时存在的。第二,对于先行行为是过失但由于事后故意的不作为而转化为故意犯的情形,在刑法学中并不少见。例如,过失引起自己家里失火,在能够扑灭的情况下不去救火,为了诈骗保险金而任由房子烧毁的行为,就转化为不作为的放火罪。[⑤] 在先行行为只制造了法益侵害的抽象危险时,该先行行为对于法规范评价而言并不具有决定性的意义,真正有意义的是具体引起法益侵害的事后的不作为。因此,在本案中,根据事后的不回收行为追究被告故意犯的刑

---

① 参见雅各布斯,AT,2. Aufl. ,29/42. S. 812。转引自[日]镇目征树:《刑事制造物责任中不作为犯论的意义及展开》,载《本乡法政纪要》1999年第8期。

② 当然也可能是过失,如果生产者事后对产品致人损害存在过失,则成立过失犯。

③ 参见[日]山口厚:《刑法总论》,成文堂2003年版,第64页。

④ 参见[德]Otto:《置于流通的危险制造物的刑法归责(二)》,载《広島法学》,[日]甲斐克则等译,第23卷第2号。

⑤ 大判昭13·3·11集17·237。参见[日]大塚仁:《刑法概说》(各论),冯军译,中国人民大学出版社2003年版,第370页。

事责任没有什么问题。①

综上所述,(1)安全确保义务说,以民法上的回收义务作为刑事义务的根据,不符合刑法原理;(2)事实支配领域说,由于物理的、事实的支配不存在,导致生产者不具有回收义务、法益侵害结果不得不由无辜的消费者承担的结论;(3)规范支配领域说,回收效率和社会主体的期待只能说明回收可能性的有无、大小,却不能导出回收义务;(4)先行行为说中,如果根据义务违反必要说,只有具有违法性的先行行为才能成为回收义务的根据,因此该说也导不出回收义务;如果根据义务违反不要说,则可以要求生产者承担回避其所制造的升高的危险的义务,即使该危险不是由于违法行为造成的。

通过对以上学说的考察与分析,笔者认为,先行行为说中的义务违反不要说是较为合理的学说。(1)该说的实质是考夫曼(Kaufmann)所提出的"危险源监督义务"这一一般的保证人理论,其逻辑是,行为人的先行行为制造了法益侵害的危险,因此他负有监督该危险源不要转化为现实侵害的义务,否则就应该承担不真正不作为犯的责任。这一逻辑是符合法治国的责任分配原理的。正如奥托(Otto)所说,"立法者为了保障相互的行动自由,禁止一定的过失或故意的法益侵害以限制个人的行动自由。无论是谁都必须首先互相尊重对方受保障的行动自由,这样法治国家的行动自由才会变得可能。法规范所保护的个人地位划定了法所认可的个人行动领域的界限,如果违反义务对他人创设了危险造成了他人的牺牲,那么行为人就超越了自己的行动领域",因此必须为自己的行动承担责任。② "与意识到他人的法益且意欲侵害他人法益的行为人一样,直接导致法益侵害现实化的危险从而扩大法所保护的自己行动可能性的人也基于其先行的危险作为而

① 当然,刑法中也存在这样的例子。例如,行为人基于过失导致被害人重伤,在能够救助其生命的情况下任由其死去。对此,行为人并不构成故意杀人罪,而只成立过失致人死亡罪。但在该例中,首先,行为人已经导致了被害人实际的伤害,而不是抽象的危险,它对法规范的评价具有重要意义,忽视该伤害行为是不妥当的;其次,过失重伤的行为能否被评价为先行行为,能否导致刑法上的救助义务,也是值得商榷的。

② [德]奥托:《置于流通的危险制造物的刑法归责(二)》,载《広島法学》,[日]甲斐克则等译,第23卷第2号。

负有保证人的责任。”[①]简言之，在法治国的条件下，由于互相尊重行动自由的必要，创设危险的人必须承担回避危险的义务，这与故意地直接侵犯他人法益的行为没有什么区别。(2)该说也符合风险社会、风险刑法的要求。如上文所述，现代科技导致风险的发生具有不确定性、不可预测性，即使是日常行为也可能伴随高度的危险，因此，如果要求先行行为必须违背客观注意义务、要求行为人对于先行行为所伴随的风险具有客观预见可能性，则必然导致新型风险的制造者可以不必为其制造的风险负责，而将风险及其危害转嫁给一般国民。这显然是不公平的。

然而，如果要最终肯定以危险的先行行为作为回收义务的根据，还必须克服一个理论上的难题：如果企业内部发生了人事变更，职务后继者如何为前任的先行行为负责？[②] 这在不承认企业犯罪的德国尤其成为问题。许迺曼就曾提出，根据先行行为理论，刚进入企业之人会因为欠缺违反义务的前行为而不需负责，相反，离开企业的退休之人则仍居于保证人地位。[③] 这样的结论显然是不妥当的。但是，在我国，这一问题并不难解决。虽然刑法最终惩罚的是个人，但个人的危险行为、法益侵害行为都是与企业紧密相关的，只要当我们把个人的行为与企业联系在一起考虑时，让后继者承担作为义务就不难解释。事实上，后继者承担回收义务不是在为前任的先行行为负责，而是为其所代表的企业的危险的先行行为负责；其所承继的不仅是作为企业管理者的权力，也承继了职务所赋予他的维护本企业产品安全的义务。

三、先行行为理论在司法实践中的运用

以三鹿奶粉事件为例，在2008年8月1日以后，三鹿集团及其相关责

---

① [德]奥托：《置于流通的危险制造物的刑法归责(二)》，载《広島法学》，[日]甲斐克则等译，第23卷第2号。

② 日本“药害艾滋”事件中，在追究厚生省生物制剂科长的责任时，就遇到了这样的问题。历经数年，最初允许缺陷血液制剂进口并使用的官员早已为后继者所代替，因此，日本裁判所小心翼翼地不是以先行行为为根据追究了现任生物制剂科科长的责任。参见东京地判平成13·9·28。

③ 参见[德]许迺曼：《德国不作为犯法理的现况》，载许玉秀等：《不移不惑献身法与正义——许迺曼教授刑事法论文选辑》，台北，新学林出版有限公司2006年版，第653页。

任人员才从检测报告中知道事故发生的原因是原奶中被添加了三聚氰胺，也是在此时可以说他们才确定其生产的奶粉会对人体产生伤害。根据行政法的相关规定，三鹿集团有义务对混入三聚氰胺的产品进行召回，这是不言而喻的。但是不履行该行政法上的义务并不能成为承担刑事责任的依据。

在已经发现原奶中掺入了三聚氰胺后，三鹿集团接下来主要实施了两种行为，一是没有对外公布信息，以投放广告的形式封锁媒体，同时暂时封存仓库商品、暂时停止产品出库，并以返货的方式换回市场上含有三聚氰胺的婴幼儿奶粉；二是将检测出含有三聚氰胺而被三鹿加工三厂拒收的原奶转到三鹿集团的其他工厂，生产出成品奶并将其销售。对于后者，依照我国法律至少构成构成生产、销售伪劣产品罪，这一点没有问题，关键在于前者，即关于未积极采取回收措施方面。可以说三鹿集团在知道自己的产品含有三聚氰胺的情况下，采取了一定的措施，包括封存产品、以换货的方式召回已经置于市场的问题奶粉，但是很明显三鹿集团在事故发生之后并没有进行积极的信息公开，并意图掩盖问题奶粉存在的事实而"偷偷地"进行一系列应对措施，导致没有及时召回销售过程中的问题奶粉，更没有告知消费者停止使用其奶粉，这一点上存在重大过错。

本案法院判决被告构成生产、销售伪劣产品罪，主要依据是在明知产品中含有超标的三聚氰胺之后而继续销售（此前的行为是过失，没有定罪），而至于不及时告知社会公众并且及时有效回收是否成为定罪根据，则不甚明了。判决书虽提到了这一事实，但并未详解其行为是否为构成要件行为，事实上，从生产、销售伪劣产品罪的构成要件来看，是指在生产、销售产品时已存在故意，而本案是在事后才发现产品缺陷，而非自始就有故意。那么，究竟应如何评价这一行为？根据上文德国"皮革喷雾器案"，法院认为事后不回收的行为导致了危害扩大，构成（不作为的）故意伤害罪。笔者同意这一观点。而其作为义务（回收义务）的根据并不是行政法令，而是三鹿集团生产并销售问题奶粉的行为制造了法所不允许的危险，而其对该违法行为存在过失，即使根据"义务违反必要说"，也足以根据此先行行为肯定其作为义务。

四、作为义务的具体内容

如果仅从回收义务的方面来看待企业的作为义务的话，那判断作为义务只要看缺陷产品是否被完全回收，如果完全回收了，就可以否定违法性，如果未完全回收就肯定其违法性。但现实生活中，将流通到消费者手中的缺陷产品全部回收是非常困难的，此时如何判断企业是否采取了充分的措施来避免被害扩大，这在判断企业的违法性方面是非常必要的。下面以 2005 年松下电器的 FF 式石油暖风机故障导致 2 人一氧化碳中毒身亡的事件为例，来探讨作为义务的具体内容。

（一）松下电器石油暖风机案

最初的事故发生在 2005 年 1 月，松下电器对外公开公布该问题是在同年的 4 月，在这一点上，可以说是存在一定的懈怠。但是在这里主要探讨的是其后松下电器采取的应对措施。从 2005 年至 2006 年年末，松下电器全面实施了对缺陷产品的回收措施。回收对象大约为 15 万台，但明确知道产品所在地的只有约 60%，为了找出所在地不明确的产品，松下电器采取的措施主要有邮送通知函、发送传单、进行电视播报等。松下电器在全国共发送了 6000 万封的通知函、派送了 3 亿份以上的传单、基本遍布了日本全国。松下电器采取这些措施花费了超过 240 亿日元（约 14 亿元人民币）。在信息提供以后，虽然发生了事故，但松下电器相关责任人员并没有被追究刑事责任，因此可以认为在无法对所有产品进行回收时，为了避免被害的发生而实行的一系列信息公开措施，可以作为判断企业是否履行了结果回避义务的根据。但此时需要明确的是，在追究刑事责任时企业的诚实性（具体表现为“诚实的提供信息”）是否为判断刑事责任的要件，以及企业为了使消费者得知该信息而采取的措施是否充分，这两个方面是认定作为义务的重要内容。

客观上在认定对流通到市场上的产品进行全部回收比较困难的场合，如果企业重视提供真实信息、采取了最低限度的措施，可以认为企业没有违反作为义务。此时企业尽管没有完成对产品的回收，也不构成违反作为义务。尽管企业无法对产品进行全部回收，但是也存在根据“提供信息”而防止被害扩大发生的余地。前述的“某种程度”的措施，可以从 compliance program(合规程序、法令遵守计划)的一部分来考虑,特别是尽管实施了合规程序,但是在末端从业员没有实施充分的结果回避措施的场合,企业的领导者可以根据信赖原则免于被追究刑事责任。①

(二)作为义务的内容

以是否按照合规程序进行信息提供来判断其是否充分采取了结果回避措施,为我们提供了解决该问题的一个思路,但结合我国的实际情况又存在一定的问题。在不同的领域或同一领域的规模大小不同的企业里,对产品进行召回、信息公开的规定不尽相同,并且也存在规定模糊、缺乏实施可能性的情况。对于规模较大的企业,采取的措施会高于合规程序,企业会从公司信誉等多方面来考虑,如松下电器的事故,为了进行产品回收花费了超过240亿日元,但如果要求每个生产企业都进行到如此程度,会造成守法成本远高于违法成本的问题,更不利于解决企业怠于对产品进行召回的问题。因此结合我国关于产品召回的一些相关规定,来探讨最低限度的回收措施的程度问题。

我国自2002年10月23日,国家质量监督检查检疫总局向全社会公布《缺陷汽车产品召回管理规定(草案)》之后,开始在立法上确认缺陷产品的召回制度。2003年1月1日起实施的修订后的《上海市消费者权益保护条例》33条规定:"经营者发现其提供的商品或者服务存在严重缺陷,即使正确使用商品或者接受服务仍然可能对消费者人身、财产安全造成危害的,应当立即中止、停止出售该商品或者提供该项服务;商品已售出的,应当采取紧急措施告知消费者,并召回该商品进行修理、更换或者销毁,同时应当向有关行政管理部门和行业协会报告。经营者提供的商品或者服务存在前款所列严重缺陷,且经营者未采取前款规定的措施的,有关行政管理部门应当依法要求经营者立即中止、停止出售该商品或者提供服务,对已售出的商品采取召回措施。市消费者协会发现商品或者服务存在严重缺陷的,可以向有关行政管理部门提出相应的建议。"该条例以地方立法的形式正式确立了缺陷产品召回制度。2003年1月,上海惠家电器制造有限公司因为产品

① 参见[日]冈布雅人:《刑事制造物责任的"回收义务"》,载《早稻田大学大学院法研论集》2007年第123号,第115~117页。

存在安全隐患,向全国召回"惠家"ZD－30和ZD－30A榨汁机,成为国内"企业召回第一案"。[①] 在此之后政府相继出台了《缺陷汽车产品召回管理规定》《儿童玩具召回管理规定》《食品召回管理规定》《药品召回管理办法》等法规,并且自2013年1月1日起《缺陷汽车产品召回管理条例》也开始实行。

我国产品召回主要包括主动召回和强制召回两种方式,两者在具体程序上也有很大差别。通常在产品提供者不启动前一种程序时,才由有关政府部门依法监督实施后一种程序。主动召回是指生产者一旦发现其生产的某类产品具有可能导致他人人身和财产损害的缺陷,应当主动将该类产品召回,修改、补充消费说明,换货,退货,销毁等。生产者还负有信息公告义务,在此生产者不仅应及时通过一定的方式向已经购买该类产品的消费者披露缺陷产品相关情况以及通过大众传媒或者其他合理的渠道向公众通报,并且还负有产品召回信息的报告义务,即就产品的缺陷、可能存在缺陷的产品范围、其实际采取的召回举措以及最终完成召回的情况向有关主管机关及时报告。强制召回是指在企业不主动召回时,由主管机关责令企业召回,实际上是主管机关采取的一种行政措施。如果召回义务人在接到责令召回的通知后仍然拒绝履行召回义务,则行政机关可以采取警告、罚款、暂扣营业执照等行政强制措施,督促召回义务人履行召回义务。但主动召回还是召回的主要形式,也是最有效的召回方式。[②]

以《缺陷汽车产品召回管理条例》为例,该条例第9条、第16条、第22条、第23条规定了汽车生产企业应至少保存10年汽车产品初次销售的车主信息记录,以及在产品产生缺陷需进行回收时要按照国务院产品质量监督部门的规定制定召回计划,并报国务院产品质量监督部门备案,生产者应当按照召回计划实施召回,并规定了相关罚则,产品质量监督部门责令其改正相关问题拒不改正的,处5万元以上20万元以下的罚款,情节严重的,由许可机关吊销有关许可等。国家质量监督检验检疫总局《关于贯彻实施

---

① 参见《产品缺陷召回制度解析》,载中国质量新闻网:http://www.cqn.com.cn/news/zgzljsjd/19097.html,2004－08－18,最后访问日期:2018年6月18日。

② 参见王利明:《关于完善我国缺陷产品召回制度的若干问题》,载《法学家》2008年第2期。

〈缺陷汽车产品召回管理条例〉若干问题的意见》中第7项关于信息管理和信息共享的规定,可以大致勾勒出我国对于产品召回制度的基本框架。虽然早期的四个部门规章由于针对四种特殊的产品,结合其特殊性有着并不完全统一的程序规定,但《缺陷产品召回管理条例(征求意见稿)》已经在近几年的召回实践的基础上将各种程序予以同一,基本包括信息收集、缺陷调查、风险评估和确认、召回过程管理及召回效果评估等内容。

鉴于以上内容,笔者认为,在没有办法对全部产品进行回收的场合,企业是否按照法律规定保存了销售记录、是否按照其向有关部门提交的召回计划对产品进行召回,应作为判断企业是否存在义务违反情形的重要方面。主动召回虽然是召回的主要方式,但如上所述,在我国对缺陷产品进行召回时离不开行政机关各个部门的分工与协作,虽然我国关于产品召回的法律制度在现实的运作中还存在很多问题与争议,但还是可以为判断生产者是否实施了适当的回收措施提供一个标准。

结 语

缺陷产品致害的事故虽不是伴随风险社会而生，但在风险社会的背景下全面追究故意、过失的产品刑事责任及事后不回收的产品刑事责任显得尤为必要且更加紧迫。但责任追究只是事后的弥补，而有些危害一旦发生即无法挽回，刑法总是要为防控产品犯罪做些事情。刑事立法的整体趋势是法益保护提前，扩大处罚范围，这一点在产品责任中亦是如此。通过民事侵权行为和行政违法行为的犯罪化，以及减少犯罪构成要素等手段扩大产品犯罪的处罚范围将是今后一段时间内产品刑事责任立法的重大趋势。

本书的研究只是缺陷产品刑事责任研究的第一步，远未穷尽其中的所有问题，甚至未能触及其中最根本的问题，那就是侵权责任、行政责任与刑事责任的界限。但这非本课题能够涵盖，应是笔者下一步努力的方向。

参考文献

一、著作类

1. 张明楷:《法益初论》,中国政法大学出版社 2000 年版。

2. 张明楷:《刑法学》(第 4 版),法律出版社 2011 年版。

3. 高铭暄、马克昌主编:《刑法学》(第 4 版),北京大学出版社 2014 年版。

4. 冯军:《刑法问题的规范理解》,北京大学出版社 2009 年版。

5. 顾肖荣、叶青、刘华、林荫茂主编:《体系刑法学》(刑法分则二),中国法制出版社 2012 年版。

6. 刘斯凡:《共犯界限论》,中国人民公安大学出版社 2011 年版。

7. 刘凌梅:《帮助犯研究》,武汉大学出版社 2003 年版。

8. 杨金彪:《共犯的处罚根据》,中国人民公安大学出版社 2008 年版。

9. 周光权:《刑法总论》,中国人民大学出版社 2007 年版。

10. 储槐植:《美国刑法》,北京大学出版社 1996 年版。

11. 陈洪兵:《公共危险犯解释论与判例研究》,中国政法大学出版社 2011 年版。

12. 马克昌:《比较刑法学原理》,武汉大学出版社 2002 年版。

13. 张军:《破坏金融管理秩序罪》,中国人民公安大学出版社 1999 年版。

14. 林钰雄:《新刑法总则》,中国人民大学出版社 2009 年版。

15. 张明楷:《未遂犯论》,法律出版社、成文堂联合出版 1997 年版。

16. 许玉秀:《主观与客观之间——故意理论与客观归责》,法律出版社 2008 年版。

17. 薛泰成:《共同犯罪》,三民书局股份有限公司 2011 年版。

18. 陈洪兵:《中立行为的帮助》,法律出版社 2010 年版。

19. 周光权:《法治视野中的刑法客观主义》(第 2 版),法律出版社 2013 年版。

20. 蔡墩铭:《刑法基本问题研究》,汉林出版社 1980 年版。

21. 史卫忠、张径楠:《生产、销售伪劣商品犯罪定罪量刑案例评析》,中国民主法制出版社 2003 年版。

22. 马克昌主编:《犯罪通论》,武汉大学出版社 1999 年版,第 489 页。

23. 陈瑾昆:《刑法总论讲义》,吴允锋勘校,中国方正出版社 2004 年版。

24. 张明楷、黎宏、周光权:《刑法新问题探究》,清华大学出版社 2003 年版。

25. 张丽卿:《新刑法探索》,元照出版有限公司 2014 年版。

26. 周光权:《刑法各论讲义》,清华大学出版社 2003 年版。

27. 黎宏:《日本刑法精义》(第 2 版),法律出版社 2008 年版。

28. 陈兴良主编:《罪名指南》(上),中国人民大学出版社 2008 年版。

29. 杨兴培、李翔:《经济犯罪和经济刑法研究》,北京大学出版社 2009 年版。

30. 王作富主编:《刑法分则实务研究》(上)(第 2 版),中国方正出版社 2003 年版。

31. 卢建平:《刑事政策与刑法》,中国人民公安大学出版社 2004 年版。

32. 林纪东:《刑事政策学》,台湾中正书局 1969 年版。

33. 高铭暄、陈璐:《〈中华人民共和国刑法修正案(八)〉解读与思考》,中国人民大学出版社 2011 年版。

34. 倪泽仁主编:《经济犯罪刑法适用指导》,中国检察出版社 2007 年版。

35. 杨金彪:《共犯的处罚根据》,中国人民公安大学出版社 2008 年版。

36. 陈志龙:《法益与刑事立法》,台湾大学丛书编辑委员会 1992 年版。

37. 许玉秀:《当代刑法思潮》,中国民主法制出版社 2005 年版。

38. 林东茂:《危险犯与经济刑法》,五南图书出版公司 1996 年版。

39. 陈晓明、陈子平:《刑法总论》,中国人民大学出版社 2009 年版。

40. 高金桂:《利益衡量与刑法之犯罪判》,台北,元照出版公司 2003 年版。

41. 张明楷:《外国刑法纲要》(第 2 版),清华大学出版社 2007 年版。

42. 张明楷:《刑法分则的解释原理》,中国人民大学出版社 2004 年版。

43. 苏力:《道路通向城市——转型中国的法治》,法律出版社 2004 年版。

44. 翟中东:《生产、销售伪劣商品罪立案追诉标准与司法认定实务》,中国人民公安大学出版社 2010 年版。

45. [美]约书亚 · 德雷斯勒:《美国刑法精解》,王秀梅等译,北京大学出版社 2009 年版。

46. [美]乔治 · P. 弗莱彻:《刑法的基本概念》,王世洲等译,中国政法大学出版社 2004 年版。

47. [英]海泽尔 · 肯绍尔:《解读刑事司法中的风险》,李明琪等译,中国人民公安大学出版社 2009 年版。

48. [英]戈登 · 休斯:《解读犯罪预防——社会控制、风险与后现代》,刘晓梅等译,中国人民公安大学出版社 2009 年版。

49. [日]井田良:《变革时代的理论刑法学》,庆应义塾大学出版会 2007 年版。

50. [日]伊东研佑:《环境刑法研究序说》,成文堂 2003 年版。

51. [日]中山研一、神山敏雄等:《环境刑法概说》,成文堂 2003 年版。

52. [日]金尚均:《危险社会与刑法——现代社会刑法的机能与界限》,成文堂 2001 年版。

53. [日]平野龙一:《刑法总论 I》,有斐阁 1972 年版。

54. [日]松宫孝明:《刑事过失论的研究》,成文堂 1989 年版。

55. [日]福田平:《行政刑法》(新版),有斐阁 1987 年版。

56. [日]野村稔:《刑法总论》,全理其等译,法律出版社 2001 年版。

57. [日]山口厚:《危险犯研究》,东京大学出版社 1982 年版。

58. [日]曾根威彦:《刑法学基础》,黎宏译,法律出版社 2005 年版。

59. [日]振津隆行:《抽象的危险犯研究》,成文堂 2007 年版。

60. [日]前田雅英:《过失犯之考察》,有斐阁 1990 年版。

61. [日]森本益之、濑川晃、上田宽、三宅孝之:《刑事政策学》,戴波、江溯、丁婕译,中国人民公安大学出版社 2004 年版。

62. [日]高桥则夫:《共犯体系和共犯理论》,冯军、毛乃纯译,中国人民大学出版社 2010 年版。

63. [日]川端博、前田雅英、伊东研佑、山口厚:《刑法理论的展望》,成文堂 2000 年版。

64. [日]藤木英雄编:《过失犯——新旧过失论争》,学阳书房 1975 年版。

65. [日]山中敬一:《刑法总论 I》,成文堂 1999 年版。

66. [日]川端博、前田雅英、伊东研佑、山口厚:《刑法理论的展望》,成文堂 2000 年版。

67. [日]古川伸彦:《刑事过失论序说》,成文堂 2007 年版。

68. [日]山口厚:《刑法总论》,有斐阁 2005 年版。

69. [日]大谷实:《刑法总论讲义》,成文堂 2007 年版。

70. [日]前田雅英:《刑法总论讲义》,东京大学出版会 2006 年版。

71. [日]井田良:《刑法总论的理论构造》,成文堂 2007 年版。

72. [日]井田良:《犯罪论的现在与目的行为论》,成文堂 1995 年版。

73. [日]中山研一、浅田和茂、松宫孝明:《修订刑法(共犯论)》,成文堂 1997 年版。

74. [日]高桥则夫:《规范论与刑法解释论》,成文堂 2007 年版。

75. [日]野村稔:《刑法总论》,全理其、何力译,法律出版社2001年版。

76. [日]福田平、大塚仁编:《日本刑法总论讲义》,李乔、文石、周世铮译,辽宁人民出版社1986年版。

77. [日]大塚仁:《刑法概说》(总论)(第3版),冯军译,中国人民大学出版社2003年版。

78. [日]土本五司:《过失犯研究》,成文堂2004年版。

79. [日]小林宪太郎:《因果关系与客观归属》,弘文堂2003年版。

80. [日]高桥则夫:《共犯体系和共犯理论》,冯军、毛乃纯译,中国人民大学出版社2010年版。

81. [德]罗克辛:《德国最高法院判例:刑法总论》,何庆仁、蔡桂生译,中国人民大学出版社2012年版。

82. [德]京特·雅科布斯:《规范·人格体·社会——法哲学前思》,冯军译,法律出版社2001年版。

83. [德]弗兰茨·冯·李斯特:《德国刑法教科书》,徐久生译,中国法制出版社2000年版。

84. [德]古斯塔夫·拉德布鲁赫:《法律智慧警句集》,舒国滢译,中国法制出版社2001年版。

85. [德]罗克辛:《刑事诉讼法》,吴丽琪译,法律出版社2003年版。

86. [德]沃尔克玛·金斯纳等编:《欧洲法律之路——欧洲法律社会学视角》,清华大学出版社2010年版。

87. [德]康德:《道德形而上学原理》,苗力田译,上海人民出版社2000年版。

88. [德]约翰内斯·韦塞尔斯:《德国刑法总论》,李昌珂译,法律出版社2008年版。

89. [德]格吕恩特·雅科布斯:《行为 责任 刑法——机能性描述》,冯军译,中国政法大学出版社1997年版。

90. [德]罗克辛:《德国刑法总论》(第1卷),王世洲译,法律出版社2005年版。

91. [德]罗克辛:《德国刑法学总论》(第2卷),王世洲等译,法律出版社2013年版。

92. [德]尼古拉斯·鲁曼:《生态与沟通》,汤志杰、鲁贵显译,台湾桂冠图书出版公司2001年。

93. [德]汉斯·海因里希·耶赛克、托马斯·魏根特:《德国刑法教科书》,徐久生译,中国法制出版社2009年版。

94. [德]安塞尔姆·里特尔·冯·费尔巴哈:《德国刑法教科书》(第14版),徐久生译,中国方正出版社2010年版。

95. [德]克劳斯·梯德曼:《经济犯罪与经济刑法》,西原春夫等监译,成文堂1990年版。

96. [德]Richard G. Singer, John Q. La Fond, Criminal Law(2nd ed),王秀梅等注,中国方正出版社2003年版。

97. [德]Kneer Georg/Nassehi Armin:《卢曼社会系统理论导引》,鲁贵显译,巨流图书公司1998年版。

98. Michael Mayer, *Strafrechtliche Produktverantwortung bei Arzneimittelschäden*, 2008.

99. Smith. Hogan, *Criminal Law*(10th ed), The Bath Press, 2002.

100. Victor E. Schwartz and Cary Silverman, *Criminalizing product liability law: putting to rest a bad idea*, the U. S. Chamber Institute for Legal Reform, 2006.

101. Rider A. K, Nakajiam C V. *Anti-money Laudering Guide*. CCN Edition Ltd., 1999.

102. Engisch, *Untersuchungen über Vorsatz und Fahrlässigkeit im Strafrecht*, 1930.

二、论文类

1. 陈晓明:《风险社会之刑法应对》,载《法学研究》2009年第6期。

2. 马克昌:《危险社会与谦抑原则》,载《人民检察》2010年第3期。

3. 黎宏:《对风险刑法观的反思》,载《人民检察》2011年第3期。

4. 陈兴良:《社会风险与刑法规制》,载《法商研究》2011年第4期。

5. 刘明祥:《社会风险与刑法规制:"风险刑法"理论之反思》,载《法商研究》2011年第4期。

6. 李聪颖:《论食品安全的刑法保护》,河北师范大学2011年硕士学位论文。

7. 劳东燕:《公共政策与风险社会的刑法》,载《中国社会科学》2007年第3期。

8. 刘艳红:《"风险刑法"理论不能动摇刑法谦抑主义》,载《法商研究》2011年第4期。

9. 于志刚:《"风险刑法"不可行》,载《法商研究》2011年第4期。

10. 王立志:《风险社会中刑法范式之转换》,载《政法论坛》2010年第3期。

11. 张明楷:《"风险社会"若干刑法理论问题反思》,载《法商研究》2011年第5期。

12. 张明楷:《危险犯初探》,载马俊驹主编:《清华法律评论》1998年第1辑。

13. 张明楷:《日本刑法的发展及其启示》,载张明楷译:《日本刑法典》代译序,法律出版社2006年版。

14. 劳东燕:《揭开巨额财产来源不明罪的面纱——兼论持有与推定的适用规则》,载《中国刑事法杂志》2005年第6期。

15. 宫步坦:《马克昌的最后一课:如何走向市民刑法》,载《南方周末》2011年9月22日,第4版。

16. 许美:《生产、销售假药罪刑法适用调查分析》,载《人民检察》2013年第17期。

17. 陈洪兵:《生产、销售假药罪的法益及其展开》,载《政治与法律》2011年第3期。

18. 冯军:《论〈刑法〉第133条之1的规范目的及其适用》,载《中国法学》2011年第5期;

19. 陈家林:《论帮助犯的因果关系》,载林维:《共犯论研究》,北京大学出版社2014年版。

20. 张明楷:《危险驾驶罪的基本问题——与冯军教授商榷》,载《政法论坛》2012年第6期。

21. 李俊、许光红:《美国对产品缺陷的认定标准及其对我国的启示》,载《江西社会科学》2009年第7期。

22. 甘添贵:《帮助犯之因果关系》,载《月旦法学杂志》1995 年第 3 期。

23. 刘宏渭:《产品缺陷责任主体的确定——以美国法为主要对象》,载《法学论坛》2012 年第 1 期。

24. 张明楷:《行政刑法辨析》,载《中国社会科学》1995 年第 3 期。

25. 王崇青:《行政认定不应作为行政犯认定的前置程序》,载《刑事法杂志》2011 年第 6 期。

26. 刘树德:《罪刑法定中的空白罪状追问》,载《法学研究》2001 年第 2 期。

27. 劳东燕:《犯罪故意理论的反思与重构》,载《政法论坛》2009 年第 1 期。

28. 黄荣坚:《故意的定义与定位》,载《台大法学论丛》第 28 卷第 1 期。

29. 陈兴良:《"应当知道"的刑法界说》,载《法学》2005 年第 7 期。

30. 王效文:《规范性构成要件错误与禁止错误》,载《台湾法学杂志》2008 年第 103 期。

31. 张明楷:《规范的构成要件要素》,载《法学研究》2007 年第 6 期。

32. 王昭振:《论规范构成要件要素的刑法内涵与类型》,载《法学评论》2009 年第 2 期。

33. 苏宏峰:《犯罪未遂基本问题研究》,华东政法大学 2011 年博士论文。

34. 方明:《略论生产、销售有毒有害食品罪》,载《法商研究》1994 年第 2 期。

35. 姜伟、卢宇蓉:《宽严相济刑事政策的辩证关系》,载《当代刑事法学新思潮》(下卷),北京大学出版社 2013 年版。

36. 冯军:《刑法的规范化诠释》,载《法商研究》2005 年第 6 期。

37. 陈锦旋:《论证券交易法反操纵证券价格犯罪之主观要件》,载《月旦法学杂志》2008 年第 5 期。

38. 高巍:《论规范的构成要件的主观明知》,载《法律科学》2011 年第 3 期。

39. 王强:《罪量因素:构成要素抑或处罚条件?》,载《法学家》2012 年第 5 期。

40. 陈兴良:《作为犯罪构成要件的罪量要素——立足于中国刑法的探讨》,载《环球法律评论》2003 年第 8 期。

41. 储槐植:《我国刑法中犯罪概念的定量因素》,载《法学研究》1988 年第 2 期。

42. 黎宏:《论“客观处罚条件”的若干问题》,载《河南省政法管理干部学院学报》2010 年第 1 期。

43. 周光权:《论内在的客观处罚条件》,载《法学研究》2010 年第 6 期。

44. 柏浪涛:《构成要件符合性与客观处罚条件的判断》,载《法学研究》2012 年第 6 期。

45. 张明楷:《如何理解和认定窝赃、销赃罪中的“明知”》,载《法学评论》1997 年第 2 期。

46. 张明楷:《加重构成与量刑规则的区分》,载《清华法学》2011 年第 1 期。

47. 张明楷:《“客观的超过要素”概念之提倡》,载《法学研究》1999 年第 3 期。

48. 王昭振:《刑法中定量因素的故意规制研究——“客观超过要素”理论的再诠释》,载《法律科学》2005 年第 5 期。

49. 张明楷:《行政违反加重犯初探》,载《中国法学》2007 年第 6 期。

50. 张明楷:《犯罪之间的界限与竞合》,载《中国法学》2008 年第 4 期。

51. 李居全:《关于犯罪既遂与未遂的探讨》,载《法商研究》1997 年第 1 期。

52. 曲新久:《生产、销售伪劣产品罪的既遂、未遂与预备形态》,载《人民检察》1998 年第 10 期。

53. 聂慧苹:《生产、销售伪劣产品犯罪中金额问题的研究》,载《政治与法律》2010 年第 11 期。

54. 陈兴良:《作为犯罪构成要件的罪量要素——立足于中国刑法的探讨》,载《环球法律评论》2003 年秋季号。

55. 王志祥:《数额犯基本问题研究》,载《中国刑法学杂志》2007 年第 2 期。

56. 夏勇:《民生风险的刑法应对》,载《法商研究》2011 年第 4 期。

57. 龙敏、倪超、李志民:《刑法中假药、劣药界定之反思》,载《人民检察》2010 年第 19 期。

58. 陈家林:《论刑法中的危险概念》,载《云南大学学报》(法学版)2007 年第 2 期。

59. 蔡圣伟:《论帮助行为之因果关系》,载《政法大学评论》2013 年总第 134 期。

60. 苏俊雄:《从刑法因果关系学说到新客观归责理论之巡历》,载《法学家》1997 年第 3 期。

61. 许恒达:《“超越承担过失”的刑法归责》,载《东吴法律学报》第 20 卷第 2 期。

62. 周光权:《结果回避义务研究——兼论过失犯的客观归责问题》,载《中外法学》2010 年第 6 期。

63. 周光权:《违法性判断的基准与行为无价值论——兼论当代中国刑法学的立场问题》,载《中国社会科学》2008 年第 4 期。

64. 陈璇:《论客观归责中危险的判断方法——“以行为时全体客观事实为基础的一般人预测”之提倡》,载《中国法学》2011 年第 3 期。

65. 黎宏:《论中立的诈骗帮助行为》,载《法律科学》2012 年第 6 期。

66. 车浩:《假定因果关系、结果避免可能性与客观归责》,载《法学研究》2009 年第 5 期。

67. 张丽卿:《客观归责理论对台湾地区实务判断因果关系的影响——以台湾地区“最高法院”96 年台上字第 5992 号判决为例》,载《北方法学》2009 年第 5 期。

68. 林东茂:《客观归责理论》,载《北方法学》2009 年第 5 期。

69. 杜文俊、陈洪兵:《论运输行为的中立性》,载《河南师范大学学报》(哲学社会科学版)2009 年第 6 期。

70. 黄荣坚:《论相当因果关系理论——评“最高法院”八十九年度台上字第七八二三号及台湾高等法院八十九年度重上更(三)字第一四三号判决》,载《月旦法学杂志》2003 年第 96 号。

71. 李圣杰:《因果关联的发展在实务实践的光与影》,载《台湾本土法学杂志》2007 年第 101 号。

72. 许玉秀:《探索过失犯的构造——行为人能力的定位》,载《主观与客观之间》,新学林图书出版公司 1997 年版。

73. 柯耀程:《客观归责》,载《月旦法学教室》2004 年第 24 号。

74. 周光权:《客观归责与过失犯论》,载《政治与法律》2014 年第 5 期。

75. 陈兴良:《从归因到归责:客观归责理论研究》,载《法学研究》2006 年第 2 期。

76. 张明楷:《也谈客观归责理论——兼与周光权、刘艳红教授商榷》,载《中外法学》2013 年第 2 期。

77. 萧宏宜:《数位时代著作权刑法的挑战与因应》,东吴大学法学院 2005 年博士学位论文。

78. 张伟:《中立帮助行为探微》,载《中国刑事法杂志》2010 年第 5 期。

79. 陈家林:《论帮助犯的因果关系》,载林维:《共犯论研究》,北京大学出版社 2014 年版。

80. 王利明:《关于完善我国缺陷产品召回制度的若干问题》,载《法学家》2008 年第 2 期。

81. 黄惠婷:《帮助故意》,载《台湾法学杂志》2008 年第 111 期。

82. 徐伟群:《提供人头账户之诈欺罪责——兼评台湾"高等法院"九十六年度上易字第二六四一号暨台北地方法院九十六年度易字第八十号刑事判决》,载《月旦法学杂志》2009 年第 168 期。

83. 柯耀程:《人头账簿》,载《月旦法学教室》2005 年第 36 期。

84. 蔡蕙芳:《P2P 网站经营者之作为帮助犯责任与中性业务行为理论之适用》,载《东吴法律学报》第 18 卷,2008 年第 1 期。

85. [日]山中敬一:《中立的帮助行为的可罚性》,载《关西大学法学论集》2006 年第 56 卷。

86. [日]西原春夫:《过失犯的构造》,载[日]中山研一、西原春夫等编:《现代刑法讲座》(第 3 卷),成文堂 1979 年版。

87. [日]西原春夫:《过失认定的标准》,载[日]西原春夫:《日本刑事法的形成与特色》,李海东等译,法律出版社 1997 年版。

88. [日]前田雅英:《麻醉剂案件的多发化与刑法理论》,载《刑法杂志》1987 年第 2 期。

89.［日］松原芳博:《客观的处罚条件》,王昭武译,载《河南省政法管理干部学院学报》2010 年第 1 期。

90.［日］豊田兼彦:《狭义共犯的成立条件——以“中立行为的帮助”与“必要的共犯”为素材》,载《立命館法学》2006 年第 6 号。

91.［日］上野幸彦:《日常行为与可罚的帮助》,载《日本法学》2011 年第 77 卷第 1 号。

92.［日］滨田新:《帮助犯的处罚范围限定——以中立的行为事例为素材》,载《法学政治学论究》2012 年第 93 号。

93.［日］前田雅英:《关于过失犯的考察》,载《平野龙一先生古稀祝贺论文集》(上卷),有斐阁 1990 年版。

94.［日］大塚裕史:《过失犯中实行行为的构造》,载《刑事法学的新动向》(上卷),成文堂 1995 年版。

95.［日］山中敬一:《客观归属论的理论史考察》,载《关西大学法学论集》第 44 卷。

96.［日］吉田敏雄:《过失犯的构造》,载《北研》第 41 卷第 4 号。

97.［日］北川佳世子:《交通事故和过失论》,载高铭暄、赵秉志主编:《过失犯罪的基础理论》,法律出版社 2002 年版。

98.［日］大塚裕史:《企业灾害和过失论》,载高铭暄、赵秉志主编:《过失犯罪的基础理论》,法律出版社 2002 年版。

99.［日］大塚裕史:《铁道事故与企业干部的管理监督责任》,载《曾根威彦学生、田口守一先生古稀祝贺论文集》(上卷),成文堂 2014 年版。

100.［德］罗克辛:《客观归责理论》,载［日］山中敬一译,《关西大学法学论集》第 44 卷第 3 号。

101.［德］许迺曼:《传统过失刑事责任观念在当代社会中的弊病》,载王秀梅译,《法学家》2001 年第 3 期。

102.［日］前田雅英:《被允许的危险》,载中山研一、西原春夫、藤木英雄、宫泽浩一编:《现代刑法讲座》第 3 卷,成文堂 1979 年版。

103.［日］中义胜:《过失犯中被允许危险的法理与危险分配》,载《日冲宪郎博士还历祝贺》(过失犯 1),有斐阁 1966 年。

104.［日］盐谷毅:《信赖原则的序论性考察》,载《神山敏雄先生古稀祝贺论文集》上卷,成文堂2006年版。

105.[日]神山敏雄:《信赖原则的界限》,载《西原春夫先生古稀祝贺论文集》,成文堂2006年版。

106.[日]甲斐克则:《火灾死伤事故与信赖原则》,载中山研一、米田泰邦编著:《火灾与刑事责任——以管理者过失处罚为中心》,成文堂1993年版。

107.[日]前田雅英:《关于监督》,载《法曹时报》第42卷第2号。

108.[日]井上佑司:《监督者的刑事过失(二)》,载《法政研究》第48卷第2号。

109.[日]甲斐克则:《过失犯的基础理论》,载高铭暄、赵秉志主编:《过失犯罪的基础理论》,法律出版社2002年版。

110.[日]镇目征树:《刑事制造物责任中不作为犯论的意义及展开》,载《本乡法政纪要》1999年第8期。

111.[日]堀内捷三:《制造物的缺陷与刑事责任——序论性考察》,载《研修》第546期。

112.[德]布哈姆森:《正式组织中的不作为责任》,载[德]Knut Amelung编著:《组织内犯罪与个人的刑事责任》,山中敬一监译,成文堂2002年版。

113.[日]冈布雅人:《刑事制造物责任的"回收义务"》,载《早稻田大学大学院法研论集》2007年第123号。

114.[日]北川佳世子:《刑法上制造物责任的问题点》,载《早稻田法学》第71卷第2号。

115.[德]乌尔弗瑞德·诺依曼:《国家刑罚的法哲学》,冯军译,载郑永流主编:《法哲学与法社会学论丛3》,中国政法大学出版社2000年版。

116.[德]托马斯·魏根特:《刑法未遂理论在德国的发展》,樊文译,载《法学家》2006年第4期。

117.[德]雅各布斯:《刑法保护什么:法益还是规范适用》,载《比较法研究》2004年第1期。

118.[德]许迺曼:《从下层阶级刑法到上层阶级刑法》,载许玉秀、陈志辉编:《不移不惑献身法与正义——许迺曼教授刑事法论文选辑》,台北,新学林出版有限公司2006年版。

119.[德]乌尔里希·贝克:《从工业社会到风险社会——关于人类生存、社会结构和生态启蒙等问题的思考》,载王武龙编:《马克思主义与现实》,2003 年第 3 期。

120.[德]许迺曼:《刑法体系与刑事政策》,王效文译,载许玉秀、陈志辉编:《不移不惑献身法与正义——许迺曼教授刑事法论文选辑》,台北,新学林出版有限公司 2006 年版。

121.[德]许迺曼:《罪责原则在预防刑法中的功能》,载许玉秀、陈志辉编:《不移不惑献身法与正义——许迺曼教授刑事法论文选辑》,台北,新学林出版有限公司 2006 年版。

122.[德]许迺曼:《关于客观归责》,载许玉秀、陈志辉编:《不移不惑献身法与正义——许迺曼教授刑事法论文选辑》,台北,新学林出版股份有限公司 2006 年版。

123.[德]许迺曼:《德国不作为犯法理的现况》,载许玉秀、陈志辉编:《不移不惑献身法与正义——许迺曼教授刑事法论文选辑》,台北,新学林出版有限公司 2006 年版。

124.[德]奥托:《置于流通的危险制造物的刑法归责(二)》,载[日]甲斐克则等译:《广岛法学》,第 23 卷第 2 号。

125. Robert Steinbuch, "The Executive-internalization Approach to High-risk Corporate Behavior: Establishing Individual Criminal Liability for the Intentional or Reckless Introduction of Excessively Dangerous Products or Services into the Stream of Commerce", N. Y. U. *Journal of Legislation and Public Policy*, 2007, Vol. 10(321).

126. Thomas Koenig, Michael Rustad, "Crimtorts' as Corporate Just Deserts," *University of Michigan Journal of Law Reform*, 1998; Frank J. Vandall, "Constricting Products Liability: Reforms in Theory and Procedure", *Villanova Law Review*, 2003.

127. Kuhlen, *Notvendigkeit und Grenzen einer Strafrechtlichen Produkthaftung*.

128. Frank J. Vandall, "The Criminalization of Products Liability: An Invitation to Political abuse, Preemption, and Non-enforcement", *Catholic University Law Review*, 2008(341).

129. Law Commission, *A Criminal Code for England and Wales*, Report No. 177 (London, 1989).

130. Itzhak Kugler, "The Definition of Oblique Intention", *The Journal of Criminal Law*.

三、判决类

1.(2005)佛刑二终字第349号。

2.(2006)佛刑二终字第184号。

3.(2006)穗中法刑二初字第69号。

4.(2007)盘县刑初字第00068号。

5.(2007)盘中刑二终字第75号。

6.(2008)黔刑初字第123号。

7.(2008)石刑初字第353号。

8.(2009)冀刑一终字第57号。

9.(2010)惠刑初字第59号。

10.(2011)修刑重字第58号。

11.(2012)叶刑初字第18号。

12.(2011)穗中法刑二终字第368号。

13.(2009)尉刑初字第299号。

14.(2007)淇刑初字第99号。

15.(2011)站刑初字第99号。

16.(2011)郑刑二终字第210号。

17.(2012)获刑初字第106号。

18.(2012)集刑初字第412号。

19.(2012)仪刑初字第0179号。

20.(2012)扬刑二终字第0117号。

21.(2013)松刑初字第52号。

22.(2014)安刑二初字第0113号。

23.(2014)唐刑初字第536号。

24.(2014)云法刑初字第00278号。

25.(2014)平刑初字第20号。
26.(2014)株中法刑二中字第86号。
27.(2014)成刑初字第69号。
28.(2014)甬余刑初字第1632号。
29.(2014)岳刑初字第458号。
30.(2014)丰刑初字第1845号。
31.(2014)丰刑初字第1812号。
32.(2014)朝刑初字第3077号。
33.(2014)云法刑初字第00278号。
34.(2014)东刑初字第771号。
35.(2014)南刑二终字第00199号。
36.民国22年(1933年)上字第395号。
37.民国24年(1935年)上字第3279号。
38.民国25年(1936年)上字第2387号。
39.台湾士林地方法院2003年诉字728号。
40.台湾最高法院2004年台上字第31号。
41.大判昭13·3·11。
42.大阪高判平14·8·21。
43.神户地判平成5·9·13。
44.横浜地裁平20·1·16。
45.横滨地判平19·12·13。
46.东京高判昭47·12·19。
47.东京高判昭60·12·27。
48.东京地判平13·9·28。
49.东京高判平21·2·2。
50.东京地判平13·3·28。
51.东京高判平17·3·25。
52.札幌高裁51·3·18。
53.高决平12·12·20。
54.最判昭44·2·27。

55. 最判昭 32 · 3 · 12。

56. 最决平 2 · 11 · 16。

57. 最判平 24 · 2 · 8。

58. 最决平 2 · 11 · 16。

59. 最判平 24 · 2 · 8。

60. BGHSt 46,107。

61. BSHSt 37,106。

62. BGHSt 9,172。

63. BGHSt 14,228。

图书在版编目(CIP)数据

缺陷产品的刑事责任研究 / 吕英杰著. -- 北京 :
法律出版社, 2019
ISBN 978-7-5197-3845-7

Ⅰ. ①缺… Ⅱ. ①吕… Ⅲ. ①产品责任法－刑事责任
－研究－中国 Ⅳ. ①D922.294.4

中国版本图书馆 CIP 数据核字(2019)第 208621 号

厦门大学 法学学术文库	**缺陷产品的刑事责任研究 QUEXIAN CHANPIN DE XINGSHI ZEREN YANJIU**	吕英杰 著	责任编辑 黄倩倩 张 康 装帧设计 马 帅

出版 法律出版社
总发行 中国法律图书有限公司
经销 新华书店
印刷 三河市龙大印装有限公司
责任校对 晁明慧
责任印制 陶 松

编辑统筹 学术·对外出版分社
开本 710 毫米×1000 毫米 1/16
印张 21
字数 312 千
版本 2019 年 11 月第 1 版
印次 2019 年 11 月第 1 次印刷

法律出版社/北京市丰台区莲花池西里 7 号(100073)
网址/www.lawpress.com.cn
投稿邮箱/info@lawpress.com.cn
举报维权邮箱/jbwq@lawpress.com.cn
销售热线/400-660-8393
咨询电话/010-63939796

中国法律图书有限公司/北京市丰台区莲花池西里 7 号(100073)
全国各地中法图分、子公司销售电话:
统一销售客服/400-660-8393/6393
第一法律书店/010-83938432/8433　西安分公司/029-85330678　重庆分公司/023-67453036
上海分公司/021-62071639/1636　深圳分公司/0755-83072995

书号:ISBN 978-7-5197-3845-7　**定价**:79.00 元
(如有缺页或倒装,中国法律图书有限公司负责退换)